KB135637

언어 교육과정 개발
- 이론과 실제 -

Curriculum Development in Language Teaching

언어 교육과정 개발
- 이론과 실제 -

Curriculum Development in Language Teaching

Jack C. Richards 지음

강승혜 · 공민정 · 김정은 · 민주희 · 채미나 옮김

한국문화사

언어 교육과정 개발 – 이론과 실제 –

Curriculum Development in Language Teaching

1판 1쇄 발행 2015년 3월 15일
1판 2쇄 발행 2017년 8월 15일
1판 3쇄 발행 2019년 8월 30일
1판 4쇄 발행 2022년 3월 14일

지 은 이 | Jack C. Richards
옮 긴 이 | 강승혜 · 공민정 · 김정은 · 민주희 · 채미나
펴 낸 이 | 김진수
펴 낸 곳 | 한국문화사
등   록 | 제1994-9호
주   소 | 서울시 성동구 아차산로49, 404호(성수동1가, 서울숲코오롱디지털타워3차)
전   화 | 02-464-7708
팩   스 | 02-499-0846
이 메 일 | hkm7708@daum.net
홈페이지 | http://hph.co.kr

ISBN 978-89-6817-219-9 93370

오류를 발견하셨다면 이메일이나 홈페이지를 통해 제보해주세요.
소중한 의견을 모아 더 좋은 책을 만들겠습니다.

대학원 한국어교육 전공 교과목 중 '한국어교육과정설계'라는 과목을 2002년에 처음 개설하였다. 한국어교육 현장에서 한국어를 가르치는 데에 필요한 교수법보다 가르쳐야 할 내용을 선정하고 이를 설계 혹은 계획하는 활동과 같은 상위의 포괄적인 내용을 담고 있는 과목이 우선적으로 필요하기 때문이다. 계획, 시행, 평가의 과정은 물론 교육의 내용 선정과 조직, 설계 등이 교육과정의 핵심 내용이라 할 수 있다. 교육과정의 기본 개념뿐 아니라 다양한 교육 현장의 실제를 다룬 적절한 교재를 찾던 중 J. Richards의 'Curriculum Development in Language Teaching'(2001)을 발견하게 되었다. 목차와 전체적인 내용을 훑어보니 지금까지 찾고 있던 바로 그런 책이었다. 대부분 교육학적 배경이 없는 한국어교육 전공 학생들에게는 쉽지 않은 교육학 관련 개념도 포함되어 있었다. 그러나 방대한 역사적인 관점과 쟁점을 다룸으로써 이론의 형성 배경을 이해할 수 있도록 도와줄 뿐 아니라 일반적인 언어 교육과정에서 알아두어야 할 필수적인 내용을 포괄하고 있었다. 즉, 교육과정의 기본 개념으로부터 교육과정 개발과 교수요목 설계에 이르기까지 매우 실제적이고 실용적인 내용을 비교적 깊이 있게 체계적으로 정리해 놓은 것이다. 게다가 언어 교육 특히 언어 교수 학습에 관한 이론적 기초를 다지는 것은 물론 다양한 실제에 적용할 수 있도록 많은 예를 제시하고 있다. 저자가 서문에서도 밝히고 있듯이 지금까지 다양한 맥락에서의 수많은 현장 경험을 통해 저자가 습득한 이론과 원리만이 아닌 실제 적용 가능한 유용한 자료를 풍부하게 제공하고 있다.

교육과정Curriculum은 교육학이라는 학문의 하위 분야에서도 매우 실제적인 핵심 분야다. 또한 교육과정 개발Curriculum Development은 다양한 교육과정 이론을 적용해야 하는 실천적 행위에 해당하므로 실제적인 응용 활동이라 할 수 있다. 교육과정의 다양한 이론은 궁극적으로 교육과정 개발을 위해 존재한다고 해도 과언이 아니다. 이 말은 교육과정 개발이 교육과정 분야에서도 핵심적인 응용 분야라는 의미다. 이런 관점에서 볼 때 언어 교육과정 개발은 언어 교육에서 가장 필수적이고 중요한 활동이라고 할 수 있다. 이 책은 언어 교육과정 개발에 관련된 배경과 개념, 원리, 절차 등을 이해하는 데에 유용한 자료일 뿐 아니라 그 원리와 절차 등을 실제 적용하는 데에도 훌륭한 지침서 역할을 할 것이다.

이 책의 내용은 일반적인 언어 교육과정과 언어 교육과정 개발에 관련된 내용을 부족함 없이 다루고 있어 언어 교육의 지류로서 영어교육, 외국어교육, 한국어교육 분야 모두 활용할 수 있는 이론적인 기초와 원리 등을 소개하고 있다. 역자가 관여하는 학문 분야인 한국어교육의 구체적인 예로는 한국어교육에 종사하는 한국어교육 프로그램 개발자, 프로그램 운영자, 한국어 교재 개발자, 한국어교육 현장의 교사 등 다양한 한국어교육 실제 분야 관련자 이외에 한국어교육 현장에서 가르치는 일을 하기 위해 준비하는 학문 과정의 학생들에게 유익한 지식과 정보를 제공할 것이다. 각 장의 내용 끝에 제시되는 많은 <부록> 자료는 실제 언어 교육과정 개발에 필요한 다양한 실제적 사례이므로 맥락과 환경에 맞게 수정 보완하여 활용할 수 있는 자료들이다. 저자의 30년 언어 교육 현장의 경험과 언어 교육 현장의 실제 자료들을 도움 받아 제공하는 것이므로 직접적이고 실제적인 자료로 활용할 수 있을 것이다.

15년 이상 대학원 수업에서 이 교재를 활용하여 최근까지 수업해 오면서 번역된 부분을 우리말답게 고치고 수정하는 작업을 거쳤으나 여전히 직역투의 표현이 여기 저기 눈에 띈다. '번역은 새로운 창작 활동'이라는 말을 인정하지 않을 수 없다. 마음에 들 때까지 고치려고 하다가는 포기하게 될 것 같아 이 상태에서 마무리하자고 의견을 모았다. 학문을 하는 사람으로서 외국에서 도입한 많은 새로운 개념이 우리말에 적절하게 번역되지 못한 용어나 개념이 많은 것을 반성하고 어색할지라도 번역하려고 노력해야 한다는 것을 늘 지적해 왔으면서도 그 노력이 쉽지 않음을 깨닫게 된다. 가능한 한 모든 용어를 우리말로 번역하고자 하였으나 이미 외래어로 자리 잡은 용어들은 그대로 사용하였다(예: 코스, 프로그램 등). 논의가 필요한 용어나 맥락에 따라 다르게 번역하는 것이 좋은 경우는 영어 원어를 병기하였다.

책을 출판하기까지 초기에 발표 자료로 정리해 준 연세대학교 교육대학원 외국어로서의 한국어교육 전공 동문들을 비롯하여 최종적으로 원고를 마무리하는 데에 도움을 준 공민정, 김정은, 민주희, 채미나에게 고마움을 전한다. 끝으로 번역 원고를 넘기겠다고 한 마감일에서 터무니없이 시간을 넘겼는데도 오래 참고 기다려 책이 출판될 수 있도록 해 주신 한국문화사 관계자 여러분에게 감사의 뜻을 전하는 바이다.

역자 대표
강승혜

▌저자 서문 ▌

나는 많은 언어 교수 전문가들처럼 그동안 쌓았던 경험과 전문적인 지식이 있는
만큼 더 좋은 교사가 될 거라 기대하면서 언어 교수 teaching 분야에 교사로 입문했
다. 그러나 많은 다른 교사들이 그렇듯이 잘effective 가르치는 교사란 좀 더 기술적
이고skillful 지식이 더 풍부한 예비교사 이상의 훨씬 더 큰 의미가 있다는 사실을
이내 깨닫게 되었다. 그것은 자료를 개발해서 적용하고 코스를 계획하고 평가하고
학생의 요구에 맞추어 가르치고 제도적인 환경 내에서 어떻게 제 역할을 해야 하
는지 터득해 가는 과정이라는 것이다. 잘 가르치려면 교수 환경 혹은 맥락을 이해
하고 교사와 학생의 요구를 이해하고 코스와 자료를 신중하게 계획해야 할 뿐 아
니라 교수와 학습에 대해 점검하지 않으면 안 된다는 것이다. 간단히 말해 가르치
는 것이 교육과정 curriculum이라고 하는 서로 연관된 일련의 요인과 과정process의
일부라는 걸 이해하도록 노력해야 한다는 말이다.

이 책은 언어 교사들과 훈련 중인 교사들에게 언어 교육과정 개발의 기본적인
쟁점과 실제를 알려 주기 위해 언어 교육과정 개발 과정process을 기술하고 살펴보
는 데에 목적이 있다. 교육과정 개발은 언어 프로그램의 모든 측면에서 체계적인
계획과 개발, 검토를 통해서 언어 교수의 질을 향상시키고자 한다는 점에서 참으
로 실제적인 활동이다. 이 책은 세계 여러 지역에서 실습생들이 언어 프로그램
개발에서의 실제적인 문제를 어떻게 다루어 왔는지 가능한 한 사례를 많이 제공하
고자 한다. 동시에 언어 프로그램 자체를 개발하고 새롭게 하는 데에 사용된 실제
는 언어 교수 방법론, 제2언어 습득 이론, 교육 이론 등 관련 분야의 기존 이론과
개발 사례들을 반영한다. 따라서 이 책은 또한 언어 교육과정 실제에 의미 있는
영향을 줄 수 있는 중요한 이론적 쟁점을 강조하고자 한다.

교사, 프로그램 운영자, 그 밖의 언어 교수 전문가들을 위한 자료집으로서 뿐만
아니라 현재 진행되는 코스나 워크숍에 사용하기 위한 자료집을 제공하고자 계획
된 것이다. 이 책은 전반적으로 요구 분석, 목표 설정과 학습결과, 코스 계획, 교수

teaching, 자료 개발 그리고 평가를 포함하는 교육과정 개발에서 중요한 과정을 다룬다. 전반부 장에서는 언어 교수 전문가들이 언어 교수 발전을 이루어왔던 쟁점에 대한 역사관을 지니는 것이 중요하다고 확신하고 언어 교수에서 교육과정 개발 분야가 어떻게 발전해왔는지에 대한 역사적인 관점을 제시했다. 이어지는 장에서는 다른 관점을 예시하고 예시를 통해 자세한 실제 예들을 제시함으로써 교육과정 개발 쟁점과 과정에 관련되는 중요한 쟁점을 탐색한다. 각 장의 끝부분에 토론 질문 등을 제시하여 논의가 필요한 일부 쟁점을 좀 더 숙고하고 적용해 보도록 하였다.

이 책은 교사로서, 교사 교육자로서, 프로그램 집행자로서, 자료 집필자로서 세상의 많은 다른 분야에서 얻은 나의 개인적인 30년 경험을 반영하고 있다. 교육과정 개발에서 얻은 것은 교육과정과 자료를 개발하고 언어 프로그램을 운영했던 실제적인 경험을 통해 학습한 결과라고 할 수 있다. 언어 교육과정 개발에 대한 애초의 나의 탐구심은 내가 처음 교사 훈련을 받았던 뉴질랜드로부터 1970년대 W. F. Mackey와 교수요목 설계로 박사학위 연구를 마쳤던 퀘벡으로 옮겨가게 되었다. 그 후 나는 대학에서 시간을 보내며 인도네시아, 싱가폴, 홍콩, 하와이 그리고 프로그램 교육과정과 자료 개발에서 교수에 이르기까지, 또한 프로그램 운영에 이르기까지 뉴질랜드에서 언어 교수의 모든 분야에서 일했는데 그곳의 교사 훈련 센터에서 시간을 보냈다. 또한 수많은 교육과정 프로젝트와 전 세계 다른 지역 기관들을 위한 자문으로 봉사해 왔다. 최근 10년간 매년 Oman 술탄 교육부와 함께 자문으로서 국가 수준의 교육과정과 자료 개발 프로젝트에 도움을 줄 수 있는 귀한 기회가 있었다. 동시에 세계적인 시장을 지닌 상업적 언어 교수 자료 집필가로서 활동한 경험 덕분에 20개국 이상의 국가에서 교사와 교사 훈련가들과 정규적으로 일할 기회가 있었고 교수 자료를 개발하고 사용하는 데에 관련된 문제에 대해 특별한 관점을 제공하게 되었다. 최근 몇 년간은 싱가폴에 있는 지역 언어 센터에서 제공되는 좋은 환경 덕분에 교실에서의 교수 활동이나 교사 훈련을 위한 시간과 집필하는 시간을 구분할 수 있는 흡족한 자리에 있었다. 그곳에서 이 책을 준비하는 기간 중에 수집한 독특한 도서관 자원과 자료가 매우 귀중한 것이라는 걸 알게 됐다.

이 책의 초판이 미국 **Arizona** 대학에서 대학원 후 과정과 현직 코스에서 사용되었고 뉴질랜드 **Auckland** 대학, 싱가폴 국립 교육기관, 싱가폴 지역 언어 센터 그리고 베트남 호치민 시 **SEAMEO** 지역 훈련 센터 등에서 사용되었다. 이런 기관에 있는 교사와 학생들로부터 받은 지적과 제안에 대해 감사한다. 또한 원고에 대해 꼼꼼하게 지적해준 **Arizona** 대학의 **Jun Liu** 박사, 하와이 대학의 **Ted Rogers** 박사, 인도네시아 호주 언어 재단의 CEO **Geoffrey Crewes**, 자카르타, 인도네시아 등의 몇몇 익명의 검토자들에게 감사를 표한다.

Jack C. Richards

▌차례 ▌

7. 효과적인 교수 제공 Providing for effective teaching

8 수업 자료의 역할과 설계 The role and design of instructional materials

9. 평가에 대한 접근 Approaches to evaluation

1

언어 교육과정 개발의 기원

The origins of language curriculum development

이 책은 언어 프로그램의 개발, 시행, 평가의 과정을 중심으로 언어 프로그램을 통한 언어 수업instruction의 코스 조직course organization에 대해 다루고자 한다. 제2언어 교수와 외국어 교수teaching는 세계적으로 가장 큰 교육 사업 중 하나이며 수많은 사람들이 새로운 언어를 정복하기 위해 많은 시간과 노력을 들인다. 교사들은 언어 코스를 계획하고, 교수 자료를 준비하고, 수업하는 데 정말 힘을 많이 들인다. 이러한 활동의 기저에는 어떤 교육적 원리가 있는가? 이 원리는 어떤 가치를 반영하는가? 또 누구의 이익을 충족시키는가? 우리가 사용한 원리를 살피고 그 원리로부터 결과적으로 얻은 실제를 비판적으로 검토함으로써 교육적 실제가 향상될 수 있는가?

이 책의 목적은 이러한 검토와 재고의 과정을 위한 도구를 제공하는 것이다. 이를 위해 언어 교육과정 개발 접근법을 조사하고, 개발 과정에서 일어나는 문제점을 다루기 위한 방법을 검토하며 언어 프로그램 및 언어 교수 자료를 평가한다. 언어 교육과정 개발은 다음의 질문들을 다루며 이 질문들은 이 책의 틀frameworks을 제공한다.

- 언어 프로그램 내용을 결정하는 데 어떤 절차가 사용될 수 있는가?
- 학습자 요구는 무엇인가?
- 학습자 요구는 어떻게 결정되는가?
- 언어 프로그램을 계획하는 데 고려해야 할 맥락적 요인은 무엇인가?
- 교수 teaching에 있어 목적 aims과 목표 objectives의 특성은 무엇이며 어떻게 개발될 수 있는가?

- 코스에서 교수요목을 설계하고 단원 units을 조직할 때 포함되어야 할 요인은 무엇인가?
- 프로그램에서 질 높은 교수 행위는 어떻게 구현되는가?
- 수업 자료 instructional materials의 선정, 적용, 설계에서 무엇이 중요한가?
- 언어 프로그램의 효과를 어떻게 측정할 수 있는가?

언어 교육과정 개발은 교육과정 개발이나 교육과정론으로 알려진 교육적 활동의 더 넓은 분야 중 하나이다. 교육과정 개발은 학생들이 학교에서 어떤 지식, 기술, 가치를 배울 것인지, 의도한 학습 결과를 성취하기 위해 어떤 학습 경험이 제공되어야 하는지, 어떻게 학교 또는 교육적 체제의 교수·학습이 계획, 측정, 평가되어야 하는가를 다루는 분야이다. 언어 교육과정 개발은 이러한 문제들을 다루는 응용 언어학의 한 분야이다. 그리고 이는 언어 프로그램의 설계, 수정, 시행, 평가에 초점을 맞추는 상호 관련된 과정이다.

1.1. 역사적 배경 Historical background

언어 교수에서 교육과정 개발의 역사는 교수요목 설계의 개념과 함께 시작된다. 교수요목 설계 syllabus design는 교육과정 개발의 한 측면이지만 이 둘이 완전히 동일한 것은 아니다. 교수요목은 무엇을 가르치고 평가 tested할 것인지에 대한 목록과 코스 교육내용에 관한 것이다. 따라서 말하기 코스의 교수요목은 코스에서 배우고 연습해야 하는 구두 기술 oral skill의 종류와 기능, 주제 혹은 회화의 다른 양상과 코스에 등장하는 순서 등 코스에서 다루어야 할 것들을 나타낼 수 있다. 교수요목 설계는 교수요목을 개발하는 과정 process이다. 교수요목 설계 접근법은 6장에서 논의할 것이다. 교육과정 개발은 교수요목 설계보다 포괄적인 개념으로, 학습자 집단의 요구 결정, 요구를 반영한 프로그램 목표와 목적의 개발, 적절한 교수요목, 코스 구조 course structure, 교수법 및 교수 자료 결정, 이러한 과정으로부터 얻은 결과인 언어 프로그램을 평가하는 것까지 포함한다. 언어 교수의 교육과정 개발은 오늘날 우리가 잘 알고 있는 것처럼 1960년대에 시작했으나, 교수요목 설계가 언어 교수의 중요한 요인으로서 대두된 것은 그보다 훨씬 이전이었다. 이 장에서는 20세기 초반에 대두된 교수요목 설계 접근법에 대해 살펴볼 것이다. 교수요목 설계 접근법은 오늘날 언어 교수에서 널리 사용되는 더 넓은 범위의 교육과정 접근법에 기초한다.

20세기 전반에 걸친 언어 교수 역사를 돌이켜보면 교수법의 변화는 언어 교수 접근법에 변화를 가져온 원동력이었다. 언어 및 언어 학습의 특정 학설에 기초한 교수 실제teaching practice의 체계적 개념, 즉 교수방법론의 개념은 매우 강력한 것이다. 20세기 초부터 많은 교사와 응용 언어학자들은 더 나은 교수법을 찾는 일에 몰두했다. 최근 100년 동안 '가장 좋은 교수법'을 추구하는 과정에서 여러 교수법이 등장하고 사라지곤 했다. 다음의 연대기는 그 시기에 가장 우세했던 교수법을 나타낸다.

문법 번역식 교수법 Grammar Translation Method (1800~1900)
직접 교수법 Direct Method (1890~1930)
구조적 교수법 Structural Method (1930~1960)
읽기 교수법 Reading Method (1920~1950)
청각 구두식 교수법 Audiolingual Method (1950~1970)
상황적 교수법 Situational Method (1950~1970)
의사소통 중심 접근법 Communicative Approach (1970~현재)

Mackey(1965, 151)는 시대마다 선호하는 교수법이 다르기는 하지만 그 교수법이 쇠퇴한 이후에도 어떤 형태로든 계속된다고 설명하였다. 이는 오늘날에도 적용되고 있으며 문법 번역식 교수법은 어떤 곳에서는 여전히 건재한 교수법이다. 위에 나열한 각 교수법의 공통점은 그 교수법이 적용된 실제 수업이 기존의 교수법을 적용한 것보다 더욱 효과적이며 좀 더 견고한 이론적 기초를 갖추고 있다는 믿음이다. 위의 교수법들에 대한 특징은 다른 곳에서도 기술했으므로 여기서 다룰 필요는 없다(예. Richards & Rodgers 1986). 그러나 교수법이 언어 교수 과정을 구체화하는 것이라고 해도—, 즉 '어떻게how'의 문제— 교수법 역시 '무엇what'을 가르쳐야 할 것인가(교육의 내용)를 가정하고 있다는 것을 알아야만 한다. 예를 들어 '직접 교수법'으로 알려진 구두 중심 접근법oral-based method은 19세기 말 문법 번역식 교수법에 대항하여 발전했다. 직접 교수법은 목표어만을 사용하게 하고, 집중적 문답 교수 기법, 단어의 의미를 이해하기 위한 실물 교수 및 재연을 강조함으로써 가르치는 방법을 규정하였다. 그뿐만 아니라 가르쳐야 할 어휘와 문법 및 그것이 제시되는 순서까지 규정하였다. 따라서 직접 교수법은 특정 교수요목을 취한다. 그러나 새로운 교수법이 문법 번역식 교수법 자리를 대신하면서 떠오른 문제는 교수요목이 아니라 구두 중심의 목표어 지향target- language-driven 방법론을 지지하는 원리 및 교수 접근법이었다. 영국의 저명한 응용 언어학자이자 1920년대 구조적 교수법Structural Method을 주창한 Harold Palmer는 언어 교수의 방법론적 원리를 다음과 같이 요약하였다.

1. 준비 Initial preparation ― 언어 학습으로 유도
2. 습관 형성 Habit-forming ― 올바른 습관 형성
3. 정확성 Accuracy ― 부정확한 언어 사용 금지
4. 등급화 Gradation ― 각 단계는 다음 단계를 위한 준비
5. 배분 Proportion ― 언어의 각 측면을 균등하게 강조
6. 구체성 concreteness ― 구체화에서 추상화로 이동
7. 흥미 Interest ― 항시 학생들의 흥미 유발
8. 진행 순서 Order of progression ― 듣기 → 말하기 → 쓰기
9. 다양한 접근Multiple line of approach ― 언어 교수에 다양한 방법 적용

(Palmer[1922] 1968, 38~39)

구두 중심 교수법의 원리에 대한 공감대가 일단 형성되자 응용 언어학자들은 구조적 방법론에 기초한 교수요목 설계와 내용으로 관심을 돌렸다. 언어 코스의 어휘와 문법적 내용을 결정하는 것이 이 방법의 첫 단계였다. 그리고 이것은 '선정selection'과 '등급화gradation'라고 알려진 절차를 이끌어 냈다.

어떤 언어 프로그램이든 교수할 수 있는 시간에 제약이 있다. 우리가 풀어야 할 첫 번째 문제는 말뭉치corpus 전체에서 무엇을 선정하여 교재와 교수 자료를 조직할 것인가를 결정하는 것이다. 이것이 바로 선정의 문제이다. Mackey(1965, 161)는 "선정은 모든 교수법의 고유한 특징이다. 언어 전체를 가르치는 것이 불가능하기 때문에 모든 교수법은 계획적이든 그렇지 않든 가르치려는 부분을 선정해야 한다."라고 언급했다. 언어 교수에서 선정이란 교수 목적에 따른 적절한 항목을 선택하고 학습자에게 가장 유용하도록 언어를 집약하는reduced to 절차와 기술techniques을 개발하는 것이다(Mackey 1965). 물론 모든 교수는 전체 주제에서 무엇

을 가르칠 것인지 선택하고 언어 교수의 단계와 상황에 따라 언어의 확실한 특징을 선택해야 하며 계획적이든 그렇지 않든 그 외의 것들은 배제해야 한다. 20세기 초반에는 선택의 두 가지 양상인 어휘 선정과 문법 선정이 큰 주목을 받았으며 두 가지 선정에 대한 접근법이 언어 교수의 교수요목 설계의 토대를 마련했다.

1.2. 어휘 선정 Vocabulary selection

어휘는 언어의 명백한 구성 요소이며 응용 언어학자들의 중요한 관심 분야 중 하나이다. 제2언어 교육에서 어떤 단어를 가르칠 것인가? 이는 코스의 목적과 교수 가능한 시간에 따라 다르다. 교양 있는 모국어 화자들이 인식하는 어휘는 17,000개 정도 된다고 하지만 이는 언어 코스에서 가르칠 수 있는 것에 비해 너무 많다. 학습에 시간 제약이 있는 제2언어 학습자에게 모국어 화자가 알고 있는 모든 단어가 필요하고 유용한 것은 아니다. 학생들이 500개, 1,000개 혹은 5,000개의 단어를 배울 준비가 되었는가? 그렇다면 무엇을 배울 것인가? 이것이 언어 교수에 있어 어휘 선정의 쟁점이다. 선정은 전적으로 교재 집필자와 코스 기획자의 직관에 달려있는 것인가? 아니면 객관적이고 합리적인 접근을 이루는 원리가 있는가? 선정의 문제를 교재 저자의 직관에만 맡긴다면 신뢰할 수 없는 결과를 낳을 수 있다. Li와 Richards(1995)는 다섯 종류의 광둥어(홍콩에서 쓰이는 언어) 초급 교재를 조사하였다. 이 조사를 통해 교재 편찬자가 생각하는 '외국인이 기본적으로 배워야 할 단어'의 범위와 교재 집필자들이 합의한 '제2언어로서의 광둥어 기본 어휘' 구성의 범위를 판단할 수 있었다. 각 교재는 해당 언어에 대한 배경 지식이 없는 비슷한 유형의 학생들을 위한 책으로, 기본적인 의사소통 기술을 가르치도록 구성되어 있으며 방법론이 모두 다르다. 5종 교재 books에서는 약 1,800개의 단어들이 소개되고 있었는데 이 단어들이 5종 교과서 texts 모두에서 나타난 것은 아니었다. 다음은 다섯 가지 교재의 단어를 분류한 것이다.

한 개 교과서에서 나타난 단어 수	1,141개	=	63.4%
두 개 교과서에서 나타난 단어 수	313개	=	17.4%
세 개 교과서에서 나타난 단어 수	155개	=	8.6%

네 개 교과서에서 나타난 단어 수   114개   =   6.3%

다섯 개 교과서에서 나타난 단어 수   77개   =   4.3%

(Li & Richards 1995)

위의 수치로부터 말뭉치의 최다 비율(63.4%)을 차지하고 있는 어휘가 다섯 개 중 한 개의 텍스트에서만 발견되는 어휘들이라는 것을 알 수 있다. 즉, 이 단어들은 제2언어로서 광둥어를 배우는 학습자들의 필수 어휘에 속하지 않거나 배울 가치가 없는 것일 수도 있다. 아마 많은 부분이 특정 문법 항목이나 구조를 연습하기 위해 사용된 상황 혹은 특정 대화 주제에 한정된 항목들일 것이다. 두 개 텍스트에서 나타난 어휘들은 말뭉치에서 17.4%를 차지했다. 세 개 혹은 세 개 이상의 텍스트에서 나타난 어휘들만이 중요 어휘라고 할 수 있는데 세 개 이상의 교재 집필자가 자신의 교재에도 그 단어들을 포함시켰기 때문이다. 이 목록은 346개의 단어, 즉 말뭉치의 20%를 포함한다. 결론적으로 학생들은 어떤 교재로 공부하든지 별로 중요하지 않은 어휘를 이해하고 사용하는 데 많은 시간을 보내게 될 것이라는 것을 알 수 있다. 영어에 대한 이런 문제점들을 피하기 위해 20세기 초반에 응용 언어학자들은 어휘 선정에 관심이 있었다.

선정 selection을 위한 초기 접근법의 목적 goals은 West(1953)의 서문에 나타나 있다.

언어는 매우 복합적인 것으로 그 중에서 '선정'을 하는 것은 언어를 체계적으로 가르치고자 하는 사람에게 가장 어려운 문제 중 하나이다. 갈수록 임의 선택이 비효율적이라는 인식이 일반적이었고 지속적으로 확장할 수 있는 완벽한 체제만이 만족스러운 목표 objective를 형성할 수 있다는 것을 알게 되었다. 이러한 목표 형성은 궁극적으로 필요한 전체 언어 entire language를 되도록 많이 터득하기 위한 시도의 첫 단계에서 이루어진다. 언어 체계는 보통 어휘의 집합으로 인식되는데, 이러한 어휘들은 관습적인 강세와 억양으로 표현되는 spoken 문법 구조 constructions의 일부가 된다. 따라서 다양한 맥락에 들어갈 수 있는 구조 constructions에서 함께 작용하는 최소 단어를 찾는 것은 학습자를 위해 영어를 단순화하고자 하는 사람들의 가장 주된 목표였다. 단어를 선택하는 데 여러 다양한 기준이 적용되었으나, 체제적 영어 교수와 연관하여 가장 주된 활동은 어휘 선정이었다.

(Jeffery, in West 1953, v)

어휘 선정에 관한 최초의 접근법은 빈도가 높은 단어를 텍스트에서 수집하여 집계한 것이었다. 이는 고빈도 단어를 가장 먼저 가르쳐야 한다는 것이 확실해졌기 때문이다. 그러나 어떤 자료를 분석해야 하는가? 확실한 것은 어린이 책에서 조사한 단어의 빈도와 타임지Time Magazine에서 쓰인 단어를 분석한 것은 다르다는 것이다. 초창기의 빈도 집계는 대중적인 읽기 자료를 중심으로 분석됐고 그 결과를 토대로 단어 빈도 목록을 만들었다. (이때는 구어에서 사용되는 단어를 분석할 수 있는 녹음기도 없었고 인쇄 자료를 분석할 수 있는 컴퓨터도 없었다.) 단어 빈도조사는 어휘 용법에 관해 재미있는 사실을 나타냈다. 예를 들면, 작은 교실에서 사용하는 단어(약 3,000개)는 매일 사용하는 교과서 단어의 85% 이상을 차지하지만 이 수치를 1% 증가시키기 위해서는 추가적으로 6,000단어를 알아야 한다는 것이다. 또한, 이 단어들의 절반은 교과서에 단 한 번밖에 나오지 않는다는 사실도 발견했다. 그러나 교과서에 나오는 단어의 85%를 안다고 해서 그 교과서의 내용을 85% 이해한다는 것은 아니다. 한 줄에 한두 단어를 계속 이해하지 못했을 때, 이 단어는 그 지문의 주제를 반영하거나 새로운 정보를 담고 있을 수 있기 때문이다. Van Els, Bongaerts, Extra, Van Os, Janssen-van Dieten (1984, 206)도 다음과 같이 지적했다.

지문 이해는 단지 익숙한 단어의 양과 관련된 것이 아니라, 지문의 주제, 작가가 주제에 접근하는 방법, 독자가 주제에 이미 익숙한 정도 등 여러 다양한 요소와 관련이 있다.

단어 빈도frequency는 단어 목록을 계획하는 데 매우 중요하다. 그러나 분석된 언어 표본의 종류에 따라 어휘 빈도가 달라지기 때문에 빈도수가 언제나 유용성을 의미하는 것은 아니다. 스포츠 관련 글에서 최다 빈도의 어휘가 소설에서도 똑같이 나타나지 않을 것이다. 말뭉치corpus에 나타나는 어휘 빈도가 언어 학습자를 위한 상대적 중요성과 일치하도록 하기 위해, 학습자 요구와 관련된 말뭉치에 기초를 둔 교재나 언어 표본을 선택해야 하며, 어휘 빈도는 다양한 언어 표본의 넓은 범위를 반영해야 한다. 이는 말뭉치에서 어휘의 *범위range*와 *분산dispersion*을 나타낸다. 빈도수가 가장 높고 출현 범위가 가장 넓은 단어들은 언어 교육의 목적에 가장 유용한 것들로 간주된다. 다음에 제시하는 수치는 100만 단어 말뭉치(McCarthy 1990, 84~85 인용)에 나타난 빈도와 범위 간 차이를 보여 준다. 모든 단어에 대해

1열은 말뭉치에서의 빈도, 2열은 단어가 나타난 총 15개의 텍스트 유형(예를 들면 스포츠 관련 글, 영화 평론, 신문 사설)의 수이다. 3열은 하나의 단어가 나타난 텍스트 표본의 수를 나타낸다. 각 표본은 200단어로 이루어져 있고 표본의 최대 숫자는 500이다.

sections	49	8	36
farmers	49	8	24
worship	49	8	22
earnings	49	7	15
huge	48	11	39
address	48	11	36
conscious	47	14	34
protest	47	13	33
dependent	47	7	30
comfort	46	14	39
exciting	46	13	37

그러나 빈도와 범위가 단어 목록을 개발하기 위한 충분한 근거가 되지 않는다는 것을 곧 알게 되었다. 왜냐하면 높은 빈도와 넓은 범위의 단어가 초급 코스에서 반드시 가르쳐야 하는 단어는 아니기 때문이다. 예를 들어, 책, 펜, 책상, 사전과 같은 단어는 빈도가 높은 단어는 아니지만 언어 코스에서 일찍 가르쳐야 한다. 다음은 단어 목록을 결정하는 다른 기준들이다.

교수가능성 *Teachability*: 직접 교수법이나 전신 반응 교수법을 추구하는 코스에서는 그림이나 실연을 통해 쉽게 보여줄 수 있기 때문에 구체적 concrete 어휘를 먼저 가르 친다.

유사성 *Similarity*: 어떤 항목은 모국어와 유사하다는 이유로 선택할 수 있다. 예를 들어 영어와 프랑스어는 *table, page, nation*처럼 어원이 같은 단어가 많기 때문에 이와 같은 단어를 프랑스어 화자 학습자를 위한 단어 목록에 포함시키는 것은 정당하다고 할 수 있다.

유용성 *Availability*: 어떤 단어는 빈도가 높지 않지만 특정 주제를 가르칠 때 재빨리 머리에 떠오른다는 점에서 '유용할' 수 있다. 예를 들어, *classroom*이라는 단어는 *desk,* *chair, teacher, pupil*이라는 단어를 상기시키며 이러한 단어들은 코스 초반에 가르칠 만한 가치가 있을 수 있다.

포괄성 *Coverage*: 다른 단어의 뜻을 포함하는 단어 또한 유용하다. 예를 들어, *seat*이라는 단어는 *stool, bench, chair*의 의미를 포함한다는 점을 고려하여 가르쳐야 한다.

정의력 *Defining power*: 어떤 단어는 빈도가 높지 않다 하더라도 다른 단어를 정의할 때 유용하기 때문에 선택할 수 있다. 예를 들어, *container*는 *bucket, jar, carton*을 정의하는 데 매우 유용하다.

어휘 선정의 절차procedures를 통해 *기본 어휘/Basic vocabulary*(지금의 *어휘 중심 교수요목*)를 구성하게 되었다. 기본 어휘는 언어 코스에서 첫 500단어, 두 번째 500단어 등과 같이 수준을 나누고 무리지은 목표 어휘이다. 단어 빈도 연구는 1920년대부터 지금까지 언어 연구의 활동적인 분야가 되어 왔다. 이는 컴퓨터를 이용하여 단어의 빈도와 단어 분포distribution 유형을 쉽게 확인할 수 있기 때문이다. 언어 교육에서 중요한 어휘 중심 교수요목 중의 하나는 Michael West의 *A General Service List of English Words* (영어 단어 일반 도움 목록, 1953)이다. 이는 "외국어로서의 영어 학습을 위한 기초로 적당한 *General service* 단어" 2,000개 목록을 포함한다(vii). 이 목록은 각 단어의 여러 의미에 대한 빈도 정보도 함께 제공하고 있다(<부록 1> 참고). *General service list*는 그 당시 현장 전문가들이 어휘 선정에 대해 연구한 주요 결과들을 통합한 것이었다. The *Interim Report on Vocabulary Selection*, 1936년 출판(Faucett, Palmer, West, Thorndike 1936). 이 보고서의 목적은 영어의 단순화와는 달리 교육을 단순화하는 데 있었다. 그리고 이 보고서는 1930년대까지 연구된 모든 결과에 기초하였고 책이 출판되기 10년 전에 이루어진 저명한 응용언어학자들의 경험적 연구를 활용하였다. *General Service List*는 오랫동안 코스 교재, 단계별 읽기 자료, 기타 교수 자료의 단어를 결정하는 기준이 되었다. Hindmarsh(1980)는 4,500단어를 7단계 수준으로 나눈 또 다른 중요한 어휘 목록이다.(<부록 2>를 보라.)

1.3. 문법 선정과 등급화 Grammar selection and gradation

교수 목적에 맞는 문법을 선정하기 위해 1920년대부터 응용 언어학자들은 체제적 접근법이 가장 필요하다고 보았다. 일반 문법책의 내용에서 볼 수 있듯이 언어의 통사 구조는 매우 많으며 따라서 언어 교수를 위한 '기본 문법구조 목록'을 개발하기 위해 많은 시도가 있었다(예. Fries 1952; Hornby 1954; Alexander, Allen, Close, O'Neill 1975).

'문법 선정'에 대한 요구는 Willkins(1976, 59)의 '허락 구하기 asking permission' 화행 구조를 연구한 예에서 잘 찾아볼 수 있다.

Can/may I use your telephone, please?
Please let me use your telephone.
Is it all right to use your telephone?
If it's all right with you, I'll use your telephone.
Am I allowed to use your telephone?
Do you mind if I use your telephone?
Do you mind me using your telephone?
Would you mind if I used your telephone?
You don't mind if I use your telephone (do you)?
I wonder if you have any objection to me using your telephone?
Would you permit me to use your telephone?
Would you be so kind as to allow me to use your telephone?
Would it be possible for me to use your telephone?
Do you think you could let me use your telephone?

이렇게 다양한 구조 중에서 어느 것이 가르치기에 유용할지 어떻게 결정할 수 있는가? 전통적으로 코스에 포함된 문법 항목은 (코스에서 사용하는) 교수법에 의해 결정되었기 때문에 언제, 어떤 항목을 가르칠 것인지가 매우 다양하게 나타났다.

대부분의 코스는 be동사와 동격문('이것은 펜이다' 등)으로 시작한다. 코스들은 읽기에서 단순 시제(서술에 필수적인 것)를 먼저 제시했는데, '직접-구두 Direct-Oral

교수법'에서는 진행형 시제를 먼저 제시하고 단순 시제는 나중에 제시하라고 주장했다(Hornby, 1959, viv).

오늘날 흔히 배우지 않는 언어에서도 같은 현상이 일어난다. 예를 들어, 일찍이 광둥어 초급 교재 내용의 연구(Li & Richards 1995)에서 다섯 가지 교재에 나타난 문법 구조를 분석한 바 있다. 다섯 가지 교재에서 총 221개의 서로 다른 문법 항목이 소개되고 있는 것을 발견했는데 소개된 문법 항목이 다양하다는 것은 학습자가 각 교재가 쉬운지, 어려운지 인식하는 데 영향을 미친다. 각 교재에 나타난 문법 항목의 수는 다음과 같다.

교재 A	100
교재 B	148
교재 C	74
교재 D	91
교재 E	84

그러나 각 교재마다 동일한 문법 항목이 나타나는 것은 아니었다. 문법 항목의 분포는 다음과 같다.

5개 교재의 총 문법 항목	221	
1개 교재에 나타난 항목 = 92	41.6%
2개 교재에 나타난 항목 = 54	24.4%
3개 교재에 나타난 항목 = 36	16.3%
4개 교재에 나타난 항목 = 17	7.7%
5개 교재에 나타난 항목 = 22	10%

(Li & Richards 1995)

다섯 가지 코스 교재course book에 나타난 어휘 분포에서 본 것처럼 한 교재에만 나타난 문법 항목의 비율(41.6%)이 많다는 것은, 각 교재의 저자들이 광둥어를 배우는 학습자가 알아야 할 문법 항목에 대해 서로 매우 다른 직관을 가지고 있다는 것을 보여 준다.

영어 교수에서는 1930년대부터 응용 언어학자들이 문법 교수요목의 설계를 위해서 선정의 원리를 적용하기 시작했다. 그러나 문법의 경우, 선정은 등급화와 밀접하게 연관되어 있다. 등급화는 교수요목에서 교수 항목의 그룹화 및 배열과 관련이 있다. 문법 교수요목에서는 가르칠 문법 구조와 그 순서가 자세히 나타난다. 어휘와 문법 선정의 선구자인 Palmer는 등급화의 원리를 다음과 같이 설명한다 ([1922], 1968, 68).

문법적 자료는 반드시 등급으로 나누어야 한다. 특정 서법 moods이나 시제는 다른 것보다 더 유용하므로 먼저 이것들을 집중적으로 살펴보자. 많은 경우 언어를 습득할 때 우리는 전치사 전체와 그 용법 및 필요조건을 모두 외우려 하지 않고 중요도에 따라 선택하려고 할 것이다. 규칙과 예외 목록의 경우 만약 우리가 그것을 모두 배운다면 꼭 필요한 순서대로 배우게 될 것이다. 대부분의 언어는 전체 언어 구조를 좌우하는 문법과 통사의 기본 원칙이 있다. 만약 코스가 해당 언어의 메커니즘을 의식적으로 학습하는 것을 포함한다면 등급화의 원리에 따라 필수요소를 먼저 배우고 세부내용은 다음 단계로 남기자.

어휘 선정을 연구하는 학자들은 단어 빈도 목록을 통해 경험적 방법으로 단어 목록을 완성한 반면, 일반적으로 문법 교수요목은 문법 항목의 출현 빈도가 아니라 단순성과 학습 가능성이라는 직관적 기준으로부터 개발되었다. (문법)구조 목록을 개발하고 논리적 순서로 등급을 분류하는 것이 그 목적이었으며 이는 영문법을 단계적으로 쉽게 소개하는 데 도움이 되었다. 이를 위해 분석적 접근법을 사용하였다. 다음은 문법 교수요목의 개발에 사용되는 기초 원리이다.

① *단순성과 중심성* simplicity and centrality: 복잡하고 주변적인 것보다 단순하고 중심이 되는 기본 구조를 선택하는 것이 좋다. 이런 기준에 따르면, 영어 코스의 초급 단계에서는 다음과 같이 나타난다.

The train arrived. (주어 동사)
She is a journalist. (주어 동사 보어)
The children are in the bedroom. (주어 동사 부사)
We ate the fruit. (주어 동사 목적어)
I put the book in the bag. (주어 동사 목적어 부사)

같은 기준에 의해 다음은 제외된다.

Having neither money nor time, we decided buying a ticket to the opera was out of the question.
For her to speak to us like that was something we had never anticipated.

② *빈도frequency*: 발생 빈도는 문법 교수요목을 개발할 때 제시되지만 분석을 위해 문법 구조를 부호화coding 해야 하는 어려움과 적절한 문법 단위를 결정해야 하는 어려움 때문에 상대적으로 거의 발달하지 못했었다. 최근에 와서야 컴퓨터 말뭉치로 인해 실제 언어 구조의 분석이 가능해졌다. 응용 언어학자들의 직관에 따라 만든 문법 구조 목록과 실제 언어 말뭉치에서 나타난 정보가 서로 다르다는 것은 놀랄 만한 일도 아니다. McCarthy와 Carter(1995)는 회화체 말뭉치에서 자료를 추출하고 여러 구두 문법의 특징을 밝혔는데 이는 표준 교수요목에 포함되지는 않는다.

예.
주어와 동사의 생략- "I don't know" 대신 "Don't know"의 경우.
주제 강조 - "That house on the corner, is that where you live?"의 경우.
말꼬리- 문장 끝에 다음과 같은 말투를 쓸 경우. "you know", "don't they?"
전달 동사- "I was saying", "They were telling me."의 경우

③ *학습가능성learnability*: 문법 교수요목은 제2언어 학습에서 습득되는 문법 항목의 순서를 고려해야 한다고 논의되어 왔다. 예를 들어, Dulay와 Burt(1973, 1974)는 다양한 유창성 수준을 가진 제2언어 학습자들의 면담 자료를 중심으로 문법 항목 발달 순서를 다음과 같이 제안했다.

1. 명사	11. wh-의문문
2. 동사	12. 현재진행형
3. 형용사	13. 명령
4. be 동사	14. 소유격
5. 소유대명사	15. 비교급
6. 인칭대명사	16. 제안

7. 시간 부사	17.	단순 미래
8. 요청	18.	단순 과거
9. 단순 현재	19.	부정사/동명사
10. 미래	20.	조건법(가정법)

이러한 습득 순서의 타당성에 대한 의문이 제기되어 왔지만(예. Nunan, 1992, 138) 여러 응용 언어학자들은 문법 구조 개념이 자연 순서에 따라 습득되며, 이 순서가 교수 정보를 제공한다고 주장했다(예. Pienemann, 1989). 습득 순서에 대한 신뢰할 만한 정보는 거의 없었지만 이것은 문법 교수요목을 계획하는 데 실질적으로 도움이 되었다.

어떤 문법 항목이 교수요목에 포함될지 결정하는 것과 더불어 문법 항목의 순서 sequencing 혹은 등급화를 결정해야 한다. 체계적인 방법으로 코스 내용의 순서를 결정해야 한다는 요구가 최근에 대두된 것은 아니었다. 17세기의 학자 Comenius(Mackey 1965, 205에서 요약)는 다음과 같이 주장했다.

시작 the beginning은 서서히, 정확해야 하며, 바르게 이해되고, 즉각적으로 검증되어야 한다. 첫 번째 층이 견고하지 않으면 그 위에 아무것도 지을 수가 없다. 왜냐하면, 전체 구조는 기초로부터 발전하기 때문이다. 한 요소는 다음 요소로부터 흘러나오고, 이후의 항목들이 이전 항목들을 포함하기 위해 모든 요소는 서로 결속되어야 한다. 선행하는 것이 무엇이든, 후행하는 것에 대해 하나의 단계를 형성한다. 마지막 단계는 명백한 연결 고리를 통해 처음으로 거슬러 올라갈 수 있어야 한다.

등급화를 위한 접근법은 다음과 같다.

① *언어적 거리 Linguistic distance*: Lado(1957)는 모국어와 유사한 문법 구조를 먼저 가르쳐야 한다고 제안했다. "학습자 모국어와 비슷한 요소들은 학습자에게 쉬울 것이며, 모국어와 다른 요소들은 어려울 것이다."(Lado 1957, 2) 이러한 가정은 대조 분석 contrastive analysis이라는 언어 대조 접근법의 기초가 되었다.

② *내재적 난이도 Intrinsic difficulty*: 이 원리는 복잡한 구조보다 간단한 구조를 먼저 가르쳐야 한다고 주장한다. 그리고 교수요목에서 문법 항목의 순서를 정당화하는 데 사용되는 가장 일반적인 기준이다.

③ 의사소통적 요구communicative need: 영어에서 단순 과거와 같은 구조는 어렵지만 우선적으로 가르쳐야 한다. 코스에서 오랫동안 과거 사건을 언급하지 않는 것은 어렵기 때문이다.

④ 빈도frequency: 목표 언어에서 문법 구조와 항목이 나타나는 빈도는 교수요목에 나타나는 순서에도 영향을 미칠 것이다. 그러나 앞서 지적한 것처럼, 교수요목 계획자들에게 이런 종류의 정보는 거의 없다. 또한, 빈도는 기타 기준과 견줄 수 있다. 영어에서 현재 진행형은 빈도가 높은 동사 형태가 아니지만, 교실 맥락에서 비교적 쉽게 설명하고 연습할 수 있기 때문에 종종 언어 코스의 초반에 소개된다.

이러한 요인 외에도 코스를 설계할 때는 코스 항목의 순서를 결정하는 두 접근법 사이에서 하나를 선택해야만 한다. 즉, 선형 linear 등급화와 나선형 circular 등급화이다. 선형 등급화에서 항목은 하나씩 차례대로 소개되며 다음 항목이 제시되기 전에 집중적으로 연습된다. 나선형 등급화에서 항목은 코스 내내 다시 도입된다.

> 자료가 순환적 순서로 제시되는 코스(나선형 등급화)에서 개별 항목은 엄격한 선형 등급화에서처럼 처음부터 끝까지 하나도 빠짐없이 제시되고 논의되는 게 아니라 해당 항목 item in question의 본질적인 측면이 처음에 제시된다. 이러한 항목은 코스 중에 계속 되풀이되고, 매번 이미 배운 항목과 통합되어 그것과 관련된 새로운 측면이 소개될 것이다(Van Els et al. 1984, 228).

선형 등급화에 비해 나선형 등급화의 이점을 의심할 여지는 없지만 실제 (항목의) 순환을 담당하는 것은 대부분 교사의 몫이다. 왜냐하면 나선형 등급화로 인해 교재가 지나치게 두꺼워지는 결과가 생길 수 있기 때문이다.

1940년대 영어 초급자 코스에서 어휘와 문법 통제의 원리가 뚜렷하게 나타나기 시작했으며 문법 구조는 등급에 따른 순서로 조직되어 나타나기 시작했다. 당시에 사용하던 교수법은 '구조structure' 학습을 가장 중요하게 생각하였다. 미국의 언어학자 Fries는 그의 저서인 '*외국어로서의 영어 학습과 교수Teaching and Learning English as a Foreign Language*(1946)'와 '*영어의 구조The Structure of English*(1952)'에서 그가 생각한 외국인 학생이 배워야 하는 주요 구조에 대해 약술했다. 이 구조를 바탕으로 미시간 대학교 영어 연구소English Language Institute of the University of Michigan는 코스 문법 요소와 교수 자료를 개발했다. 영어의 핵심 문법 구조에 초점을 맞춘 미시간 자료는 곧 미국에서 ESL 학생을 가르치기 위한 모든 자료 개발에 영향을 미치게 되었고 미국에서 20여 년 이상 지배적인 방법론이 되었다(Darian 1972). 영국의 Hornby는 그의 저서 '*영어 문형과 용법 안내*Guide to Patterns and Usage in English(1954)' 와 '*구조적 단어와 문형에 대한 교수* The Teaching of Structural Words and Sentence Patterns(1959)'에서 전쟁 전 Palmer의 노력을 토대로 문형을 등급화하고 종합 문법 교수요목(영어 교수의 구조적 접근법과 함께)을 발달시켰다. 이러한 것들이 다양한 수준의 영어 교수요목과 코스에 필요한 기본적인 문법 구조를 탄생시켰다. 그 결과 '교육 영어 문법'(또는 그 변형)은 당시 만들어진 대부분의 교수 자료의 문법 교수요목을 위한 기초를 형성했다(<부록 3> 참고). 이후 다른 언어 교육 전문가들은 코스 설계와 자료 개발의 기초로서 문법 교수요목의 세부 항목을 다듬고 더욱 발전시켰다(예. Alexander et al. 1975).

1920년대에 어휘 교수요목과 문법 교수요목이 처음 등장한 이래로 이 두 교수요목은 언어 교수 자료와 교재 개발을 위한 중요한 지침을 제공해왔다. 그러나 언어 코스 혹은 언어 프로그램의 핵심이라고 생각된 것은 '문법 교수요목'이다. Wilkins 는 다음과 같이 언급했다(1976, 7).

> 문법 교수요목의 사용은 언어 교수에 있어 전통적인conventional 접근으로 간주된다. 대부분의 교수요목과 잘 알려진 유명한 코스들은 문법 구조의 순서화된 항목을 핵심으로 보기 때문이다. 어휘 내용은 중요성에 있어 두 번째이며, 코스의 기본 구조를 제공하는 일은 확실히 드물다. 문법 체계의 주요 부분을 학습할 때까지, 어휘의 양은 교육에 필수적이면서도, 학습 내용의 적절한 다양성을 확보하기 위한 정도로만 제한되어야 한다는 의견이 널리 퍼졌다.

1.4. 초기 교수요목 설계 접근법의 가정
Assumptions underlying early approaches to syllabus design

이제 우리는 20세기 초반에 나타난 교수요목 설계 접근법 이면의 가정을 검토할 것이다. 그리고 그 과정에서 교수요목 설계를 설명할 때 나타나는 다음과 같은 한계를 드러낼 것이다.

1) 언어의 기본 단위unit는 어휘와 문법이다.

이번 장에서 논의한 전통적인 연구 활동은 주로 어휘와 문법을 통한 영어 교수 접근법이었다. 실제 언어 수업에서 말하기와 발음의 역할을 무시하지는 않았지만 교수요목 계획에서 중요한 것은 언어 발달의 기본 원칙이라고 할 수 있는 어휘와 문법이었다. 꼼꼼한 교수요목 설계와 상세한 설명을 통해 체계와 순서가 어휘와 문법 영역에 일단 도입되면 언어 교수는 더욱 합리적이고 타당한 기초 위에 놓일 수 있다는 믿음이 있었다.

2) 학습자의 언어에 대한 요구는 어디서나 같다.

언어 교수의 중점은 West의 단어 목록의 제목처럼 '일반general' 영어에 있었다. General Service List의 핵심 어휘와 함께 Hornby가 고안한 문법 교수요목은 거의 모든 언어 코스의 기초가 될 것이라고 생각했다.

3) 학습자 요구는 오직 언어 요구의 측면에서만 규명된다.

모든 학습자들은 자신의 학습 상황에 상관없이 영어를 정복하면 자신의 문제가 해결될 것이라고 생각한다. 영어 교수의 목적은 학습자들에게 영어를 가르치는 것이지 영어를 통해서 학습자 문제를 해결하는 방법을 가르치는 것이 아니다.

4) 언어 학습의 과정은 대부분 교재textbook가 결정한다.

학습자가 언어 학습 과정에서 받는 주된 입력은 교재이다. 따라서 선정과 등급화 원리는 교재 내용을 조정하고 언어 학습을 촉진하는 방법으로서 중요하다.

5) 교수 맥락은 외국어로서의 영어English as a foreign language, EFL 맥락이다.

Palmer, West, Hornby의 어휘·문법 교수요목 개발에 관한 대부분의 초기 연구는 외국어로서의 영어 교육 맥락에서 이루어졌다. 학생들은 영어를 학교 정규 과목으로 배웠으나 교실 밖에서 즉각적으로 필요한 것은 아니었다. 수업과 교재는 언어 학습 과정에 중요한 입력을 제공했다. 따라서 교수요목 개발자들의 목적은 선정과 등급화의 과정을 통해 입력을 최대한 단순화하고 정당화하는 것이었다. 세계 속에서의 영어의 위상 변화와 1940년대 이래로 지속되어 온 영어 학습 목적의 변화는 다음 단계 언어 교육과정 개발의 발전으로 이끌었다. 이러한 변화와 그로 인한 언어 교육과정 개발에 대한 접근법은 2장에서 중점적으로 다룰 것이다.

1.5. 토론 질문 및 활동

1. 이 책은 언어 코스와 자료의 계획 및 시행에 관한 책이다. 이들 과정의 세 측면 중 여러분에게 가장 흥미로운 것은 무엇인가? 질문의 형태로 목록화하고 다른 것과 비교하여라.
2. 교수요목 설계와 교육과정 계획의 차이점은 무엇인가?
3. 여러분이 잘 아는 언어 프로그램에서 교수요목은 어떻게 개발되었는가?
4. 언어 교수법의 특징은 무엇인가? 언어 교수법이 어떤 면에서 교육과정 개발과 관련된 논쟁을 일으키는가?
5. 오늘날 선정과 등급화의 논쟁은 언어 교수와 얼마나 관련되어 있는가? 선정과 등급화에 대한 현재의 관점에 영향을 미치는 요인은 무엇인가?
6. 초급의 언어 교수 텍스트를 살펴보라. 어떤 요인이 텍스트의 문법 항목을 선정하고 등급화하는 데 영향을 미치는가?
7. 언어 교수에서 선정과 등급화의 개념이 실제적 텍스트 혹은 출처를 사용하는 것과 양립할 수 있는가?
8. <부록 1, 2>에서 보여준 단어 목록이 오늘날 얼마나 유용한가?

West(1953)에 있는 아래의 리스트는 2,000개의 핵심 어휘와 각 단어가 다양한 의미로 사용되는 빈도를 보여 준다.

FLOWER	605e			
flower, n.		(1a)	*(part of a plant)*	
			Pick flowers	
		(1b)	*(a flowering plant)*	
			Flowers and vegetables	86%
		Phrase:		
			In flower*(= in bloom)*	1%
		(2)	(figurative)	
			The flower of *(= best specimens)*	4%
			In the flower of his youth *(= best part)*	
flower-/			Flower-garden, *etc.*	0.7%
flower, v.			The roses are flowering	4%
FLY	805e			
fly, v.		(1)	*(travel through the air)*	
			Birds fly; aeroplanes fly	
			Fly an aeroplane, a kite	39%
		Special use:		
			Fly a flag	
		(2)	*(go quickly)*	
			Time flies	
			He flew to the rescue	14%
		(3)	*(Phrases implying sudden rapid motion)*	14%
			Fly to arms; fly at; fly in the face of	4.8%
			Fly into a rage; [fly out of]	1.3%
			Sent it flying; the door flew open	1.6%
flying, adj.			Flying-boat, -fish, -jump; flying	14%
			[= *flee,* 6.3%. The *word* Flee, fled,	
			202e *is not included in the Report,*	
			fled *is rather necessary for narrative*]	

fly, n.		(*flying insect, especially housefly*)	11%
FOLD	196e		
fold, v.		Fold a piece of paper	
		Fold up one's clothes	
		Fold it up in paper	
		Fold one's arms	43%

4,500개 단어의 어휘 리스트가 7개의 레벨로 분류되어 있다(Hindmarsh 1980).

1 baby
   1 *n.* a young child
   6 *n.* youngest: *which of you is the baby?*
   7 *adj.* not fully developed : *baby marrows*
4 baby-sitter *n.*
1 back
   1 *adv.* towards the rear: head winds drove them back
   1 *n.* part of the body or of an object, opposite of front: *the back of his head*
   2 *adv.* to a former state: *back to life*
   2 *adv.* in return: *to have the money back*
   3 *adv.* of time: *back in the Middle Ages*
   4 *adv.* in retaliation: *answer back; hit back*
   4 *v.* reverse: *he backed the car away*
   6 *v.* gamble on: *back a cause*
5 back out of *v.* withdraw
   1 badly
   1 *adv.* roughly, untidily: *badly made*
   2 *adv.* much: *badly in need of repair*
   5 *adv.* very much: *she wants it badly*
   6 *adv.* poor: *badly off*
5 badge *n.* sign of occupation, office, membership
1 bag
   1 *n.* container for carrying solid things
   7 *n.* lots of: *bags of money*
   7 *v.* get by hunting: *bag some duck*

3 baggage *n.* luggage
2 bake
   2 *v.* cook
   3 *v.* harden: *these pots were baked in our kiln*
   7 *v.* warm one's body: *baking in the sun at the resort*
2 baker *n.*
3 balance
   3 *v.* cause to be steady: *balance a ruler on one finger*
   5 *n.* instrument for weighing
   6 *v.* equate: balance the accounts
   6 *n.* state of equilibrium: balance of power
   7 *n.* outstanding amount: hand in balance
5 balcony
   5 *n.* platform on exterior of building
   7 *n.* raised level of seating in theatre
4 bald *adj.* without hair on head
1 ball
   4 *n.* round object: *cricket ball; meatball; a ball of wool*
   6 *n.* dance: *May Ball*
5 ballet *n.*
2 balloon *n.* bag or envelope filled with air
4 ballpoint *n.*
1 banana *n.*
3 band
   3 *n.* group of persons, generally musicians
   4 *n.* connecting piece: rubber bands
   6 *v.* join together

6 *n.* strip: *a band of colour*

5 bandage *n.*

5 back up *v.* support

5 backbone

    5 *n.* spine

    7 *n.* main strength: *backbone of the crew*

4 background

    4 *n.* part of a view

    7 *n.* setting: t*he background th the report*

5 backwards

    5 *adv.* away from front: *go backwards*

    5 *adv.* reverse order: *say the letters backwards*

5 backyard *n.*

1 bad

    1 *adj.* useless: *a bad worker*

    1 *adj.* unpleasant, incorrect: *bad manners*

    1 *adj.* immoral: *a bad man, bad behaviour*

    2 *adj.* painful: *I've got a bad head*

    4 *adj.* rotten: *go bad*

5 bang

    5 *n.* sudden loud noise

    6 *n.* a violent blow

    6 *v.* strike: *bang in that nail with a hammer*

2 bank

    2 *n.* establishment for handling money

    5 *n.* a ridge: *bank of earth*

    6 *v.* place securely: *to bank one's money*

3 Bank Holiday *n.*

5 banker *n.*

5 bankrupt *adj.*

2 bar

    2 *n.* a drinking place

    4 *n.* a rod of wood or metal: *a bar of gold*

    5 *v.* obstruct: *to bar the door*

    5 *n.* obstacle: *a bar across the road*

    7 *n.* place in court: *prisoner at the bar*

4 barber *n.*

3 bare

    3 *adj.* naked: bare skin; *bare head*

    6 *adj.* mere: *kill with your bare hands*

    6 *adj.* very slight: *a bare majority*

    7 *v.* make naked: *bare one's head*

3 bargain

    3 *v.* negotiate by argument: *you have to bargain in a Persian bazaar*

    5 *n.* thing bought cheaply

    5 *n.* agreement: *strike a bargain*

3 bark

    3 *v.* cry (dogs, foxes)

    3 *n.* cry so made

    6 *v.* shout sharply: he barked his orders

5 barman *n.*

4 barrel

    4 *n.* round container: *a barrel of beer*

    7 *n.* tube: *barrel of a rifle*

4 base

    4 *n.* foundation: *base of a piller*

    5 *v.* establish on foundation: *base the argument*

    6 *n.* headqurters, main office: *go back to base for supplies*

    7 *adj.* dishonourable: *acting from base motives*

4 basement *n.*

〈부록 3〉 초기 영어 문법 교수요목의 일부 (**Hornby** 1959)

This 이것은 (이 사람은)	is ~입니다.	John (Mary) 존 (메리) Mr.(Mrs., Miss) 씨 (부인, 양)	Brown (Green, White). 브라운 (그린, 화이트).
		a 하나의	stone (cow, horse, desk, book). 돌 (소, 말, 책상, 책)
That 저것은 (저 사람은)		an 하나의	apple (egg, inkpot, umbrella). 사과 (달걀, 잉크병, 우산)
		my (your) 나의 (너의)	bag (desk, pen, head, mouth). 가방 (책상, 펜, 머리, 입)

These 이것들은 Those 그것들은	are ~입니다.			stones (cows, trees, desks, books, eggs, umbrellas). 돌들 (소들, 나무들, 책상들, 책들, 달걀들, 우산들).
		my (your) 나의 (너의)		books (pens, pencils). 책들 (펜들, 연필들).
This 이것은	is ~입니다.	my 나의	left 왼쪽	hand (eye, ear). 손 (눈, 귀).
That 저것은		your 너의	right 오른쪽	

What is 무엇입니까? What's 무엇입니까?	this? 이것은 that? 저것은
What are 무엇입니까?	these? 이것들은 those? 그것들은

It is 이것은 ~이다. It's 이것은 ~이다.	a 하나의 my 나의 your 너의	book. 책. pen. 펜. pencil. 연필.
They are 이것들은 ~이다. They're 이것들은 ~이다.	(-) my 나의 your 너의	books. 책들. pens. 펜들 pencils. 연필들

Is 입니까?	this 이것은 that 저것은	a pen or a pencil? 펜 또는 연필 a bag or a box? 가방 또는 상자 my book or your book? 나의 책 또는 너의 책
Are 입니까?	these 이것들은 those 그것들은	pens or pencils? 펜들 또는 연필들 bags or boxes? 가방들 또는 상자들 my books or your books? 나의 책들 또는 너의 책들

Is ~입니까?	this 이것은 that 저것은	a 한 마리의	cow? 소 bird? 새 horse? 말	Yes, it's 네, 이것은 ~입니다. No, it isn't 아니요, 이것은 ~이/가 아닙니다.	a 한 마리의	cow. 소 bird. 새 horse. 말
	it 이것은	my 나의 your 당신의	book? 책 box? 상자		my 나의 your 당신의	book. 책 box. 상자
Are ~입니까?	these 이것들은 those 저것들은		cows? 소들 birds? 새들 horses? 말들	Yes, they're 네, 그것들은 ~입니다. No, they aren't 아니요, 그것들은 ~이/가 아닙니다.		cows. 소들 birds. 새들 horses. 말들
	they 그것들은	my 나의 your 당신의	books? 책들 boxes? 상자들		my 나의 your 당신의	books. 책들 boxes. 상자들

▌참고문헌 ▌

Alexander, L. G., W. Stannard Allen, R. A. Close, and R. J. O'Neill. 1975. *English grammatical structure*. London: Longman.

Darian, S. 1972. *English as a foreign language: History, development, and methods of teaching*. Norman: University of Oklahoma Press.

Dulay, H., and M. Burt. 1973. *Should we teach children syntax?* Language Learning, 23: 245~258.

Dulay, H., and M. Burt. 1974. *Natural sequences in child second language acquisition*. Language Learning, 24: 37~53.

Faucett, L., H. Palmer, M. West, and E. L. Thorndike. 1936. *Interim report on vocabulary selection*. London: P. S. King.

Fries, C. 1946. *Teaching and learning English as a foreign language*. Ann Arbor: University of Michigan Press.

Fries, C. 1952. *The structure of English*. New York: Harcourt Brace.

Hindmarsh, R. 1980. *Cambridge English lexicon*. Cambridge: Cambridge University Press.

Hornby, A. S. 1954. *Guide to patterns and usage in English*. Oxford: Oxford University Press.

Hornby, A. S. 1959. *The teaching of structural words and sentence patterns*. Oxford: Oxford University Press.

Lado, R. 1957. *Linguistics across cultures*. Ann Arbor: University of Michigan Press.

Li, D., and J. C. Richards. 1995. *Cantonese as a second language: A study of learner needs and Cantonese course books*. Research Monograph 2, English Department, City University of Hong Kong.

Mackey, W. F. 1965. *Language teaching analysis*. London: Longman.

McCarthy, M. 1990. *Vocabulary*. Oxford: Oxford University Press.

McCarthy, M., and R. Carter. 1995. *Spoken grammar: What is it and how can we teach it?* ELT Journal 49(3):207~218.

Nunan, D, 1992. *Research methods in language teaching*. Cambridge: Cambridge University Press.

Palmer, H. E. 1968[1922]. *The principles of language study*. Oxford: Oxford University Press.

Pienemann, M. 1989. Is language teachable? *Applied Linguistics* 6: 186~214.

Richards, J. C., and T. Rodgers. 1986. *Approaches and methods in language teaching*. New York: Cambridge University Press.

Van Els, T., T. Bongaerts, G. Extra, C. Van Os, and A. Janssen-van Dieten. 1984. Applied linguistics and the learning and teaching of foreign languages. London: Arnold.

West, M. 1953. *A general service list of English words*. London: Longman.

Wilkins, D. 1976. *Notional syllabuses*. Oxford: Oxford University Press.

2
교수요목 설계부터 교육과정 개발까지
From syllabus design to curriculum development

1장에서 살펴본 교수요목 설계 접근approach은 1950년대까지의 언어 교수를 충분히 뒷받침하였다. 또 어휘 수준과 난이도에 따라 등급을 나눈 일반 영어에 초점을 맞춰 교수요목을 구성하였으며 구조와 어휘를 통해 영어를 가르쳤다. Darian(1972, 94)은 미시간 대학교Michigan University에서 만든 영향력 있는 자료들에 대해 다음과 같이 비평하였다.

> '맥락적 자료 contextual materail'가 전혀 없다. 연습을 위해 선택된 문장들은 완벽한 일반 발화일 뿐 문장 사이의 관련성은 거의 없다. …… 게다가 거의 모든 (학습자의) 응답은 복잡하게 통제되고 학습자는 연습용으로 통제된 응답이 아닌 발화는 할 수 없다.

이 시기에는 기술 영어technical English나 특정 직업에서 사용하는 영어에 초점을 맞춘 책들뿐만 아니라 주제, 상황, 표현 등으로 구성된 여행 및 상업 영어 교재와 같은 언어 교수의 다른 접근도 있었다. 그러나 기술 영어나 특정 직업을 위한 영어 책 및 코스는 일반 영어 교수나 일반 목적을 위한 영어에 초점을 맞추는 언어 교수의 주요 흐름에 따라 우연히 생겨난 것이었다.

2.1. 새 방법론에 대한 탐색 The quest for new methods

2차 대전 이후 외국어로서 또는 제2언어로서의 영어 교수는 더욱 중요해졌다. 영국, 캐나다, 미국, 호주에서 영어 교육 코스에 대한 이민자, 난민, 외국 학생들의 수요가 증가했다. 국제적인 의사소통 언어로서 영어의 역할은 1950년대에 빠르게 확장되었다. 해외여행 및 항공여행의 증가로 사람들의 이동이 증가하게 되었고, 영어는 국제 무역과 상업에서 더욱더 중요해졌다. 또한 라디오, 영화, 텔레비전의 발달로 영어의 역할이 증가하게 되었다. White(1988, 9)는 다음과 같이 밝혔다.

"중세의 영어는 섬나라의 언어였고 불어가 대륙의 언어였던 반면, 대영 제국의 언어 정책과 영어를 사용하는 미국이라는 초강대국의 출현, 19세기와 20세기 산업과 기술의 발달이 우연히 영어와 결합한 덕분에 영어는 20세기 세계의 언어가 되었다."

이러한 모든 발달은 전형적인 학교 코스에서 얻을 수 있는 언어의 학문적인 숙달보다는 여러 나라 사람들이 실용적으로 영어를 구사할 필요를 뒷받침하였다.

영어를 가르치는 전문가들의 초기 대응은 방법론 methodology에서 새로운 방향을 찾는 것이었다. 언어 학습자들의 변화하는 요구를 충족시키기 위해서 언어와 언어 학습의 본질에 대한 최신 이론을 반영한 교수 방법론이 필요하다고 가정하였다. 언어학은 언어의 구조 structure와 조직 organization에 대한 이론의 원천이고 이러한 이론들은 새로운 "과학적 원리를 기반으로 하는" 교수 방법의 근거로 적극 활용되었다. 언어 교수에서 50년대와 60년대는 방법론적인 측면에서 부흥의 시대였다. 영국의 응용 언어학자들은 20~30년대 구두 접근법 oral approach을 바탕으로 한 방법을 개발했는데, 이 방법은 세밀하게 등급을 나눈 '문법 · 어휘 교수요목 grammatical and lexical syllabus'과 관련되어 있다.

- 어휘 수준을 등급화한 구조적 교수요목 structural syllabus
- 새로 가르칠 내용 teaching points을 맥락화하기 위해 상황을 이용하여 맥락 속에서 유의미하게 문법 제시
- 제시 Presentation, 통제된 연습 Practice, 자유로운 표현 Production의 순서로 이루어지는 교실 활동 P-P-P method

이 방법론은 상황적 접근법 situational approach 또는 구조-상황적 접근법 structural-situational approach이나 상황적 언어 교수 Situational Languager Teaching로 알려져 왔고 1950년대부터 영국 언어 교수에 있어서 주요한 교수 방법론이 되었다. 이 방법론을 기초로 한 잘 알려진 교재는 Robert O'Neill의 Kernel series(Longman 1978)이다. 영국의 식민지 지배하에 있는 싱가포르와 같은 국가의 경우, "1950년대 초 영어로 수업하는 학교의 교육과정은 언어와 문학을 통합하여 가르치는 영국학교의 교수 전통을 따랐다"(Ho 1994, 222). 이는 말레이시아, 인도, 홍콩과 같은 다른 식민지 국가에도 똑같이 적용되었다.

특별히 비모어 화자를 위해 설계한 언어 연구에 대한 규정이 없어서 원래 영국 학생들의 Oxford나 Cambridge 시험 준비용으로 쓰인 J. C. Nesfield의 학교 문법이 식민지 국가들에 대량 수입되었다. …… 1960년대 초기부터 중반까지…… 이 학교들은 하나의 교과목으로 영어를 가르쳤으며 선택된 텍스트와 문법의 학습을 통하여 영어에 관한 지식을 얻는 것을 목표로 삼았다. 또한, 이중 언어 사전의 도움을 받아 텍스트 이해에 필요한 이러한 어휘 및 문법 원리를 적용하는 것도 목표로 삼았다(Ho 1994, 222~226).

나중에 이러한 방법론은 구조적 교수요목 structural syllabus과 상황 연습 중심 방법론 situational drill-based methodology에 기반을 둔 'TESL/TEFL' 접근법으로 대체되었다. 또한, 구조-상황적 접근법 structural-situational approach은 1950년대부터 호주에서 이민자를 위한 영어교수 프로그램의 기초로 사용되었다(Ozolins 1993). 1960년대 미국에서는 청각구두식 교수법 Audiolingual Method이 지배적이었다. Stern(1974, 63)은 1958년부터 1964년까지를 '청각구두식 교수법의 황금기 Golden Age of Audiolingualism'라고 묘사했다. 청각구두식 교수법은 미국의 구조언어학 연구를 바탕으로 하는데, 구조 언어학은 문법적 교수요목과 행동주의 이론에 바탕을 둔 교수법 teaching approach에 기초를 제공했다. 언어 학습은 반복에 의해 형성되는 습관에 달려있다고 생각했다. 언어학자 Bloomfield(1942, 12)는 청각 구두주의의 핵심 원칙 한 가지를 언급하였다. "언어 교수는 초과학습 overlearning이다. 학습이 부족하거나 덜 된 것은 소용이 없다." 교수 기술은 대화와 문형 연습의 반복인데, 이는 학습한 문형이 새로운 상황에 전이되는 자동화의 기초가 된다.

Rivers(1964)는 청각 구두주의의 가정을 다음과 같이 언급했다.

- 습관은 강화reinforcement에 의해 굳어진다.
- 외국어 습관은 실수를 하면서 형성되는 것이 아니라 올바른 반응을 통해 가장 효과적으로 형성된다.
- 언어는 행동이고, 행동은 학습자가 그 행동을 하도록 유도함으로써만 학습될 수 있다.

Lado의 Lado English Series(Lado 1978)는 이 접근법에 기초를 두고 있다. 유사한 방법이 유럽에서 개발되었는데, 이것은 새로운 언어 항목을 제시, 연습하는 데 시각적인 도구를 사용하는 것으로 알려진 시청각 교수법Audiovisual Method이다.

그 후 20년 간 언어 교수 분야는 교수법에 매료되어 최고의 교수법을 찾는 데 몰두하게 되었다. Lange(1990, 253)는 다음과 같이 보고 있다.

"외국어[교수는] …… 기본적으로 교수 방법론을 지향한다. 불행히도 최신 인기 방법론은 많은 연구나 이해 없이 부각되었는데, 특히 교실에 바로 적용하기에 가장 쉽거나 특정 '권위자'의 지지를 얻는 경우에 더욱 그랬다. 교수법에 대한 관심이 새로운 것은 아니지만 현재와 같은 교수법에 대한 관심은 1950년대부터 시작되었고, 그때부터 외국어 교사들은 '언어 학습과 교수 문제'에 대한 치료법이 있다고 잘못 믿게 되었다."

2.2. 유럽에서의 외국어에 대한 요구의 변화
Changing needs for foreign language in Europe

새로운 교수법에 열광하는 가운데 간과한 부분은 교수법이 얼마나 학습자의 요구를 고려하는가 하는 점이다. Jupp과 Hodlin은 1975년에 이 문제를 제기했다.

특히 1960년대에 [1950년대 중반부터] 영어 교수에서 새로운 교수법과 자료들이 급증하였다. 이러한 변화는 급진적이었으며 언어 교수 혁명이라고도 불리었다. 그러나 이 혁명은 상황이나 학습자의 동기는 거의 고려하지 않았고 사람들이 어떻게 학습하는가, 언어란 무엇인가에만 관심을 두었다. 사람들이 제2언어를 학습하는 이유나 학습 결과의 평가 방법에 대해서는 거의 고려하지 않았다(8).

이러한 문제에 대한 대응 중 하나는, 1970년대 많은 유럽 국가들이 언어 교수 정책을 재평가한 것이었다. 이러한 정책은 어떤 외국어를 학교에서 가르쳐야 하며, 몇 학년 교육과정에 외국어를 넣을 것인지, 얼마나 집중적으로 수업할 것인지 (예. 주당 2, 4, 6시간 수업) 등을 결정하기 위한 견해였고, 고전 언어 교수에 대한 현황을 재검토하였다.

1969년 유럽평의회 the Council of Europe (유럽 국가의 교육적, 문화적 협동을 증진시키기 위한 지역 기구)는 회원국 내에서 외국어 교수를 더욱 효과적으로 증진시키기 위하여 다음과 같은 사항을 결정하였다.

- 유럽 국가들 사이에서 완전한 이해가 이루어지려면 유럽 국가들 사이의 언어 장벽은 사라져야 한다.
- 언어적 다양성은 유럽의 문화유산이며 근대 언어 연구를 통해 통합의 장애물보다는 지적 풍요로움의 근원을 제공하여야 한다.
- 근대 유럽 언어 연구가 보편화될 때 비로소 유럽의 완전한 상호 이해 및 협동이 가능할 것이다(유럽 의회 1969, 8).

이러한 관심에 부응하여 정책은 사회적 요구에 대한 정보에 기초해야만 한다는 점이 명백해졌다. Van Els, T. Bongaerts, G. Extra, C. Van Os와 A. Janssen-van Dieten(1984, 159)은 이 시기에 논의되던 질문을 제기하였다.

- 회원국은 모든 사람이 외국어를 아는 것을 중요하게 여기는가 아니면 특정 직업 영역에서만 필요하다고 생각하는가?
- 얼마나 많은 언어가 필요하며 어떤 언어가 필요하다고 생각하는가?
- 각 개별 언어에 대한 요구가 얼마나 큰가? 모든 사람에게 똑같은 기술 skill이 필요한가 아니면 기술마다 같은 수준의 언어 구사력이 필요한가?
- 어떤 안정적인 stable 요구 유형 pattern이 있는가?

각 국가는 이런 문제에 대해 다양한 방식으로 대응하였지만 의미 있는 대응을 시작한 것은 유럽평의회였다. 유럽평의회는 성인을 위한 언어 교수 프로그램 개발의 틀로 '단위-학점제 unit-credit system'를 사용할 것을 제안했다. 이에 대한 정의는 다음과 같다.

교육체제 educational system는 연구되고 학습되며 습득될 자료(지식과 기술)나 교수요목, 교육과정에 있는 수많은 학습의 단위로 나뉜다. 각 단위는 학습자가 성취해야 할 최종 업적에 대한 정확한 정의를 포함하며 세심하게 구성된 학점 등급제 system of credit ratings를 동반한다(Kingsbury 1971, 11).

숙달도 단계에서 *입문 단계/Threshold Level*는 "단위-학점제에서 일반 외국어 능력의 가장 낮은 수준"으로 설명되었다(Van Ek & Alexander 1975, 7). 이 시기에 의사소통적 교수법(CLT)이 새로운 언어 교수 방법으로 떠올라 과거 교수법에 대한 집착에서 벗어나 언어 교수의 목적, 본질, 과정에 대한 기본적인 가정을 재검토하는 놀라운 교수법으로서 사람들의 관심을 받는 것은 물론 열광의 대상이 되었다. 이 점에서 언어 교수를 성공시키는 방법을 교수법의 변화에 의존하는 것이라고 여겼다기보다 교수-학습의 전체적 맥락을 고려하고 언어 교수 재평가의 시작점으로서 사회와 학습자의 요구를 고려했다는 것이 중요하다. 일단 요구가 밝혀지면 학습 목표target는 유럽평의회the Council of Europe에서 제시한 단위-학점제 및 입문 단계 Threshold level 등으로 기술될 수 있었다.

2.3. 특수 목적을 위한 영어 English for Specific Purposes

학습자 요구에 맞는 언어 코스를 만들고자 하는 관심은 특수 목적 언어에 대한 운동으로 이어졌다. 특수 목적을 위한 언어 Languages for Specific Purposes는 영어 교수 분야에 있어서 ESP English for Specific Purposes로 알려져 있다. 언어 교수에 있어서 ESP 접근은 여러 실용적 관심에서 시작되었다.

- 1950년대부터 미국과 영국 대학에서 유학하고자 하는 비영어권 학습자의 증가에 따른 요구
- 일반 영어는 습득하였으나 비영어권 의사, 간호사, 기술자, 과학자와 같이 업무상 영어가 필요한 학습자를 위한 자료 준비에 대한 요구
- 사업을 목적으로 영어가 필요한 사람들을 위한 자료에 대한 요구
- 이민자들에게 직업 상황에서 필요한 언어를 가르치기 위한 요구

일반 목적의 영어 학습자는 언어 숙달 자체를 목표로 하거나 일차적 목표인

일반 시험 합격을 위해 영어를 공부한다. 그러나 이와는 대조적으로 ESP 학습자는 영어로 수업하는 대학의 유학생, 비행 승무원, 기술자, 의사와 같이 특별한 역할을 수행하기 위해 영어를 학습한다. Jupp과 Hodlin(1975, 10)은 1950년대의 이러한 상황에 대해 무역이나 외국 관련 사업을 하는 핵심 인사들에게 외국어를 가르쳐야 하는 국가의 예를 들면서 전통적인 ESP 이전pre-ESP의 반응이 어땠는지를 기술한다. 연습생들은 일 년 동안 매일 4시간의 수업을 듣는다. 두 개의 언어 실습실은 자료가 갖추어져 있고 연습생들은 '구어체 영어 회화'로 구성된 최신 시청각 코스를 밟는다. 그 코스는 상황 언어situational language와 함께 문법적 기준structural criteria에 의해 선정되고 등급화되었다. 그러나 그 코스는,

> 기능적인 의사소통 요구나 학습자의 상황을 고려하지 않는다. 영어를 사용하는 장소는 대개 영어 사용자 및 영어 환경에 대한 문제이다. 영어의 '사용 규칙'을 상황 및 관계의 관점에서 가르치려는 시도는 없다. '구어체 영어 회화'의 개념은 기능적 사용 또는 역할과는 관계없이 주로 문어체 영어의 구조적인 structural 서술에 중점을 둔다(Jupp & Hodlin 1975, 11).

1950년대 초기에 미국 미시간 주립대학교에서 개발된 언어 코스 및 자료도 위와 같았고, 이는 미국 대학교에 입학하려는 외국인 학생들에게 기초 과정으로 제공되었다. 이 자료들은 주로 언어의 문형 및 어휘를 다룬다(Darian 1972). 이 시기와 1960년대를 통하여 특수 목적을 위해 영어가 필요한 학습자들에게는 더 많은 '고급 영어'나 '영어 회화' 수업이 아니라 특정 상황과 직업에서 사용할 수 있는 영어 연습이 필요하다는 것을 점점 깨닫게 되었다. 이렇게 특정 상황에 있는 학습자에게 필요한 것을 깨닫는 것은 특정 상황의 언어적 특징이 무엇인지를 결정하는 문제인 듯했다. 그 결과로 1960년대에 과학, 경영, 의학, 기술 및 제조 분야의 영어에 있어서 선정 및 등급화의 원리를 적용한 많은 교재가 나왔다. 또한, 일반 영어 코스를 설계하는 데 사용되던 원리가 과학 영어, 경영 영어 또는 기술 영어technical English와 같이 특화된 다양한 종류의 영어가 있을 것이라고 가정하였다. 이렇게 특화된 영어의 특징은 어휘 빈도word frequency 조사와 담화 분석discourse analysis을 통해서 밝혀질 수 있었다.

1970년대 즈음에는 언어학적 관점이 널리 받아들여졌다. 다양한 영어의 변이형 variety이 존재했으며, 적절하게 선정된 텍스트 및 세심하게 검토한 연습 활동을 통하여 이들의 독특한 특징을 기술하고 가르칠 수 있었다(Howatt 1984, 222).

이 접근법은 당시에 많이 사용된 Ewer와 Latorre의 Course in Basic Scientific English(1969)와 Swale의 Writing Scientific English(1971)에 반영되었다. Ewer와 Latorre는 빈도를 바탕으로 과학과 기술의 열 가지 분야에서 사용되는 3백만 어휘를 선정하였다.

과학 영어의 기초를 가르친다. 이 기초는 문장 형태, 구조적(기능적) 어휘, 비구조적 어휘로 구성되고 이들은 모든 과학 분야에 공통되며 기본적인 틀을 형성하는데 그 틀 위에 각 분야의 특수어휘가 첨가된다(Ewer & Latorre 1969, ix).

과학 영어는 일반 영어와 다른 특징이 많이 있으며 이러한 특징이 ESL/EFL코스 교재에 충분히 제시되지 못했다는 것이 이 분석을 통해 드러났다.

관계사를 대신하는 ing형
긴 절을 대체하는 부정사
같은 기능에서 형태는 유사하나 의미는 다른 어휘
대부분의 접두사와 접미사
대부분의 문장 구조를 나타내는 어휘와 구절, 수식 어휘와 구절
합성 명사
수동태
조건문
불규칙 동사
원인-결과 구문
형태면에서는 유사하나 다른 기능을 가진 어휘
과거분사 용법
두 부분으로 이루어진 동사 two-parts verbs

(Ewer & Hughes-Davies 1971, 65~70)

<부록 1>은 이러한 특징을 보여주는 초기 ESP 코스의 과학적 쓰기의 예이다. Praninskas(1972)는 학문적 읽기 자료의 핵심 어휘를 연구하였다. 그녀는 General

Service List(<부록 2>)에 포함되지 않지만 자주 쓰이는 어휘들에 초점을 맞추어 American University of Beirut 1학년 과정에서 사용되는 열 가지 대학 수준 교재들의 어휘 빈도에 대해 연구하였다.

1970년대를 걸쳐 언어 교수에서 ESP 접근은 의학, 기술, 과학과 같은 각기 다른 분야에서 언어적 특징을 결정하기 위해 언어사용역 분석register analysis과 담화 분석 discourse analysis을 사용했다. 언어사용역register은 언어 사용에 따라 결정되는 언어의 변이형이다.

> 언어적 상황의 유형은 대략 세 가지 면에서 각각 다르다. 첫째, 어떤 상황이 실제로 벌어지는가 둘째, 언어가 어떤 부분을 수행하는가 셋째, 누가 참여하는가라는 점이다. 세 가지 변수가 함께 고려될 때 이들 각각은 표현을 위해 선택되는 의미와 활용되는 형태 안에서 그 범위가 정해진다. 즉, 세 가지 변수가 '언어사용역'을 결정한다(Halliday 1978, 31).

언어사용역 분석은 신문, 의학, 법률 분야에서 독특하게 나타나는 어휘, 동사 형태, 명사구, 시제 용법과 같은 언어를 연구한다. 예를 들어, 비즈니스 의사소통 코스를 설계하기 위한 준비로서 Chiu(1975)는 캐나다에서 회사의 공식 서신 및 중역 회의에 사용되는 언어를 분석하였다. 이 분석에서 *첨부하다attach*, *동봉하다 enclose*, *감사하다appreciate*, *참조하다refer*, *전달하다forward*, *요청하다request*, *부탁드리다advice*, *감사하다thank*와 같은 특정 동사들이 일반 영어의 말뭉치corpus에서보다 훨씬 많이 나타난다는 것을 알아냈다. Chiu는 또한 동사 형태와 동사구의 특이한 활용을 알아냈다. Martin(1976, Jordan 1997, 53에서 재인용)은 학문적 어휘의 사용역과 무리들을 크게 세 가지 범주로 설명한다.

a) *연구 과정 the research process*: 어휘는 주로 동사와 명사이며 "설정하기 formulating, 조사하기 investigating, 분석하기 analyzing, 결론 이끌어내기, 결과 보고하기와 같은 연구의 5단계를 논하는 맥락 내에서 제시"된다.

b) *분석의 어휘 the vocabulary of analysis*: 빈도가 높고 두 개의 단어로 이루어진 동사를 포함한다. 예를 들어, *구성되다 consist of*, *(결과로) 일어나다 group result from*, *도출하다 derive*, *-에 기초하다 base on*, *-으로 유명하다 be noted for*와 같은 동사들은 조직화된 순서 organized sequence로 정보를 제시하기 위해 필요하다.

c) *평가의 어휘the vocabulary of evaluation*: 복습, 비평, 보고를 할 때 사용하는 형용사와 부사를 포함한다. 예를 들면, *(조사가) 철저한 exhaustive, 논의의 여지가 있는 controversial, 일관된coherent, 필수불가결한indispensable, 포괄적인comprehensive, 특이한distinctive, 만연한pervasive, 실재적인substantive: 객관적-주관적objective-subjective, 암시적-명시적 implicit-explicit, 귀납적-연역적 inductive-deductive, 유의미한-유의미하지 않은significant - insignificant* 등이 있다.

언어사용역 분석은 일차적으로 어휘와 문장의 수준에 초점을 맞추고 업무 편지business letter, 학문적 교재, 기술적technical 쓰기에서 다양하게 사용된 언어, 즉 언어 사용역을 밝히려고 했다. 발화나 텍스트 내 긴 예문의 언어적 구조를 밝히기 위해 담화 분석이라는 접근법이 1970년대에 소개되었다. 담화 분석은 텍스트(설명, 지시, 보고, 비즈니스 서신)나 담화의 구성단위 분석에 초점을 맞추며 정의, 확인, 비교와 같은 수사학적 구성 형태를 조사한다. Jordan(1997, 229)은 담화 분석의 범위를 다음과 같이 기술한다.

예를 들어, 사회적 교섭 transactions에서 화자와 청자, 담화 사이의 관계처럼 언어 사용에 영향을 주는 의사소통적인 맥락을 조사한다. 예를 들어, 동사의 시제 선택이나 다른 문법적 특징이 어떻게 담화 구조에 영향을 미치는가를 보는 것이다. 또한, 담화 분석은 결속성 cohesion, 담화 표지 discourse markers, 사용된 결속 장치 cohesive devices 등의 관점에서 발화 간의 관계를 살핀다.

텍스트 구성의 유형patterns 확인은 이 접근법에 초점을 둔 것이었다. 예를 들어, 많은 과학 논문에서 공통된 담화 구조는 문제 해결problem-solution 구조이다. Hoey(1979, 1983)는 이것을 아래와 같이 설명한다.

1. 도입 Introduction
   a) 주제나 문제점으로 독자의 주의를 끌라.
   b) 주제와 관련된 자신의 경험을 설명하라 - 권위를 가지고 쓸 만한 근거
   c) 공유 가능한 믿음, 태도, 경험을 나타냄으로써 독자와의 연결고리를 형성하라.
2. 배경 Background
   a) 문제의 본질과 역사, 원인을 설명하라.
   b) 독자의 문제, 욕구, 관심과 관련된 것을 설명하라. - 그 문제가 독자에게 중요한 이유

3. 논증 Argument

    a) 대전제를 언급하라. 이를 명확하게 하고 수용 가능하게 하기 위해 필요한 정보
      는 무엇이든 포함시켜라.

    b) 소전제를 언급하고 필요한 정보를 다시 포함시켜라.

    c) 자신의 결론을 언급하라.

    d) 전제나 대안적 입장의 결론이 갖는 결점을 지적하여 자신의 견해가 더 낫다는
      것을 보여라. 대안이 왜 문제를 해결할 수 없는지 설명하거나 그 대안으로 문
      제 해결이 가능하다면 자신의 해결책이 더 나은 이유를 설명하라.

4. 결론 Conclusion

    a) 자신의 주장에 내포된 의미를 설명하라.

    b) 자신의 주장을 요약하라. 문제(2a), 자신의 결론(3c), 그것을 받아들여야만 하는
      이유(3a와 3b)

언어사용역과 담화 유형에 대한 개념은 English in Focus series(Allen & Widdowson 1974)와 같은 1970년대 ESP 1세대의 기본이 되었다.

1960년대와 1970년대 ESP 접근의 주된 경향 중 하나는 과학, 비즈니스, 의학 분야의 담화 특징 및 언어사용역을 가르치는 언어 코스 및 자료의 개발이었다. 그러나 학습자가 필요로 하는 언어를 목적으로 하는 ESP의 초점은 교육과정과 교수요목 설계의 기초과정으로서 요구 분석에 대한 접근법의 개발도 촉진했다. 요구 분석은 3장에서 더 자세히 다루겠지만 요구 분석이 ESP와 어떻게 연관되는 지 여기에서 알아보는 것도 유용할 것이다.

2.4. ESP에서의 요구 분석 Needs analysis in ESP

ESP 언어 교수 접근의 중요한 원리는 일반 영어 문법을 반영하는 교수요목보다 학습자가 요구하는 언어를 목적으로 영어 코스를 계획해야 한다는 것이다. ESP 접근은 언어 분석보다는 학습자의 요구 분석으로부터 언어 코스 개발을 시작한다. Schutz와 Derwing(1981, 30)은 이것이 ESP의 새로운 관심사라고 지적하였다. "과거 대부분의 언어 계획자들은 논리적으로 필요한 첫 단계를 회피했다. 그들은 계획한 목적지가 타당한지 그렇지 않은지 먼저 결정하지도 않고 어디론가 가려고 했다." 서로 다른 유형의 학습자는 언어적 요구가 서로 다르며 그들에게 필요한 것을 가

르쳐야 한다. 이러한 요구는 상당히 구체적이다. 학습자의 요구는 규명될 수 있으며 이것이 코스의 내용을 결정해야 한다. Strevens(1997)는 코스 내용을 결정하는 다양한 수준의 제한을 언급한다.

[ESP] 코스의 내용은 다음의 일부 혹은 전체의 방법으로 결정된다. (i) *제한 restriction*: 학습자의 목적에 필요한 '기본적 기술'(담화 이해하기, 말하기, 읽기, 쓰기)만 포함. (ii) *선정 selection*: 학습자의 목적에 필요한 어휘, 문형, 언어 기능만 포함. (iii) *주제와 화제 themes and topics*: 학습자의 목적에 필요한 주제, 화제, 상황, 담화 유형 등만 포함. (iv) *의사소통적 요구 communicative needs*: 학습자의 목적에 필요한 의사소통적인 요구만 포함

ESP에서 학습자의 요구는 종종 수행의 관점에서 기술된다. 즉, 학습자가 코스의 마지막에 해당 언어로 무엇을 할 수 있는지를 본다. 일반 영어 코스가 광범위한 언어 시험을 치를 수 있는 전반적인 영어의 숙달을 목표로 하는 반면 ESP 과정의 목표는 학습자가 특정 과제를 수행할 수 있도록 준비시키는 것이다. Robinson(1980, 11)은 다음과 같이 언급한다.

ESP 학습자는 대개 역할 수행을 위해 학습한다. 호텔 웨이터가 되려는 학습자 혹은 식품 공학 food technology 영어를 배우려는 학습자들이 성공했는지 측정하려 할 때, 학습자가 호텔 웨이터로서 그 역할을 영어로 무리 없이 잘 수행할 수 있는가 또 식품 기술자로서 무리 없이 잘 활동할 수 있는지를 본다(그리고 영어 시험의 통과보다는 식품기술 시험을 통과하는지를 본다).

ESP 프로그램 개발의 출발점으로서 학습자의 요구를 결정하기 위해 많은 교수법들이 제안되었다. 유럽평의회 틀 the Council of Europe framework을 개발한 Richterich와 Chancerel(1978)은 학습자, 교사, 고용주 employers가 모두 학습자 요구 결정에 포함될 수 있다고 주장했다. 교육기관의 자원, 목표, 사용된 평가 방법에 대한 정보가 수집될 수 있으며 요구 분석은 코스 내내 진행되어야 한다. 학습자가 언어를 사용하게 될 여러 종류의 활동(전화하기, 인터뷰하기), 언어 기능(설명하기, 요청하기, 불평하기), 상황(면대면, 집단)에 대한 정보 및 네 가지 언어 기술에 대한 정보 역시 필요할 것이다. 요구 분석은 설문지 questionnaires, 조사 survey, 인터뷰를 통해 실시한다.

Munby(1978)는 당시 영향력 있었던 그의 책에서 ESP코스 설계를 위한 요구 분석의 체제적 접근systematic approach을 설명하고 요구 분석의 두 가지 차원에 초점을 맞추었다: 학습자 의사소통 능력의 목표 수준을 구체화하기 위한 절차와 이렇게 수집된 정보를 ESP 교수요목으로 바꾸는 절차이다. Munby 모형은 학습자의 의사소통적 요구 항목profile 개발에 필요한 정보의 종류를 나타낸다. Schutz와 Derwing(1981, 32)는 Munby 모형을 아래와 같이 요약한다.

의사소통적 요구 항목

1. 개인 personal   언어적 배경과 같이 문화적으로 유의미한 개인 정보
2. 목적 purpose   목표어가 필요한 직업적 혹은 교육적 목표 objectives
3. 환경 setting   목표어가 요구되는 물리적, 심리적 환경
4. 상호작용적 변수 interactional variables
                 목표어를 사용할 때 포함되는 역할 관계 role relationship
5. 수단 medium, 양식 mode, 경로 channel
                 의사소통적 수단
6. 말투 dialects   어투에 대한 정보
7. 목표 단계 target level
                 목표어에서 요구되는 능력 수준
8. 예상되는 의사소통적 행위 anticipated communicative events
                 소규모 활동, 대규모 활동 micro-and macro-activities
9. 어조 key   의사소통이 실제 수행되는 특정 방식

다음의 예는 실제 요구 목록을 작성하는 데 이러한 모형이 어떻게 적용될 수 있을지를 보여줄 것이다. 만약 웨이터와 같은 식당 직원의 요구를 목록화한다면 Munby 모델을 적용하여 아래와 같은 정보를 알아낼 수 있을 것이다.

1. 개인 personal   직원의 신상, 나이, 국적, 성별, 학력, 경력
2. 목적 purpose   직원이 개발해야 하는 의사소통 기술의 유형처럼 기대되는 결과
3. 환경 setting   해당 직원이 일하는 식당의 유형 및 해당 식당을 이용하는 손님의 범주
4. 상호작용적 변수 interactional variables
                 웨이터-손님, 웨이터-식당 지배인, 웨이터-주방 직원의 역할 관계
5. 수단 medium, 양식 mode, 경로 channel

구어체인가 문어체인가, 면대면 대화인가
6. 말투 dialects   격식체와 비격식체를 모두 사용하는가
7. 목표 단계 target level
                        초급, 중급 혹은 고급 단계인가
8. 예상되는 의사소통적 행위 anticipated communicative events
                        인사하기, 요청 수락하기, 정보 확인, 메뉴 설명하기
9. 어조 key   예. 서두르지 않고 조용하며 예의 바르게 할 것

위 요구 항목들은 Munby의 기술 분류에 기초하여 학습자에게 필요한 특정 언어 기술 목록으로 전환된다. 이것은 하위 기술 300개를 54개 범주로 구성한 것이다. 예를 들어, 읽기의 '거시기술macroskill'과 관련하여 Munby는 다음의 기술을 목록화 하였다.

• 다음과 같은 어휘적 결속 장치를 통해 텍스트 부분 간의 관계 이해하기

    반복 repetition
    유사 synonymity
    내포 hyponymity
    대조 antithesis
    병렬 apposition
    연어 lexical set/collocation
    대용어/총칭어 pro-forms/general words

• 다음과 같은 문법적 결속 장치를 통해 텍스트 부분 간의 관계 이해하기

    지시 reference - 전방조응과 후방조응 anaphoric and cataphoric
    비교 comparison
    대치 substitution
    생략 ellipsis
    시간과 장소 관련어 time and place relaters
    논리적 연결어 logical connectors

위 기술 분류법은 다양한 언어 기술의 구성 요소에 대한 그 당시의 의견을 편집

한 것과 다를 바 없다. 이 책이 출판되었을 때 Munby 모형은 학습자의 특정 요구와 그에 맞는 언어를 선정하는 데 적합하고 체계적이며 객관적인 절차로서 환영받았다. 그러나 그 모형을 사용하려 했던 사람들은 모형의 거의 모든 단계가 주관적이고 임의적인 판단과 결정에 따른 것이라는 것을 곧 알게 되었다. Munby 모형을 사용하여 가상의 학습자에 대한 항목을 작성하는 이틀간의 훈련 과정이 끝난 후에 British Council의 전문가 집단은 "이 집단이 가상의 학습자가 아닌 실제 학습자를 조사하는 게 나았겠다는 증거가 없다."고 보고했다(Robinson 1980, 30에서 인용).

2.5. 의사소통적 언어 교수 Communicative language teaching

ESP는 언어 프로그램 설계의 출발점으로서 요구 분석을 강조하였고 이러한 ESP의 등장은 언어 교수요목 개발에 대한 최신 접근법의 발전에 중요한 요인이었다. 두 번째로 영향을 준 것은 구조-상황 교수법 및 청각 구두식 교수법을 대신해서 1960년대 후반부터 1970년대에 걸쳐 등장한 의사소통적 접근법이었다. 의사소통 교수법(CLT)은 문법 체계 습득을 목적으로 한다기보다 교수 원리를 구성하는 의사소통에 초점을 맞춘 광범위한 교수 접근법이다. 1970년대에는 모든 사람이 '의사소통 지향적 going communicative'이었다. 이것이 의미하는 바는 상당히 다양했지만 말이다. CLT는 방법론의 변화라기보다는 언어 교육에서 언어의 본질, 목적, 목표의 본질, 그리고 교수요목에 대한 가정의 변화라고 할 수 있으며 이러한 변화에 비추어 적합한 교수법을 찾기 위한 것이었다.

CLT는 1970년대 언어학 분야의 변화에 대해 유럽평의회 등의 집단이 제시한 해답이었으며 유럽에서 시작된 새로운 언어 교수 접근법의 필요성에 대한 응답이었다. 언어학의 초점은 언어 능력의 핵심 요소인 문법으로부터 다양한 의사소통적 맥락에서 언어가 발화되는 양상으로 변화했다. 의사소통에서 언어를 적절하게 사용하는 능력은 상황 및 대화 참여자의 역할에 달려 있다. 그리고 이러한 교섭 transaction의 특성을 의사소통적 능력이라고 한다. 응용 언어학자들은 이 개념을 언어 교육에 적용하고자 하였다. 문법적 교수요목이 문법적 능력(문장을 만들고 이해하는 능력의 기초가 되는 언어 지식)을 바탕으로 한 것처럼 의사소통적 능력을 가르치기 위해서는 다른 유형의 교수요목이 필요할 것이다. 그렇다면 그러한 교수요목은 어떤 것인가? 이 질문에 대답하고자 한 중요한 책이 1976년 Wilkins(입문단계 Threshold Level를 공식화한 유럽평의회의 의원 중 한 사람)에 의해 출판되었다. Wilkins는 문법 기반 교수요목의 전통적인 유형을 종합적 접근법 synthetic approach이라고 표현했다. 종합적 접근법은 분석적 접근법 analytic approach과 대조적이다.

> 분석적 접근법에는 학습 환경에 대한 신중한 언어적 통제가 없다. 언어 요소는 점차로 축적되어야 하는 건축용 벽돌 building block이 아니다. 더 많은 언어 구조가 처음부터 허용되고, 학습자에게 주어지는 과제는 자신의 행동을 전체 언어 global language에 점점 더 접근시키는 것이다…… 분석적 접근법은 행동주의적이다(행동주의자는 아니지만). 그것은 사람들이 언어를 학습하는 목적 purpose과 그 목적을 달성하기 위해 필요한 언어적 수행의 관점에서 조직된다(Wilkins 1976, 2, 13).

Wilkins는 이러한 기준을 만족시키는 교수요목의 새로운 유형으로서 개념적 교수요목을 추천했다. 개념적 교수요목은 의미-문법적 개념 semantico-grammatical meaning, 양태적 개념 modal meaning, 그리고 의사소통적 기능 communicative function이라는 세 가지의 범위를 포함한다. '의미-문법적'이란 아래와 같이 근원적인 underlying 문법적 대조와 개념들이란 의미를 나타낸다.

시간
a) 시점 point of time
b) 기간 duration
c) 시간 관계 time relations
d) 빈도 frequency
e) 순서 sequence

양
a) 분할된/분할되지 않은 기준 reference
b) 숫자 numerals
c) 조작 operations

Wilkins는 양태적 개념 modal meaning이 아래의 범주를 포함한다고 하였다.

양태 modality
확신의 정도 scale of certainty
관여의 정도 scale of commitment

의사소통적 기능communicative function은 *화행speech acts*이라 불리는 것을 통해 전달되는 의미meanings를 가리킨다.

요구 requests
불만 complaints
사과 apologies
칭찬 compliments
제안 suggestions

사실 Wilkins가 정한 두 가지 범주는 전통적인 문법적 항목을 개념이나 관념concepts & notions의 관점으로 다시 진술한 것이다. 이러한 의미론적 기교는 교수요목 설계에 있어 그다지 도움이 되지는 않았다. 그러나 의사소통적 기능이라는 세 번째 범주는 언어 교수요목에 있어 유용하고 실용적인 것으로 간주되었다. 응용 언어학자들은 문법적인 단위보다 의사소통적 단위의 관점으로 교수요목을 표현하려는 생각에 대해 적극적으로 반응하였다. 1970년대 후반에서 1980년대의 문헌들은 의사소통적이거나 기능적인 교수요목에 대한 다양한 제안을 포함한다. Yalden(1987, 86~87)은 당시 교수요목 설계자들의 목표를 다음과 같이 기술한다.

만약 우리가 지금 초기 교수요목 유형의 부족한 부분을 보완하고 학습자들이 더욱 적절하고 효과적인 방법으로 의사소통 능력을 습득하기 원한다면 교수요목을 구성할 때 더 많은 항목을 추가해야 한다. 이러한 항목들은 다음과 같이 나열할 수 있다.

1. 학습자들이 목표어를 습득하는 목적을 최대한 상세하게 고려
2. 학습자들이 목표어를 사용할 환경(사회적인 환경뿐만 아니라 물리적인 면도 고려해야 한다.)
3. 대화자로서의 역할뿐만 아니라 학습자들의 목표어 사용시 사회적으로 정의된 역할
4. 학습자가 접하게 될 의사소통적 상황: 일상적 상황, 직업상이나 전문적인 상황, 교육적인 상황 등

5. 이러한 상황에 포함되는 언어 기능 혹은 학습자가 목표어로 혹은 목표어를 통해
   할 수 있는 것
6. 관련된 개념 혹은 학습자가 이야기할 필요가 있는 것
7. 담화를 이어가는 기술: 담화 및 수사학적인 기술
8. 목표어의 변이형 variety, 학습자가 도달해야 하는 구어 혹은 문어의 수준
9. 문법적인 내용
10. 어휘적 내용

위의 틀 framework은 입문 단계 Threshold Level에서 필수적이다(Van Ek & Alexander 1975, 5 참조). 교수요목 설계에서 의사소통적 접근을 시행하기 위해 다양한 제안이 제시되고 논의됨에 따라 응용 언어학자들은 다른 학문 분야에서 교수요목이 어떻게 도입되었는지 살펴보고 교육과정 개발 분야에서 고안한 방법들을 적용하기 시작했다.

2.6. 언어 교수에서 교육과정 접근의 출현
Emergence of a curriculum approach in language teaching

1장에서 본 바와 같이 교육과정 연구 curriculum studies라는 용어는 학교 및 다른 교육 기관에서 일어나는 일, 교육 계획, 교육과정 계획이 어떻게 시행되는지를 다루는 폭넓은 연구 분야이다. 학교에서의 교육과정은 학생들이 학교에서 습득하는 지식 전반을 지적한다. Rodgers(1989, 26)는 다음과 같이 언급한다.

주어진 코스에서 다룰 내용을 규정하는 교수요목은 전체 학교 프로그램의 일부분에 불과하다. 교육과정은 훨씬 넓은 개념이다. 교육과정은 학교에서 학생이 참여하는 모든 활동이다. 이것은 학습자가 무엇을 배우는가뿐만 아니라 학습자가 어떻게 배우고, 어떠한 시설에서 어떠한 자료와 평가의 유형 및 방법을 사용하여 교사가 학습자의 학습을 도와주는가를 포함한다.

교육과정 개발의 본질과 절차에 대해 가장 중요한 언급은 1949년 Tyler의 저서에 나타나 있는데 이 책은 1950년대 교육과정 연구를 부흥시켰다. 그의 접근법은 첫 장에 요약되어 있다.

모든 교육과정 및 교수 계획의 개발은 다음과 같은 네 가지의 근본적인 질문에 대해 대답할 수 있어야 한다.

(1) 학교는 어떠한 교육 목적을 추구해야 하는가?
(2) 이러한 교육 목적을 달성하기 위해 어떠한 교육 경험을 제공할 수 있는가?
(3) 이러한 교육 경험을 어떻게 효과적으로 조직할 수 있는가?
(4) 이러한 목적을 달성하고 있는지 어떻게 확인할 수 있는가?

(Tyler 1950, 1)

이것은 더욱 단순한 모형으로 축소된다.

목적과 목표 Aims and objectives
↓
내용 Content
↓
조직 Organization
↓
평가 Evaluation

Lawton(1973)이 지적한 바와 같이 교육과정 절차에 대한 이 단순한 견해는 Tyler 자신이 의도한 것은 아니었다. 그는 많은 교사가 막연한 진술 외에는 교수 목표가 무엇인지 설명할 수 없었던 것을 관찰한 후 책으로 냈다. 만약 교사들에게 목표에 대해 설명하라고 누군가 요구한다면 그들은 "우리는 교양이 있고 다재다능한 학생을 만들어 내고자 한다."라고 대답할지 모른다. 그러나 이러한 진술은 목적에 기여하는 교수 혹은 목표로부터 유래하는 학습을 밝히는 데 도움이 되지 못한다. Tyler는 교육 목표가 (교사의 행동이 아니라) 학습자의 행동을 기술하고 교수의 결과로서 학습자에게 어떤 변화가 일어났는지를 확인해야 한다고 주장하였다. Tyler의 모형 또는 그것의 변형은 곧 넓은 범위에서 교육적 사고나 연습, 교육과정으로 침투하였고 훈련 지침서는 곧 다음과 같은 모형으로 채워졌다(Inglis 1975):

1. 요구 need
   목적 Aims, 목표 Objectives
2. 계획 plan
   전략 Strategies, 전술 Tactics
3. 시행 Implementation
   방법 Methods, 기술 Techniques
4. 재고 review
   평가 Evaluation, 강화 Consolidation

Tyler 모형에 대해 수많은 반대가 있었는데 어떤 이는 목표의 개념이 지식에 대한 제한된 견해를 나타낸다고 주장하였고(5장을 참고하라), 어떤 이는 Tyler 모형의 기술적, 이론적인 접근을 비판하였다. Tyler 모형은 교육보다 비즈니스나 산업에 더 적합해 보이는 것 같다는 것이었다. 다른 사람들은 모형이 내포한 선형적linear 접근법을 비판하였는데 그것은 단계마다 평가를 포함시키기보다 평가를 마지막 단계로 남겨두었다는 점이다. 그 대신 그들은 순환적cyclical 모형을 제안하였다.

예를 들면, Nicholls와 Nicholls(1972, 4)는 교육과정 개발을 아래의 네 단계로 제시하였다.

(a) 특정 과목의 코스에 관한 것인지 교육과정 전반에 걸친 것인지 교수 목표를 세심하게 조사하는데 이 조사는 이용가능한 모든 지식과 정보에 근거하여 판단한다.
(b) 개발과 시험사용에서 교사들이 합의한 목표를 거의 달성할 것으로 생각하는 자료와 방법을 사용한다.
(c) 평가는 사실상 개발 작업이 그 목표를 달성하는 것까지 포함한다. 이러한 과정은 목표 자체에 대한 새로운 생각을 불러일으킬 것으로 기대된다.
(d) 따라서 후속 연구의 출발점을 제공하기 위한 최종 요소는 모든 경험에서 얻은 피드백이다.

교육과정 개발 절차에 대한 이러한 관점은 1980년대부터 언어 교수에 널리 활용되어 왔다. 이것을 *목표-수단*ends-means 모형이라고 하는데 이는 특정 역할과 과제를 수행하기 위해서 학습자에게 필요한 언어 기술의 종류를 결정하는 것으로 시작하여 과제 수행에 도달하기 위해 요구되는 언어를 교수하기 때문이다. 교육과정 연구 분야에서 이 접근은 체제 설계 모형systemic-design model으로 알려진 기계적 절차와 규칙으로 축소되었다. 이 맥락에서 체제는 "체제의 모든 구성 요소(하위 체제)를 작동시키는 통합적인 계획이고 문제를 해결하거나 요구를 충족시키기 위해 설계된 것이다"(Briggs 1977, 5). 체제 모형은 교육과정 개발을 합리적이고 다소 기술적인technical 절차로 보는 교육계획 접근에 포함된다. 이 모형의 개발자들은 이것이 성공적인 교육 프로그램 설계의 열쇠라고 믿었다. 1980년대 세계 곳곳에서 종종 이 이론의 틀에 의존하여 대규모 교육과정 프로젝트를 위한 자금 조달이 이루어졌다. Rodgers(1989, 27)는 다음과 같이 말했다.

교육과정의 체제-설계 모형은 규범적이며 규칙 중심이다. 그것은 목표 설정, 내용 선정, 과제 분석, 학습 활동 설계, 행동 결과의 정의와 그 결과의 성취 여부를 결정하고 평가 수단을 포함하는 선형적 순서이다.

Munby의 모형은 체제적 접근systems approach과 많은 공통점이 있으며 실제로 시행하기에 너무나 번거롭고 비현실적이며 실용적이지 못하다. 그러나 1980년대 이후로 언어 교수에서 교육과정 개발 과정이 언어 프로그램 설계에서 중심적인 요소라는 관점이 더 일반적으로 받아들여졌다. 그렇다고 체제 모형을 협의의 관점에서 본 것은 아니었다. 1980년대 이래로 많은 국가에서 언어 교육과정 개발 부서가 교육부에 설립되었다. 이는 교육과정 개발의 관점을 기초로 하여 국가적 언어 교수 교육과정을 검토하고 개발하라는 지시에 따른 것이다. 예를 들면 Lim(1988, 2, Ho 1944 인용)은 싱가포르에서 시작된 이러한 시도에 대해 언급하면서 이제는 교육과정 개발이 "요구 분석, 목표 설정, 교수요목 설계, 자료 설계, 언어 프로그램 설계, 교사 양성, 학교에서의 프로그램 시행, 관찰, 피드백, 평가"를 포함하고 있다고 지적했다. 1970년대에 일반적으로 사용되었던 교수 방법에 대한 논쟁은 교육과정 개발을 구성하는 상호 연결된 과정에 대한 관심으로 대체되었는데 여기에서 방법론은 단순히 교육과정의 한 요소로만 여겨졌다.

이 책에서 '교육과정 개발'은 계획과 시행의 과정을 말하는데 이러한 계획과 시행은 교육과정을 새로 개발하거나 수정하는 것을 포함한다. 이 과정은 요구 분석, 상황 분석, 학습 결과 계획, 코스 조직, 학습 자료의 선정과 준비, 효과적인 교수 제공 및 평가 등에 초점이 있다. 앞서 말한 항목들은 상호 작용하는 하나의 체제를 형성하는 것으로 본다. 체제의 개념은 한 부분에서의 변화가 다른 부분들에 영향을 준다는 것이다. 예를 들어, 교사에게 가르칠 교재를 제공하느냐 아니냐 하는 것은 이 자체로 정책 결정이 반영되어 있으며 교사가 제공할 수 있는 교실 담화의 종류와 학습 내용 입력learning input에 영향을 줄 것이다. 이와 유사하게 학생들이 학습 활동에 대해 주의를 기울이는 정도는 그들의 학습 경험과 그 활동이 얼마나 관련이 있는지에 대한 학생들의 판단을 반영할 수 있다. 이것은 요구 분석의 적절성에 따라 달라진다. 이 책에서는 교육과정 개발에 대한 고전적인 체제 접근은 제시되지 않을 것이다. 고전적 체제 접근classic systems approach은 전형적으로 교사를 다른 사람에 의해서 조정되고 지시된 교육 목적을 전해 받는 위치에 있는

사람으로 기술한다. 여기에서 살펴볼 접근은 교사와 언어 교육자들을 계획과 의사
결정 과정의 중심에 놓으려 한다. 의사 결정 과정의 산물은 정책 문서, 교수요목,
시험, 교육 자료, 교육 프로그램, 교재, 교수 행위, 학습 행위의 형식으로 존재하기
때문에 확인하기 쉽고 분석하기 쉽지만 그들을 인도하는 과정은 규명하거나 분석
하기 어렵다. 왜냐하면 다양한 역할과 목적을 가진 많은 사람의 기여를 반영해야
하기 때문이다. Johnson(1989, 3)은 각각의 의사 결정자들의 역할과 그 결과물
product을 다음 표에서 제시하고 있다.

<표 1> 교과과정 개발의 단계, 의사결정자, 생산물(Johnson 1989에서)

개발 단계	의사 결정자	결과물
1. 교육과정 계획	정책 결정자	정책 문서
2. 세부 기술: 목적 　　　　　수단	요구 분석자	교수요목
	방법론자	
3. 프로그램 시행	자료 집필자	교육자료
	교사 양성자	교사 양성 프로그램
4. 교실에서의 시행	교사	교수 행위
	학습자	학습 행위

Clark(1987)는 위의 과정이 개발보다는 보완의 과정에 가깝다고 강조한다. 왜냐
하면, 어떤 교육과정은 이미 시행단계에 있기 때문이다. 교사와 교육과정 계획자
들은 교육과정을 보완하고 수정하기 위해 진행 중인 검토와 평가의 과정에 참여하
게 된다. Clark는 교육과정을 보완하는 과정의 항목을 다음과 같이 규명하였다.

• 언어 교수 및 학습 과정을 안내하는 원리를 응용 언어학 이론과 교실 경험에 비추
어 검토
• 목적, 목표, 내용, 광범위한 방법론을 구체화한 교수요목 재작성
• 실제 교실에서의 교수/학습 전략 검토
• 적절한 학습 경험을 구체적으로 표현한 자료의 선택, 적용, 창조
• 학습자의 성장을 관찰하고, 기록하고, 보고하고, 그에 대한 피드백을 제공하도록
설계된 평가 검토
• 위의 항목 모두를 연결시키는 수업 계획 classroom schemes 검토
• 교사가 수업 실제를 평가하고 이를 향상시키는 데 도움을 줄 수 있는 전략 검토 및
창출

- 위의 모든 영역 중에서 앞으로 가능한 방법들을 알아내기 위한 연구 영역 규명
- 교사들이 특정 분야에서 개념적이며 실용적인 토대를 넓힐 수 있고, 교실에서 일어나는 문제들에 대한 해결책을 찾을 수 있도록 계획된 현직 교육 in-service education 검토 및 고안

(Clark 1987, xii~xiii)

다음 장의 목표는 각각의 영역의 개념, 논점, 실제 등을 개관하는 것이며 이는 더 좋은 언어 프로그램 개발과 관련된 계획 및 의사결정을 한층 더 촉진시키기 위해서이다.

2.7. 토론 질문 및 활동

1. 1960년대 이래로 언어 교수 요구의 변화에 대한 대응으로 '새로운 방법'이 비판받은 이유는 무엇인가?
2. 언어 교수의 ESP 접근에 대한 이론적 근거는 무엇인가? 어떤 면에서 이 접근은 언어 교수에 대한 이전의 접근과 구분되는가?
3. ESP 운동이 요구 분석의 개념에 어떻게 기여하였는가?
4. 언어사용역 분석 및 담화 분석이 어떻게 ESP에 기여할 수 있는가? 이들이 특별히 중요할 법한 상황을 제시하라.
5. <부록 1>에 있는 과학 영어 예문과 Ewer와 Hughes-Davies의 과학 영어의 특징 목록을 검토하라. 그 예문에서 어떤 특징이 나타나는가?
6. 이 장에서 제시한 Munby의 의사소통적 요구 목록을 검토하라. 이 목록이 어떻게 영어로 훈련받는 승무원(혹은 당신이 익숙한 다른 상황의 학습자)의 요구를 결정하는 데 적용 가능한가? 찾을 수 있는 정보의 예를 제시하고 가능한 답을 제시하라.
7. 문법적 능력과 의사소통 능력의 차이점은 무엇인가? 이러한 차이점이 어떻게 교수요목 설계와 연관되는가?
8. 교육과정 개발에서 목표-수단 모형이 의미하는 것은 무엇인가? 이러한 접근의 한계는 무엇인가?
9. 교육과정 개발에서 '체제적 접근'에 관하여 설명하라. 이 접근에 관하여 어떠한 비판이 있는가?

<부록 1> 과학적 쓰기의 예 (Ewer & Latorre 1969)

과학적 연구 방법과 과학의 연구 방법

'과학적scientific 연구 방법'이라 불리는 것은 없다고들 한다. 즉, 과학science에서 사용되는 연구 방법만 있다는 것이다. 그럼에도 불구하고 과학 연구 원리의 확립에 관여하는 일련의 절차가 있음은 분명하다. 이 순서는 다음과 같다. (1) 문제가 인식되고 관련된 많은 정보가 수집된다. (2) 해결책(예. 가설)이 제시되고 이 해결책으로부터 비롯될 결과를 추론한다. (3) 이러한 추론은 실험에 의해 확인되고 결과적으로 가설은 수용되거나 수정되거나 혹은 버려진다.

이것의 예로 우리는 기압의 발견을 생각해 볼 수 있다. 2,000년 전쯤 인간은 어떤 높이에서 다른 높이로 진공 펌프를 사용해 물을 끌어 올리는 방법을 발견했다. 그러나 15, 16세기 이 기계가 널리 사용되었을 때에 아무리 그 펌프가 완벽하더라도 물을 35피트 이상 수직으로 끌어 올리는 것은 불가능하다는 것을 발견했다. 왜일까? 갈릴레오도 다른 학자들처럼 이 문제를 발견했으나 풀지는 못했다.

그 후 토리첼리가 이 문제를 풀기 위해 애썼다. 새롭게 발견된 수압水壓, hydrostatic pressure 현상으로부터 유추하여, 그는 '두꺼운 공기층'이 지구를 둘러싸고 있다고 가정하였다. 즉, 그는 이 공기층의 압력이 물의 표면을 누르고 있으며 이것이 펌프의 진공관이 상승하는 원인이라고 생각했다. 그래서 가설이 만들어졌다. 다음 단계는 가설의 결과를 추론하는 것이었다. 토리첼리는 이 '기압'이 물보다 무거운 액체를 35피트만큼 밀어 올릴 수 없을 것이라고 결론 내렸다. 예를 들어, 물보다 14배 더 무거운 수은 기둥 column of mercury은 물 (상승) 높이의 1/14 정도 높이-약 2.5 피트-까지만 올라갈 수 있을 것이다. 다음으로 그는 이 가정을 익히 알려진 실험으로 확인하여 수은 기둥이 예상된 높이에 있음을 발견하였다. 따라서 그 실험은 가설을 지지하였다. 한층 발전된 추론이 파스칼에 의하여 제기되었다. 파스칼은 만약 이러한 '공기층'이 존재한다면 바닥에서의 기압(예. 해수면)이 더 높은 곳에서의 기압보다 더 클 것이며 따라서 수은 기둥의 높이는 해수면으로부터의 높이에 비례하여 감소할 것이라고 추측하였다. 그 후 그는 수은관을 산꼭대기에 가지고 가서 높이가 증가할수록 기둥이 계속적으로 떨어지는 것을 관찰하였다. 반면에 산 아래쪽에 있었던 다른 수은 기둥은 일정하게 유지되었다(과학적 연구 방법의 또 다른 예example인 통제된 실험이다). 이 후속 실험은 토리첼리의 가설을 한층 확실하게 만들었을 뿐만 아니라 어떤 면에서는 공기 역시 물처럼 작용한다는 것을 증명하였다. 물론 이것은 이후의 연구를 고무시켰다.

〈부록 2〉 학문적 읽기 자료에서 자주 발견되는 단어

General Service List에 있지는 않지만 학문적 읽기 자료에서 자주 발견되는 단어들이며 10개의 신입생 대학 교재에서 발생하는 빈도를 나타낸다.

an indicator(지표) an indication(지시)	to indicate (나타내다)			98
an interpretation(해석) a misinterpretation(오해석) a reinterpretation(재해석)	to interpret (해석하다)	interpretive(해석적)		52
an involvement(관여)	to involve (관여하다)			103
a method(방법) -methodology(방법론)		methodolical(방법의) methodological (방법론의)		144
		negative(부정적인)	negatively (부정적으로)	68
		obvious(명백한)	obviously (명백히)	45
primitiveness(원시성)		prime(최고의) primary(초기의) primitive(원시의) primeval(태고의)	primarily (첫째로)	135
a procedure(절차) －proceedings(발표집)	to proceed (나아가다)			72
a publication(출판) a publisher(출판사)	to publish (출판하다) to publicize (공표하다)			57
a range(범위)	to range (정렬하다)			70
a region(지역)		regional(지역의) interregional(지역간)	regionally (지역적으로)	91
a requirement(요구조건)	to require (요구하다)			149
a similarity(유사성)		similar(유사한)	similarly (유사하게)	133

a specification(상세서) −specificity(특수성)	to specify (상술하다)	specific(구체적인) specifiable (열거할 수 있는)	specifically (구체적으로)	199
	to suffice (만족시키다)	sufficient(충분한) insufficient(불충분한)	sufficiently (충분히)	56

▌참고문헌 ▌

Allen, P., and H. Widdowson(eds.). 1974. *English in focus*. Oxford: Oxford University Press.

Bloomfield, L. 1942. *Outline guide for the practical study of foreign languages*. Baltimore: Linguistic Society of America.

Brigg, L.(ed.). 1977. *Instructional design: Principles and applications*. Englewood Cliffs, NJ: Educational Technology Publications.

Chiu, R. 1972. Measuring register characteristics: A prerequisite for preparing advanced level TESOL programs. TESOL *Quarterly*, 6(2) (1972): 129~141.

Clark, J. 1987. *Curriculum renewal in school foreign language learning*. Oxford: Oxford University Press.

Council of Europe. 1969. *The work of the Council of Europe in the field of modern languages*. Strasbourg: Council of Europe.

Darian, S. 1972. *English as a foreign language: History, development, and methods of teaching*. Norman: University of Oklahoma Press.

Ewer, J. R., and G. Latorre. 1969. *A course in basic scientific English*. London: Longman.

Ewer, J. R., and G. Hughes-Davies. 1971. Further notes on developing an English programme for students of science and technology. *English Language Teaching* 26(1): 65~70.

Halliday, M. A. K.1978. *Language as social semiotic*. London: Arnold.

Ho, W. K. 1994. The English language curriculum in perspective: Exogeneous influences and indigenization. In S. Gopinathan, A. Pakir, H. W. Kam, and V. Saravanan(eds.), *Language, society, and education in Singapore*(2ded.). Singapore: Times Academic Press. 22~244.

Hoey, M. 1979. *Signaling in discourse: A functional analysis of a common discourse pattern in written and spoken English*. Birmingham: University of Birmingham, English Language Research Unit.

Hoey, M. 1983. *On the surface of discourse*. London: Allen and Unwin.

Inglis, F. 1975. Ideology and the curriculum: The value assumptions of system builders. In M. Golby, J. Greenwald, and R. West(eds.), *Curriculum design*. London: Croom Helm.

Howatt, A. P. R. 1984. *A history of English language teaching*. Oxford: Oxford University Press.

Johnson, R. K. 1989. *The second language curriculum*. New York: Cambridge University Press.

Jordan. R. 1997. *English for academic purposes*. Cambridge: Cambridege University Press.

Jupp, T. C., and S. Hodlin. 1975. *Industrial English*. London: Heinemann.

Kingsbury, R. 1971. A proposed model for critical discussion and study of a possible unit/credit system in modern language learning and teaching for adults in Europe. In Council of Europe, *Linguistic content, means of evaluation and their interaction in the teaching and learning of modern languages in adult education*. Council of Europe, Strasbourg: 10~16.

Lado, R. 1978. *Lado English series*. New York: Regents.

Lange, D. 1990. A blueprint for a teacher development program. In J. C. Richards and D. Nunan(eds.), *Second language teacher education*. New York: Cambridge University Press. 245~268.

Lawton, D. 1973. *Social change, educational theory and curriculum planning*. London: University of London Press.

Mackay R., and J. Palmer. (eds.). 1981. *Languages for specific purposes: Program design and evaluation*. Rowley, MA: Newbury House.

Morris, P. 1995. *The Hong Kong school curriculum*. Hong Kong: Hong Kong University Press.

Munby, J. 1978. *Communicative syllabus design*. Cambridge: Cambridge University Press.

Nicholls, A., and H. Nicholls. 1972. *Developing curriculum: A practical guide*. London: Allen and Unwin.

O' Neill, R. 1978. *Kernel one*. London: Longman.

Ozolins, U. 1993. *The politics of language in Australia*. Melbourne: Cambridge University Press.

Praninskas, J. 1972. *American University word list.* London: Longman.

Richards, J. C., and T. Rodgers. 1986. *Approaches and methods in language teaching.* New York: Cambridge University Press.

Richtertich, R., and J. L. Chancerel. 1978. *Identifying the needs of adults learning a foreign language.* Strasbourg: Council for Cultural Co-operation of the Council of Europe.

Rivers, W. 1964. *The psychologist and the foreign language learners.* Chicago: University of Chicago Press.

Robinson, P. 1980. *ESP(English for specific purposes).* Oxford: Pergamon.

Rodgers, T. 1989. Syllabus design, curriculum development and polity determination. In R. K. Johnson(ed.), *The second language curriculum.* New York: Cambridge University Press. 24~34.

Schutz, N., and B. Derwing. 1981. The problem of needs assesment in English for specific purposes: Some theoretical and practical considerations. In Mackay and Palmer(1981), 29~44.

Stern, H. 1974. Directions in language teaching theory and research. In J. Qvistgaard et al.(eds.). 1974. *Applied linguistics: Problems and solutions.* Heidelberg. 61~108.

Strevens, P. 1977. Special-purpose language learning: a perspective. Survey article. *Language Teaching and Linguistics Abstracts* 10(3): 145~163.

Swales, J. 1971. *Writing scientific English.* London: Nelson.

Tyler, R. 1949. *Basic principles of curriculum and instruction.* Chicago: Univesity of Chicago Press.

Van Ek, J. L., and L. G. Alexander. 1975. *The threshold level in a European unit/credit system for modern language learning by adults.* Oxford: Pergamon.

Van Els, T., T. Bongaerts, G. Extra, C. Van Os, and A. Janssen-van Dieten. 1984. *Applied linguistics and the learning and teaching of foreign languages.* London: Arnold.

White, R. 1988. *The ELT curriculum.* Oxford: Blackwell.

Wilkins, D. A. 1976. *Notional syllabuses.* Oxford: Oxford University Press.

Yalden, J. 1987. *The communicative syllabus.* Englewood Cliffs, NJ: Prentice Hall.

3
요구 분석
Needs Analysis

교육과정 개발의 기본 가정 중 하나는 교육 프로그램이 학습자의 요구에 기초해야 한다는 것이다. 학습자의 요구를 조사하는 절차를 요구 분석이라고 한다. 요구 분석은 교육 프로그램 계획에 있어 명확하고 필수적인 단계이다. 교육과정 개발의 체제 접근systems approach의 일부로 1960년대에 등장했으며, 교육적 책무성educational accountability이라고 널리 알려진 교육철학의 한 부분이었다(Stufflebeam, McCormick, Brinkerhoff, & Nelson 1985). 훈련 프로그램의 공급자가 다양한 종류의 훈련 프로그램을 제공하기 위해 공적, 사적 자금을 필요로 한다면 공급자들은 프로그램들이 실제적 요구에 부합한다는 점을 증명해야 했다(Pratt 1980). 결과적으로 요구 분석은 상당한 산업으로 발전했다. Berwick(1989, 51)은 다음과 같이 설명한다.

> 이 시기에 북미지역에서는 행동 목표 behavioral objectives 운동의 영향으로 교육적 요구 사정 needs assessment의 정확성을 확신시킬 필요성이 대두되었다. 행동 목표 운동은 교육 계획 educational planning에 있어서 교육 체제 내의 모든 중요한 목적을 측정 가능한 형태로 상세히 서술해야 한다고 주장한 것이다. 이러한 정확성과 책무성의 강조는 교육 공학과 교육적 연구 방법론의 다양화라는 형태로 요구 분석의 출현에 영향을 미쳤다.

요구 분석은 ESP를 통하여 언어 교수에 소개되었다(2장 참조). 1960년대 이래로 전문화된 언어 프로그램에 대한 수요가 증가했고 응용 언어학자들은 점차 언어 교수에서 요구 분석을 사용하기 시작했다. 1980년대에는 전 세계적으로 '요구에 기초한 철학needs-based philosophy'이 등장하였는데 특히, ESP 및 직업 목적 프로그램 설계와 관련하여 나타났다(Brindley 1984). 이번 장에서는 요구 분석에 대한 접근법을 살펴보고, 요구 분석의 목적, 요구의 특성, 요구 분석은 누구를 위한 것인가, 대상 모집단target population은 누구인가, 누가 정보를 수집하는가, 어떤 절차procedures를 사용하는가, 수집된 정보는 어떻게 이용하는가에 대해 알아볼 것이다. (두 종류의 요구 분석의 예는 77~79쪽에 제시한다.)

3.1. 요구 분석의 목적The purposes of needs analysis

언어 교수에서 요구 분석은 다양한 목적으로 사용된다. 예를 들면,

- 학습자가 판매 관리자, 여행 가이드, 대학생과 같은 특정 역할을 수행하기 위해 필요로 하는 언어 기술 language skills을 찾기 위해서
- 현행 코스가 잠재적 학습자 potential students들의 요구에 초점을 맞추고 있는가에 대한 의사 결정을 돕기 위해서
- 집단 내에서 특정 언어 기술에 대한 훈련을 가장 필요로 하는 학습자들을 결정하기 위해서
- 참조 집단 reference group이 생각하는 '방향 전환 change of direction'이 중요한가를 밝히기 위해서
- 학습자들이 할 수 있는 것과 해야 할 필요가 있는 것 사이의 격차를 밝히기 위해서
- 학습자들이 경험하는 특정 문제에 대한 정보를 수집하기 위해서

K-12 ESL 프로그램(예-공교육에서의 ESL 학습자들)의 경우 Linse(1993)는 요구 분석의 목적을 다음과 같이 나타냈다.

- 학습자가 대표하는 언어 및 언어 집단의 인구학적demographic 정보를 수집하기 위해서
- 모국어와 영어에서 학습자의 언어 습득 수준을 평가하기 위해서
- 학습자의 영어 의사소통 능력을 측정하기 위해서
- 학습자의 공식적인 formal 영어 지식을 측정하기 위해서
- 학습자가 일상에서 어떻게 언어를 사용하는지를 알기 위해서
- 학습자가 영어로 모든 학교와 공동체 활동에 참여하기 위해서 어떤 영어 기술이 필요한지 판단하기 위해서

- 학습자의 이전 정규 교육 경험을 알기 위해서
- 학습자와 그의 가족들의 정규 학교과정과 정규 교육에 대한 태도를 판단하기 위해서
- 학습자가 사전 문해력 preliteracy* 및 문해력 literacy을 가졌는지를 알기 위해서
- 학습자 모국어에서의 인지 발달 및 학문적 기술 습득의 수준을 확인하기 위해서
- 학습자가 영어로 습득한 인지적, 학문적 기술을 확인하기 위해서
- 학습자의 문화적, 정치적, 개인적 특성을 확인하기 위해서

그러므로 요구 분석을 실행하는 첫 단계는 목적이 무엇인지를 정확히 정하는 것이다. 예를 들면, 식당 종업원들을 위한 요구 분석을 실행할 때 그 목적은 다음과 같다.

- 종업원들의 현재 언어 숙달도 proficiency를 측정하기 위해서
- 얼마나 많은 종업원에게 언어 교육이 필요한가를 결정하기 위해서
- 종업원들이 업무상 겪는 언어적 어려움에 대한 상급 직원들의 인식을 확인하기 위해서
- 종업원들이 업무상 겪는 언어적 어려움에 대한 그들의 인식을 확인하기 위해서
- 종업원들이 보통 영어로 수행하는 업무의 유형을 확인하기 위해서
- 업무 처리 시의 언어 특징을 확인하기 위해서
- 현재의 프로그램과 교재로 종업원의 요구가 얼마나 충족될 수 있는지를 평가하기 위해서

대부분의 경우 학습자의 언어적 요구를 비교적 쉽게 결정할 수 있다. 특히 학습자가 '관광, 보육, 호텔업 등의 특정한 분야에서 일하기 위해서'와 같이 구체적인 목적을 가지고 언어를 학습한다면 더욱 그렇다. 이 경우 종업원들이 영어로 수행하는 일상적인 과제를 관찰하고 그러한 과제에 대한 언어적 요구를 결정한다. 얻은 정보는 훈련 프로그램 계획을 위한 기초로 사용할 수 있다. '요구'는 경우에 따라 학습자의 권리를 포함한다. Linse는 다음과 같이 언급하고 있다.

현실적이고 의미 있는 활동과 목표를 계획하기 위해 교육과정이 개발되기 때문에 학습자의 문화적, 정치적, 개인적 특징을 고려하는 것은 학교의 책임이다. 정치

---

* 역자주: 읽기 발달의 초기 단계

적 사안에 따라 행동하는 것은 학교의 책임이 아니지만, 공정한 학습 기회를 제공하고 학습자의 정치적, 문화적 배경에 관계없이 그들의 모든 경험을 인정하는 것은 학교의 책임이다(Linse, in Hudelson 1993, 46).

또 다른 경우 학습자의 요구는 즉각적이지 않을 수도 있다. EFL 상황에서 중등학교 Secondary school 교과목의 하나로 영어를 배우는 학습자의 경우가 그 예이다. 이 경우 영어는 아동 일반 교육의 중요한 부분으로 인식되는 필수과목이다. 학습자들이 즉각적인 필요를 인식하지 못하더라도 교육과정 계획자는 고용주, 학부모, 교사 그리고 기타 관련자들을 대상으로 이들이 고교졸업자에게 기대하는 영어 성취도를 조사할 것이다. 여러 나라에서 영어 혹은 다른 외국어를 초·중등 교육과정에 도입하는 것은 수학, 역사, 체육 등이 학교 교육과정에 포함되는 것과 같이 교육과정 계획자가 학생들을 위해서 최선이라고 생각하는 것에 바탕을 둔다. 학습자가 그러한 지식에 대한 필요를 인식하고 있는가는 고려되지 않는다. 학습자의 요구는 학습자를 위해서 그들의 장기적인 복지와 관련된 사람들이 결정한다. 따라서 요구 분석은 인식되고 현재하는 요구뿐만 아니라 잠재적이고 인지되지 않은 요구에 대한 연구도 포함한다.

요구 분석은 언어 프로그램의 시행 전, 시행 중, 혹은 시행 후에 행한다. 요구 분석에 관한 많은 문헌은 요구 분석이 코스 개발의 일부로서 일어나는 계획의 한 부분이라는 가정에 기초한다. 이 가정에 따르면 계획된 교육 프로그램을 위해 정보를 계획, 수집, 분석하는 데 시간과 자원을 사용할 수 있다. 이 우선 접근법("a priori" approach)은 장기 계획을 필요로 하며 요구 분석에 투입할 충분한 시간과 자원이 있다고 가정한다. 예시 1(77~78쪽)은 이 유형의 요구 분석이다.

그러나 장기 계획이 선택사항이 아닌 경우가 있다. 45명의 멕시코 공무원이 3주 이내에 도착할 것이며 이들이 언어 기술을 배울 것이라는 사실 외에는 학습자 집단에 대한 상세한 정보가 없다. 이 상황에서 요구 분석은 코스 시행 중에 행해져야 한다. 가르치는 동안 수집된 정보에 의해 목표, 내용, 교수법이 결정된다. 예시 2(78~79쪽)는 이 유형의 요구 분석이다.

또 다른 경우 요구 분석을 구성하는 막대한 양의 정보는 코스가 끝난 후에 수집할 수도 있다. 수집된 정보는 프로그램의 평가 및 개선을 위한 기초로서 학습자의 요구에 대해 더욱 종합적인 관점을 얻기 위해 분석된다(9장 참조).

3.2. 요구란 무엇인가? What are needs?

요구 needs란 용어는 그 의미가 직접 드러나지 않아서 때로는 욕구 want, 욕망 desires, 기대 expectation, 동기 motivation, 결핍 lacks, 억제 constraints, 필요조건 requirements의 의미로 사용된다(Brindly 1984, 28). 요구는 종종 언어적 결함으로 기술되는데, 다시 말하면 학습자가 언어로 현재 수행할 수 있는 것과 수행할 수 있어야 하는 것 간의 차이를 설명하는 것이다. 이러한 관점에서는 요구가 객관적인 실제성을 가지며 인식되고 분석되기를 기다리고 있다고 본다. Porcher(1977, in Brindley 1984, 29)는 이와 다른 관점을 제안한다. "요구는 존재하는 것이 아니며, 완성된 채로 길에서 마주칠 수 있는 것이 아니다. 요구란 구성되는 것이고, 개념망의 중심에 있으며, 수많은 인식론적 선택의 산물이다(당연히 그 자체로 순수할 수 없다)." 요구라고 규명된 것은 판단에 의한 것이며 그러한 판단을 내리는 사람들의 이해관계와 가치를 반영한다. 교사, 학습자, 고용주, 학부모 그리고 다른 이해당사자(다음 절에서 다룸) 모두 요구란 무엇인가에 대해 서로 다른 견해를 가질 수 있다. 일례로 이민자들의 요구를 고려하는 데 있어서 주류 사회 대표들은 이민자의 요구가 문화적, 언어적으로 가능한 한 빨리 동화되는 것이라 여기고 이민자들의 생존을 위해 궁극적으로는 주류 문화에 동화되기 위해 요구되는 언어 기술을 파악하기 위한 요구 분석을 시행할 것이다. 그러나 이민자들은 생존과 독립, 특히 경제적 생존을 위한 의사소통 능력을 목표로 할 뿐, 주류 문화에 동화되기를 원하지 않을 수도 있다 (Burnett 1998). Auerbach(1995, 9)는 영어 교수는 종종 "기술, 지식, 능력의 중립적 전이"로 여겨져 왔으며, 그러한 접근은 학습자의 요구가 아니라 사회 기관의 요구이며 권력에 대한 질문은 무시한다고 지적했다.

교육과정 개발, 내용, 교재, 수업 과정, 언어 사용에 대한 교육학적 선택은 비정치적이며 전문적 고찰에 의한 것으로 보이지만, 사실 그 본성은 원래부터 이념인 것이며 학습자의 사회경제적 역할을 상당히 함축하고 있다 (Auerbach 1995, 9).

요구는 간혹 언어 요구라는 측면에서 영어권 사회에서 생존하는 데 필요한 언어 기술 language skill로 묘사된다. 그러나 Auerbach(1995)와 다른 학자들이 지적했듯이 많은 경우 특히 영어권 사회에서의 소수 이민자는 다른 종류의 요구도 있다. 이는 주거, 보건, 자녀의 학교 교육, 지역사회 기관 및 서비스 등에 대한 권리, 직장에서의 착취와 차별에 대한 항의와 관련된다. 어떻게 하면 교육과정이 학습자에게 그들이 이해할 필요가 있는 언어적, 비언어적 자원을 제공할 수 있을까? 그리고 어떻게 학습자가 지역사회에서 사용할 권리가 있으며 학습자의 이익과 권리를 지키고 표현할 권리가 있는 자원을 이용하게 할 수 있을까? 이런 경우 ESL 교육과정 계획은 학습자의 언어 요구를 확인하고자 할 뿐 아니라 "그들이 [현행 제도]를 비판적으로 검토하고 제도 속에서 자신의 역할을 능동적으로 형성하도록 만든다 (Auerbach 1995, 15)." 이 문제는 5장에서 대안적인 교육과정과 그 가치를 검토할 때 자세히 다룰 것이다.

3.3. 요구 분석 사용자 The users of needs analysis

요구 분석은 다양한 사용자를 위해서 시행된다. 예를 들어 한 국가의 중·고등학교 영어 교육과정 개정을 위한 요구 분석을 시행할 때 최종 사용자 end users는 다음을 포함한다.

- 현행 교수요목, 교육과정, 교수 자료의 적합성을 평가하기 위해 정보를 이용하고자 하는 교육부 교육과정 담당 직원들
- 새 교육과정을 가르치게 될 교사들
- 새 교육과정을 배우게 될 학생들
- 새로운 교재의 집필을 준비하는 집필자들
- 졸업 사정을 개발하는 시험관들
- 학교를 그만둔 학생들의 학업 수준과 그 학생들이 직면할 문제에 관심이 있는 제3 기관의 직원들

사설 기관이 수행한 국제 회계회사의 예비 회계사들의 언어적 요구 분석의 경우 대상 사용자는 다음과 같다.

- 훈련 프로그램과 자료를 설계하는 훈련자들
- 자금제공의 구체적 결과에 관심이 있는 지역 회계사 협회 등 자금 제공 주체
- 신입사원의 업무 수행 향상에 관심 있는 고용주들

교사 개인이 자신의 수업 시간에 시행한 소규모 요구 분석의 경우 이용자 Audience는 요구 분석을 시행한 교사, 다른 교사, 프로그램 조정자coordinator 등이다. 대규모 요구 분석의 경우 요구 분석의 결과를 알고자 하는 이용자는 다양하다. 요구 분석 계획에 있어서 적절한 이용자를 결정하는 일은 필요한 정보를 얻고, 요구 분석이 그 설계한 대로 영향력을 갖도록 하기 위해 중요한 첫 단계이다. Stufflebeam et al.(1985, 25)은 "연구 초기에는 모든 핵심 이용자Key audience를 밝힐 수 없다는 것을 염두에 두어야 한다. 또한, 연구가 진행되는 도중에 다양한 이용자들의 상대적 중요성이 완전히 달라질 수 있다."고 언급한다.

그러므로 요구 분석은 정치적 측면이 있다. 요구 분석은 모집단 내에서 특정 집단에 우선권을 주거나 경제적인 이유 등으로 이미 결정된 일을 정당화하는 등 특정 안건을 지지하기 위해 사용될 수 있다. 예를 들면, 고용주는 요구 분석의 정보를 특정 직원을 재교육하는 데 투자하기보다는 그 직원을 다른 직원으로 대체하는 것을 정당화하기 위해 이용할 가능성이 있다. 따라서 요구 분석이 시행되는 모든 상황에는 다양한 이해당사자들stakeholders이 있다. 즉, 이들은 검토되고 있는 문제나 프로그램에 특정 이해관계가 있거나 관련된 사람들이며 그들의 다양한 의제가 무엇인지 아는 것은 매우 중요하다. Connelly와 Clandinin(1988, 124)은 이해당사자를 "학교에서 제공하는 교육과정 절차에 대해 의견을 제시할 권리가 있으며 그것에 영향력을 행사하는 개인이나 집단"이라고 정의한다. 다양한 이해당사자들은 교육과정에서 서로 다른 것을 원한다. Connelly와 Clandinin(1988, 131~132)은 어떤 집단의 사람들이 교육과정 위원회에서 일하거나 교육과정의 문제를 해결하려 할 경우 교육과정의 이해당사자의 입장에서 계획 과정을 고려해야 하며 다음과 같은 질문을 해야 한다고 제안한다.

1. 교육과정의 목적은 무엇인가?
2. 집단이 있다면 그 집단의 구성은 어떠한가?
3. 누가 프로젝트를 제안했는가?
4. 집단 구성원의 자격과 목적은 어떻게 확립되었는가?

위의 질문에 대한 답에서 다음과 같은 추가 질문이 나온다.

1. 나는 특정 이해당사자에게 어떻게 책임을 져야 하는가?
2. 내 결정에 어느 이해당사자가 얼마나 영향을 받는가?
3. 특정 이해당사자를 무시할 경우 그 위험은 어느 정도인가?
4. 특정 이해당사자가 내 행동을 지시할 권한을 얼마나 가지고 있는가?

3.4. 대상 모집단 The target population

요구 분석에서 대상 모집단은 정보 수집의 대상이 되는 사람들을 말한다. 일반적으로 언어 프로그램에서는 언어 학습자 혹은 잠재적 언어 학습자들이 대상 모집단에 포함되고, 다른 대상들도 요구 분석의 목적에 맞는 적절한 정보를 제공하느냐에 따라 대상 모집단에 포함되기도 한다. 예를 들면, EFL 상황의 공립 중·고등학교 영어 프로그램의 방향을 결정하기 위한 요구 분석을 시행할 때 대상 모집단은 다음을 포함한다.

- 정책 입안자들
- 교육부 직원들
- 교사들
- 학생들
- 연구자들
- 고용주들
- 직업훈련 전문가들
- 학부모들
- 영향력 있는 개인들과 압력단체
- 전문 학자들
- 지역 기관들

요구에 대한 다양한 견해를 제시하기 위해 각 대상 모집단의 응답자 하위분류가 필요하다. 예를 들어, 뉴질랜드 대학에서 외국어를 공부하는 학습자의 요구 분석을 시행할 때(Richards & Gravatt 1998) 언어 과정의 선택, 포기, 참가 여부에 대한 학습자의 동기를 확인하기 위해서 다음과 같은 학습자 분류가 포함된다.

- 현재 외국어 과정에 등록한 학생
- 이전에 외국어 과정에 등록한 적이 있으나 이제는 외국어를 학습하지 않는 학생
- 한 번도 외국어 과정에 등록한 적이 없는 학생

대상 모집단을 결정할 때 중요한 문제는 표집sampling이다. 모든 학습자가 표본에 포함될 정도로 모집단이 작은 경우도 있으나 대부분의 경우 요구 분석의 대상이 될 표본의 크기를 결정해야만 한다. 표집은 전체 모집단 대신 일정 비율의 잠재 모집단을 모집하여 전체 모집단을 대표할 표본을 만드는 작업이다. Elley(1984)는 습득된 지식, 태도, 기술의 종류에 대한 모집단의 동질성이나 표본 내의 하위군 연구-성별, 모국어, 기타 요인 등-의 필요성과 같은 많은 요인이 표집에 영향을 미친다고 지적하였다. 대상 모집단이 큰 경우 이용 가능한 정보원과 연구 목적에 맞는 표집 방법을 결정하기 위해 전문적인 조언이 필요하다.

3.5. 요구 분석의 시행 Administering the needs analysis

요구 분석의 계획에는 누가 요구 분석을 시행하고 그 결과를 수집, 분석할지를 정하는 것도 포함된다. 요구 분석은 한 국가의 전체 학교 모집단 조사에서부터 한 기관의 학습자 집단 30명에 대한 연구까지 그 범위와 필요가 다양하다. 때로는 분석을 목적으로 연구팀이 특별히 조직되기도 하고 혹은 관심 있는 두세 명의 교사가 전부일 때도 있다. 일례로 뉴질랜드 대학에서 공부하는 비영어권 학생들의 언어 요구 분석에는 다음과 같은 사람들이 참여했다.

- 두 명의 대학교수와 한 명의 조교로 이루어진 연구팀
- 표본 설문조사를 점검하고 프로젝트를 검토했던 타 학과 소속의 동료들
- 예비 설문조사에 응한 학생들
- 설문조사를 시행한 연구원들
- 설문조사를 준비하고 자료를 정리하는 보조인력 secretarial support

일부 언어 프로그램에서 비공식적인 요구 분석은 교사에게 지속적인 책임이 있다. Shaw와 Dowsett(1986)는 호주 성인 이민자 교육 프로그램의 이러한 접근에 대해 다음과 같이 기술한다.

비공식적 요구 사정 assessment은 개별 학생, 학생 집단, 학급 전체와의 담소 형태로 학생과 교사 간에 일어나는 비공식적 협상이다. 이는 학습 요구를 일치시켜 집단의 응집력을 높이고 수업의 중점을 정하기 위함이다. 비공식적 요구 사정은 일반적으로 과정 첫째 주에 학급 교사가 수행해야 할 주된 과제이다. 비공식적 요구 사정은 학습자 요구에 대한 정보 파악을 위해 필수적인 구성요소로서 반드시 기록되어야 한다. 결과적으로 목표 및 목적 설정과 코스 개요 구상을 위한 정보로 사용된다(Shaw & Dowsett 1986, 47~49).

이러한 방식으로 수집된 정보는 공식적 수단으로 얻어진 정보를 보완할 수 있다.

3.6. 요구 분석의 방법 Procedures for conducting needs analysis

요구 분석을 시행하는 데는 다양한 방법을 사용할 수 있고 어떤 방법을 사용했느냐가 수집된 정보의 종류를 결정한다. 어떤 정보든 불완전하거나 편파적일 수 있으므로 삼각 접근법 triangular approach(예. 둘 이상의 출처를 통한 정보 수집)이 권장된다. 다양한 정보의 출처를 이용해야 한다. 예를 들면, 미국 대학에서 공부하는 외국인 학생들이 겪는 쓰기 문제에 대해 요구 분석을 시행할 경우 다음과 같은 출처들을 통해 정보를 얻는다.

- 학생들의 쓰기 표본 sample
- 학생의 언어수행능력에 관한 시험 자료
- 학생들이 겪는 전형적인 문제에 대한 교사의 보고서
- 전문가의 의견
- 학생 면접과 설문조사를 통해 얻은 정보
- 학문적 글쓰기의 교수 자료인 교재 분석
- 관련 문헌 조사
- 타 기관의 쓰기 프로그램의 예
- 대학 신입생들에게 주어진 쓰기 과제의 예

요구 분석 시 정보 수집 방법은 다음 중에서 선택할 수 있다.

1) 설문지 Questionnaires

설문지는 가장 흔하게 사용되는 도구이다. 상대적으로 준비가 쉽고, 다수의 대상에게 사용 가능하며 상대적으로 도식화하기 tabulate 쉽고 분석하기 쉬운 정보를 준다. 또한, 언어 사용, 의사소통의 어려움, 선호하는 학습 양식, 선호하는 교실활동, 태도, 신념과 같은 여러 쟁점에 대한 정보를 이끌어 낼 수 있다.

설문지는 구조화된 항목(응답자가 제한된 응답 중에서 선택)이나 비구조화된 항목(응답자가 자신이 원하는 대로 답할 수 있는 개방형 질문)으로 이루어진다. 일반적으로 분석하기 쉬운 구조화된 항목을 선호한다. <부록 2>는 홍콩에 거주하며 중국어를 모국어로 하지 않는 사람들을 대상으로 한 광둥어 코스 계획의 기초로 설계된 설문지이다. 이 설문은 다음과 같은 정보를 찾으려 한다.

- 광둥어가 사용되는 상황
- 현재 광둥어 숙달도에 대한 자기 평가
- 이전의 광둥어 학습경험
- 광둥어 학습 교재에 대한 의견
- 광둥어 교수법에 대한 의견
- 선호하는 학습 양식
- 하나의 언어로서 광둥어를 보는 시각

설문지의 단점은 습득된 정보가 피상적이거나 불명확해서 응답자의 의도를 정확히 이해하기 위해 후속조사가 필요한 경우가 많다는 것이다. 제대로 설계되지 않은 교육 연구 설문지가 많다는 것을 인지하고 습득 정보의 신뢰성 확보를 위해 좋은 설문지를 설계하는 원리에 정통해야 한다. 예비 설문 Piloting of questionnaires은 설문지를 시행하기 전에 모호한 표현과 기타 문제들을 파악하기 위해 필수적이다. 설문지 설계를 위한 쟁점들은 <부록 1>에서 제시한다.

2) 자율 평가 Self-ratings

자율 평가는 학습자가 자신의 지식이나 능력을 평가하는 데 사용하는 척도로 구성된다(자율 평가는 설문지에 포함될 수도 있다). 예를 들면, 학습자가 영어로 진행되는 구직 면접에서 자신이 얼마나 잘 대처할 수 있는지를 평가한다. 이 방법의 단점은 그다지 정확하지 않고 막연한 느낌에 기초한 정보만 제공한다는 것이다.

3) 면접 Interviews

면접은 시행하는 데 오랜 시간이 걸리고 소집단에서만 가능하지만 설문지보다 더 깊이 있는 조사가 가능하다. 면접을 통해 설문지 설계에서 중점을 두어야 할 쟁점과 주제를 파악할 수 있기 때문에 설문지 설계의 준비 단계로 유용하다. 하나로 연결된 질문들로 a set series of questions 구성된 구조화된 면접에서는 훨씬 일관성 있는 응답을 얻을 수 있다. 면접은 면대면 혹은 전화로 시행될 수 있다.

4) 회의 방식 Meetings

회의 방식에서는 비교적 짧은 시간 안에 많은 양의 정보를 수집할 수 있다. 예를 들면, '학생들의 청취력 문제'라는 주제로 교사 회의를 하면 광범위한 의견이 나타난다. 그러나 이 방법으로 수집된 정보는 주관적이고 막연하며 집단 구성원의 의견이 여과 없이 반영될 수 있다.

5) 관찰 Observation

목표 상황에서 학습자 행동을 관찰하는 것은 요구 분석의 또 다른 방법이다. 일례로 은행 직원의 업무를 관찰하여 그들의 언어적 요구가 무엇인지에 대한 결론을 내릴 수 있다.

그러나 사람들은 관찰의 대상이 되면 수행을 잘할 수 없다는 점을 고려해야 한다. 더욱이 관찰은 전문화된 기술 skill이 필요하다. 어떻게 관찰해야 하는지, 무엇을 찾아야 하는지, 관찰된 정보를 어떻게 활용해야 하는지를 알기 위해서는 전문적인 교육이 필요하다.

6) 학습자 언어 표본 수집 Collecting learner language samples

학습자가 다양한 언어 과제(예. 업무상 편지, 면접, 전화 통화)를 얼마나 잘 수행하는지 이에 대한 정보를 모으고 전형적인 문제점을 기록하는 것은 학습자의 언어적 요구에 대한 유용하고 직접적인 정보이다. 언어 표본은 다음과 같은 과정을 통해 수집할 수 있다.

- 쓰기와 말하기 과제: 학습자들의 쓰기, 말하기 활동 표본을 수집한다.
- 모의상황 Simulation 및 역할극: 학생들이 모의상황 Simulation을 수행하고 그 수행은

관찰되거나 기록된다.

- 성취도 평가: 다양한 영역에서 이루어지는 언어 사용에 대해 학습자의 능력을 평가한다.
- 수행 평가: "영어로 이루어지는 구직 면접을 얼마나 잘 수행하는가?"와 같은 학습자의 업무 관련, 과제 관련 행동을 평가한다.

7) 과제 분석 *Task analysis*

과제 분석은 학습자가 장래 직업이나 교육 환경에서 영어로 수행하게 될 과제의 종류 및 언어적 특성에 대해 평가하고 과제에 대한 요구 사항을 분석하는 것을 말한다. 예를 들면, 호텔 직원은 영어로 다음과 같은 과제를 수행해야 한다.

- 호텔 고객과 인사하기
- 고객의 숙박 요구 사항에 대해 묻기
- 호텔 숙박시설에 대한 정보 제공
- 고객이 적절한 숙박시설을 선택하도록 돕기
- 투숙 절차 밟기

Berwick(1989, 57)은 "목표 상황 분석은 특정상황(예. 사무실, 조립 라인, 회의실, 내용영역 수업 content-area classroom)에서 목표 언어로 이루어지는 의사소통의 영향과 본질을 강조한다. 전문적인 의사소통 분석은 측정 가능한 현재 수행에 대해 표준을 마련한다."고 논평한다. 일단 목표 과제가 결정되면 과제의 언어적 특징은 언어 코스나 교육 자료를 설계하는 기초가 된다.

8) 사례 연구 *Case studies*

사례 연구에서는 어떤 사례 situation의 특성을 파악하기 위해 개인 학습자나 특정 학습자집단을 관련된 과제 및 교육적 경험을 통해 추적한다. 예를 들면, 새로운 이민자가 연구 대상이 될 수 있는데 3개월 동안 이민자들의 영어 사용 경험, 언어가 사용되는 상황과 그들이 직면하는 어려움을 매일 일지로 남긴다. 사례 연구의 결과를 일반화할 수는 없지만 사례 연구는 기타 방법으로 수집된 자료를 보완할 수 있는 풍부한 정보를 제공한다.

9) 관련 자료 검토 Analysis of available information

요구 분석이 요구되는 상황에서는 일반적으로 다양한 출처에서 많은 양의 정보를 활용할 수 있다. 관련 자료들은 다음을 포함한다.

- 서적
- 신문 기사
- 보고서와 조사서
- 기록물과 서류

보통 관련 자료 검토는 요구 분석의 첫 단계이다. 언어 교수에서 이미 다루어지지 않고 분석되지 않은 문제는 거의 없기 때문이다.

3.7. 요구 분석의 설계 Designing the needs analysis

요구 분석의 설계는 앞서 논의한 다양한 선택 사항 중에서 하나를 선택하는 것을 포함하며 학습자 요구에 대한 종합적인 관점을 제시할 수 있고 관련 이해당사자들의 이익을 대표하는 사람을 선택하는 것을 포함한다. 정보의 수집, 구성, 분석, 보고에 관한 실제적 절차를 결정해야 한다. 요구 분석이 정보 과잉을 낳지 않도록 하는 것이 중요하다. 실제로 사용할 만큼의 정보만을 수집하기 위해서 다양한 종류의 정보를 수집하는 데는 분명한 이유가 있어야 한다. 뉴질랜드 대학에서 비영어권 학생들의 언어 요구를 조사할 때(Gravatt, Richards, & Lewis 1997) 다음의 절차가 사용되었다.

1. 문헌 조사
2. 광범위한 설문조사 분석
3. 유사한 조사를 진행한 다른 사람들과의 접촉
4. 목표를 정하기 위한 교사들과의 면담
5. 참여 학과 확인
6. 참여 학과에 프로젝트를 제의하고 각 학과에서 담당할 사람을 확인
7. 학생과 교사용 예비 설문지 개발
8. 동료들의 설문지 검토

9. 예비 설문조사 실시

10. 교직원 staff과 대상 학생 선정

11. 자료 수집을 위한 일정 작성

12. 설문조사 실시

13. 선택된 응답자를 대상으로 한 후속 면담

14. 응답 구조화

15. 응답 분석

16. 보고서와 제안서 작성

언어 프로그램에서 교사 집단이 새로운 학생들의 언어 요구를 평가하는 소규모 요구 분석은 다음과 같은 절차로 구성된다.

- 초기 설문지
- 개인 및 집단 후속 면담
- 학생들과의 면담
- 다른 교사들과의 회의
- 교실 참관 진행
- 시험

3.8. 수집된 정보의 활용Making use of the information obtained

요구 분석의 결과는 일반적으로 여러 출처로부터 얻은 정보로 구성되며 다양한 순위 목록의 형태로 요약된다. 예를 들면 다음과 같은 결과 목록을 얻을 수 있다.

- 영어가 자주 사용되는 상황
- 어려움을 겪는 상황
- 학습자의 수행에 대한 다른 사람들의 의견
- 다양한 거래 transaction가 수행되는 빈도
- 언어 사용의 다양한 측면에서 인지되는 어려움
- 여러 종류의 교수 활동에 대한 선호도
- 다양한 상황과 활동에서 일어나는 오류의 빈도
- 다양한 상황에서 흔히 일어나는 의사소통 문제

• 학습자 문제의 다양한 측면에 대한 의견과 제안
• 다양한 텍스트와 상황에서 나타나는 언어 항목과 단위의 빈도

대학 강의를 수강하는 ESL 학생들의 요구 분석을 통해 발견한 문제들을 말하기, 듣기 영역에서의 어려움으로 그 빈도를 목록화하였다(Gravett et al. 1997, 36). 가장 흔하게 겪는 어려움을 순서대로 나열하면 다음과 같다.

1. 대규모 토론
2. 학급 토론
3. 원어민과의 상호작용
4. 수업 외 프로젝트
5. 소집단 활동
6. 발표자 상호작용
7. 수업 참여

그러나 이러한 목록들은 각각의 경우에 학습자들이 정확히 어떤 어려움을 경험하는지에 대해 유용한 정보를 주지 못한다. 더 상세한 정보가 제공되더라도 결과는 여전히 막연할 뿐이다. 예를 들어 1번과 같은 상황(대규모 토론)에서 집단 토론에 참여하는 데 있어 가장 어려운 측면은 좀 더 세부적인 목록을 작성함으로써 자세히 알 수 있을 것이다. Johns와 Johns(1997)는 토론에서 학생들이 겪는 문제에 대해 요구 분석에 기초하여 상세한 목록을 작성하였다. 흔한 문제점들은 다음과 같다.

1. 구어 이해의 문제
   ('너무 빨리 말한다.', '중얼거린다.', '관용적 표현을 많이 사용한다.')
2. 즉각적인 발언에 대한 압박 ('무슨 말을 해야 할지 모르겠다.')
3. 적절한 응답인가에 대한 불안감 ('틀린 대답을 할지도 모른다.')
4. 영어로 의견을 표현할 수 있는 능력 부재
   ('영어로 어떻게 말해야 할지 모르겠다.')
5. 사용한 표현이 다른 의미로 이해될 가능성을 인식
   ('의견을 표현할 가장 좋은 방법을 모른다.')
6. 토론에 참여할 수 없다는 좌절감
   ('몇몇 학생이 너무 많이 이야기 한다.')

그러나 이와 같은 상세한 정보도 프로그램 설계에 직접적으로 적용할 수는 없다. 각각의 문제가 제시하는 목표와 목적을 개발하기 위해서는 수집된 정보를 코스 계획에 이용하기 전에 '구어체 영어의 이해'가 함축하는 것을 이해하기 위한 분석과 연구가 필요하다. 핵심은 요구 분석에서 얻어진 정보를 직접 적용할 수는 없다는 것이다. 수집된 정보가 유용하더라도 프로그램 계획에 적용하기 전에 해석 과정을 여러 번 거쳐야 한다.

요구 분석의 시행 과정에서 잠재적 요구가 많이 발견되기도 한다. 그러나 이 요구들의 우선순위를 정해야 한다. 왜냐하면, 모든 요구를 언어 프로그램에 적용하는 것은 실용적이지 못하며 때로는 프로그램의 시간적 제약으로 요구의 일부분만 반영할 수밖에 없기 때문이다. 또한, 요구가 파악되었다는 단순한 사실만으로 교육과정에 자동으로 변화가 생기는 것은 아니다. 우선 현행 교육과정(만약 있다면)이 파악된 요구를 어느 정도까지 충족시키고 있는지를 확인해야 한다. 따라서 어떤 요구가 필수적인지, 어떤 요구가 중요한지, 그리고 어떤 요구가 단지 이상적인 것인지를 고려해야만 한다. 더욱이 어떤 요구는 당장 적용되어야 하고 또 다른 요구는 장기적인 관점에서 필요로 하는 것이다. 어떤 경우는 실현 가능한 대안이 있으나 또 다른 경우는 비현실적일 수 있다.

요구는 객관적인 사실이 아니라 다양한 정보에 대한 주관적인 해석이기 때문에 요구 분석의 결론이 적합성을 확보하기 위해서는 많은 이해당사자의 자문이 필요하다. 종종 정보의 일부가 모순되는 경우도 있다. **Stufflebeam et al.**(1985, 111)은 다음을 상기시킨다.

[요구 분석 결과를] 분석하는 과정은 그 결과를 반복적으로 사용하고 검토할 수 있도록 신중하게, 정밀하게, 체계적으로, 주의 깊게 기록하려는 노력을 포함한다. 분석의 주된 목적은 수집된 정보에 의미를 부여하는 것이고 의미를 부여하는 일은 어떤 원리와 그에 관련된 견해, 그리고 상반될 수 있는 가치관의 맥락 value position 에서 이루어진다.

예를 들어, 공교육 체제의 개선을 위한 요구 분석에서는 교육과정의 문제를 보는 다른 시각이 나타난다. 무엇이 변화하여야 하는가에 대한 여러 가지 다른 관점이 드러난다.

- 학습자의 관점: 학습에 대한 지원이 더 필요하고 공부량을 줄여야 한다.
- 학자의 관점: 읽기와 쓰기 기술의 관점에서 제3의 새로운 통합 연구가 더 준비되어야 한다.
- 고용주의 관점: 취업에 필요한 기초적인 의사소통 기술을 더 보완해야 한다.
- 교사의 관점: 학습자들이 문법을 더 익힐 필요가 있다.

Brindley(1989)는 학습자와 교사의 관점이 다르다는 점을 논하며 각각의 가정을 명확히 하고 충족시키기 위해서 협상 과정이 필요하다고 제안했다. 이는 다른 이해당사자들에게도 적용된다.

요구 분석의 이용자가 다양한 경우(예. 교사, 행정 관리, 자금 지원 조직) 수집된 정보는 각 집단의 관심에 부합되는 형태로 분석되어야 한다. 한 집단에서는 간략한 개요를 원하는 반면 다른 집단은 상세한 결과를 원할지도 모른다. 결과를 보고하는 형식 또한 다양하다. 다음과 같이 예를 들 수 있다.

- 보고서 전문
- 간략한 요약문
- 회의
- 집단 토론
- 회보

따라서 요구 분석은 다음과 같이 다양한 방식으로 활용되는 정보를 생산한다.

- 현행 프로그램의 평가 혹은 프로그램 구성 요소를 위한 기초를 제공한다.
- 시행될 프로그램의 목표와 목적을 계획하는 데 기초를 제공한다.
- 시험이나 다른 종류의 평가를 개발하는 데 도움이 된다.
- 프로그램에 적용하기 적합한 교수법을 선정하는 데 도움이 된다.
- 코스에서 사용할 교수 자료와 교수요목을 개발하는 기초를 제공한다.
- 코스나 프로그램 보고서의 일부로 사용할 수 있는 정보를 외부기관에 제공한다.

그러나 어떤 경우라도 요구 분석이 직접적으로 적용될 수는 없다. 몇 가지 적용 방법에 대해서는 뒤에서 논의할 것이다. 요구 분석이 주로 적용되는 곳은 언어 프로그램 설계지만 프로그램을 설계하기 전에 프로그램에 영향을 줄 수 있는 다른 요소들에 대한 추가적인 정보도 필요하다. 이러한 요소의 파악과 그 영향력에 대한 평가가 4장의 주된 내용이다.

3.9. 토론 질문 및 활동

1. 요구 분석은 학습자가 구체적인 언어적 요구가 있을 때 잘 적용된다. 그러나 학교에서 외국어로서 영어를 배우는 것처럼 학습자의 요구가 구체적이지 않을 때도 이용된다. 이러한 경우 요구 분석은 무엇에 초점을 맞추어야 하는가?
2. 여러분이 교사인 상황에서 요구 분석을 계획한다면 어떤 정보를 얻고자 하겠는가?
3. 여러분에게 익숙한 상황과 관련된 요구 분석을 계획할 때 '이해당사자 stakeholders'의 개념에 대해 논하라. 다양한 이해당사자의 관심을 어떻게 다룰 것인가?
4. 사무실에서 일하는 비서들의 요구 분석을 설계하고 있다면 요구 분석에 어떤 대상 모집단을 포함하겠는가? 대상 모집단의 구성원으로부터 어떤 정보를 얻으려 하는가?
5. 호텔 전화 교환원의 언어 요구에 대한 정보를 수집하는 네 가지 각기 다른 요구 분석 절차를 제안하라. 각 절차의 장점과 제한점은 무엇인가?
6. 요구 분석을 시행할 때 사례 연구가 유용한 정보를 제공하는 상황을 제안하라.
7. 관광 가이드의 언어 요구를 조사하는 데 필요한 간단한 설문지를 설계하라. 이 설문지에서 어떤 쟁점을 다룰 것인가? 이 설문지에 어떤 유형의 항목을 포함할 것인가?
8. <부록 2>와 <부록 3>의 설문지를 비평하고 개선점을 제안하라.
9. 공항 출입국 관리소 직원의 언어 요구를 위한 요구 분석에 사용될 구조화면접 질문들을 준비하라.
10. 여러분에게 익숙하거나 관찰 가능한 직업을 선택하여 그 일에 종사하는 사람들이 주로 수행하는 업무들에 대한 과제 분석을 준비하라. 각 업무의 언어 요구사항을 제안하라.

요구 분석의 예

예시 1: 오클랜드 대학의 비영어권 학생들의 요구 분석과 영어 요구

다음은 대학의 현행 언어 코스가 비영어권 학생들의 요구를 충족하는지 평가하기 위해 시행된 요구 분석의 예이다.

환경 Context

뉴질랜드 오클랜드 주의 오클랜드 대학. 1997년 현재 총 학생 수가 대략 26,000명으로 뉴질랜드의 7개 대학 중 가장 큰 대학.

배경 Background

1990년 이후로 영어를 제2외국어로 하는 학생의 수가 점차 증가하고 있다. 어떤 학과는 ESL 학생 수가 30%나 된다.

- 입학한 ESL 학생들의 영어 능력에 상당한 차이가 있다.
- 대학 내에서 학생들의 영어 기술 skill과 입학 요구 조건에 대한 쟁점을 연구한 이전의 소규모 보고서에 따르면, ESL 학생들이 경험하는 문제에 대한 더 많은 정보가 필요하다.
- 이와 같은 문제에 접근하기 위해서 대학 내 교직원과 ESL 학생들의 인식 조사를 위해 두 종류의 설문지를 이용한 요구 분석이 시작되었다.
- 연구는 ESL 학생들이 경험하는 언어 요구, 문제, 경험 그리고 상황을 개선하기 위한 제안을 살펴보았다.

방법 Method

교직원 설문지 - 다른 교육기관에서 개발된 유사한 설문지의 질문뿐만 아니라 대학의 구체적인 쟁점도 포함되었다. 질문들은 다음과 같은 부분으로 구성되었다.

- 강사가 설명한 코스 혹은 시험 문제 paper에 대한 배경 정보
- 코스/시험에서 ESL 학생들이 겪는 문제의 개괄
- 듣기, 말하기, 읽기, 쓰기의 영역에서 코스/시험의 언어적 요구 및 각 영역에서 학생들이 경험하는 어려움
- ESL 학생들을 위한 코스에서 중점 두어야 할 언어 기술 skills 제안

• ESL 학생들이 경험하는 어려움 때문에 시험이나 교수에서 이루어지는 변형

이 설문지는 배포 전 예비조사piloting와 수정을 거쳤다. 응답자는 대학교 학과장 51명이 확인했다. 결과는 교수진에 의해 전체적으로 분석되었다.

학생 설문지(<부록 3>을 보라.) - 학생 설문지는 교직원 설문지의 수정판이다. 구조는 유사하나 언어적 기대치에 대해서 덜 강조하고 경험한 문제를 더 강조했다. 설문지는 배포 전 예비조사를 거쳤다. 교직원 설문에서 ESL 학생의 비율이 높은 것으로 나타난 코스에 등록한 학생들에게 설문지를 배포했다. 총 302명의 학생이 응답하였다.

결과 Product

두 종류의 설문지 결과를 설명하고 여러 제안을 담은 57쪽 분량의 보고서가 나왔다.

예시 2: 런던의 베트남 망명자의 ESL 개인 교사를 위한 교육과정 안내 및 교수 자료

이 예시는 "진행 중" 요구 분석, 즉 코스 개발과 교수 과정의 한 부분으로 시행된 요구 분석의 예이다.

환경 Context

많은 베트남 망명자들이 런던에 도착하게 되자 Kingston 기관은 Inner London Education Authority Language and Literary Unit와 함께 망명자들을 위한 ESL 프로그램을 계획하였다. 6명의 교사와 1명의 개인 교사를 프로그램 진행의 책임자로 지명하였다. 이들은 제한된 시간 내에 교수요목 계획과 자료 개발, 프로그램 조정을 해야 했다.

방법 Method

교수요목 틀 - 비슷한 요구를 나타낸 학생들의 경험에 근거하여 열 가지 주제를 프로그램의 기초로 선택하였다.

개인 정보 Personal information   일 Work

쇼핑 Shopping   서비스 Services

건강과 복지 Health and welfare   교육 Education

주거와 가정 House and home   사교 Social

여행 Travel   식음료 Food and drink

이것이 프로그램 진행 중 파악된 학생들의 요구에 근거하여 개정될 프로그램의 시작점이 된다. 상황은 주제 영역에서 선정되고 각 상황의 언어 요구가 예상된다. 이것은 결과적으로 주제에 의해 구성된 잠정적인 교수요목의 틀이 된다.

학생 신상 - 프로그램을 개발하기 위해서 교수 과정 중에 수집된 정보, 학생 신상 및 학급 정보 수집의 결과가 기록으로 보관된다. 학급 정보는 이전의 학습 경험, 개별 정보는 장점과 약점, 공통 관심사, 개인적 요구와 집단별 요구 그리고 그 학급에 초점을 두기에 유용한 영역을 반영하여 문서화한다.

문화 비교 - 영국과 베트남 간의 사회적 규범의 차이를 밝히는 데 도움을 줄 수 있는 여가, 일, 노년, 가족 관계 등과 관련된 문화적 차이를 관찰, 토론, 인터뷰 등을 통해 수집한다. 이 정보는 코스 내용에 포함된다.

결과 Product

이 프로젝트의 결과로 156쪽의 개인 교수 자료가 준비되었다. 여기에는 다음의 요소가 포함된다.

a) 계획 절차 설명

b) 교수요목 틀

c) 교수 기술 techniques과 활동에 대한 논의

d) 문자 교육 안내서

e) 연습 문제지

f) 부교재와 자료

g) 베트남어 화자들이 겪는 영어 문제 영역에 대한 논의

〈부록 1〉 설문지 설계

설문지를 설계할 때 다음의 질문들을 유의하여야 한다.

1. 사전 질문 Preliminary questions

a) 적절한 주제와 쟁점을 찾기 위해 설문지를 설계하기 전에 면접을 시행하는 것이 유용한가?

b) 표본의 규모는 어느 정도인가? 표본이 전체 모집단을 대표하고 있는가?

c) 어떤 방법으로 설문지를 예비조사할 것인가?

d) 어떻게 시행할 것인가?(예. 우편, 개별 시행, 집단 시행)

2. 요청하는 정보의 유형 The types of information asked for

a) 그 문항이 정말로 필요한가? 그 문항으로부터 얻은 정보를 어떻게 사용할 것인가?

b) 이 쟁점과 관련하여 또 다른 문항이 필요한가?

c) 응답자들이 이 문항에 대답할 수 있을 것인가? 응답자들이 충분한 정보를 갖고 있는가? (예. "교실 밖에서 당신의 학생들은 얼마나 영어를 사용합니까?"와 같은 질문에 대답하는 것)

d) 문항은 구체적이며 응답자들의 개인적 경험과 관련된 것인가?

e) 문항이 한쪽으로 치우치지는 않았는가? (예. "의사소통접근법이 언어를 가르치는 데 가장 좋은 방법이라는 것에 동의하는가?")

f) 응답자들이 기꺼이 필요한 정보를 제공할 것인가? (예. "당신의 선생님은 어떻게 영어를 가르쳐야 하는지에 대해 아는가?")

g) 이 질문이 적절한가? (예. "당신의 나이는?")

3. 문항을 어떻게 표현할 것인가 How the questions are worded

a) 문항은 이해 가능한가? 애매하지 않게 표현되었는가?

b) 더 짧은 질문으로 대체할 수 있는가? (20단어 이하로 된 질문)

c) 학습자가 알고 있을 만한 단어를 포함하는가?

d) 언급되지 않은 가정을 포함하는가? ("당신의 대학 영어 코스에서...?")

e) 위신 문항prestige questions, 즉 학생들이 좋은 인상을 남기기 위해 답을 할 만한 문항이 있는가? (예. "배운 내용을 교실 밖에서 사용한 적이 있는가?")

f) 어떤 식으로든 편향되거나 감정적인 표현이 있는가?

g) 더욱 개인화된(혹은 덜 개인화된) 문항이 나을 것인가?

h) 그 문항에 대한 대답이 앞선 문항의 내용에 영향을 받을 가능성이 있는가?

4. 설문지 항목의 유형 The type of items in the questionnaire

a) 개방형 질문open question: 자유롭게 대답할 수 있고, 선택지가 없는 것

b) 폐쇄형 질문close question: 제시된 선택지에서 답을 고르는 것

c) 점검표checklist: 다양한 특성이나 가치를 설명하는 용어 집합

d) 평가척도rating scale: 척도로 제시된 가치들 (예. "매우 동의한다."와 "매우 동의하지 않는다."사이)

e) 순위ranking: 특정 기준에 따라 항목의 순위를 정함 (예. 1부터 9까지)

f) 조사도구inventory: 어떤 방식으로 응답자들이 표시하는 목록

〈부록 2〉 광둥어 학습자 대상 요구 분석 설문지

홍콩에서의 광둥어 학습자 대상 요구 분석을 위해 사용된 설문지(Li & Richards 1995에서).

Part A
어떤 상황에서 광둥어가 본인에게 필요(혹은 필요할 것이라고 생각)합니까?
적절한 칸에 표시하십시오.

	매우 필요함	필요함	필요 없음
A1. 슈퍼마켓이나 가게에서 물건을 살 때	☐	☐	☐
A2. 시장에서 물건을 살 때	☐	☐	☐
A3. 내가 사고 싶은 물건이나 서비스에 대한 정보를 얻을 때	☐	☐	☐
A4. 레스토랑이나 매점, 구내식당에서 음식을 주문할 때	☐	☐	☐
A5. 택시를 탈 때	☐	☐	☐
A6. 기타 대중교통을 이용할 때	☐	☐	☐
A7. 방향을 물을 때	☐	☐	☐
A8. 직장에서 동료들과 말할 때	☐	☐	☐
A9. 직장에서 회사 직원과 office personnel 말할 때	☐	☐	☐
A10. 이웃과 말할 때	☐	☐	☐
A11. 아이들과 말할 때	☐	☐	☐
A12. 친구들과 말할 때	☐	☐	☐
A13. 사람들과 가벼운 대화를 할 때	☐	☐	☐
A14. 학생들에게 말할 때	☐	☐	☐
A15. (광둥어를 쓰는) 가정부에게 말할 때	☐	☐	☐
A16. 주택 관리인에게 말할 때	☐	☐	☐
A17. 전기 수리공, 배관공 등에게 말할 때	☐	☐	☐
A18. 전화를 받을 때	☐	☐	☐
A19. 전화를 걸 때	☐	☐	☐
A20. 동호회나 이익 집단에 가입할 때	☐	☐	☐
A21. 운동을 하거나 사교 모임에 참여할 때	☐	☐	☐

	매우 필요함	필요함	필요 없음
A22. TV나 영화를 볼 때	☐	☐	☐
A23. 라디오를 들을 때	☐	☐	☐
A24. 광둥어 음악을 들을 때	☐	☐	☐
A25. 친구의 집을 방문할 때	☐	☐	☐
A26. 다른 지방을 방문할 때	☐	☐	☐
A27. 광둥성을 방문할 때	☐	☐	☐
A28. 여행 계획을 세울 때	☐	☐	☐
A29. 일과 관련하여 광둥어를 사용할 때	☐	☐	☐

자세히 설명하십시오.

_____
_____
_____

기타 _____
_____
_____

Part B

위의 목록 중에서 본인에게 가장 중요한 다섯 가지 항목을 선택하십시오. 아래에 그 번호를 쓰십시오.

_____

Part C

만약 광둥어를 조금 할 줄 안다면, 현재 본인의 광둥어 실력을 표시하십시오.

C1. 초급(하): 몇 개의 단어와 고정 표현을 안다. 대화를 나누지 못한다. 몇 가지 주제에 대한 질문과 대답을 교환할 수 있다. 매우 제한된 어휘, 문법, 관용어를 안다. 발음은 모국어의 영향을 크게 받는다.

C2. 초급(상): 제한된 수의 상용 단어와 표현을 안다. 예측 가능한 몇 개의 주제에 대해 제한적인 짧은 대화를 할 수 있다. 생존 가능한 수준의 어휘, 문법, 관용어를 안다. 발음은 모국어의 영향을 크게 받는다.

C3. 중급(하): 한정된 범위의 주제에는 상당히 유창하나, 제한된 범위 밖의 주제에 대해서는 어려움을 겪는다. 단어, 관용어, 문법과 발음에 문제가 있다.

C4. 중급(상): 익숙한 상황과 익숙한 주제에 대해서 편안하게 이야기한다. 여전히 어휘, 관용어, 문법, 발음에서 약간의 어려움이 있다.

C5. 고급: 대부분의 주제에 대해 자연스럽고 유창하게 대화할 수 있다. 어휘, 관용어, 문법과 발음에서 어려움이 거의 없다.

C6. 광둥어를 공부한 적이 있다면, 어떤 상황에서였는지 표시하십시오.

(a) 코스를 수강했다.

(b) 개인 교사와 공부했다.

(c) 비공식적 상황에서 익혔다.

기타 _____

_____

_____

_____

C7. 만약 공식적 코스를 들었다면, 코스의 기간과 수업 빈도를 표시하십시오. (예. 6주, 1주에 3시간)

_____

_____

C8. 코스가 얼마나 도움이 되었습니까? (선택지에 동그라미 하십시오.)

매우 유용했다.　　어느 정도 유용했다.　　유용하지 않았다.

그 이유를 설명하십시오.

_____

_____

_____

_____

C9. 한 권 또는 여러 권의 교재를 사용했다면, 각 교재의 이름과 유용성을 표시하십시오.

교재의 이름	매우 유용함	유용함	유용 하지 않음
(a)_____	☐	☐	☐
(b)_____	☐	☐	☐
(c)_____	☐	☐	☐
(d)_____	☐	☐	☐

C10. 본인의 현재 광둥어 실력은 무엇 때문이라고 생각합니까?

	매우 그렇다	어느 정도 그렇다	그렇지 않다
(a) 유용한 코스를 들었다.	☐	☐	☐
(b) 개인 교사와 공부했다.	☐	☐	☐
(c) 광둥어를 사용하려고 매우 노력했다.	☐	☐	☐
(d) 광둥어 공부를 즐긴다.	☐	☐	☐
(e) 직업상 광둥어가 필요하다.	☐	☐	☐
(f) 나는 언어를 잘 배운다.	☐	☐	☐
(g) 광둥어를 쓰는 친구들에게 많은 도움을 받는다.	☐	☐	☐
(h) 광둥어 공부에 많은 시간을 들인다.	☐	☐	☐

기타 _____

_____

_____

_____

C11. 어떤 활동이나 경험이 광둥어 학습에 가장 도움이 되었습니까? 상세히 설명
하십시오.

_____

_____

_____

_____

_____

Part D

이전에 광둥어를 공부했으나 한동안 공부를 그만 두었다면 아래의 파트 D의 알맞은 칸에 표시하여 응답하십시오.

나는 전에 광둥어를 공부했었지만 다음과 같은 이유로 그만 두었다.

		매우 그렇다	그렇다	그렇지 않다
D1.	계속 공부할 시간이 없었다.	☐	☐	☐
D2.	더 이상 실력이 느는 것 같지 않았다.	☐	☐	☐
D3.	교실 밖에서 광둥어를 사용할 기회가 없었다.	☐	☐	☐
D4.	수업이 유용하지 않았다. 왜냐하면 (a) 활용할 수 있는 내용을 배우지 않았다. (b) 광둥어가 배우기 어렵다고 생각했다. (c) 발음이 너무 어렵다고 생각했다. (d) 문법이 너무 어렵다고 생각했다. (e) 어휘가 너무 어렵다고 생각했다.	☐	☐	☐
D5.	선생님이 광둥어를 가르치는 방법을 몰랐다.	☐	☐	☐
D6.	사용된 교수법이 마음에 들지 않았다.	☐	☐	☐
D7.	교수 자료가: (a) 너무 어려웠다. (b) 나의 요구와 관련이 없었다. (c) 재미없었다. (d) 너무 쉬웠다.(not challenging)	☐	☐	☐

기타 _____
_____
_____
_____

Part E

광둥어를 공부할 때, 다음의 활동들을 한 적이 있습니까? 만약 그렇다면 얼마나 유용했습니까?

		매우 유용함	유용함	유용하지 않음
E1.	교재의 대화문 연습하기	☐	☐	☐
E2.	성조, 음성, 문법 유형에 대한 반복 연습	☐	☐	☐
E3.	모국어 화자와의 자유 대화	☐	☐	☐
E4.	다른 광둥어 학습자와의 자유 대화	☐	☐	☐
E5.	대역 bilingual 어휘 목록 암기	☐	☐	☐
E6.	집에서 광둥어 교재 공부하기	☐	☐	☐
E7.	광둥어 문법 공부	☐	☐	☐
E8.	광둥어 성조 공부	☐	☐	☐
E9.	영어와 광둥어의 차이 공부	☐	☐	☐
E10.	짝 활동	☐	☐	☐
E11.	그룹 활동	☐	☐	☐
E12.	번역 연습	☐	☐	☐
E13.	광둥어를 로마자로 적기	☐	☐	☐
E14.	집에서 광둥어 TV방송 시청	☐	☐	☐
E15.	주변 사람들이 광둥어로 말하는 것을 듣거나 보기	☐	☐	☐
E16.	집에서 카세트 사용하기	☐	☐	☐
E17.	광둥어로 친구에게 말하기	☐	☐	☐
E18.	기회가 있을 때마다 광둥어로 말하기	☐	☐	☐
E19.	광둥어를 사용할 수밖에 없는 상황에 처하기	☐	☐	☐
E20.	실수를 많이 하더라도 내 말을 이해시키기	☐	☐	☐
E21.	문법이나 발음의 실수 없이 좋은 광둥어 말하기	☐	☐	☐
E22.	개인 교사와 공부하기	☐	☐	☐

기타 _____

_____

_____

_____

Part F

수업에서 혹은 개인 교습 시, 나는 선생님이 (   )했으면 한다.

	아니다	조금 그렇다	좋다	매우 좋다
F1. 새 문법을 연습하기 전에 그에 대해 설명했으면 한다.	☐	☐	☐	☐
F2. 새 문법을 설명하기 전에 문법 연습을 했으면 한다.	☐	☐	☐	☐
F3. 내가 한 실수를 다른 사람 앞에서 즉시 교정해 주었으면 한다.	☐	☐	☐	☐
F4. 나의 문법적 실수를 교정했으면 한다.	☐	☐	☐	☐
F5. 나의 발음 실수를 교정했으면 한다.	☐	☐	☐	☐
F6. 광둥어만 사용했으면 한다.	☐	☐	☐	☐
F7. 광둥어와 영어 둘 다 사용했으면 한다.	☐	☐	☐	☐

Part G

언어로서 광둥어에 대해 어떻게 생각합니까?

	매우 그렇다	그렇다	그렇지 않다
G1. 광둥어는 어휘가 풍부한 언어이다.	☐	☐	☐
G2. 광둥어는 많은 구어체 표현으로 구성되어 있다.	☐	☐	☐
G3. 광둥어는 많은 관용어로 구성되어 있다.	☐	☐	☐
G4. 광둥어는 매우 어려운 언어이다.	☐	☐	☐
G5. 광둥어는 문법 항목이 많은 언어이다.	☐	☐	☐
G6. 광둥어는 발음이 매우 중요한 언어이다.	☐	☐	☐
G7. 광둥어는 성조와 리듬이 중요한 언어이다.	☐	☐	☐
G8. 광둥어는 홍콩에서 매우 유용한 언어이다.	☐	☐	☐
G9. 광둥어는 매력적인 언어이다.	☐	☐	☐

		매우 그렇다	그렇다	그렇지 않다
G10.	광둥어는 아름다운 소리를 내는 언어이다.	☐	☐	☐
G11.	광둥어는 예의 바른 언어이다.	☐	☐	☐
G12.	광둥어의 성조와 리듬은 듣기에 즐겁다.	☐	☐	☐
G13.	광둥어는 거친 소리를 내는 언어이다.	☐	☐	☐
G14.	광둥어는 품위 없는 소리를 내는 언어이다.	☐	☐	☐

기타 _____

_____

_____

_____

〈부록 3〉 비영어권 학생들의 요구 분석 설문지

뉴질랜드 오클랜드 대학에서 사용한 학생 설문지(Gravatt, Richards, Lewis 1997에서)

언어 교수-학습 기관
제 2언어로서의 영어 요구 분석
학생-학생 판

이 설문지는 언어 교수-학습 기관에서 대학에 재학 중인 학생 중 영어를 모국어로 하지 않는 학생의 언어 요구를 파악하고 그러한 요구가 적절히 충족되고 있는지, 만약 아니라면 더 잘 충족시키기 위해 필요한 것이 무엇인지 파악하기 위한 프로젝트의 일부입니다. 이러한 목적으로 다양한 학과에 소속된 교직원과 학생의 의견을 조사하고 있습니다. 이 설문지를 완성하여 주시면 감사하겠습니다. 설문지는 완성하는 데 약 20분 정도 걸립니다.

설문지에 사용된 'N/A'란 용어는 '해당 사항 없음'이라는 뜻이며 질문이 본인에게 해당되지 않을 때 적절한 응답입니다.

아래 집단 중 어디에 속합니까? (알맞은 칸에 ✔표시 하십시오.)

☐ 태평양제도-어디?　　　　　[　　　　　　　　　]
☐ 아시아-어느 나라?　　　　　[　　　　　　　　　]
☐ 기타(구체적으로 쓰십시오.): [　　　　　　　　　]

오클랜드 대학에서 몇 년 동안 공부하였습니까? (1997년 포함)
현재 공부하고 있는 과정은 무엇입니까?

이곳에 상술한 코스와 관련하여 이 설문지를 완성하십시오.

A. 필요한 기술과 직면하는 어려움에 대한 전반

현재 공부하고 있는 과정에서 다음 기술을 얼마나 자주 사용해야 합니까?
(동그라미 하십시오.)

	매우 자주	자주	때때로	가끔	전혀
읽기	1	2	3	4	5
쓰기	1	2	3	4	5
말하기	1	2	3	4	5
듣기	1	2	3	4	5

각각의 기술에서 얼마나 자주 어려움을 느낍니까?

	매우 자주	자주	때때로	가끔	전혀
읽기	1	2	3	4	5
쓰기	1	2	3	4	5
말하기	1	2	3	4	5
듣기	1	2	3	4	5

B. 일반적 진술

적절한 응답에 동그라미 하십시오.

당신이 공부하는 과정에서 성공하기 위해 아래의 능력이 얼마나 중요합니까?

	매우	어느 정도			약간
영어 듣기	1	2	3	4	5
영어 말하기	1	2	3	4	5
영어 쓰기	1	2	3	4	5
영어 읽기	1	2	3	4	5

졸업 후 당신의 분야에서 성공하기 위해 아래의 능력이 얼마나 중요합니까?

	매우	어느 정도			약간
영어 듣기	1	2	3	4	5
영어 말하기	1	2	3	4	5

	항상	자주	때때로	전혀	N/A
영어 쓰기	1	2	3	4	5
영어 읽기	1	2	3	4	5

C. 말하기와 듣기 기술

아래의 상황을 얼마나 자주 겪습니까?

	항상	자주	때때로	전혀	N/A
1. 수업 참여와 관련된 과제에서 낮은 점수를 받는다.	1	2	3	4	5
2. 수업 중에 소그룹 활동을 하는 데 어려움을 겪는다.	1	2	3	4	5
3. 수업 외 프로젝트에서 다른 학생들과 일하는 데 어려움을 겪는다.	1	2	3	4	5
4. 교실 토론을 이끄는 데 문제가 있다.	1	2	3	4	5
5. 대규모 토론이나 논쟁에 참여하는 데 어려움이 있다.	1	2	3	4	5
6. 실험실 및 개인 지도에서 학생 발표자와 상호작용할 때 어려움이 있다.	1	2	3	4	5
7. 영어 모국어 화자와 상호작용이 필요한 수업 외 과제가 힘들다.	1	2	3	4	5

D. 말하기 기술

아래의 상황을 얼마나 자주 겪습니까?

	항상	자주	때때로	전혀	N/A
1. 발표를 하는 데 어려움이 있다.	1	2	3	4	5
2. 말하고 싶은 단어를 빨리 생각해 내지 못한다.	1	2	3	4	5
3. 영어로 말할 때 실수할까 걱정된다.	1	2	3	4	5
4. 영어로 어떻게 말하는지 모른다.	1	2	3	4	5
5. 영어로 말하는 가장 좋은 방법을 모른다.	1	2	3	4	5
6. 단어의 발음에 어려움을 겪는다.	1	2	3	4	5

7. 토론에 참여하는 것이 어렵다.	1	2	3	4	5
8. 기타(자세히 쓰십시오.)					

_____   1   2   3   4   5
_____
_____

E. 듣기 기술

아래의 상황을 얼마나 자주 겪습니까?

	항상	자주	때때로	전혀	N/A
1. 강의를 이해하는 데 어려움이 있다.	1	2	3	4	5
2. 효과적인 필기를 하는 데 어려움이 있다.	1	2	3	4	5
3. 이미 배운 내용을 확인하기 위해 교수진에게 질문을 해야만 한다.	1	2	3	4	5
4. 영어로 된 긴 설명을 이해하는 데 문제가 있다.	1	2	3	4	5
5. 구어로 지시한 내용을 이해하는 데 문제가 있다.	1	2	3	4	5
6. 비형식적인 언어를 이해하는 데 문제가 있다.	1	2	3	4	5
7. 강연의 내용을 이해하는 데 문제가 있다. (예. 무엇에 대해 이야기했는지)	1	2	3	4	5
8. 또, 다음에서 어려움이 있다. (상세히 쓰십시오.)					

_____   1   2   3   4   5
_____
_____

나는 강의나 다른 학생들을 이해하는 데 문제가 있다. 왜냐하면

	자주	때때로	절대
9. 그들이 너무 빨리 말한다.	1	2	3
10. 그들이 너무 조용히 말한다.	1	2	3

11. 그들의 발음이나 악센트가 나에게 익숙하지 않다.　　　　1　　　2　　　3

12. 한 번에 여러 명이 말한다.
(예. 집단 토론에서)　　　　1　　　2　　　3

13. 기타(상세히 쓰십시오.)

_____
_____　　　　1　　　2　　　3
_____

F. 쓰기 기술

쓰기 과제와 관련하여, 다음에 대해 답하십시오.

1. 그 기술이 얼마나 중요한가 그리고

2. 그 기술을 사용하는 데 얼마나 자주 어려움을 겪는가?

중요도　　　　　　　　　　　　　　　　　　　　**문제의 빈도**

매우 중요	중요	중요하지 않음	모름		자주	때때로	결코	N/A
1	2	3	4	정확한 문장부호와 철자를 쓰는 것	1	2	3	4
1	2	3	4	문장을 구성하는 것	1	2	3	4
1	2	3	4	적절한 어휘를 사용하는 것	1	2	3	4
1	2	3	4	문단을 조직하는 것	1	2	3	4
1	2	3	4	전체 과제를 조직하는 것	1	2	3	4
1	2	3	4	생각을 적절하게 표현하는 것	1	2	3	4
1	2	3	4	생각을 발전시키는 것	1	2	3	4
1	2	3	4	말하고자 하는 바를 분명히 표현하는 것	1	2	3	4
1	2	3	4	주제를 정하는 것	1	2	3	4
1	2	3	4	적절한 어조와 문체를 적용하는 것	1	2	3	4
1	2	3	4	교수 내용과 지시를 따르는 것	1	2	3	4
1	2	3	4	자신의 글을 평가하고 수정하는 것	1	2	3	4
1	2	3	4	전반적인 쓰기 능력	1	2	3	4

1　2　3　4	쓰기 과제(예. 시험, 테스트)를 주어진 시간 내에 완성하는 것	1　2　3　4
	기타(구체적으로 쓰십시오.)_____	
1　2　3　4	────────────────── ────────────────── ──────────────────	1　2　3　4

G. 읽기 기술

다음은 과정 중에 여러분에게 주어질 읽기 과제와 관련된 질문입니다. 다음을 표시하십시오.

a) 다음의 자료 유형 중 어떤 것을 읽는 것이 기대됩니까?

b) 이들을 읽는 데 얼마나 자주 어려움을 겪습니까?(동그라미 하십시오.)

	읽기가 기대되는가?	어려움의 빈도		
1. 학술지 논문	예/아니요	1	2	3
2. 신문 기사	예/아니요	1	2	3
3. 소설 작품	예/아니요	1	2	3
4. 전체 참조문reference 또는 교재	예/아니요	1	2	3
5. 책에서 선택된 장	예/아니요	1	2	3
6. 복사물photocopied notes	예/아니요	1	2	3
7. 연구록 혹은 실험 지시문	예/아니요	1	2	3
8. 컴퓨터로 제시된 읽기 자료	예/아니요	1	2	3
9. 기타(자세히 설명하십시오) 　_____	예/아니요	1	2	3

다음의 각 항목에 대해 얼마나 자주 어려움을 겪습니까?

	매우자주		때때로		전혀
10. 텍스트의 주된 요점 이해하기	1	2	3	4	5
11. 전반적인 내용을 파악하기 위해 텍스트를 빠르게 훑어 읽기 skimming	1	2	3	4	5
12. 텍스트의 세부 내용을 이해하기 위해 천천히 그리고 꼼꼼하게 읽기	1	2	3	4	5
13. 구체적인 정보를 찾기 위해 텍스트를 빠르게 훑어보기 scanning	1	2	3	4	5
14. 텍스트에서 모르는 단어 뜻 짐작하기	1	2	3	4	5
15. 텍스트의 구성 이해하기	1	2	3	4	5
16. 텍스트의 전문 용어 이해하기	1	2	3	4	5
17. 읽기 속도	1	2	3	4	5
18. 비판적으로 생각하며 읽기	1	2	3	4	5
19. 필자의 태도 및 의도 이해하기	1	2	3	4	5
20. 전반적인 이해	1	2	3	4	5
21. 기타(자세히 쓰십시오.)					
＿＿＿＿＿＿＿＿＿＿＿＿＿＿＿＿＿＿＿＿＿ ＿＿＿＿＿＿＿＿＿＿＿＿＿＿＿＿＿＿＿＿＿ ＿＿＿＿＿＿＿＿＿＿＿＿＿＿＿＿＿＿＿＿＿	1	2	3	4	5

___

H. 향상을 원하는 기술

만약 당신의 영어 기술을 향상시키기 위해서 코스를 듣는다면 다음의 항목 중 무엇이 필요한가? 각각의 중요도를 표시하십시오.(동그라미 하십시오.)

	상		중		하
1. 뉴질랜드 영어 발음/억양/강세 듣기	1	2	3	4	5
2. 강의 필기하기	1	2	3	4	5
3. 일반적인 듣기 이해	1	2	3	4	5
4. 공식적 연설/ 발표하기	1	2	3	4	5

5. 토론에 효과적으로 참여하기	1	2	3	4	5
6. 소그룹 토론, 협동과제, 수업 외 스터디 그룹에서 동료들과 효과적으로 의사소통하기	1	2	3	4	5
7. 교실에서 혹은 교실 밖에서 교직원과 효과적으로 의사소통하기	1	2	3	4	5
8. 도서관 이용 기술	1	2	3	4	5
9. 에세이 쓰기	1	2	3	4	5
10. 실험 보고서 쓰기	1	2	3	4	5
11. 창의적 글쓰기	1	2	3	4	5
12. 사례 연구 쓰기	1	2	3	4	5
13. 대상 또는 절차 설명하기	1	2	3	4	5
14. 서론과 결론 쓰기	1	2	3	4	5
15. 참고 문헌과 인용구 쓰기	1	2	3	4	5
16. 일관적인 논쟁 구성하기	1	2	3	4	5
17. 객관적 정보 요약하기	1	2	3	4	5
18. 하나 이상의 출처에서 정보 종합하기	1	2	3	4	5
19. 문서 자료 분석하기	1	2	3	4	5
20. 어휘 지식	1	2	3	4	5
21. 속독하기	1	2	3	4	5
22. 비판적으로 읽기	1	2	3	4	5
23. 저자의 시각에서 읽기	1	2	3	4	5
24. 자료 요약하기	1	2	3	4	5
25. 일반적인 읽기 이해	1	2	3	4	5
26. 기타 (상세히 설명하고 순위를 정하십시오) _____	1	2	3	4	5

_____

_____

I. 가능한 도움

학생 학습 센터에서 이용할 수 있는 영어가 제2언어인 학생들을 위한 코스를 알고

있습니까?(동그라미 하십시오.) 예/ 아니요

만약 위의 코스를 수강한 적이 있다면, 어떤 코스를 수강했고 얼마나 도움이 되었는지 표시하십시오:

코스	아주 유용했다				전혀 유용하지 않았다
_____	1	2	3	4	5
_____	1	2	3	4	5
_____	1	2	3	4	5

J. ESL 학생들을 위한 서비스 제공
여러분과 같은 학생들이 겪는 언어적 어려움으로 인해 현재의 교수 방법이나 코스에 변화가 있어야 한다고 생각합니까?
(동그라미 하십시오.) 예/아니요

만약 예라고 대답했다면, 수정되어야 할 것이 무엇인지 표시하십시오.

☐ 더 많은 OHP를 사용해야 한다. ☐ 더 많은 객관식 시험이 있어야 한다.

☐ 평이한 자료를 다루어야 한다. ☐ 중요한 자료의 요약문을 제공해야 한다.

☐ 강의 중 학생들의 수업 ☐ 읽기 과제의 양을 줄여야 한다.
   참여를 줄여야 한다.

☐ 복사물을 더 제공해야 한다. ☐ 추가적인 개별지도를 제공해야 한다.

☐ 기타(상세히 설명하십시오)_____
_____
_____

K. 추가 의견
대학에서 여러분에게 기대하는 영어 기술에 접근하는 데 도움이 될 만한 추가 의견이나 이 설문지에서 구체적으로 겪었던 어려움, 어떻게 영어 코스가 여러분과 같은 학생을 잘 준비시킬 수 있는지, 또는 당신의 영어 기술 및 요구와 관련된 의견이 있습니까? 그렇다면 아래에 써 주십시오:

_____

_____

L. 추가 정보

만약 연구진이 당신으로부터 더 많은 정보를 얻기를 원한다면, 인터뷰할 의사가 있습니까? 예/아니요

만약 그렇다면, 아래를 작성해 주십시오.

    이름:_____

    연락 가능한 전화번호:_____

설문에 응해 주셔서 감사합니다.

▌참고문헌 ▌

Auerbach, E. R. 1995. The politics of the ESL classroom: Issues of power in pedagogical choices. In Tollefson 1995. 9~33.

Berwick, R. 1989. Needs assessment in language programming: From theory to practice. In R. K. Johnson (ed.), *The second language curriculum*. New York: Cambridge University Press.

Brindley, G. 1984. *Needs analysis and objective setting in the adult migrant education program.* Sydney: N.S.W. Adult Migrant Education Service.

Brindley, G. 1989. The role of needs analysis in adult ESL programme design. In R. K. Johnson (ed.), *The second language curriculum*. New York: Cambridge University Press.

Burnett, L. 1998. *Issues in immigrant settlement in Australia.* Sydney: National Centre for English Language Teaching and Research.

Connelly, E. M., and D. J. Clandinin. 1988. *Teachers as curriculum planners.* New York: Teachers College, Columbia University.

Elley, W. 1984. Tailoring the evaluation to fit the context. In R. K. Johnson (ed.), *The second language curriculum*. New York: Cambridge University Press. 270~285.

Gravatt, B., J. Richards, and M. Lewis. 1997. *Language needs in tertiary studies.* Auckland: Occasional Paper Number 10, University of Auckland Institute of Language Teaching and Learning.

Hudelson, S. (ed.). 1993. *English as a second language curriculum resource handbook.* New York: Krause Inernational.

Johns, A. M., and T. F. Johns. 1977. Seminar discussion strategies. In A. P. Cowie and J. B. Heaton (eds.), *English for academic purposes*. Reading: University of Reading, BAAL/SELMOUS.

Li, D., and J. Richards. 1995. *Cantonese as a second language: A study of learner needs and Cantonese course books.* Hong Kong: City University of Hong Kong.

Linse, C. T. 1993. Assessing student needs. In Hudelson 1993. 35~48.

Porcher, L. 1997. Une notion ambigue: les 'besoins langagiers'. *Les cahiers du CRELEF* 3.

Pratt, D. 1980. *Curriculum: Design and development.* New York: Harcourt Brace.

Richards, J. C., and B. Gravatt. 1998. *Students' beliefs about foreign languages.* Auckland: Occasional Paper Number 11, University of Auckliand Institute of Language Teaching and Learning.

Shaw, J., and G. Dowsett. 1986. *The evaluation process in the adult migrant education program.* Adelaide: Adult Migrant Education Program.

Stufflebeam, D., C. McCormick, R. Brinkerhoff, and C. Nelson. 1985. *Conducting educational needs assessment.* Hingham, MA: Kluwer-Nijhoff Publishing.

Tollefson, J. W. (ed.). 1995. *Power and inequality in language education.* Cambridge: Cambridge University Press.

4
상황 분석
Situation Analysis

요구 분석의 목적은 언어코스의 내용과 목적에 대해 결정하기 위해 학습자 집단의 언어 요구항목profile을 개발하는 데 사용될 수 있는 정보를 모으기 위함이다. 그러나 학습자 요구 이외의 요인 역시 성공적인 언어 프로그램의 시행 및 설계와 관련이 있다. 언어 프로그램은 특정 맥락이나 상황에서 수행된다. Clark(1987, xii)은 다음과 같이 논평한다.

> 언어 교육과정은 과목 관련 관심사 subject-specific concerns와 사회-정치적이고 철학적인 문제들, 교육적 가치 체제, 교육과정 설계의 이론과 실제, 교사의 경험적 지혜, 학습자 동기 등 기타 광범위한 요인 간 상호관계의 기능이다. 특정 맥락에서 외국어 교육과정을 이해하기 위해서는 교수/학습 과정의 계획과 실행 execution을 형상화할 목적으로 다양한 모든 영향이 어떻게 상호 관련되어 있는지 이해할 필요가 있다.

언어 프로그램의 맥락은 다양하며 특정 상황에서 역할을 하게 되는 특정 변인은 종종 프로그램의 성공을 결정짓는 중요한 요인이다. 몇몇 언어 교육과정은 중앙 집중적으로 조직된 공립state 학교 시스템을 위해 계획되며 거기에는 많은 지시와 교수 지원이 있다. 인적, 물적 자원이 제한된 상황에서는 또 다른 일이 벌어진다. 교육과정 변화에 대한 어떤 제안은 교사들에게는 잘 받아들여지지만, 어떤 부분은 받아들여지지 않을 수 있다. 교사들이 잘 훈련되고 자신의 교수 자료를 계획하는 데 충분히 시간이 있는 상황이 있는가 하면 교사들이 교안 및 자료 생산을 위한 시간이 부족하여 단순히 교재textbook만 가르치는 상황도 있을 수 있다. 교육과정 변화 혹은 혁신에 대한 각 맥락은 교육과정의 성공적 시행을 저지할 수도, 잠재적으로 변화를 촉진시킬 수도 있는 변인을 포함하고 있다(Markee 1997). 그러므로 교육과정 변화를 계획할 때 이러한 요인이 무엇이고 잠재적 영향이 무엇인지 알아보는 것은 중요하다(Bean 1993). Pratt(1980, 117)는 다음과 같이 비평한다.

> 설계자는 학생들과 기타 프로그램, 기관 내·외부의 다른 사람들에 대해 제안된 교육과정이 갖는 직접적, 간접적 영향을 가늠할 수 있어야 한다. 이러한 영향은 교육과정 설계 시 고려되어야 하며 교육과정 제안이 제출될 때 의사 결정자들에게 명확해야 한다(Pratt 1980, 117).

이것이 상황 분석의 핵심이다. 상황 분석은 프로젝트에 대한 요인의 잠재적 영향을 평가하기 위해서 계획된 혹은 현재 교육과정 기획의 맥락에서 요인을 분석하는 것이다. 이러한 요인은 정치적, 사회적, 경제적일 수도 있고 기관에 관련된 것일 수도 있다. 상황 분석은 요구 분석에서 수집한 정보를 보완한다. 상황 분석은 때로 요구 분석의 범위로 간주되며 평가의 한 측면으로 여겨진다(9장을 보라).

혁신의 맥락에 대한 적절한 분석 없이 시도된 언어 교수 변화의 몇 가지 예는 교육과정 계획에서 상황 분석의 중요성을 명확히 해 줄 것이다.

예 1

국제 자금후원단체와 계약한 외국인 전문가 집단이 EFL 국가 공립학교의 새로운 영어 교과서 시리즈를 집필하려고 한다. 그들은 교외의 매력적인 소도시에 본거지를 두고 그들의 집필 프로젝트를 착수한다. 이들은 학생들의 언어 요구를 알아보기 위해 교육부 관료 및 교사들과 계속 인터뷰를 하고 그 시대의 추천 언어 교수방법론(청각구두주의)을 반영하는 '구두 중심 언어 코스'를 창출하기 위해 교과서 설계와 언어 교수에 대한 최신의 생각을 활용한다. 교과서가 개발되고 무료로 중등학교에 제공된다. 교사들은 새로운 교재를 사용할 것인지 예전의 낡은 정부 교과서를 사용할 것인지 선택하게 된다. 그러나 최초의 열광적인 시기가 지나면 교사들은 새로운 코스를 활용하는 일이 거의 없어지게 되고 대부분 오래된 정부 제공 교과서를 사용한다.

프로젝트 구성원들은 그들 자신이 지역 학교 상황에 익숙해지는 데 충분한 시간을 쓰지 못했다. 대부분의 영어 교사들은 영어를 자유자재로 구사하지 못했다. 교사들은 새로운 자료가 높은 수준의 영어 구두 숙달도를 요구하기 때문에 가르치기 힘들다는 것과 영어만으로 가르치는 방법을 대규모 교실에서 실행하기 어렵다는 것도 깨달았다. 새로운 자료가 단계적으로 도입됐다면 더욱 성공적으로 받아들여졌을 것이다. 그래서 문제가 생겼을 때 검토했을 것이다. 덧붙여 교사 훈련을 위한 더 많은 준비를 할 수도 있었다.

예 2

EFL 국가의 교육부가 고등학교보다는 초등학교 3학년부터 영어를 도입하기로 한다. 새로운 교재가 필요하고 한 무리의 학교 교사들이 다음 학년도 교재를 만들기 위해 교육부 교육과정 부서에 근무 배치를 받는다. 그 부서의 일 중에는 비밀을 요하는 부분이 있고 교사들은 자료가 출판되기 전에 검토할 기회가 거의 없다. 책이 출판되었을 때 다른 교사들로부터 많은 불만을 샀다. 가르치기 힘들고 교재가 너무 많은 자료를 포함하고 있으며 디자인이나 제작의 기준이 빈약하다는 것이다.

논평

몇몇 요인은 프로젝트 계획 단계에서 밝혀지지 않았다. 집필 팀의 누구도 경험이 있거나 초등언어 교수 자료 집필 훈련을 받은 적이 없었다. 실제 교사들과 상담을 자주 하거나 새로운 자료를 시험해 봤으면 좋았을 것이다. 그리고 디자인이나 제작에 대한 비현실적인 예산도 문제였다. 자료를 검토하고 적절히 개발할 수 있는 시간이 부족했다.

예 3

EFL 국가의 대형 사립 대학교가 언어기관의 상업 자료materials들을 사용하기보다는 자체 교재를 만들기로 한다. 그리고 이 교재는 시장에서 상업출판사가 제작한 교재들과 경합할 것이라는 기대를 한다. 교재 집필 팀을 구성하는 데 많은 돈을 투자하고 교재가 준비된다. 그러나 마침내 교재가 출판되었을 때 그 교재를 사용하고자 하는 기타 기관이나 학교가 거의 없다는 것을 알게 된다.

논평

이 국가의 사립대학은 매우 경쟁적이며 한 기관에서 교재를 제작했다는 사실은 곧 다른 기관이 그것을 사용하기를 원치 않는다는 뜻이다. 교재를 위한 상업적 요구가 있는지를 결정하기 위한 기본적인 시장 조사가 프로젝트 초기 단계에서 실행되었어야 한다.

이러한 예들은 교육과정 기획의 성공에 영향을 주는 요인의 종류를 보여주고 교육과정의 변화를 시행할 때 그러한 요인이 잠재적 영향을 미칠 수 있다는 중요성을 강조한다. 이 단원에서는 사회적 요인, 기관 요인, 프로젝트 요인, 교사 요인, 학습자 요인, 채택 요인을 살펴볼 것이다. (이러한 요인의 일부는 교수, 방법론, 자료 디자인의 문제와 관련 지어 앞으로 다룰 것이다.) 교육과정 프로젝트의 초기 단계에서 이러한 요인의 잠재 영향에 대한 분석과 평가appraisal를 통해 교육과정의 변화를 시행할 때 직면할 수 있는 다양한 어려움을 가늠할 수 있다.

상황 분석에 사용되는 절차는 요구 분석과 비슷하다.

(a) 가능한 한 많은 관련 집단의 대표들과 협의 - 학부모, 학생, 교사, 행정가, 공무원 등
(b) 관련 문서 분석 및 연구 - 코스 평가 문서, 정부 보고서, 교육부 지침, 정책 논문, 교수 자료, 교육과정 문서
(c) 관련 학습 상황에서 교사와 학생에 대한 관찰
(d) 관련 집단에 대한 의견 조사
(e) 쟁점과 관련된 문헌 검토

4.1. 사회적 요인Societal factors

외국어로서 혹은 제2언어로서 언어 교수는 전 세계 대부분 국가에서 실제 삶에서 일어나는 일이다. 그러나 지역사회에서 외국어의 역할과 교육과정에서 외국어의 지위, 교육적 전통, 언어 교수 경험, 그리고 언어 교수와 학습에 대해 갖는 지역사회의 기대는 나라마다 매우 다르다. 예를 들어 Van Els, T. Bongaerts, G. Extra,

C. Van Os, A. Janssen-van Dieten(1984,156)은 미국과 네덜란드의 외국어 교수 경험을 비교하면서 이 두 나라의 외국어 교수 환경은 확연히 다르다고 지적한다. 네덜란드에서는 한두 가지 외국어 구사 능력을 필수로 받아들인다. 학교들은 다양한 범위의 외국어를 제공하고 외국어 교수에 대한 강한 전통과 상당한 전문 지식을 갖추고 있다. 따라서 새로운 제안이 기존의 회의론 informed skepticism과 만나게 된다. 미국에서는 반대로 외국어 교수에 대한 경험과 축적된 지혜가 부족하다. 학교 교육과정에서 외국어의 지위가 강력하거나 안정적이지도 않다. 결과적으로 외국어 교수가 더욱 장려될 필요가 있고 새로운 교수 방법에 대한 관심이 많다. 그러므로 언어 교수에 대한 사회적 요인의 영향을 살펴보는 목적은 프로그램에 대한 지역사회 또는 전체 사회에 있는 집단들의 영향을 밝히는 것이다.

이러한 집단은 다음과 같다.

- 정부의 정책 입안자
- 교육부 혹은 정부 관료
- 고용주
- 사업 공동체
- 정치인
- 제3의 교육전문가
- 교육조직
- 학부모
- 시민
- 학생들

지역 혹은 국가 범위의 프로젝트 project에서 관련 질문은 다음과 같다.

- 현재 언어 교수 정책은 무엇이며 어떻게 판단되는가?
- 프로젝트의 근거는 무엇이며 누가 지원하는가?
- 사회 각 부문에 미칠 영향은 무엇인가?
- 어떤 언어 교수 경험과 전통이 그 나라에 존재하는가?
- 제2언어와 제2언어 교수에 대한 대중의 의견은 어떠한가?
- 교사 훈련자 또는 대학의 관련 교수들의 의견은 어떠한가?
- 교사 연합과 같은 직업 조직이 프로젝트를 어떻게 생각하는가?

- 부모와 학생들의 의견은 어떠한가?
- 사업 공동체와 고용주들의 의견은 어떠한가?
- 라디오, TV 등 미디어와 같은 지역사회의 자원은 혁신을 지원하기에 충분한가?

다음의 예들은 언어 교육과정 기획에 대한 사회적 요인의 영향을 보여 준다.

예 1

새로운 영어 교육과정이 EFL 환경에서 중등학교 수준으로 준비되고 있다. 새로운 교육과정은 의사소통적 교육과정이며 전통적으로 영어 교육과정에서 강하게 초점을 두었던 문법의 중요성을 경시한다. 새로운 교육과정을 반영한 교과서가 출판될 때 자녀들이 기초를 배우지 못한다고 느낀 학부모와 학부모 단체는 염려를 표현한다. 교과서는 학교 시험에 충분히 대비할 수 없을 것이다.

논평

학부모의 걱정을 파악하고 해결하기 위해 학부모와 기타 이익집단에 새로운 교육과정에 대한 의도를 알릴 수 있는 절차가 확립되었어야 한다. 아마 학부모들은 새로운 교육과정에서 문법을 다루는 방법을 오해했을 것이고 일단 프로그램이 어떻게 잘 진행되는지 이해하고 나면 만족했을 것이다. 게다가 교과서가 시험에 나오는 기술skills을 다루고 있다는 것을 확실히 했어야 한다.

예 2

EFL 국가에서 중등학교 대상의 새로운 6년 과정의 영어 교육과정을 개발한다. 이 과정은 학생들이 영어로 가르치는 대학 입학을 준비하고 동시에 취업 준비를 할 수 있도록 한다. 자문 집단 및 자료 집필자들이 마련한 통합기술 교수요목을 기반으로 하고 있으며 출판되기 전에 교사들이 매우 신중히 검토한다. 그러나 이 과정을 채택한지 2년 후에, 고용주들은 학교 졸업생들이 직업 목적을 위한 언어 기술이 불충분하다는 불만을 표시한다.

이 과정은 대학 수학 목적의 학생들의 요구까지 광범위하게 계획하였다. 직업학교에 다니는 학습자들 혹은 직업 목적 학습자들의 요구를 고려했어야 한다. 고용주들은 졸업생들이 갖추어야 할 언어 기술이 무엇인지 계획 단계에서 협의했어야 한다. 그 후에 이 과정이 이러한 기술들을 적절히 다루고 있는지 살펴볼 수 있었을 것이다.

4.2. 프로젝트 요인 Project factors

교육과정 프로젝트 curriculum project는 전형적으로 한 팀의 사람들이 만들어낸다. 팀의 구성원들은 특별한 목적을 위해 고용된 전문가들일 수 있고 한시적으로 프로젝트를 돕기 위한 학교 교사일 수도 있다. 또는 학원의 교사나 직원들이 직무의 일환으로 프로젝트를 추진할 수도 있다. 프로젝트는 시간, 자원, 인사의 다양한 제약 아래에서 이루어진다. 그리고 이러한 변인 각각은 프로젝트에 영향을 미칠 수 있다. 일을 할 프로젝트팀에는 충분한 인원이 있어야 하며 그들은 기술과 전문적 지식을 골고루 갖춘 대표적인 사람들이어야 한다. 어떤 프로젝트들은 자원이 풍부하지만 어떤 프로젝트들은 적은 예산으로 진행된다. 프로젝트를 위한 시간틀도 신중히 계획되어야 한다. 교육과정 개발팀이 시간에 비해 너무 거창한 임무를 맡는다면 열심히 노력하지 않을 것이다. 팀 내의 역학 관계도 프로젝트의 원활한 진행을 위해서는 필수적이다. 팀 구성원들이 프로젝트에 대해 헌신적이며 공통의 비전을 공유한다면 권력 싸움과 내부 불화에 시달리는 프로젝트팀보다는 어려움을 겪지 않을 것이다.

다음은 고려해야 할 프로젝트 요인들이다.

- 프로젝트를 맡은 집단의 구성은 어떠하며 어떻게 선별되는가?
- 팀의 운영과 책임은 무엇인가?
- 최종목적 goals과 절차가 어떻게 결정되는가?
- 누가 프로젝트의 진행과 구성원들의 수행을 검토하는가?

- 팀의 구성원이 가진 경험은 무엇인가?
- 팀의 구성원은 서로를 어떻게 생각하는가?
- 자원은 충분한가, 필요한 자원을 얻기 위한 예산은 얼마인가?
- 프로젝트의 시간 틀은 어떠한가? 현실적인가 아니면 다소 시간이 더 필요한가?

다음의 예들은 교육과정 계획에 이런 종류의 요인이 어떤 영향을 끼치는지 보여 준다.

예 1

사설 기관이 몇몇 주요 과정을 위한 일련의 코스자료를 개발하려고 한다. 한 집단의 교사들이 자료 집필자로서 과제를 맡고 시간이 자유롭게 주어진다. 선임 교사가 책임을 진다. 그러나 팀 구성원들은 프로젝트의 최종목적에 대해 동의하지 못하거나 자료 집필을 위한 최선의 접근법을 받아들이지 못한다. 팀 내에 지속적인 긴장이 있고 집필자들이 빠르게 재편성된다. 결과적으로 프로젝트는 계획했던 것보다 더 오래 걸려서 완성된다.

논평

좋은 교사는 좋은 자료 개발자나 프로젝트 책임자project leader가 아닐 수 있다. 프로젝트의 더 나은 관리를 위해 적합한 자격과 경험을 가진 사람을 채용할 필요가 있었다. 그리고 더 나은 의사소통을 통해 프로젝트에 대한 다양한 생각을 발표하고 그것들이 문제시되기 전에 이러한 다양성을 해결할 필요가 있었다. 역할을 명백히 구체화함으로써 문제점이 생기지 않게 할 수 있었다.

예 2

전업full-time 교재 집필자가 교재 시리즈를 개발하는 데 도움이 필요하다. 집필자는 필요한 기술과 경험을 가진 것처럼 보이는 세 명의 대학원생을 고용한다. 계약서에 서명하고 프로젝트는 시작된다. 그러나 대학원생들이 독립적으로 집필할 능력을 전혀 갖고 있지 않다는 것과 프로젝트 내에서 비서 역할 이상은 맡을 수 없다는 것이 곧 밝혀진다. 계약은 이미 끝나서 경험 있는 집필자는 불안과 나쁜 감정 속에서 집필의 주요 부분을 맡아야 한다는 것을 깨닫는다.

대학원생들에게 계약서를 주기 전에 그들이 일할 능력이 되는지 증명하도록 시험 trial 기간을 주었어야 한다. 대체할 집필자가 필요하다면 채용할 수 있도록 프로젝트 초기에 나타난 문제가 공론화되었어야 한다.

예 3

교육부 내의 프로젝트팀이 EFL 국가의 교과서 프로젝트를 맡는다. 팀 구성원은 전문적인 채용 알선소 agency를 통해 뽑는다. 채용된 집필자들에게 어려움은 거의 없다. 그러나 프로젝트 책임자 역할에 적당한 지원자가 없다. 결과적으로 경험이 부족하거나 적절하지 못한 임명자들이 줄줄이 프로젝트 책임자의 자리를 채운다. 이들은 팀 내에 심각한 문제를 가져오고 프로젝트 기한을 넘기게 된다.

논평

프로젝트 지휘자의 역할과 팀 구성원들에 대한 책임감이 재고되었어야 한다. 대안적으로 프로젝트 지휘자의 고용에 있어서 적당한 후보를 찾을 수 있도록 재고했어야 할 것이다. 덧붙여 프로젝트팀의 구성원들이 의사소통의 어려움과 팀 내의 다른 문제들을 어떻게 해결할 것인지 협의했어야 한다.

4.3. 기관 요인 Institutional factors

언어 교수 프로그램은 전형적으로 학교, 대학, 언어기관과 같은 기관 안에서 이루어진다. 다양한 언어기관은 고유의 '문화'를 만들어내는데 이러한 환경에는 사람들의 상호작용, 의사소통, 의사 결정, 역할관계, 운영 conduct 속에서 드러나는 유형이 있다.

학교는 조직이며, 변화를 장려하고 혁신을 실행하는 것을 선호할 수도 있고 아닐 수도 있는 환경 혹은 정신과 문화를 발전시킨다. 상대적으로 개방적인 분위기의 학교는 교사들이 서로 협동하고 교장과 선임교사들이 교사들을 지원하고 변화를 실행하려고 노력한다. 반면 교장이 행정적인 문제에 초점을 맞추는 학교는 교사들이 고립되어 일하거나 과목 중심의 제한된 집단 내에서 일한다. 이러한 학교는 변화를 위해 문제 해결을 모색하고 토론하는 기제가 없다(Morris 1994, 109).

교수 기관은 교사들, 집단, 부서들의 집합으로서 때로는 조화롭게 기능하며 때로는 서로 다른 부분이 독립적으로 기능하기도 한다. 혹은 각 부분이 대립관계를 갖기도 한다. 기관 내에서 혁신을 지지하는 강하고 긍정적인 분위기가 있을 수 있다. 그러한 곳에서는 효과적이며 긍정적인 지도력이 있고 변화를 긍정적으로 받아들인다. 반면, 교사들이 서로 신뢰하지 못하고 행정을 신뢰하지 못하며 학교에 대해 확고한 참여가 없는 분위기의 기관도 있을 수 있다.

기관들은 그들 고유의 방식대로 일 처리를 한다. 어떤 기관은 교재가 교육과정의 핵심이며 모든 교사가 규정된 텍스트만을 사용해야 한다. 또 다른 기관에서는 교사들이 코스 지침에 따라 가르치고 필요하다면 그것을 보충한다. 기관마다 전문성의 차이도 심하다. 어떤 기관에서는 직업적 책임에 대한 강한 관념과 기관 운영의 모든 면에 영향을 미치는 양질의 문화가 있다. 학교의 동력은 금전적인 것이 될 수도 있다. 비용 절감 수단으로서 시간제 교사나 경험이나 훈련이 부족한 교사에 대한 의존도를 높인다. 그들은 수업을 준비할 시간이 없고 결과적으로 수업을 하고 나면 다른 학교로 다음 수업을 하러 떠나는 것이다.

그리고 기관의 인적 측면과 더불어 물리적 측면도 고려해야 한다. 교사들이 어떤 종류의 자원을 이용가능한지, 교사들을 위한 좋은 참고자료실이 있는지, 교사들이 복사실 이용이 가능한지, 누가 교재나 자료들을 선택하는지에 대해 고려해야 한다. 기관 요인은 다음과 같은 질문들과 관련이 있다.

- 변화를 지원하고 변화를 다루는 교사들을 도울 수 있는 지도력 leadership이 교내에 있는가?
- 교실 시설, 미디어 및 기타 기술적 자원과 도서관 자원 등 학교의 물적 자원들은 무엇인가?
- 교과서와 기타 교수 자료의 역할은 무엇인가?
- 영어 교사들 사이에 직원의 사기는 어떠한가?
- 교사가 직면한 문제는 무엇이며 그 문제들이 어떻게 되어 가고 있는가?
- 교내의 어떤 행정적 지원이 가능하며 교사와 행정 사이의 의사소통은 어떠한가?
- 기관이 성공적인 언어프로그램을 수행하는 것에 대한 평판은 어떠한가?
- 기관은 우수성을 확보하는 데 얼마나 전념하는가?

(예 1)

새로운 책임자가 사설 언어기관에 임명된다. 기관의 소유주는 학생의 등록률이 떨어지는 것이 걱정되고, 기관의 프로그램이 잠재 고객에게 더욱 매력적이고 경쟁적이 되도록 검토할 필요가 있다고 느낀다. 책임자는 기존의 코스를 쇄신하기 위해 뛰어난 이론적 근거를 준비한다. 현재의 교과서를 최신의 본문으로 교체하고 새로운 코스를 마케팅하기 위한 계획도 세운다. 그러나 책임자는 교사들의 저항에 부딪히는데 이들은 자신들이 평가 절하되고 급여가 적다고 느끼며 제안된 변화는 그들에게 아무런 이득도 없을 것이라고 느낀다.

논평

시작부터 기관의 프로그램을 재고하는 데에 교사들을 참여시킬 수도 있었다. 교사 자신을 위한 포상을 프로그램에 포함시키는 방법을 찾았어야 했다. 그리고 이것은 전체 교육과정 개편 계획의 부분으로서 교사를 위한 더 나은 서비스 조건을 위해 학교 소유주와 협상하는 것을 포함할지도 모른다. 또한, 일부 교사들은 책임자가 제안한 변화에 개방적인 교사들로 대체될 수도 있다.

(예 2)

어떤 언어기관에서 높은 이직률을 보인다. 학교가 그들에게 직업적 만족을 지속적으로 채워 주지 못한다면서 뛰어난 교사들이 이직한다. 결과적으로 기관은 핵심 교사들이 부족하게 된다. 신입 교사들은 성공적인 교수 및 자료 개발 책임을 위해 선임교사들로부터 필요한 지원을 받지 못한다고 불평한다.

논평

기관은 교직원 구조를 재고했어야 한다. 그리고 적절한 보상으로 주요 선임 교사의 특별한 역할을 창조해야 했다. 이들은 멘토 교사, 교사 훈련자 또는 교사 연구자가 될 수 있다.

4.4. 교사 요인 Teacher factors

교사는 교육과정 변화의 성공적인 시행에서 가장 중요한 요인이다. 종종 그들이 가르치는 질 낮은 자료와 자원을 보완하는 훌륭한 교사들이 있다. 그러나 충분히 훈련되지 못한 교사들은 아무리 훌륭하게 설계된 교수 자료라고 해도 이를 효과적으로 사용할 줄 모른다. 어떤 기관에서든 교사들은 다음과 같은 차원에서 다양하다.

- 언어 숙달도
- 교수 경험
- 기술 및 전문 지식
- 훈련 및 자격 요건
- 의욕 및 동기
- 교수 양식 teaching style
- 신념과 원칙

그러므로 언어 프로그램 설계에서 프로그램을 잘 이끌 수 있는 교사가 누구인지, 프로그램 목표 달성에 대한 확신이 필요한 교사가 누구인지를 아는 것이 중요하다.

학교에서 교사들은 다양한 책임을 갖고 있다. 어떤 교사들은 자료 개발이나 기타 활동에서 교사들을 이끄는 역할을 하거나 교내에서 조직을 이끌고 신입 교사들을 학교에 적응시키는 역할을 하지만 어떤 교사들은 가르치는 일만으로도 버거워한다. 이들은 과중한 수업량에 시달리거나 수지타산을 맞추기 위해 여러 다른 기관에서 가르칠 것이다. 어떤 교사들은 새로운 교수요목이나 자료를 시도하기를 좋아하지만, 다른 교사들은 금전적으로 도움이 되지 않거나 다른 종류의 이익이 없는 그러한 변화를 그들의 일상을 방해하는 것으로 생각한다.

교사 요인 가운데 상황 분석에서 고려해야 할 것들은 다음과 같다.

- 목표 학교나 기관에 현재 어떤 종류의 교사가 있는가? 교사들의 전형적인 배경, 훈련, 경험, 동기는 무엇인가?
- 그들은 얼마나 영어에 능통한가?
- 교수의 중요한 쟁점에 있어서 교사들이 전형적으로 고수하는 신념은 어떤 것인가?
- 교사들의 수업량은 어떠하며 그들이 이용하는 자원은 무엇인가?
- 교사들이 변화에 얼마나 개방적인가?
- 다른 종류의 기회 혹은 연수를 통해 재교육 받을 수 있는 기회가 있는가?
- 새로운 교수요목, 교육과정 또는 자료들이 교사들에게 어떤 이익을 제공하는가?

다음의 예시는 이러한 쟁점의 잠재적 영향을 보여준다.

(예 1)

학교 교육과정 전체 혁신의 부분으로, EFL 국가의 교육과정 부서가 전 과목 영역의 전체 교육과정 교수에 새로운 과제중심 접근법을 시행하기로 한다. 새로운 교육과정은 '교사 제작 준거 지향평가'를 포함하며 이는 다양한 과목 영역에서 등급화된 과제와 연결된다. 그러나 계획이 교사들에게 도입될 때 극심한 저항에 부딪힌다. 교사들은 현재의 교육과정에 만족한다. 교사들은 새로운 접근법의 철학이 이해하기 무척 어렵고 업무량을 과중하게 만든다고 생각한다. 교사연합은 새로운 교육과정에 대해 비판하고 토론하기 위해 수많은 교사 회의를 소집한다. 여론의 반대 앞에서 교육과정 부서는 새로운 교육과정의 도입을 늦추고 이를 수정하기로 한다. 교육과정을 개발하고 자료를 지원하기 위해 엄청난 예산을 사용했음에도 말이다.

논평

현재의 교육과정 변화를 결정하기 전에 광범위한 협의가 있어야 했다. 교사들에게 변화가 필요한지 아닌지 물었어야 했다. 그리고 기정 사실 fait accompli로서 교사들에게 새로운 교육과정을 부과하기보다는 새로운 교육과정 준비에 교사들을 포함시켜야 했다. 새로운 교육과정을 사용하기 위해 교사를 훈련시킬 적절한 규정이 있어야 했다. 그리고 교사와 학생의 요구사항을 명확히 하기 위해 교육과정을 먼저 시험했어야 했다.

(예 2)

사설 기관의 프로그램 책임자는 그의 학교 교사들이 상업 교재를 사용하면 안 되며 교사가 자신의 교수 자료를 준비해야 한다고 믿는다. 대부분의 교사는 훈련되지 않은 단기 계약직이므로 그러한 운영방침 ruling에 논쟁을 할 수 없다고 느끼고 그러한 방침에 말로만 호의를 보인다. 그러나 대부분의 교사는 그 방침을 무시한다. 교사들은 상업 교재의 복사된 부분을 가지고 가르치거나 교과서의 일부를 타자를 쳐서 이러한 것들을 교사 제작 자료라고 속인다.

프로그램 책임자의 방침은 뚜렷한 목적이 없다. 교사들이 직접 자료를 준비하기 원한다면 책임자가 더 나은 자격의 교사를 고용하거나 교사를 위한 자료 집필 워크숍을 해야 할 것이다. 덧붙여 자료 집필과 관련된 목적은 요구사항에 취지를 부여하기 위한 동의가 있어야 한다.

4.5. 학습자 요인 Learner factors

학습자는 교육과정 개발 프로젝트project에 중요한 참여자이며 프로젝트를 시작하기 전에 그들에 대해 가능한 많은 정보를 수집해야 한다. 제3장에서 초점은 학습자의 언어 요구였다. 여기서는 학습자의 개인적 배경, 기대, 신념, 선호하는 학습양식 등 잠재적으로 관련된 요인에 대해 초점이 맞춰진다. 프로젝트 설계자는 교육, 학교, 교사, 학생에 대해 문화권에 따른 여러 가정에 기초하여 행동을 취한다. 그리고 이것들은 학습자들의 가정 및 신념과 상충할 수 있다.

> 공식 교육과정의 상세화 specifications뿐만 아니라 학습자의 기대와 태도는 언어 프로그램 효과에 영향을 끼칠 것이다…학습자들은 언어수업에서 그들 자신의 의제 agenda를 가지고 있다. 이러한 의제들은 교사들의 목표만큼 주어진 교수/학습으로부터 학습자들이 무엇을 얻을지 결정한다(Nunan 1989, 176).

학습자들은 기대하지 않은 방법으로 프로젝트의 결과에 영향을 미칠 수 있다. 예를 들어 아무리 매력적인 교재와 자료가 적절한 수준에서 유용한 연습을 제공한다고 해도 앞으로 치를 시험과 그 교재가 아무 상관이 없다면 학생들은 그것을 인정하지 않는다. 학생들이 학교에 교재, 워크북, 사전 등을 가지고 와야 하는 언어 프로그램은 어려움에 직면한다. 다른 과목 교재와 더불어 세 권의 영어 교재를 가지고 올만큼 학생들의 가방 공간이 넉넉하지 않기 때문이다. 혹은 회사 직원을 위한 직무 목적 영어 프로그램에서 학생들이 원하는 것은 업무 주제에 대한 토론이 아니라 단지 업무로부터 한 시간 정도 벗어나는 것, 아니면 사교를 위해 영어 대화를 연습하는 것일 수도 있다.

학습자 관련 요인의 예는 다음과 같다.

- 학습자들의 과거 언어 학습 경험은 무엇인가?
- 학습자들이 영어를 배우기 위해 얼마나 동기화되었는가?
- 프로그램에 대한 학습자들의 기대는 무엇인가?
- 언어 교수에 대한 학습자 의견이 문화적 특정 요인을 반영하는가?
- 그들은 동질적인 집단인가 아니면 이질적인 집단인가?
- 어떤 유형의 학습 접근법을 선호하는가?(예. 교사-주도, 학생-주도 또는 소집단 활동)
- 어떤 유형의 내용을 선호하는가?
- 교사, 학습자, 기관 자료의 역할에 대해 그들이 갖는 기대는 무엇인가?
- 그들은 프로그램에 얼마나 많은 시간을 투자할 수 있는가?
- 그들은 일반적으로 어떤 학습 자원에 접근할 것인가?

예 1

EFL 국가의 한 사설 기관이 중급 회화 코스를 제공한다. 이 코스에 있는 교사들은 짝 활동과 그룹 활동, 역할극, 노래와 게임, 토론 활동을 포함하는 유창성 활동을 광범위하게 사용한다. 이러한 활동은 제2언어 습득에 대한 현재의 의견을 반영한다고 생각된다. 그러나 초기의 학습자 집단은 이러한 프로그램에 대해 매우 비판적인데 그들이 참여했던 교실 활동의 중점을 파악하지 못했기 때문이다. 그들은 교사 지시 활동과 오류 수정을 더 요구한다. "우리는 노래하고 박수 치러 교실에 오고 싶지 않다."가 전반적인 학생의 의견이다.

논평

학습자들은 대화 기술을 발전시키는 방법에 대해 자기 나름의 생각을 가지고 있고 선호하는 교실 활동이 있다. 유창성 활동의 목표가 명백히 설명되지 않고 학생들이 그 가치를 확신하지 못한다면 교실 활동의 의도를 이해하지 못하고 그것들을 비효과적인 것으로 판단할 것이다. 코스 전에 교실 활동에 대한 학생들의 다양한 의견을 수렴하기 위해 설문조사를 실시했어야 했다. 또한, 프로그램의 방법론과 목표에 대한 더 나은 오리엔테이션이 제공되었어야 한다.

EFL 환경에서 외국인 전문가 집단이 성인 대상의 구두 의사소통 프로그램 oral communication skills for adults을 고안한다. 프로그램은 현재 서구의 교수학습 이론을 반영하며 자율 학습, 학습자-중심 교육과정, 협상적 교육과정의 개념을 바탕으로 하고 있다. 교사들은 미리 프로그램의 자세한 내용을 개발하기보다 프로그램의 목표와 내용의 개발에 학생들을 참여시키기로 한다. 그러나 일단 프로그램이 시작되자 학생들은 교사도 교사 자신들이 무엇을 하고 있는지 모른다고 비판하며 프로그램이 비조직적이고 초점이 없다고 불평한다.

논평

교사들과 학생들은 교수와 학습에 대한 문화적인 인식 차이로 인해 안정된 프로그램의 요건에 대해 서로 다른 기대를 한다. 학생들은 뚜렷한 목표가 있고 미리 조직된 프로그램을 원한다. 이것은 교사들의 신념과 충돌한다. 프로젝트의 초기에 학생들이 프로그램의 특성을 오해하지 않기 위해 어떤 종류의 타협이 있었어야 한다. 프로그램 내의 다양한 활동의 목적을 설명하고 프로그램의 기초가 된 철학에 대해 설명하는 데 많은 시간을 썼어야 한다.

예 3

한 젊은 서구권 영어 교사가 아시아 대학에서 첫 해외 교수 임무를 맡는다. 그는 학생들이 그를 교사보다는 또래peer로 보아 주기를 원한다. 그래서 교실 분위기를 스스럼없고 친근하게 만들려고 노력한다. 그는 학생들에게 자신의 (성이 아닌) 이름으로 부를 것을 요청하고 서서 수업을 이끌기보다는 교사 책상에 걸터앉기를 좋아한다. 곧 프로그램 조정자coordinator는 학생들이 그를 진지하게 받아들이지 않으며 그 교사가 전문적이지 않다는 피드백을 받는다.

논평

교사는 교수 상황에 대해 더 나은 예비교육을 받았어야 했다. 그리고 적절하고 수용 가능한 교사 행동에 대한 학생의 (그리고 기관의) 기대를 교사에게 알려 주었어야 했다.

4.6. 채택 요인 Adoption factors

새로운 교육과정, 교수요목, 자료들을 도입하려고 시도할 때, 조직 내 변화를 도입하는 것이 상대적으로 어려운지 쉬운지 고려해야 한다. 교육과정 변화는 그 종류가 매우 다양하다. 교육과정의 변화는 교사의 교육적 가치와 신념, 언어 혹은 제2언어 학습의 본질에 대한 교사의 이해, 혹은 교실 연습과 교수 자료의 사용 등에 영향을 미칠 수 있다. 어떤 변화는 쉽게 받아들여지지만, 어떤 것들은 저지된다. 교육과정 혁신을 제안할 때 필요한 질문들은 다음과 같다.

- 교육과정 변화의 장점은 무엇인가? 혁신은 현재 실제보다 훨씬 더 이롭다고 인식되는가?
- 그것은 어떻게 양립 가능한가? 혁신의 적용은 기존의 신념, 태도, 조직, 교실이나 학교 내의 실제와 모순되지 않는가?
- 혁신은 복잡하여 이해하기 어려운가?
- 모든 학교가 사용하기 전에 일부 학교에서 미리 시험해 보았는가?
- 교사 및 기관에 혁신의 특성과 이득에 대해 분명히 전달하였는가?
- 혁신은 얼마나 명백하고 실용적인가? 혁신에 대한 기대는 교실에서 활용될 수 있는 방법을 확실히 보여주는 방식으로 진술되는가?

(Morris 1994, 109)

교육과정 개발자가 의사소통 교수 방법론을 채택할 수밖에 없는 수많은 이유를 제시하더라도 교사들은 전통적인 문법 중심 접근과 비교했을 때 그것이 평가를 더욱 어렵게 만든다고 느낀다. 그러므로 교사들에게 상대적으로 이득이 없다고 인식되는 것이다. 요구 분석자, 자료 제공자, 언어 교사 등의 교사들에게 교실에서의 새로운 역할을 요구하는 언어 교수 접근법은 교사 역할에 대한 학습자의 기대와 맞지 않을 수 있다. 교육과정 변화에 대한 복잡성과 명확성은 그것의 성공적인 채택에 결정적이다. 예를 들어 다음의 짝들을 비교하고 어느 것이 교사 집단에게 설명하기 쉬울지 생각해보라.

- 컴퓨터 기반 학습 대 협동학습
- 의사소통 중심 짝 활동 대 의식상향 활동
- 기능 중심 교수요목 대 과제 중심 교수요목

- 결과 중심 교수요목 대 과정 중심 교수요목
- 내용 중심 교육과정 대 협상적 교육과정
- 청각 구두식 대 자연적 접근법
- 구조적 접근 대 의사소통적 언어 교수

실용성도 중요한 문제이다. 교재와 자료로 쉽게 전환될 수 있는 방법론은 일련의 지침만 존재하는 방법론보다 대체적으로 더 쉽게 채택될 것이다. 이러한 이유로 의사소통적 언어 교수(CLT)는 자연적 접근법보다 더 널리 채택되었다. 혁신을 설명하거나 촉진시키는 지원망support network 또한 결정적 요인이다. 교육부, 주요 교육 행정관, 전문 단체, 저명한 교육인사 등이 프로젝트에 참여하고 있는가, 어떤 수준의 지원이 제공되는가? Rodgers(1984,41)는 1980년대에 말레이시아에서 의사소통 교수요목을 실행한 것을 논하면서 사회적 기관의 개입에 대해 묘사한다.

새로운 교수요목의 실행은 많은 기관의 협력이 필요하다. 말레이시아에서는 교육부 고위층, 교육과정 개발 센터, 사찰단, 심사 위원회, 교사 훈련, 교과서 편집국, 교과서 출판사, 국가 교육관료, 학교 교장, 국립교사 연합, 공식·비공식 교사 집단 등이다. 또한, 외부 기관들은 교수요목 변화에 대해 통보를 받고 토론에 직접 참여하는 것도 필요하다. 이러한 기관들은 국립 의회, 언론, 대학, 언어 자문기관(예. British Council)을 포함한다. 통보를 받지 못하거나 무시당한 느낌이 들게 하면, 이런 기관들의 대표는 종종 새로운 프로그램에 대해 반대편 입장에 서게 된다.

(예 1)

EFL 국가의 교육부가 새로운 공식 교과서 시리즈를 준비한다. 이 시리즈는 현재 학교에서 사용되는 것과는 매우 다른 유형의 방법론을 전제한다. 왜냐하면, 전달 지향적less transmission-oriented이지 않으면서 훨씬 경험 중심적이기 때문이다. 그러나 프로그램이 도입되었을 때 수많은 문제가 빠르게 발생한다. 교사들은 자료가 대형 수업에 부적합하고 사용하기 어렵다는 것을 발견한다. 일부 내용은 대상 집단에 적합하지 않다고 생각된다.

논평

교사들이 자료를 사용하면서 어떤 문제가 발생할지 알아보기 위해서 자료는 먼저 선별된 학교에 도입되었어야 한다(시험사용판 pilot-version). 이러한 문제들은 전체 규모의 실행에 앞서 발견되어야 했다.

EFL 국가에서 영어가 처음으로 초등 수준에 도입될 것이다. 초등 수준의 교수를 교사들에게 준비시키기 위해 교사 훈련 프로그램이 시작된다. 훈련을 제공하기 위해 지역 교사 훈련자가 고용되었고 '훈련자의 훈련' 코스가 외국인 전문가를 통해 실시되었다. 그러나 많은 지역 훈련자들은 교사 교육에 대해 매우 전통적인 입장을 가지고 있으며 훈련 코스에서 사용하는 훈련 모델에 반대한다. 일단 그들이 자신의 훈련센터로 돌아가면 새로운 과정의 철학과 모순되는 그들 자신의 훈련 원칙을 사용할 것이다.

논평

'훈련자의 훈련' 프로그램에 참여할 훈련자를 선별하는 데 많은 시간을 들여야 했다. 과정process 중에 훈련 프로그램의 철학을 지지하지 않는 참가자들은 거절해야 했다. 워크숍과 방문을 통해 훈련자의 수행에 대한 계속적인 피드백을 준다면 훈련자가 적절한 훈련 모델을 사용하는 데 도움이 될 것이다.

4.7. 상황 분석에서 밝혀진 요인 정리
Profiling the factors identified in the situation analysis

상황 분석의 목적은 긍정적으로 혹은 부정적으로 교육과정 계획의 실행에 영향을 줄 수 있는 주요 요인들을 밝히는 것에 있다. 이것은 SWOT 분석이라고 알려져 있는데 "언어 프로그램의 내적 *강점*strength과 *약점*weakness을 검토하고 성공적인 언어 프로그램의 수행 또는 그 존재에 대한 외적 *기회*opportunities와 *위협*threats들"을 검토하는 것을 포함한다(Klinghammer 1997, 65). 이러한 것들은 기획팀, 정부 ministry, 자금 후원단체, 혹은 언어기관 내의 토론을 위해 개발된 분석표profile와 목록의 형식으로 요약된다(<부록 1>을 보라). Rodgers(1984)는 새로운 프로그램의 실행에 있어서의 어려움을 추정하기 위해 좀 더 정교한 도표를 기술하였다(<부록 2>를 보라)(Leidecker & Bruno 1987도 보라). 규명된 부정적 요인들을 다루는 방법도 고려될 수 있다. 대안적으로 프로젝트의 목적은 교육과정이 시행되는 상황의 현실을 반영하기 위해 수정될 수 있다.

그러므로 상황 분석은 교육과정 프로젝트를 시행하는 데에 잠재적인 방해물을 규명하고 프로젝트의 매개변수parameters를 계획할 때 고려해야 할 요인을 규명하기 위해 쓰인다. 교육과정 계획의 다음 단계는 프로그램 목표와 목적을 개발하는 기초로서 상황 분석 및 요구 분석에서 수집된 자료들을 사용하는 것이다. 계획의 이 같은 단계를 위한 절차가 5장의 초점이다.

4.8. 토론 질문 및 활동

1. 여러분에게 익숙한 언어 교수 맥락에 대하여 토론하고 프로그램 성공에 영향을 미칠 수 있는 가장 중요한 요인을 목록화하라. 그리고 중요도에 따라 그 요인들의 순위를 매겨라. 자신의 것을 다른 사람들의 것과 비교하라.

2. 여러분에게 익숙한 언어 프로그램에서 사회적 요인이 어떠한 영향을 미치는가? 어떤 요인이 부정적이며 어떤 요인이 긍정적인가? 부정적인 요인은 어떻게 해결될 수 있는가?

3. 여러분은 교육과정 변화가 시도되었던 상황(예를 들면, 새로운 교수법의 등장, 새로운 교재 혹은 새로운 프로그램의 설계)에 익숙한가? 또, 어려움에 직면하였는가? 해당 상황에서 어떠한 요인이 그러한 어려움을 유발했는가? 그 문제들은 피할 수 있었는가?

4. 학교나 기관에서 새로운 코스나 언어 프로그램을 처음으로 제공하는 것과 같은 교육과정 변화를 위해 우호적인 맥락을 만드는 데 가장 결정적이라고 생각하는 요인을 목록화하라.

5. 공립학교에서 영어나 외국어 교육과정의 계획적인 변화와 관련하여 여러분 나라(혹은 여러분이 일하는 나라)의 공동체나 사회에서는 어떤 집단이 비교적 크게 고려되는가?

6. 교육과정 프로젝트팀의 구성원으로 일해본 적이 있는가(교재 집필자, 코스 계획자 등)? 그 프로젝트에서의 자신의 경험과 프로젝트 요인이 그 프로젝트의 결과 및 역동성에 영향을 미쳤는지 토론하라.

7. 교사와 학습자가 언어 코스의 본질에 대하여 각각 다른 기대와 신념을 가지고 있는 상황에서 무엇을 할 수 있는가?

8. 여러분의 교수 상황에서 교사들을 위해 어떤 지원이 제공되는가? 제공되는 지원은 얼마나 효과적인가? 어떤 다른 형태의 지원을 추천하겠는가?

9. 새로운 기술 중심의 학습 프로그램이 여러분의 나라, 혹은 여러분이 일하는 나라의 학교에 소개된다고 가정하라. 그 프로그램은 인쇄된 자료뿐만 아니라 부가적으로 CALL 소프트웨어, CD-ROMS, 비디오 또는 다른 전자 매체를 사용한다. 어떤 요인이 프로그램의 수용에 영향을 미칠 것이며 부정적인 요인은 어떻게 해결될 수 있을 것인가?

10. <부록 1>의 상황 분석표를 검토하고 이를 자신에게 익숙한 교육과정 변화 맥락(예를 들어, 새로운 교육과정의 등장, 새로운 교수법, 새로운 교재, 새로운 언어 프로그램)에 적절하게 적용하라. 그 상황에서 교육과정 변화에 영향을 미칠 긍정적이거나 부정적인 요인을 확인하라.

〈부록 1〉 상황 분석 일람표 profile

사회적 요인: 긍정적: _____
　　　　　　　 부정적: _____

기획 요인:　　 긍정적: _____
　　　　　　　 부정적: _____

기관 요인:　　 긍정적: _____
　　　　　　　 부정적: _____

교사 요인:　　 긍정적: _____
　　　　　　　 부정적: _____

학습자 요인:　 긍정적: _____
　　　　　　　 부정적: _____

채택 요인:　　 긍정적: _____
　　　　　　　 부정적: _____

〈부록 2〉 교육과정 수정 과정에서 요인 확인을 위한 표 matrix

이 표는 각 요인의 필요조건을 충족시키는 데 있어서 난이도 difficulty 평가를 포함한다(Rodgers 1984에서).

A. 교육적 조건

	저난이도 Low difficulty	고난이도 High difficulty
1. 해당 과목이 익숙하거나 그렇지 않다.	___ ___	___ ___
2. 지식 영역(기술 및 그 외)이 간단하거나 복잡하다.	___ ___	___ ___
3. 학습 집단이 비교적 가르치기 쉽거나 어렵다.	___ ___	___ ___
4. 수업 설계가 간단하거나 복잡하다.	___ ___	___ ___
5. 수업 설계가 익숙하거나 그렇지 않다.	___ ___	___ ___
6. 교육과정 및 수업 설계가 잘 혹은 부적절하게 연구된다.	___ ___	___ ___
7. 언제든 구할 수 있는 수업 자료가 있거나 없다.	___ ___	___ ___
8. 수업 자료가 기술적으로 간단하거나 매우 복잡하다.	___ ___	___ ___
9. 교육과정 수정 renewal이 개별적, 지역적 혹은 전국적(전세계적?) 범위로 이루어진다.	___ ___	___ ___
10. '전체 수정 과정(이론부터 설계 및 개발, 출판, 훈련, 지원에 걸쳐)'과 관련된 비율이 불완전하거나 완전하다.	___ ___	___ ___

B. 필요한 수정 활동 및 자원

	저난이도 Low difficulty			고난이도 High difficulty
1. 활용 가능한 시간이 광범위하거나 제한적이다.	___	___	___	___
2. 활용 가능한 자금이 거액이거나 제한적이다.	___	___	___	___
3. 전문 인력이 많거나 제한적이다.	___	___	___	___
4. 전문 인력이 경험이 풍부하고 뛰어나거나 경험이 부족하다.	___	___	___	___
5. 교육과정 수정 기관/사람의 입지(지위, 평판, 이전 기록)가 훌륭하거나 그렇지 않다.	___	___	___	___
6. 수정 기관의 '체제'에서 역할이나 위치 - (개인, 학교, 체제, 대학, 출판사 등)	___	___	___	___
7. 교육과정 수정의 이론과 실제는 전무하다.	___	___	___	___

C. 수정 renewal 프로그램의 내용

	저난이도 Low difficulty			고난이도 High difficulty
1. 대상 학교의 체제가 잘 조직되어 있거나 그렇지 않다.	___	___	___	___
2. 경쟁하는 수정 프로그램이 적거나 많다.	___	___	___	___
3. 대상 학교의 체제가 간단하거나 난해한 교육적 문제가 있다.	___	___	___	___
4. 교육과정 수정에 대한 생각이 쉽게 수용되거나 그렇지 않다.	___	___	___	___
5. 수정 노력에 대한 생각이 현재의 시각과 일치하거나 일치하지 않는다.	___	___	___	___

참고문헌

Bean, W. C. (ed.). 1993. *Strategic planning that makes things happen: Getting from where you are to where you want to be.* Amherst, MA: Human Resources Development Press.

Clark, J. 1989. *Curriculum renewal in school foreign language learning.* Oxford: Oxford university Press.

Klinghammer, S. 1997. The strategic planner. In M. A. Christison and F. Stoller (eds.), *A handbook for language program administrators.* Burlingame, CA: ALTA Books. 61~76.

Leidecker, J. K., and A. V. Bruno. 1987. Critical success factor analysis and the strategy development progress. In W. R. King and D. I. Cleland (eds.), *Strategic Planning and management handbook.* New York: Van Nostrand Reinhold. 333~351.

Markee, N. 1997. *Managing curricula innovation.* New York: Cambridge University Press.

Morris, P. 1994. *The Hong Kong school curriculum.* Hong Kong: Hong Kong University Press.

Nunan, D. 1989. Hidden agendas: The role of the learner in programme implementation. In R. K. Johnson (ed.), *The second language curriculum.* New York: Cambridge University Press. 176~187.

Pratt, D. 1980. *Curriculum: Design and development.* New York: Harcourt Brace.

Rodgers, T. 1984. Communicative syllabus design and implementation: Reflection on a decade of experience. In J. Read (ed.), *Trends in language syllabus design.* Singapore: Regional Language Center (RELC). 28~53.

Van Els, T., T. Bongaerts, G. Extra, C. Van Os, and A. Janssen-van Dieten. 1984. *Applied linguistics and the learning and teaching of foreign languages.* London: Arnold.

5
목적 설정과 학습 결과
Planning goals and learning outcomes

제1장에서 언급했듯이 영어 어학 코스language course의 초기 계획자들은 언어 교수의 목적이 그 자체로 명백하다고 보았다. 이것은 코스의 목적이 영어를 가르치는 것이라는 점을 충분히 말해 준다. 그러나 ESP 운동에서 이러한 접근은 불충분하다고 보고 영어를 가르치기 위해서는 어떤 종류의 영어인가, 숙달도 수준은 어떠한가, 어떤 목적을 위해서인가 등과 같은 훨씬 더 구체적인 질문에 대한 답변을 할 필요가 있다고 하였다. 요구 분석은 이러한 질문에 대한 답변을 제공해 주고자 한다. 또한, 상황 분석은 교육과정의 변화를 시행하는 데 있어서 맥락적 요인의 역할을 밝히고자 한다. 이번 장에서 우리는 교육과정 설계 의사결정에 중요한 또 다른 요소들을 생각해 볼 것이다. 학습 목표 및 프로그램의 학습 결과outcome를 결정하는 일이 그것이다.

목적goals에 대한 몇 가지 주요 가설은 교육적 계획에 대한 교육과정 접근법의 특징이 된다. 이들은 다음과 같이 요약될 수 있다.

- 사람들은 대개 특정한 목적을 추구함으로써 동기화된다.
- 교수에서 목표가 있으면 교수와 학습의 효과가 높아진다.
- 프로그램은 그 목적이 명백하고 분명하게 기술될 때 효과적일 것이다.

이러한 원리들은 그 자체로 분명하고 논쟁의 여지가 없는 듯 보이며 대부분의 언어 교육 프로그램은 목적aims과 목표objectives라는 면에서 그들의 최종목적goals을 기술한다. 그러나 목적과 목표의 본질이 직접적으로 드러나는 것은 아니다. 왜냐하면, 목적과 목표는 학습자들이 개발할 필요가 있다고 교육 계획자들이 믿고 있는 지식과 기술 및 가치를 나타내기 때문이다. 목적 결정에 있어서 계획자들은 교수와 교육과정의 역할에 대한 가설들을 토대로 여러 대안 중에서 선택을 한다. 그러므로 목적goals을 설정formulating하는 것은 객관적이고 과학적인 계획이 아니라 주관적인 판단이다. 이러한 이유로 교육적 프로그램 설계에서 목적의 본질이라는 것은 상당한 논쟁의 소지가 있었으며 지금도 계속되고 있다. 이런 논의는 다음의 쟁점을 반영하고 있으며 이들은 교육과정 목적에 대한 질문들과 관련이 있다.

- 학습자들이 외국어 학습에 대한 실질적 요구가 없으면 학교에서 학습자들에게 가르치는 외국어 수업은 가치가 있는 것인가?
- 이주민을 위한 언어 교육 프로그램에서는 실질적인 생활 언어 기술skills만 가르쳐야 하는가 아니면 이주민이 직면하게 될 인종상의 문제 및 다른 형태의 불이익에 대응할 수 있도록 가르쳐야 하는가?
- 교육과정 형성shape에 학습자들을 참여시켜야 하는가 혹은 교사들에게 맡기는 것이 최상인가?
- 학습자는 학습하는 언어권의 문학과 문화를 배워야 하는가 또는 언어를 단지 도구로서 사용하고 말하도록 배워야 하는가?
- 언어 교사가 학습자들에게 사회적 불공평을 인식하도록 일깨워 주는 것 또한 교사의 일인가?
- 교사는 학습자들이 무의미한 언어 시험(많은 대학에서 입학시험의 일환으로 쓰는 영어 시험과 같은 것)을 통과하도록 도와야 하는가 아니면 교사와 학습자가 함께 좀 더 공정한 평가의 방법을 찾도록 노력해야 하는가?
- 교육과정 및 교실에서 학습자의 모어는 어떤 역할을 해야 하는가?

Eisner(1992, 302)는 "교육적인 실제educational practice는 희망하는 최종 상태에 이르는 것과 관련되어 있기 때문에 광범위한 가치 기반에 근거를 두고 있다. 이러한 가치는 교육적인 실제가 나아가는 방향을 안정되고 정당하게 하는 것이다."라고 기술한다. 학교에서 무엇을 가르쳐야 하는가와 도달하고자 하는 결과에 대해서 가치 체계가 어떻게 결정되는지를 바르게 평가하기 위해서 다섯 가지 교육과정 이데올로기-Eisner의 개념을 빌어서-를 바탕으로 교육과정 목적에 관한 토론을 시작할 것이다. 이 다섯 가지 이데올로기는 언어 교육과정의 본질과 언어 교수의 실제practice를 여러 관점에서 구체화한 것으로 학문적 합리주의academic rationalism, 사회적 경제적 효용성 social and economic efficiency, 학습자 중심성 learner-centeredness, 사회적 재구성주의 social reconstructionism, 문화적 다원주의 cultural pluralism가 있다.

5.1. 교육과정 이데올로기 The ideology of the curriculum

교육 프로그램의 목적을 개발할 때 교육과정 계획자들은 학습자, 교사, 학교에 대한 계획자의 신념과 이데올로기는 물론, 학습자와 사회의 현재의 요구 및 장기적인 요구 모두에 대한 이해를 바탕으로 한다. 이러한 신념과 가치는 교육 프로그램의 토대를 제공하고 교육 프로그램의 목적을 정당화한다. 그러나 교육과정의 방향에 대해 경쟁적이거나 보완적인 관점은 언제든지 이용 가능하다. Kliebard는 다음과 같이 언급한다.

> 우리는 하나의 이익집단에서 나온 획일적인 주도권을 추구하지 않는다. 그보다는 교육과정의 주도권을 두고 경쟁하고, 지역과 사회의 현황에 따라 서로 다른 시기에 (교육과정에 대한) 통제 수단을 획득하는 다양한 이익집단을 추구한다. 그리고 이들 개개의 이익집단은 문화에 따른 지식과 가치를 다양하게 선택하도록 영향력을 행사하며 따라서 (각자가) 다양한 교육과정을 위한 압력단체이다(Kliebard 1986, 8).

이번 장에서 살펴볼 다섯 가지 서로 다른 교육과정의 관점은 교육과정 내에서 언어의 역할에 대해 다양한 접근법을 강조한다.

1) 학문적 합리주의 Academic rationalism
이 관점은 교과목에 내재된 가치를 강조하며 학습자의 지성, 인본주의적 가치, 합리성 발달에서 교육과정의 목적 aims이 맡은 역할을 강조한다. 교과목의 내용이 교육과정의 기초이며 사회 문제를 해결하거나 정책 입안자들의 목적 goals 달성을 위한 효율적인 방편이 아니라 내용을 숙지하는 것 자체가 (교육과정의) 목적 end이라고 보았다. 학교의 역할은 특정한 문화적 전통의 주된 성과물에 접근할 수 있도록 하고 영속적인 학문을 공부함으로써 얻어지는 통찰을 갖게 하는 것이다. 그리스어와 라틴어는 전통적으로 서구 고등학교 교육과정에 포함되었다. 왜냐하면 이 과목들이 학생의 '정신 수양'에 도움이 된다고 믿었기 때문이다. 또한, '고전적 인본주의'로 알려진 이 관점은 무엇보다도 암기력, 분석력, 분류 능력, 지식을 재구성하는 능력 등 광범위한 지적능력을 개발하여 인생에서 마주치는 다양한 도전에 대처할 수 있도록 하려는 의도로 특징지을 수 있다(Clark 1987, 5). 학문적 합리주의는 때로 학교 교육과정 내에 특정 외국어를 포함시키는 데 사용된다. 이 때 외국어는 의사소통의 도구로서가 아니라 사회 연구social study의 한 측면으로 이용된다. Ozolins(1993)는 호주에서 일어난 학교 내 외국어 교수와 관련된 논쟁과 프랑스어가 라틴어나 기타 외국어를 점차 밀어낸 이유를 정리하였다. 외국어의 역할에 대한 논쟁에서 1964년 빅토리아주 교육감이었던 Bloomfield는 쟁점은 언어 자체만이 아니라고 주장하였다. Ozolins는 다음과 같이 설명한다.

> Bloomfield의 관점에서 프랑스어 교수의 지적 정당성 intellectual justification은 '다른 나라를 이해하는 것이고 따라서 외국어 교수는 집중적이고 전문적인 사회 연구 social study의 한 형태이다.' 순수하게 언어적이고 의사소통적인 언어의 측면은 적어도 빅토리아주 학교에서는 주된 대상이 아니었다(Ozolins 1993: 87).

이 이데올로기는 또한 언어 프로그램에 문학 코스나 영미문화를 포함하는 것을 정당화하는 데 이용된다. 일부 지역(홍콩, 싱가포르, 말레이시아 등)에서 볼 수 있는 식민통치 하의 영어 교육과정은 전통적으로 문학에 바탕을 두었다. "기본적인 교육의 목적은 영문학을 매개로 (학생들을) 영국 문화에 동화시키는 것이었다. 비모어 학습자를 위해 특별히 설계된 언어 과제는 없었다"(Ho 1994, 223). 교육과정의 목적은 영어를 매개로 한 교육English-medium education이 지식인의 지위elitist status를 유지하게 하는 것이었다. 이러한 교육과정들은 영어를 매개로 한 교육이 일반화되면서 점차 기능적이고 실제적인 교육과정으로 대체되었다.

Clark(1987, 6)는 대영제국의 학문적 합리주의가 다음과 관련이 있다고 지적한다.

- 이전 세대의 문화와 지혜를 교육을 통해 유지하고 전달하기. 이는 상류 계층의 수준 높은 문화적 전통과 조화를 이루고, 대중의 구체적이고 실용적인 생활 방식을 만족시키는 교육의 이중 체제 two-tier system를 창안한다.
- 보편화할 수 있는 지적 능력과 비판 능력을 갖춘 지식인 계층의 양성

• 대학의 통제를 받는 외부 장학 위원회 및 사찰단을 통해 입장 유지하기

미국에서는 1987년에 Hirsch의 'Cultural Literacy' 출간과 함께 등장한 '문화 문해력 Cultural literacy'*에 대해 논란이 일었다. 이것은 교육적 이데올로기에 대해 여전히 찬반이 팽배했음을 말해 준다.

2) 사회적 경제적 효용성 Social and economic efficiency

이 교육 철학은 학습자와 사회의 실질적 요구를 강조하며 경제적으로 생산력이 있는 학습자를 배출하는 교육 프로그램의 역할을 강조한다. 인간은 합리적인 계획 과정을 통해 그들 자신과 자신이 처한 환경을 개선할 수 있다. 또한, 사회의 사회적, 경제적, 기타 요구를 밝히고, "과제 분석, 각 과제의 목표 형성, 단원에 따른 교수 기법을 통해"(Uhrmacher 1993, 4) 이러한 요구들을 위한 계획을 할 수 있다. 이것이 목표-수단 접근 ends-means approach이다. 교육과정 이론의 창시자 중 한 사람인 Bobbitt는 교육과정의 이런 관점을 지지했다. 교육과정 개발을 과학적 원리에 기반을 둔 것으로 보았고 이것을 실행한 사람들 practitioners을 '교육 공학자 educational engineers'라고 하였다. 교육 공학자가 하는 일은 "사회 구성원이 자신의 직업 노동을 효과적으로 수행하기 위해 필요로 하는 습관, 기술, 능력, 사고 형성 등의 총체적인 범위를 발견하는 것"이다(1918, 43). Bobbitt는 교육과정 개발을 공장과 생산에 비유하였다. 언어 교수에 있어서 이러한 철학은 외국어나 제2언어에서 실제적이고 기능적인 기술 skills을 강조했다.

사회적 경제적 이데올로기는 영어 교수의 정당성을 위해 사회의 경제적 요구를 강조한다. 21세기의 성공적 경제는 점차 지식에 기반을 두고 있으며 세계의 모든 지식은 영어로 되어 있다. 일본의 영어 표준 standards에 대한 최근 논쟁에서 1990년대 말 일본 경제 불황의 한 이유를 낮은 영어 표준 poor standards이라고 인용하였다. "국제 공용어인 영어를 배우는 것은 일본의 밝은 미래를 위해 필수적인 것이다… 일본의 언어적 약점은 대량의 정보가 영어로 기록되는 인터넷 중심 세계에서 그들을 도태되게 만들 것이다"(Kin 1999).

---

* 역자주: 문화 문해력 Cultural literacy이란 언어를 사용할 때 그 언어에 포함된 문화적 맥락에 대한 이해가 필요함을 말한다. 예를 들어 그 사회의 문화를 반영하는 최신 유행어를 이해한다거나 역사적 배경을 알고 어휘를 사용하는 것 등이 포함된다.

외국어 교육에 있어 기술skills 중심 교육과 학문 중심 교육에 대한 논쟁은 역사가 오래되었다. 이러한 논쟁은 언어 프로그램에서 고전어와 현대어, 문학과 언어, 심지어 문법과 회화의 상대적 장점에 관한 논의에서 볼 수 있다. 지난 20년간 영어를 외국어로 하는 많은 나라에서 영어 교육과정이 학문적 합리주의에서 사회적 경제적 효용성을 기반으로 한 모형으로 옮겨가고 있다. 외국어 학습에서 입문 단계 Threshold Level, 개념-기능 교수요목, 결과 중심 접근(예를 들어, 등급화된 목표 사용, 역량-중심 결과competency-based outcomes)의 등장은 교육과정 계획이 효용성 모형으로 옮겨가고 있음을 나타낸다. Clark(1987)가 주장하는 것도 '조사, 개발, 보급diffusion 모형'을 반영한다.

그것은 일반적으로 새 교육과정을 개발하기 위해 선별된 '전문가'들의 중앙 위원회 구성을 포함한다. 위원회는 필요한 것이 무엇인지 기초 조사를 수행하고 초안 교육 자료를 만들며 다양한 맥락 중 대표적인 것을 선택하여 수많은 시험적인 방법 pilot areas을 고안하고 이를 사용한 현장교사의 피드백을 받는다. 마지막으로 출판을 위해 교육 자료의 수정 작업을 한다(Clark 1987, 33).

Auerbach는 이러한 접근의 예로 'Texas 성인 수행 수준 연구Adult Performance Level Study'를 인용했다. "대학기관 연구자들은 사회에서 성공적으로 기능하게 하는 특징이라 할 수 있는 65가지 역량을 확인했다. 이는 광범위하고 다양한 상황에서 문해력 literacy 활용에 대해 설문 조사한 것을 바탕으로 한 것이다"(Auerbach 1995, 13).

비평가들은 교육과정에 대한 이러한 관점을 '지나친 단순화reductionist'라고 주장했다. 그리고 미리 결정된 기술skills과 목표objectives를 학습자의 요구와 동일시한다고 비판했다. 이것은 지식이 학습자 외부에 있는 것으로서 단편적으로 전달된다고 보는 것이다. Freire는 이것을 '예금 모형banking model'으로 묘사한다. 그러므로 "교육은 저축하는 행위가 되고 학생들은 수탁자이고 교사는 예금자이다"(1975, 138). 사회-효용적 접근을 옹호하는 사람들은 무엇보다도 교육과정이 학습자 일상의 요구와 관련된 지식과 기술에 초점을 맞추어야 한다고 주장한다. 그리고 교육과정은 사회의 실질적 요구에 맞도록 계획되어야 한다고 주장한다.

3) 학습자-중심성 Learner-centeredness

이 용어는 학습자 개인의 요구와 개인 경험의 역할 그리고 인식, 자기-반성, 비판적 사고, 학습자 전략 등의 발달 필요성 그리고 학습자들에게 중요하다고 여기는 자질과 기술을 강조하는 교육 원리들을 한 데 묶는다. 이러한 전통 안에서 재개념주의자들은reconceptualists 학습에서 경험의 역할을 강조한다. "미국 학교에서 잃어버린 것은…개인적인 목적, 살아온 경험, 이상향 그리고 분석과 측정이 아닌 이해understanding에 대한 깊은 존경이다"(Pinar 1975, 316).

구성주의자들constructivists은 학습이 활동적인 구성을 포함하며 세계에 대한 자신의 표상representation*을 검증하는 것과 그것을 개인의 개념 틀conceptual framework에 조화시키는 것을 포함한다고 강조한다. 그리고 모든 학습은 인간의 선이해previous understanding와 지식의 표상을 재조직하고 재학습하는 것을 포함한다고 본다 (Roberts 1998, 23). Dewey는 이러한 원리의 창시자로서 재구조화reconstruction와 재정비reworking 없이 지적 성장은 없다고 진술하였다(Dewey 1934, 64). Roberts(1998)는 구성주의가 언어 교육과정 설계에 강력한 영향을 미쳤다고 설명했다. 예를 들어, 읽기와 듣기 이해comprehension 수업에서 학습자가 읽기와 듣기에 대해 갖는 선지식과 신념 및 기대를 강조하며 가르치는 것이다. Clark는(1987, 49) (이 원리와 관련하여 진보주의progressivism라는 용어를 사용하였다.) 교육을 어린이들에게 학습 경험을 제공하는 방편으로 보고 학습 경험은 어린이들이 노력하면 배울 수 있는 것이라고 제시했다. 그리고 학습을 몇몇 폭넓은 발달단계로 나눌 수 있는 연속체로 보았다. 경험을 통한 성장은 중요한 개념이다.

Marsh(1986, 201)는 아동 중심 혹은 학습자 중심 교육과정의 쟁점은 10년마다 다시 등장하는데 다음과 같은 것들과 관련이 있다고 지적했다.

- 개별화 교수
- 실제 조작 operation 혹은 운용을 통한 학습
- 자유방임주의 - 전혀 조직되지 않고 아동의 순간적인 흥미에 바탕을 둔 교육과정
- 학생에 의한 창조적 자기표현 self-expression
- 사회적 요구로 눈을 돌린 실제 지향적 활동
- 교수지향 teaching-directed 학습에 반대하는 총체적 용어

---

* 역자주: <심리학>외부 세계의 대상을 마음속에 나타내는 것

Clark는 언어 교수에서 이러한 교육 철학이 결과보다는 과정을 강조하며 학습자 개인차, 학습자 전략, 학습자 자기 주도성 self-direction과 자율성 autonomy에 초점을 두고 있다고 본다.

4) 사회적 재구성주의 Social reconstructionism

이 교육과정은 학교와 학습자가 사회적 불의와 불평등을 다루는 역할을 할 수 있고, 그런 역할을 해야 한다는 것을 강조하는 입장이다. 교육과정 개발은 중립적인 과정이 아니다. 학교는 모두에게 동등한 기회를 제공하지 않으며(Freire 1972; Apple 1986) 오히려 사회의 일반적 불평등을 반영한다. 학교는 중대한 사회적·개인적 문제들을 검토하는 데 교사와 학생을 개입시켜 그 문제들을 해결하는 방법을 찾도록 해야 한다. 이러한 과정은 "권한 부여 empowerment"로 알려져 있다. 교사는 학생이 계급, 인종 또는 성별에 대한 불공정한 체제를 인식하고 그에 도전할 수 있도록 반드시 힘을 실어주어야 한다. Morris(1995, 10)는 다음과 같이 설명한다.

이러한 관점의 교육과정은 사람들이 서로를 배려하고 환경 environment 및 부의 분배에 관심을 갖는 세상을 만들 수 있다는 태도 및 지식과 기술을 발전시키는 데 초점을 맞춘다. 인내, 다양성의 수용과 평화가 장려되며 사회적 불의와 불평등은 이 교육과정에서 주요 문제가 된다(Morris 1995, 10).

이러한 견해에 대해 가장 설득력 있으며 최근 성행하는 대표적인 운동 movement 은 '비판론'과 '비판 교육론'과 관련이 있다. Kincheloe와 McLaren(1994, 139)은 "비판론자"의 가설을 다음과 같이 요약하고 있다.

모든 사고 thought는 기본적으로 사회적, 역사적으로 구성된 권력관계에 의해 중재 mediated된다. 사실 fact은 결코 가치의 영역으로부터 분리될 수 없고 혹은 이념적인 각인 inscription으로부터 벗어날 수 없다. 개념과 사물의 관계, 그리고 기호 signifier 와 의미 signified의 관계는 결코 안정적이거나 고정적인 것이 아니다. 또한, 이들은 자본가의 생산과 소비라는 사회적 관계에 의해 중재된다. 언어는 주관 형성의 중심이 된다(의식적이면서도 무의식적 인식). 한 사회의 어떤 집단은 특권을 부여받으며 현대 사회를 특징짓는 억압 oppression은 피지배자가 그들의 사회적 지위를 당연하고 필연적이라고 받아들일 때 가장 힘 있게 재생산된다. 억압은 다양한 측면을 가지고 있고 여러 사람에게 쓸 수 있는 비용을 오직 한 사람에게 집중시킨다. 그리고 종종 그들 사이의 상호연관성을 무시한다. 그래서 결국 주류 mainstream 연구는 일반적으로 계급 체계와 인종, 성별의 억압을 재생산하게 된다.

가장 잘 알려진 비판 교육론자인 Freire(1972)는 교사와 학습자가 지식을 구성하고 constructing 탐구하는 공동 과정에 참여한다고 하였다. 학생은 지식의 '객체 object'가 아니며 이들은 통제의 다양한 형태를 인식하고 저항하는 방법을 찾아야 한다. 언어 교수에서 Auerbach(1992)는 비판 교육론을 적용시킨 중요한 연구를 했다. 교수 활동은 반드시 학생들에게 능력을 부여하도록 해야 하며 그들의 삶에 변화를 가져올 수 있도록 도와야 한다고 주장했다. 이러한 입장에 대해 비판가들은 교사와 학생이 그들이 속한 체제의 구조를 변화시킬 수는 없으며 그런 변화를 이루는 또 다른 수단들이 있을 수 있다고 주장했다.

5) 문화적 다원주의 Cultural pluralism

이 교육 철학은 학생들이 사회·경제적으로 우세한 문화뿐 아니라 다양한 문화에 참여하도록 학교가 이들을 준비시켜야 한다고 논한다. Banks(1988)는 미국 같은 다문화 사회의 학생들이 '비교문화 cross-cultural 능력' 또는 '간문화 의사소통(능력) intercultural communication'을 개발시켜야 한다고 주장한다. 이것은 하나의 문화 집단이 다른 집단에 비해 우월하다는 것을 의미하지는 않는다. 그리고 다양한 문화 집단을 대표하는 다양한 시각이 교육과정 내에서 드러나야 한다. 문화적 다원주의는 인종주의를 타파하고 소수 민족의 자긍심을 높이며 어린이들이 기타 문화 및 종교에 대해 올바르게 인식하도록 돕는다(Uhrmacher 1993). 미국 외국어교육 협의회 ACTFL: American Council on the Teaching of Foreign Languages는 최근 외국어 프로그램의 간문화 능력 intercultural competence에 대한 세 가지 영역을 밝혔다. 이는 문화 학습, 문화 비교, 간문화 탐구 intercultural exploration 참여에 대한 요구를 말한다(Philips & Terry 1999). Crozet와 Liddicoat(1999)는 호주의 언어 프로그램 설계를 위해 이러한 영역의 시사점 implications을 탐구했다. 캐나다, 미국, 호주와 같은 다문화 사회에서 문화적 다원주의는 영어 교수에 대한 이중 언어적 접근의 필요성을 불러일으켰다(Burnett 1998). Auerbach는 ESL 교실에서 영어만 사용해야 한다는 이론적 근거에 대해 의문을 제기하고 제2언어 학습에서 모국어를 읽고 쓰는 능력은 매우 중요하다고 역설했다(Auerbach 1995, 25). Collingham(1988)은 학습자의 언어 지식에 가치를 두는 것이 중요하다고 했다. "성인 학습자를 마치 그들이 언어에 대해 아무것도 모르는 것처럼 다루는 것은 힘의 불균형을 인정하는 것이고 궁극적으로 제도적 institutional 인종주의와 결탁하는 것이다. 또한, 이중 언어적 접근을 채택하고 학습자의 기존 지식을 존중하는 것은 그 불평등한 권력관계에 대해 도전하기 시작하는 것이다"(Collingham 1988, 85).

Martin(1978)은 호주 이민자의 경험담을 검토하고 '이민자의 사회 참여 부족lack of migrant participation'에 대해 논하면서 "수업의 유일한 매개어가 영어가 아니었다면, 이중 언어 교사를 고용했다면, 이민자들의 민족 모임을 개입시켰다면 이민자의 참여 현상이 바로 나타났을 것이다."라고 평했다(1978, 68).

이 장에서 다룬 교육과정 이데올로기들은 교육과정의 토대가 되며 교육과정에서 이데올로기를 얼마나 강조하느냐는 교육과정이 일어나는 특정 맥락에 따라 다르다. 교육과정 철학은 정치적 판단의 결과이며 이러한 판단은 교육과정에 대한 특정 선택들의 조합으로 이루어진다. 이러한 선택은 계획 과정process에서 참여자가 달성할 가치가 있다고 믿는 목표들을 반영하며 교육과정이 이루어야 하는 변화를 나타낸다. 이러한 판단과 가치평가는 때로는 명확히 설명되지 않는다. 따라서 이들을 규명하고 명백히 하며 아직 표명되지 않았으나 교육과정을 이끄는 가치와 가정에 대해 숙고하는 것은 교육과정 계획 절차의 필수적인 부분이다.

5.2. 교육과정 결과 진술 Stating curriculum outcomes

1) 목적 Aims

교육과정 논의에서 최종목적goal과 목적aim이라는 용어는 교육과정의 일반 목적 purposes을 뜻하는 말과 자주 혼용한다. 그리고 목표objective는 목적purposes을 더 구체적으로 표현한 말이다. 우리는 앞으로 목적aim과 목표objective란 용어를 사용할 것이다. 목적aim이란 프로그램을 통하여 학습자들에게 일어나기를 바라는 일반적인 변화에 대해 진술한 것이다.

목적문aim statement의 취지purpose는 다음과 같다.

- 프로그램의 목표를 분명히 정의하기 위해
- 교사, 학습자, 교재 집필자에게 지침을 제공하기 위해
- 교육의 초점을 제공하기 위해
- 학습에 있어 중요하고 실현 가능한 변화를 설명하기 위해

목적문은 교육과정의 이데올로기를 반영하며 교육과정이 그것을 어떻게 추구해야 하는지를 나타낸다. 다음의 진술은 싱가포르의 초급 단계 영어 교수의 목적 aims을 기술한 것이다.

학생이 영어를 배우는 이유는:

- 일상생활의 사회적 요구를 충족시키면서 쓰기와 말하기에서 모두 효과적으로 의사소통하기 위해
- 타문화의 문학은 물론 폭넓은 텍스트를 감상하고 즐기고 이해하는 우수한 읽기 습관을 기르기 위해
- 상상력 있고 창의적으로 자기 자신을 표현하는 능력을 발달시키기 위해
- 비판적이고 합리적인 판단을 할 사고력을 키우기 위해
- 스스로의 학습 목표를 결정하고 자신의 향상을 평가하기 위해
- 영어로 교수되는 다른 교과목의 학습을 위한 정보와 학습 기술 study skills을 습득하기 위해
- 변화, 확장된 학습과제, 시험에 효과적이고 효율적으로 대처하기 위해
- 자기 개발 및 개인적 요구와 포부를 만족시키기 위한 지식을 얻기 위해
- 구어, 문어 형태의 영어로 전달되는 건설적인 생각과 가치에 대한 긍정적 태도를 발달시키기 위해
- 다양한 영어와 영어권 문화에 대한 민감성과 이해를 발달시키기 위해

이들 내용은 앞에서 논의된 몇몇 교육철학을 반영한다. 다음은 다양한 언어 프로그램의 목적문의 예이다.

비즈니스 영어 코스
- 비즈니스 상황에서 사용하는 기본적인 의사소통 기능을 발달시킨다.
- 직장에서 동료 직원들과 일상적인 대화에 참여하는 방법을 배운다.
- 어떻게 효과적인 비즈니스 서신을 작성하는지 배운다.

호텔 근무자를 위한 코스
- 호텔에서 전화 응대에 필요한 의사소통 기술을 발달시킨다.
- 고객의 문의와 불만을 처리한다.
- 계산서의 요금을 분명하게 설명한다.

목적문은 일반적으로 요구 분석을 통해 수집된 정보를 이용해 작성한다. 예를 들어, 영어로 수업하는 대학에서 비영어권 학생들이 어려워하는 영역은 다음과 같다.

- 강의 이해하기
- 세미나에 참여하기
- 수업 중 노트필기하기
- 읽기 과제를 (시간 안에) 끝내기에 적당한 속도로 읽기
- 쓰기 과제에서 생각과 정보를 조직적으로 표현하기

이 정보를 바탕으로 코스의 목적과 목표를 정하려면 수업의 이해, 세미나 참여 등에 포함되는 것을 이해하기 위해 각 영역을 분석하고 조사해야 한다. 각각의 영역이 포함하는 지식과 기능은 무엇인가? 보통 단기 코스의 전반적인 목적은 두세 개의 목적문으로 나타낼 수 있다. 그러나 앞서 언급된 초급단계 코스처럼 장기적으로 코스를 진행하기 위해서는 더 많은 목적문이 필요하다.

목적문을 작성할 때는 학생들이 참여하게 될 활동 그 이상을 기술하는 것이 중요하다. 예를 들면 다음은 목적문이 아니다.

학생들은 영어로 업무 편지 business letter를 쓰는 것에 대해 배울 것이다.
학생들은 듣기 기술 listening skills을 배울 것이다.
학생들은 영어 작문 기술을 연습할 것이다.
학생들은 여행을 위한 영어를 배울 것이다.

위의 진술이 목적문이 되기 위해서는 학습자에게 결과적으로 일어난 변화에 초점을 맞추어야 한다.

학생들은 호텔과 관광 산업에서 사용되는 효과적인 업무 편지를 작성하는 법을 배

울 것이다.

학생들은 상호작용적인 대화에서 효과적으로 경청하는 방법과 더 나은 듣기 전략을 개발하는 법을 배울 것이다.

학생들은 글을 통해 창의적이고 효과적으로 정보와 생각을 교환할 수 있는 방법을 배울 것이다.

학생들은 관광을 목적으로 한 기본적인 수준의 영어로 의사소통할 수 있을 것이다.

2) 목표 objectives

목적 aim은 프로그램의 최종 목적 goal에 대한 매우 일반적인 진술이다. 목적 aim은 다양한 방식으로 해석될 수 있다. 다음의 목적문을 살펴보자.

> 학생들은 호텔과 관광 산업에서 사용되는 효과적인 업무 편지를 작성하는 법을 배울 것이다.

이 문장은 프로그램의 초점을 명확히 기술하지만 어떤 종류의 비즈니스 서신을 학생들이 배울 것인지, 효과적인 업무 편지란 무엇인지는 설명하지 않는다. 프로그램 최종 목적 goal에 대해 더 정확한 초점을 제공하기 위해서 목적 aim은 좀 더 세부적인 목적 purpose 진술을 종종 동반한다. 이것이 목표 objectives이다. (수업 목표 instructional objectives 또는 교수 목표 teaching objectives라고도 한다.) 목표란 프로그램이 추구하는 구체적인 변화와 목적 aim의 다양한 요소를 분석한 결과를 진술한 것이다. 목표는 일반적으로 다음과 같은 특징을 가진다.

- 목표는 목적이 성취하고자 하는 것을 학습의 작은 단위로 설명한다.
- 목표는 교수 활동을 조직하는 데 기초를 제공한다.
- 목표는 학습을 관찰 가능한 행동 혹은 수행으로 묘사한다.

다음은 코스의 목적을 목표의 관점에서 설명할 때의 장점이다.

- 계획을 순조롭게 한다. 일단 목표가 정해지면, 코스 계획, 자료 준비, 교재 선정, 관련 절차들을 진행할 수 있다.
- 측정 가능한 결과를 제공하여 책무성을 갖게 한다. 목표가 주어지면 프로그램이 목표 교수에 성공했는지 실패했는지를 측정할 수 있다.

• 규정적이다. 목표는 계획이 어떻게 진행되어야 하는지 설명하여 주관적인 해석과 개인적인 의견을 배제한다.

앞서 언급한 '강의 이해하기'의 활동과 관련하여 다음의 예처럼 목적과 목표를 기술할 수 있다(Brown 1995).

목적
• *학생들은 영어로 진행되는 강의를 어떻게 이해하는지 배울 것이다.*

목표
• *학생들은 강의의 논쟁, 주제, 논제를 이해할 수 있을 것이다.*
• *학생들은 다음과 같은 강의의 측면을 어떻게 인식하는지 배울 것이다.*

> *인과 관계*
> *비교와 대조*
> *설득적 논의의 전제*
> *설득적 논의를 지지하는 세부사항*

목표 기술은 다음과 같은 특성을 갖는다.

① **목표는 학습 결과를 나타낸다.** 목표를 기술할 때, '~을 공부할 것이다, ~에 관해 배울 것이다, 학생들이 ~하기 위해 준비할 것이다' 등의 표현은 피한다. 왜냐하면 이러한 표현은 학습 결과를 나타내는 것이 아니라 학생들이 코스에서 무엇을 할 것인지 나타내기 때문이다. 목표는 '~을 갖게 될 것이다, 어떻게 ~을 하는지 배울 것이다, ~할 수 있을 것이다'와 같은 문장으로 나타낼 수 있다. (뒤에서 나올 '비언어적 결과와 과정 목표' 부분은 예외이다.)

② **목표는 교육과정 목적과 일치해야 한다.** (목표 진술은) 목적을 명확하게 실현하도록 해주는 목표만을 포함해야 한다. 예를 들어, 아래의 목표는 '학생은 호텔과 관광 사업에서 쓰는 업무용 서신을 어떻게 효과적으로 쓰는지 배울 것이다.'라는 교육과정 목적과 일치하지 않는다.

목표
학생은 전화상의 간단한 질문을 이해하고 대답할 수 있다.

목적이 업무용 서신을 작성하는 것과 관련이 있기 때문에 전화통화 기술telephone skill의 목표는 이 목적과 일치하지 않는다. 목표를 고려하여 목적문을 수정하거나 그 목표를 포함시키지 말아야 한다.

③ **목표는 명확해야 한다.** *막연하고 모호한 목표는 유용하지 않다. 다음은 회화 코스에 나타난 목표이다.*

학생은 유용한 회화 표현 사용법을 알게 될 것이다.

더 명확한 목표는 다음과 같다:

학생은 사람들과 인사할 때, 대화를 시작하고 마칠 때, 회화 표현을 사용할 것이다.

④ **목표는 실행할 수 있어야 한다.** 목표는 코스에서 주어진 시간에 달성할 수 있는 결과를 나타내야 한다. 다음의 목표는 60시간의 영어 코스에서는 달성할 수 없을 것이다.

학생은 원어민이 하는 대화를 이해할 수 있을 것이다.

다음은 좀 더 실현 가능한 목표이다.

학생은 일상생활 및 여가와 관련된 주제에 대해, 간단한 영어로 된 짧은 대화의 요점을 파악할 수 있을 것이다.

다음(Pratt 1980에서 인용)은 영어권 국가로 여행을 준비하는 학생들을 위해 설계된 단기 영어 코스의 목표들로, 목적과 목표의 관계를 나타내고 있다.

코스 목적
여행 및 관광의 목적을 위해 학생이 기초 단계 영어로 의사소통할 수 있도록 준비시킨다.

코스 목표

1. 학생은 상용 단어와 약어를 포함한 300개의 독해 어휘를 알게 될 것이다.
2. 학생은 300개의 상용 단어에 추가적으로 최대 100개의 듣기 어휘를 알게 될 것이다.
3. 학생은 간단한 문서 지시사항, 표지, 메뉴를 이해할 수 있다.
4. 학생은 간단한 질문, 설명, 인사, 지시를 이해할 수 있다.
5. 학생은 영어 대화에서 간단한 회화의 요점을 파악할 수 있다.
6. 학생은 대화에서 모르는 표현을 찾아낼 수 있고 이를 명확히 하기 위해 반복한다.
7. 학생은 담화에서 200개의 상용 단어에 추가적으로 최대 100개의 시간, 수량, 가격에 대한 단어를 사용할 수 있다.
8. 학생은 약 50개의 유용한 생존 표현, 질문, 요청, 인사, 설명, 응답을 사용할 수 있다.
9. 학생은 간단한 단어로 천천히 정확하게 영어로 이야기할 때 이중 언어 대화를 할 수 있다.
10. 학생은 적절한 몸동작을 사용하고 이해할 수 있다.
11. 학생은 영어로 대화를 시작하는 데 자신감을 가지게 될 것이고, 실수하는 것을 두려워하지 않을 것이며 자신의 언어 능력 이상의 발언을 시도할 것이다.
12. 학생은 자신의 오류를 원어민이 수정하는 것을 기꺼이 수용할 것이다.
13. 학생은 외국어로 남에게 자신을 이해시키고 또 이해하는 '성공적인 경험'을 할 것이다.

Frankel(1983, 124)은 태국 대학교의 신입생을 대상으로 한 기초 독해 기술(skills) 코스의 목적과 목표를 예로 제시한다.

목적

영어로 된 실제 자료, 비전문가의 글, 산문 문학을 적절한 속도로 읽고 이해한다.

목표

1. 의미의 단서로 텍스트의 언어학적 정보를 활용한다.
   - 단어 형성과 문맥적 단서를 이해하여 낯선 어휘 항목의 의미와 용법을 추론한다.
   - 사전 수정, 사후 수정, 복합 삽입구, 복문에서 절의 관계 등을 포함한 복잡한 구와 문장을 해독한다.
   - 텍스트의 다른 부분을 연결하기 위해 형식적인 formal 결속 장치를 인식하고 이해한다.
   - 담화 표지를 인식하고 이해한다.

2. 텍스트의 의사소통적 가치를 이해한다.
- 전반적인 수사적 목적 purpose (예. 지시하기, 사건 보고하기 등)
- 담화 시작, 전개, 마무리를 포함한 수사적 구조

3. 정보를 읽는다.
- 화제 topic 찾기(주제 theme)
- 서술되거나 함축된 중심생각 찾기
- 화제와 중심생각 구별하기
- 세부 내용 읽기
- 중요한 세부 내용과 중요하지 않은 세부 내용 구별하기
- 의미론적 내용에서 요점 또는 일반적 느낌을 얻기 위해 대충 훑어 읽기
- 요구된 특정 정보를 찾기 위해 세밀히 살펴 읽기

4. 해석하면서 읽는다.
- 추론을 통해 명백하지 않은 정보를 발췌한다.
- 사실과 의견을 구분한다.
- 작가의 의도, 태도 그리고 성향 bias을 이해한다.
- 비판적 판단을 한다.

앞서 언급되었던 싱가포르의 초급 교수요목에서 듣기 이해 교수 목표의 예들을 보면 다음과 같다.

코스를 마칠 때 학생들은 다음과 같은 방법으로 듣기 능력을 나타낼 수 있어야 한다.

- 영어의 기본적인 소리와 음운론적 특징을 인식하고 구분한다.
- 구두로 주어진 지시를 이해하고 수행한다(간단한 것에서 복잡한 것으로).
- 들은 것을 바탕으로 다양한 수준의 문제에 대답한다.
- 다양한 구어와 문어 텍스트 유형 및 발화 상황을 인식하고 필요할 때 적절하게 반응한다.
- 발화된 텍스트를 효과적으로 이해하기 위해 확장된 구어 텍스트에서 담화 특질을 인식 한다(예. 단어/표현 나타내기, 소개, 결론, 예시, 본론을 벗어난 여담).
- 그룹 토론에서 청자로서 대화 예절을 준수한다.
- 특정 목적을 위해 비판적으로 듣고 적절하게 반응한다.

목표 진술statement of objectives 작성의 어려움을 과소평가해서는 안 된다. 언어 목표 개발은 한 사람의 머리에서 요구 항목을 고안해 내는 것 그 이상이다(실제 상황에서 이러한 일은 종종 발생하고 있다). 언어 교수에서 바람직한 목표는 교수할 과목의 특징(예. 듣기, 말하기, 읽기, 쓰기)을 이해하고 초·중·고급 학습자들이 얻을 수 있는 학습 수준을 인식하며 논리적이고 체계적으로 잘 조직된 구성단위의 측면에서 코스의 목적을 기술할 수 있는 능력을 바탕으로 한다. 그래서 목표는 보통 교사나 설계자 집단이 만드는데 이들은 자신의 지식이나 경험을 바탕으로 간단한 목표를 작성하고 수정하며 수차례에 걸쳐 다듬는다. 목표 개발에서는 다양한 정보원을 사용하는 것이 필수적인데 예를 들면, 학생들이 학습상 겪는 어려움에 관한 진단 정보diagnostic information, 다양한 언어 영역의 숙련된 수행에 대한 설명, ACTFL 숙달도 지침Proficiency guideline(6장 참고)에서 알 수 있는 다양한 언어 수준 정보, 그리고 언어 사용의 다양한 영역과 관련된 기술skills의 특징(2장 참고) 등이 있다. 그러므로 목표를 고정된 것으로 간주해서는 안 된다. 수업이 진행되면 일부는 수정해야 할 것이고, 현실성이 없는 일부는 버려야 할 것이며 나머지는 격차를 해결하기 위해 추가해야 할 것이다.

3) 목표 사용에 대한 비판Criticisms of the use of objectives

많은 교육기관에서 코스를 계획할 때 목표를 사용하는 것이 코스 계획 과정을 엄격하고 구조적으로 만드는 방법처럼 보이지만 일반적인 형태는 물론 행동 목표의 형태로 목표를 사용하는 것은 비판을 이끌어내기도 한다. 목표 사용에 대한 주요 비판은 다음과 같다:

① *목표는 교수 teaching를 기술 technology로 바꾼다.* 이는 목표가 교육의 효율성과 연관되어 있다고 주장한다. 즉, 목표 end에 도달하는 가장 효과적인 수단은 정당화된다는 가정에 근거한다. 여기에는 교육과정 계획이 요구 진술을 목표로 바꾸어 버리는 기계적인 작업 technical exercise이 될 위험이 존재한다. 진행 과정 중에서 교수와 학습의 광범위한 최종목적goals(예. 의미 있고 가치 있는 학습 경험의 제공)을 상실할 수 있다.

논평: 이 비판은 '행동 목표 behavioral objectives'(<부록 1>)라고 하는 목표의 형태에 더 적합하다. 교육과정이 교육적으로 중요한 목적goals을 설정한다는 것을 확실히 하기 위해서 목적goals은 '의미 있고 가치 있는 학습 경험'을 포함해야 한다. 이를 실

행하기 위한 방법 중 하나는 언어적 결과와 비언어적 결과를 모두 망라하는 목표를 포함하는 것이다. 후자는 이 장의 뒷부분에서 더 논의할 것이다.

② **목표는 교수를 폄하하며 결과 지향적이다.** 모든 교수 목적 purpose이 목표로 표현된다고 가정한다면 학생 행동에 변화를 가져오는 교수 목적 goal만이 가치 있다고 할 수 있다.

논평: 목표는 관찰 가능한 결과로 제한되어서는 안 된다. 목표는 교육과정에서 중요하다고 생각하는 진행 과정 및 경험을 나타낼 수도 있다.

③ **목표는 언어 사용의 다양한 측면에 적합하지 않다.** 목표는 기술 skills의 숙달을 설명하는 데 적합하지만, 비판적인 사고, 문학적 이해 혹은 의미의 협상 등에는 그다지 적합하지 않다.

논평: 목표는 비판적 사고와 문학적 사고와 같은 영역에서도 작성될 수 있으며 특정한 학습 결과보다는 교육과정이 제공하게 될 경험에 중점을 둘 것이다.

4) 역량 중심 프로그램 결과 Competency-based program outcomes

프로그램 설계에서 목표 사용에 대한 대안은 역량의 관점, 즉 역량 중심 언어 교수, CBLT Competency-Based Language Teaching와 관련된 접근법에서 학습 결과를 기술하는 것이다. CBLT는 언어 프로그램 개발의 중심 계획 단계에서 학습의 결과에 초점을 맞추고자 한다(Schneck 1978; Grognet and Crandall 1982). 전통적으로 언어 교수 계획자들은 (다양한 교수요목 유형에 대한 관심에서 볼 수 있듯이) 광범위한 교수 내용 또는 교수 과정(다양한 교수 방법 유형에 대한 관심에서 볼 수 있듯이)에 초점을 맞추고 있다. 이 접근법을 비판하는 사람들은 내용이나 과정에 대한 관심이 학습의 결과ends보다는 학습의 수단means에 초점을 맞춘다고 주장한다. CBLT는 학습의 수단보다는 학습의 결과로 초점을 옮겼다. 일반적인 교육적 관점, 훈련의 관점에서 보면 CBLT는 측정 가능한 결과와 수행 표준에 교수를 연결함으로써 교수의 책무성을 향상시키고자 한다.

CBLT는 1970년대 미국에서 처음 태동하여 직업 교육과 성인 ESL 프로그램에 광범위하게 적용되었다. 1980년대 후반까지 CBLT는 "국가 정책 수립자와 교육과정 개발 지도자들에게 성인 ESL에 대한 최신 접근법"(Auerbach 1986, 411)으로 여겨졌다. 1986년에 국가의 원조를 바라는 미국 내 망명자는 역량 중심 프로그램에 참가해야만 했다(Auerbach 1986, 412). CBLT는 최근에 일부 국가(예. 호주)에서 언어 프로그램 설계에 대한 주요 접근법으로 다시 대두되고 있다. Schneck(1978, vi)는 CBLT의 특징을 다음과 같이 기술하였다.

> 역량 중심 교육은 수행 중심 수업 performance-based instruction, 완전학습 mastery of learning, 맞춤 교육과 같은 접근법과 유사하다. 이것은 결과 중심적이며 학생, 교사 그리고 공동체의 변화하는 요구에 적응하기 쉽다…. 역량은 보통 학생들이 일상적으로 겪는 상황에서 기초 기술과 기타 기술 skills을 적용할 수 있는 능력을 설명한다는 점에서 다른 목적 및 목표와는 다르다. 따라서 CBE Competency Based Education는 일상적인 상황 life role situations에서 학생에게 일반적으로 요구되는 과제를 분석한 결과에 근거한다.

① 역량의 본질 The nature of competencies

역량은 실생활의 활동을 성공적으로 수행하기 위해 필요한 관찰 가능한 행동을 말한다. 일반적으로 이 활동들은 직업 영역 field of work 및 새로운 환경에서의 사회적 생존과 연결되어 있지만 삶의 어떤 영역과도 관련이 있을 수 있다. Docking(1994, 11)은 역량과 직업 수행 간의 관계를 지적한다.

> 자격 조건이나 직무는 역량 단위의 집합으로 기술될 수 있고 각 역량 단위는 다수의 역량 요소로 구성되어 있다. 역량의 단위 unit는 과제, 역할, 기능 혹은 학습 단위 module일 수 있다. 이들은 시간이 지남에 따라 변할 것이고 맥락에 따라 다양할 것이다. 역량 요소는 과제, 직무, 기능, 또는 학문적/직업적 활동의 성공적 수행을 돕는 개인의 특질 attribute이라고 정의할 수 있다. 이는 구체적인 지식, 사고 과정, 태도, 그리고 인식적이고 신체적인 perceptual & physical 기술을 포함한다. 수행과 관련된다면 그 어떤 것도 배제하지 않는다. 역량의 요소는 시간, 맥락에 상관없이 별개의 의미를 갖는다. 즉, 언어 역량의 요소는 교육, 훈련, 평가, 자격, 과제, 직무에 대해 능력을 상술하기 위한 기초 단위 building block가 된다.

Tollefson(1986)은 교수 목표 개발을 위해 직무를 구성하는 기능적 역량을 분석하는 일이 19세기 중반에 이미 있었다고 본다. 1860년대 Spencer는 "교육과정 목표의 기초가 되어야 한다고 생각하는 주요 인간 활동 영역에 대한 윤곽을 잡았다." 이와 유사하게 1926년 Bobbitt는 미국에 거주하는 성인에게 요구되는 기능적 능력에 대한 분석을 기초로 교육과정 목표를 개발했다. 이 접근법은 1960년대 이래로 역량 중심 프로그램competency-based program 개발을 위한 기초로 채택되어 다듬어졌다. Northrup(1997)은 미국 교육부가 의뢰한 연구 보고서에서 미국 사회의 성인이 수행하는 다양한 종류의 과제를 분석하고 과제 수행을 위해 필요한 행동을 다섯 가지 지식 영역과 네 가지의 기초 기술 영역으로 분류하였다. 이 분석을 통해 65가지의 역량을 밝혀냈다. Docking(1994)은 1968년 호주에서 시행된 100여 개 이상의 직업trade과 관련된 역량을 상술하는 프로젝트에 그가 어떻게 참여하게 되었는지 언급한다.

Mrowicki(1986)는 취업 대비 언어기술 개발을 위해 설계된 '망명자 프로그램'을 위한 역량 중심 교육과정의 개발 과정을 설명한다. 그 과정은 다음을 포함한다.

- 현재의 교육과정, 자료, 교재 검토
- 요구 분석(면접, 관찰, 고용주 설문 조사)
- 생존을 위한 교육과정의 주제 확인
- 각각의 주제에 필요한 능력 확인
- 능력을 수업 단위로 분류

역량의 예는 다음과 같다(Mrowicki 1986).

주제: 주거 housing
1. 일상적인 가정의 가구/방의 명칭을 안다.
2. 기본적인 주거에 필요한 간단한 질문에 대답한다.
3. 임대, 설비, 이용 가능한 날짜 등을 포함하여 주거와 관련된 간단한 정보를 요구한다.
4. 가계 문제와 응급 상황을 보고한다.
5. 수리를 요청한다.
6. 수리를 위한 시간 약속을 잡는다.

주제: 쇼핑 Shopping
1. 제한된 수의 기본적인 기호를 읽는다.
2. 제품의 가격을 묻는다.
3. 기본적으로 필요한 식품(혹은 다른 것)에 대해 설명한다.

4. 제품 구매 의사를 표한다.

5. 거스름돈을 잘못 받았을 때 시정을 요구한다.

6. 일상적인 무게와 측정 단위의 약어를 읽는다.

7. 일상적인 무게와 측정 단위를 사용하여 식품을 주문한다.

8. 색과 크기를 포함하여 필요한 의복에 대해 설명한다.

9. 꼬리표와 줄자를 읽어 크기를 구분한다.

세계에서 가장 큰 이민자 언어 교육 훈련 중 하나인 '호주의 이민자 교육 프로그램'에서는 역량 중심 접근법이 사용된다. 학습 결과는 다음과 같은 업무 관련 역량의 관점에서 상술되었다:

구직 기술: 역량의 예
- 고용 기회에 대해 질문할 수 있다.
- 구인 광고를 읽고 해석할 수 있다.
- 이력서를 준비할 수 있다.

직장 언어: 역량의 예
- 업무와 관련된 구두 지시를 따를 수 있고 지시를 내릴 수 있다.
- 도표 및 그림으로 표현된 업무상의 텍스트를 읽을 수 있다.
- 업무 상황과 관련된 공식 문서를 쓸 수 있다.

호주의 프로그램에서는 역량을 다음과 같은 관점에서 기술한다.

- 역량은 작은 구성단위로 쪼갤 수 있고 필수적인 언어 특징을 포함하는 요소이다.
- 역량은 그것을 달성하기 위해 필요한 최소한의 수행을 상술하는 수행 기준이다.
- 역량은 그 수행을 한정하는 변인의 범위이다.
- 역량은 그와 관계있는 텍스트 및 평가 과제의 예를 제공하는 견본 텍스트와 평가 과제이다.

위에 기술된 예들을 볼 때 역량의 기술은 목표 진술과 매우 비슷하다. 역량은 특정 영역이나 활동과 관련된 목표로 간주될 수 있다.

② **역량 사용에 대한 비판 Criticisms of the use of competencies**

프로그램 계획에 있어서 역량의 사용에는 비판이 따른다. 이 비판은 다음의 쟁점에 초점을 두고 있다.

역량의 정의 *Definition of competencies*: Tollefson(1986)은 역량을 상세하게 기술하는 방법을 개발하기 위한 타당한 절차는 없다고 주장한다. 역량의 항목은 많은 분야와 활동에서 직관적으로 만들어질 수 있으나 무엇이 필수적인 것인지 아는 방법은 없다. 전형적으로 역량은 직관과 경험에 기초하여 기술되는데 이는 목표 진술을 개발할 때와 유사한 과정이다. 게다가 관찰 가능한 행동에 초점을 맞추는 것은 활동의 본질을 폄하할 수도 있다. 그러므로 효과적인 업무 수행과 관련된 역량은 "업무의 본질을 바꾸거나 의문을 제기하는 것"이 아니라 "지시를 읽거나 업무에서의 명령 따르기"와 같은 것으로 간주될 것이다.

역량 상세화에 내재된 가치 *Hidden values underlying competency specifications*: CBLT는 교육과정 설계의 사회적 · 경제적 효용성 모형에 근거하는데 이 모형은 학습자가 사회에 효과적으로 참여하도록 한다. Tollefson과 다른 학자들이 지적했듯이 결과적으로 교육의 기초로 선정된 역량은 사회적 참여가 무엇인지에 대한 가치 판단을 전형적으로 드러낸다. Tollefson은 필리핀에서 망명자 재정착 훈련의 일부로서 개발된 가치 중심 역량 기술의 예를 제시한다.

- "자아 효능감은 미국 사회에서 높이 평가되고 신분 상승은 힘든 일과 인내를 통해서 가능하다… 남성과 여성 모두가 동등한 취업의 기회를 갖는다."는 믿음을 갖는다.
- 복지 수당을 받는 동안 학교에 출석하지 않는다.
- 중고 제품의 구매와 사용이 적절하다는 태도를 갖는다.
- 제한적인 영어 능력을 가진 사람들이 할 수 있는 일반적인 시작 단계의 업무를 확인한다.
- 실수, 너무 느린 작업, 그리고 미완성된 작업 등과 같이 업무의 질에 대한 상사의 의견에 적절하게 반응한다.

(Tollefson 1986, 655~656)

Tollefson(1986, 656~657)은 이러한 역량이 망명자들에게 "이전 교육 정도에 관계없이 최저 임금의 직업을 찾은 것을 행운이라고 여기도록 한다. 더욱이 이 역량은 망명자를 불평하기보다는 순응하고, 저항하기보다는 수용하고, 반대하기보다는 사과하는 수동적인 시민으로 만드는 태도와 가치를 주입시키려 한다."고 지적한다.

이러한 비판은 본질적으로 CBLT보다는 학습자 중심성 혹은 사회적 재구성주의자 모형 등과 같은 교육과정 이념에 찬성한다. 그렇다고 해서 CBLT가 Tollefson이 말한 이데올로기와 반드시 연관된 것은 아니다. 목표를 설정할 때 선정된 역량을 적절히 기술하는 것은 코스 설계 및 전달에 유용한 틀을 제공할 수 있다. 언어 역량 기술은 특정 코스 유형에 더 적합할 수도 있다. 많은 종류의 ESP 프로그램에서 보듯이 언어 역량에 대한 기술descriptions은 학습자에게 특정 과제나 작업 수행에 필요한 기술skills을 가르치는 프로그램에 특히 적합해 보인다.

5) 표준 운동 Standards movement

미국에서 역량에 대한 관점을 가장 최근에 구현한 것은 '표준 standards' 운동에서 나타났는데 이것은 1990년대 이래로 지배적인 교육적 논의였다. Glaser와 Linn은 다음과 같이 언급했다.

교육개혁을 향한 국가적 동력을 설명하자면 금세기의 마지막 십 년은 국가 교육 표준에 대해 합의된 압력이 나타난 시기로 분명히 인식될 것이다. 표준에 대한 절박함은 연방 정부와 주 state 정부 입법자, 대통령 및 주지사 후보자, 교사, 해당 과목 subject-matter 전문가들, 의회, 국가 기관, 그리고 사설 재단들의 노력을 통해 알 수 있었다(Glaser & Linn 1993, xiii).

표준이란 학생이 교육과정 내용의 다양한 영역에서 도달해야만 하는 목표를 기술하는 것이다. 1990년대를 지나면서 교육과정 전반에 걸쳐 해당 과목subject-matter에 대한 표준을 구체화하려는 강한 움직임이 있었다. 이러한 표준 혹은 척도들은 역량이란 형태로 기술되었다. 호주의 McKay(1999, 52)는 다음과 같이 보고한다.

3, 5, 7학년의 문해력 literacy 척도 benchmarks는 주로 현재 정부와 문해력 전문가 그리고 교사 연합과의 협의를 통해 개발 중이다. 이 척도는 짧은 진술이 될 것이고 "지역 사회 청중들이 community audience 명백히 이해할 수 있도록 평이하고 접하기 쉬운 영어로 표현될 것이다"… "교사와 기타 교육 전문가들이 척도를 기준으로 학생들의 발전을 평가하고 보고하는 것을 지원하기 위하여" 이 척도 개발은 전문적이고 정교한 작업을 수반할 것이다.

미국에서의 제2언어 및 외국어 교수도 표준 운동을 받아들였다. "우리가 지도하는 학생들이 전국을 휩쓴 '표준 설정 운동 standards-setting movement'에서 제외되고 있다는 점은 그 당시(1991) 미국의 ESL 교육자들에게 빠른 속도로 명백해졌다"(Short 1997, 1).

TESOL 위원회는 유치원부터 12학년까지(for grades K-12) ESL을 위한 학교 표준 개발에 착수했다. 이 학교 표준은 역량의 관점에서 기술된다. "이 표준은 초·중등 ESOL 학생들이 영어를 충분히 숙달하기 위해 필요한 영어역량을 상술한다. 이로써 학생들이 도전적인 학문 주제에 있어 학년에 적합한 수업을 자유롭게 접할 수 있고 궁극적으로는 풍부하고 생산적인 삶을 이끌 수 있다"(TESOL 1997, 3). 이 표준들 the standards은 세 가지 목적 goals과 아홉 가지 표준 standards으로 구성된다. 각각의 표준들은 기술어 descriptors, 표본 향상 지표 sample progress indicators, 토론을 통한 교실 장면 classroom vignettes을 살펴보면 더욱 자세히 알 수 있다 (<부록 3>을 보라 161쪽).

5.3. 비언어적 결과와 과정 목표
Nonlanguage outcomes and process objectives

언어 교육과정은 전형적으로 위에서 언급한 언어 관련 목표와는 전혀 다른 결과를 포함한다. 만약 교육과정이 학습자 중심성, 사회적 재구성주의, 혹은 문화적 다원성과 관련된 가치를 반영하고자 한다면 이 가치와 관련된 결과 역시 포함해야 한다. 이런 결과는 언어 중심 교수요목의 내용을 넘어서기 때문에 때때로 *비언어적 결과*로 일컫는다. 학습 결과보다 학습 경험을 기술하는 비언어적 결과는 *과정 목표*로 알려져 있다. Jackson은 호주에서 성인 이민자를 가르치는 교사 집단이 확인한 여덟 가지 범주의 비언어적 결과들을 보고했다(Jackson 1993, 2).

- 새로운 삶의 환경에서 사회적, 심리적, 그리고 감정적 지원
- 자신감
- 동기
- 문화적 이해
- 호주 사회 맥락에 대한 이해

- 학습에 대한 학습 learning about learning
- 목적 goals의 명확화 clarification
- 취업, 진학 그리고 공동체 삶으로의 접근과 진입

이러한 영역에서의 목표는 개인적, 사회적, 문화적, 정치적 요구 및 학습자의 권리 등과 관련이 있다. 만약 이런 결과들을 확인하지 않는다면 교육과정 계획 절차에서 빠뜨리거나 간과하기 쉽다. Jackson은 다음과 같이 언급한다(1993, 8).

비언어적 결과는 바람직한 혹은 선택적인 언어 학습 과정의 산물, 그 이상을 나타낸다. 또한, 일반 학습 및 언어 학습의 과정에 지속적으로 의미를 가지고 참여하기 위해 필수적인 선행 조건이다. 그래서 비언어적 결과는 영어 비모어 화자인 학습자 및 근로자의 평등 그리고 접근성 문제와 밀접하게 관련된 교수·학습의 쟁점이다. 지식과 학습 기술의 발달이 성인 ESL 교육과정의 의미 있는 요소라는 것이 중요하다.

Jackson은 지역 서비스 기관의 상황을 이해하기 위한 이민자 대상 프로그램 목표의 예를 다음과 같이 제시한다(1993, 45).

- 학생들이 지역 주요 서비스 제공자를 알 수 있도록 돕는다.
  1. 실업자
  2. 고용
  3. 교육과 훈련

- 학생들이 위에 제시된 주요 기능을 알 수 있도록 돕는다.
- 교육적 준비의 맥락에서 위에 제시한 서비스의 주요 기능을 현재 진행 중인 성인 교육의 과정 첫 번째 단계로 정립한다.
- 학생들이 이들을 위한 공립, 사립을 포함한 주요 서비스를 알 수 있도록 돕는다.

  1. 이민자
  2. 어린이
  3. 여성
  4. 체육 및 여가

- 지역공동체 방문과 같은 과제 중심 활동을 제공하고 학생들이 위의 서비스에 익숙해지도록 한다.
- 학생들이 아래의 관점에서 위 서비스가 자신들과 관련이 있다는 것을 확인하게 한다.

  1. 적합성
  2. 접근성

학습 결과outcomes의 또 다른 범주는 때때로 *과정 목표process objectives*라고 한다. 일반 교육에서 과정 목표는 Bruner(1966)와 Stenhouse(1975)의 주장과 연관이 있다. Bruner는 교육과정은 학습의 결과보다 학습자들이 발달시켜야 할 필요가 있는 지식과 기술에 더욱 중점을 두어야 한다고 주장했다. 이러한 지식과 기술은 어린이들이 질문과 토의 과정을 통해 습득해야 할 개념과 절차를 포함한다. Stenhouse는 교육과정은 조사, 의사 결정, 반성, 토론, 해석, 선택, 협력 등과 같은 과정에 학습자를 참여시키는 활동에 초점을 두어야 한다고 주장했다. 그래서 Hanley, Whitla, Moss와 Walter는 '사람: 연구 코스A course of Study'라는 코스의 목적aims을 다음과 같이 정리하였다.

- 어린이들에게 문제 제기 과정을 가르치고 발달시킨다.
- 어린이들에게 정보를 찾을 수 있는 연구 방법을 가르친다.
- 어린이들이 가설을 세우고 결론을 이끌어내는 증거로서 다양한 1차 자료 firsthand sources(직접 경험한 자료)를 사용하도록 능력 발달을 돕는다.
- 어린이들이 타인의 말을 경청하고 그들 자신의 의견을 표현하는 법을 배우는 교실 토론을 이끈다.
- 여러 질문에 대해 결정적인 대답이 존재하지 않는 열린 결말 open-ended 토론을 하도록 지원하고 이러한 연구를 권장한다.
- 아이들이 자신의 경험을 반영할 수 있도록 독려한다.
- 권위자이기보다는 자원으로서 교사의 새로운 역할을 만들어낸다.

(Hanley, et al. 1970, 5)

이런 접근법에서 목표에 대한 구체적인 상술은 필요하지 않다. 대신 교육과정은 학생들이 공부할 내용과 그 내용을 학습하는 동안 참여하게 될 활동과 과정을 나타낸다. Stenhouse(1975)는 다음과 같이 설명한다.

[교육과정]은 행동 목표를 사전 설명하기 위해 설계되지 않는다. 물론 코스의 결과로서 학생들에게 변화가 있겠지만 가장 중요한 변화는 대부분 구체적으로 예상되지 않는다. 교육과정의 영향력과 가능성을 목표 안에 다 담을 수는 없다. 왜냐하면, 학습 결과와 관련해서 가치 있는 지식은 추론적이어야 하고 따라서 불명확한 것이라는 생각에 기초하고 있기 때문이다.

학습법을 배우는 범주에서 목표는 학습 전략을 말한다. 학습 전략 이론은 효과적인 학습이 아래와 같은 것을 포함한다고 제안한다.

- 다양한 학습에 적용할 수 있는 통합된 절차와 방법을 발달시키는 것, 즉 전략
- 다양한 과제에 적합한 전략을 고르는 것
- 전략의 효과를 모니터하고 필요하다면 전략을 대체하거나 수정하는 것

다양한 학습 전략의 종류는 특정 학습자 집단에 적합할 수도 있다. 예를 들어, EFL 국가에서 공립 중등학교 교육과정의 목표 기술은 다음과 같다.

다음의 지식과 기술의 발달을 통하여 코스는 학습자들에게 학습자로서의 역할과 학습 과정에 대한 인식을 발달시켜야 한다.

1. 학습을 조직하는 법과 학습 과제를 작은 세부 과제로 나누는 법
2. 독립적인 학습에서 학습자들을 돕기 위해 고안된 참고 단어 사용법에 익숙해지기 (사전, 참고 문법, 학습 안내)
3. 학습자 자신의 학습 유형과 강점, 단점에 대한 인식
4. 특히 학습자들에게 유용한 기술에 대해 깨닫고 다양한 어휘 학습 기술에 익숙해지기
5. 학습 전략의 본질 및 효과적인 전략과 비효과적인 전략 간의 차이에 대한 인식
6. 자신의 학습 발전을 모니터하는 능력과 언어 향상을 위한 개인적인 목적을 세우는 방법

Jackson(1993, 41)은 다양한 유형의 학습 전략을 발달시키기 위해 고안된 목표의 예를 제시한다. 다음은 시간을 효과적으로 조직하고 관리하는 전략을 발달시키는

것과 관련이 있다.

- 학습 study과 관련된 시간 분배 개념을 학습자들에게 구체적으로 소개한다.
- 학습 센터에서의 개인 학습 시간과 가정학습 시간 및 실제적으로 사용한 시간을 확인할 수 있도록 학습자들을 돕는다.
- 학습자들이 다른 일상적인 활동과 가족에의 기여와 관련하여 학습 시간 배당을 우선시하도록 돕는다.
- 일별/주별 학습 시간표를 만들 수 있도록 돕는다.

싱가포르 초급 영어 교수를 위한 교수요목은 여러 과정 목표 process objectives 범주를 포함하는데 그것은 아래와 같다.

① 사고 기술 Thinking skills
코스가 끝났을 때 학생들은 다음과 같은 것을 할 수 있어야 한다.
- 특정 목적을 위해 제시된 해결법 또는 아이디어, 상황 탐구하기
- 새로운 아이디어를 창출하고, 새로운 의미를 찾고, 관계를 정립하기 deal with relationships 위해 창의적으로 생각하기
- 아이디어, 상황 또는 특정 목적을 위해 제시된 해결법 분석 및 평가하기

② 학습하는 법 배우기 Learning how to learn
코스가 끝났을 때 학생들은 다음과 같은 것을 할 수 있어야 한다.
- 도서관, 정보, 그리고 학습 기술의 목록 적용하기
- 자신의 학습에 대해 책임감을 가지기
- 정보 기술 information technology과 관련한 기본적인 기술 사용하기

③ 언어와 문화 Language and culture
코스가 끝났을 때 학생들은 다음과 같은 것을 할 수 있어야 한다.
- 다양한 문화를 반영하는 영어의 다양성을 인식하고 이 지식을 의사소통에 있어서 적절하고 민감하게 사용하기
- 국내·외 구어/문어 텍스트에 반영된 사고, 생각, 그리고 가치에 대해 부정적이지는 않되 비판적인 태도를 익히기

외국어 학습을 위한 국가 표준(1996)(표준 운동은 앞에서 언급하였음)에서 미국

외국어 교육 협의회는(ACTFL: the American Council on the Teaching of Foreign Language) 문화적 다원성 원리philosophy of cultural pluralism와 관련된 언어 프로그램의 목표를 명시한다. 예를 들면,

- 학생은 자신의 문화와 학습한 문화의 비교를 통하여 문화 개념을 이해한다.
- 학생은 정보를 습득하여 외국어와 그 문화를 통해서만 얻을 수 있는 독특한 관점을 인식한다.

언어 코스에서 학습 결과를 계획하는 것은 코스 계획 과정과 밀접한 관련이 있다. 코스 내용 개발과 조직organization이 제6장의 중심 논제이다.

5.4. 토론 질문 및 활동

1. 여러분이 잘 알고 있는 언어 교수 맥락을 선택하고 교육과정 이데올로기의 특성을 기술하라. 여러분이 확인한 이데올로기의 한계점은 무엇인가?
2. 언어 교육과정에서 실제적이고 기능적인 기술skill에 초점을 둔다면 그 한계점은 무엇인가?
3. 학습자-중심성 철학이 최근의 언어 교수 접근법에 어떻게 영향을 미쳤는가?
4. 언어 교사가 학생들에게 권한을 부여하는 것이 적절하다고 생각하는가? 만약 그렇다면, 다루어져야 한다고 생각하는 쟁점을 예로 들라. 또 이것은 어떻게 교육의 초점이 될 수 있는가?
5. 여러분이 일하고 있는 혹은 일할 곳에서 문화적 다원주의는 어떠한 범위에서 쟁점issue이 되는가? 만약 이것이 쟁점이 된다면, 교육과정에 어떻게 나타낼 것인가?
6. 여러분에게 익숙한 프로그램에서는 학습 결과 계획을 위해 어떤 접근법이 사용되는가? 그 효과는 어떠했는가?
7. 다음 종류의 코스에 적절한 목적문을 제시하라.

초등학교의 영어 코스
중급 학습자를 위한 듣기 코스

8. 학습자 변화를 설명하도록 다음의 목적문을 재작성하라.

학습자는 영어 문법을 배울 것이다.
학습자의 발음이 향상될 것이다.

9. 다음 목적과 관련된 5개의 견본 목표를 제시하라(목표 5개를 예로 들라).

학습자들은 사무실에서 사용하는 영어 의사소통 능력을 향상시키는 방법을 배울 것이다.

10. <부록 2>의 듣기 기술skill과 회화 기술 목록을 보고 둘 중의 한 목록과 관련된 목표 세 가지를 예로 들라.

11. 다음은 호텔 직원을 위한 영어 프로그램의 목표 능력target competence의 일부이다. 이를 수행하는 데 요구되는 능력을 기술하라.

호텔 안내 창구에서 고객의 투숙 수속 처리하기
식당에서 고객의 식사 주문 받기
여행 안내 창구에서 고객 문의 처리하기

12. 여러분에게 익숙한 교수 맥락teaching context에 대해 논하고 이 맥락에서 중요한 비언어적 결과를 확인하라.

13. 학습 결과 계획에 있어 다음을 사용할 때의 이점과 한계점에 대해 논하라.
목표 objectives, 역량 competencies, 표준 standards.

〈부록 1〉 행동목표 Behavioral objectives

목표를 표현하는 특정 형식인 행동 목표는 교육적 계획에 대한 체제 접근의 시기에 유명해졌다. ('행동'이라는 단어는 여기에서 수행performance을 나타내며, 행동주의 심리학과는 관련이 없다.) 행동 목표는 행동에 대한 조작적 정의를 통해 이전의 사례들을 한 단계 뛰어넘는 학습 결과를 설명하는 개념이다.

Mager(1975)는 행동 목표 기술을 위한 세 가지 요소를 설명하였다.

- 수행: 목표는 학습자가 할 수 있을 것이라고 기대되는 것을 말한다.
- 조건: 목표는 수행이 일어날 중요한 조건을 기술한다.
- 기준: 목표는 언제나 용인 가능한 수행의 기준을 기술하고 그 기준에 도달하기 위해 학습자가 수행을 얼마나 잘해낼 수 있어야 하는지 기술한다.

Findlay와 Nathan(1980, 225~226)은 행동의 조작적 정의의 기준을 충족시키기 위해 행동 목표가 다음의 측면을 포함할 필요가 있다고 제안한다.

1. 학생 주어
2. 학습되어야 할 수행이나 행동을 정의하는 동작 동사
3. 학생이 배운 것을 실제로 시연할 조건
4. 준거 지향 criterion-referenced 측정 전략에 의해 상술된 것처럼 교육 후에 요구되는 최소한의 수행 수준

위에서 논의했던 행동 목표와 교육 목표 혹은 교수 목표의 주된 차이점은 조건 진술과 기준 진술을 추가하는 점이다. 조건 진술은 학습자가 배운 것을 시연하는 상황을 상술하기 위한 시도이다. 예를 들면, 학습자들이 어떤 회화 표현 사용법을 배운 것을 보여줄 때 이러한 것들은 대화dialogue의 빈칸 채우기, 묻고 답하기 활동에 참여하기, 역할극 하기 등을 통해 드러날 것인가? 기준 진술은 학습자가 반드시 수행해야 하는 행위를 기술한다. 예를 들면, 학습자는 제한 시간 안에 최소한의 오류를 범하면서 과제를 완수할 수 있어야 하는가? 혹은 학습자의 이해 능력이 일정한 수준으로 과제를 완수할 수 있어야 하는가? 다음의 예시는 일반적인 ESL 프로그램을 위한 행동 목표이다(Findlay & Nathan 1980, 226).

• 구두 요청 oral request이 주어질 때[조건] 학생이[학생 주어] 영어 모어 화자에게 철
자로 자신의 이름, 주소(길 이름과 도시)와 전화번호를 말해서[행동을 정의하는
행위] 면접자가 100% 정확한 자료를 기입하도록 할 것이다[수행의 수준].
• 4단계 신체 행위를 위한 구두 지시가 주어졌을 때 학습자는 100% 정확하게 그 지
시에 따를 것이다.

이런 종류의 행동 목표는 위에서 설명한 간단한 목표보다 더욱 기술하기 어렵고
아마 이런 이유들로 언어 교수에서 널리 쓰이지 못하는 것 같다. 일찍이 더욱 일반
적인 형태로 기술된 목표는 대부분의 상황에서 프로그램 계획과 교육을 위해 충분
한 지침을 제공한다.

〈부록 2〉 듣기와 회화 기술

1. 듣기 기술 skill 범위에 대한 기술 분류표의 예(Brindley 1997에서)
   1 구어 텍스트에 자신을 적응시키기
   1.1 구어 텍스트의 장르/목적 확인하기
   1.2 화제 topic 확인하기
   1.3 참여자들의 폭넓은 관계와 역할 확인하기(예. 상사/부하)

   2 구어 텍스트에서 중심 생각 확인하기
   2.1 세부사항 지지문과 중심 생각 구별하기
   2.2 예시와 사실 구별하기
   2.3 의견이 명확하게 드러난 텍스트와 사실 구별하기

   3 구어 텍스트에서 특정 정보 발췌하기
   3.1 텍스트에 명시적으로 진술된 주요 세부 사항 발췌하기
   3.2 핵심 어휘 항목 확인하기

   4 담화 구조와 조직 이해하기
   4.1 담화 구조 따라가기
   4.2 핵심 담화/결속표지 확인하기
   4.3 논리 argument의 전개 추적하기 tracing

   5 명시적으로 진술되지 않은 의미 이해하기
   5.1 사회적/상황적 맥락의 발화와 연관시키기
   5.2 화자의 태도/감정적 상태 확인하기
   5.3 강세/억양 유형의 의사소통적 기능 인지하기
   5.4 화자의 발화 의도 인지하기
   5.5 낯선 단어의 의미 추측하기
   5.6 제공된 정보의 적절성 평가하기

5.7 담화로부터 정보를 이용하여 합리적인 예측하기

2. 회화 기술 skills 설명에 관한 예시
   • 말 순서 교대하기 turn taking
   • 피드백을 제공하고 맞장구치기
   • 대화 시작하기
   • 상호작용 적절히 끝내기
   • 낯선 단어의 의미 추측하기
   • 명료화 clarification 요구하기 seeking
   • 반복 요청하기
   • 구어 정보 구조화하기
   • 구어로 지시 instruction 하기
   • 일화 anecdotes 등 구어 텍스트 전개하기
   • 적절한 어휘 사용하기
   • 적절한 억양과 강세 유형 사용하기

〈부록 3〉 4~8학년의 ESOL 표준

기술어 descriptor
- 정보 요청·공유하기
- 요구, 감정, 생각 표현하기
- 사회적 상호작용에서 비언어적 의사소통하기
- 개인적 요구 충족시키기
- 대화에 관여하기
- 교섭하기

표본 향상 지표 Sample progress indicators
- 동료에게 그들의 의견, 선호하는 것, 바라는 것(소망) 묻기
- 펜팔 친구, 영어로 대화를 나눌 수 있는 사람, 친구와 편지 주고받기
- 개인적 수필 essays 쓰기
- 사회적 약속 계획하기
- 슈퍼마켓에서 물건 사기
- 언어적이거나 비언어적으로 청자의 주의 끌어 들이기
- 자신과 가족에 대한 질문에 대답하고 자발적으로 정보를 제공하기
- 정보를 유도해 내고 명료화를 요구하는 질문하기
- 필요하다면 정보를 명확히 하고 고쳐 말하기
- 영화를 본 후 감정이나 느낀 점에 대해 기술하기
- 학급 프로젝트와 관계하여 선호하는 것, 의견, 흥미 나타내기
- 허락하기, 허락 구하기
- 인사, 칭찬, 초대, 소개, 작별 인사 제안 및 응대하기
- 문제, 개인상호간 의견 차이, 말다툼 해결을 위해 협상하기
- 초대장과 감사 편지 읽고 쓰기
- 전화 사용하기

▌참고문헌 ▌

ACTFL Proficiency guidelines. 1985. Hastings-on-Hudson: ACTFL Materials Center.

ACTFL. 1996. *Standards for foreign language learning: Preparing for the twenty-first century.* Lincolnwood, Ill.: National Textbook Co.

Apple, L. 1986. *Teachers and texts.* New York: Routlege and Kegan Paul.

Auerbach, E. R. 1986. Competency-based ESL: One step forward or two steps back? *TESOL Quarterly,* 20(3): 411~430.

Auerbach, E. R. 1992. *Making meaning, making change: Participatory curriculum development for adult ESL literacy.* Washington, DC: ERIC/Center for Applied Linguistics.

Auerbach, E. R. 1995. The politics of the ESL classroom: Issues of power in pedagogical choices. In Tollefson 1995. 9~33.

Banks, J. 1988. *Multi-ethnic education: Theory and practice.* Boston: Allyn and Unwin.

Bobbit, F. 1918. *The curriculum.* Boston: Houghton Mifflin.

Bottomley, Y., J. Dalton, and C. Corbel. 1994. *From proficiency to competencies.* Sydney: National Centre for English Teaching and Research.

Brindley, G. 1997. Investigating second language listening ability: Listening skills and item difficulty. In G. Brindley and G. Wiggleworth (eds.), *Access: Issues in languge test delivery and design.* Sydney: National Centre for English Teaching and Research. 65~86.

Brown, J. D. 1995. *The elements of language curriculum.* Boston: Heinle and Heinle.

Bruner, J. 1966. *The process of education.* Cambridge: Harvard Educational Press.

Burnett, L. 1998. *Issues in immigrant settlement in Austrailia.* Sydney: National Center for English Teaching and Research.

Burns, A., and H. Joyce. 1997. *Focus on speaking.* Sydney: National Center for English Teaching and Research.

Center for Applied Linguistics. 1983. *From the classroom to the workplace. Teaching ESL to adults.* Washington DC: Center for Applied Linguistics.

Clark, J. L. 1987. *Curriculum renewal in school foreign language learning.* Oxford: Oxford University Press.

Collingham, M. 1988. Making use of students' linguistic resources. In S. Nicholls and E. Hoadley-Maidment (eds.), *Current issues in teaching English as a second language to adults.* London: Arnold.

Crozet, C., and A. J. Liddicoat. 1999. Turning promises into practices. *Australian Language Matters* 7(1): 4~12.

Dewey, J. 1934. *Art as experience.* New York: Minton, Balch.

Docking, R. 1994. Competency-based curricula - the big picture. *Prospect* 9(2): 8~17.

Eisner, E. W. 1992. Curriculum ideologies. In Philip W. Jackson (ed.), *Handbook of research on curriculm.* New York: Macmillan. 302~306.

English language syllabus (primary). 1991. Singapore Curriculum Planning Division. Ministry of Education.

Findlay, C. A., and L. Nathan. 1980. Functional language objectives in a competency-based curriculum. *TESOL Quarterly* 14(2): 221~232.

Frankel, M. A. 1983. Designing a pre-EAP reading course: Practical problems. In R. R. Jordan (ed.), *Case studies in ELT.* London: Collins.

Freire, P. 1972. *Pedagogy of the oppressed.* New York: Herder and Herder.

Freire, P. 1975. *Pedagogy of the oppressed.* In M. Golby, J. Greenwald, and R. West (eds.), *Curriculum design.* London: Croom Helm. 138~149.

Glaser, R., and R. Linn 1993. Foreword. In L. Shepard, *Setting performance standards for student achievement.* Stanford, CA: National Academy of Education, Stanford University. xii~xiv.

Grognet, A. G., and Crandall, J. 1982. Competency based curricula in adult ESL. *ERIC/CLL New Bulletin* 6: 3~4.

Hagan, P. 1994. Competency-based curriculum: The NSW AMES experience. *Prospect* 9(2): 19~30.

Hanley, J., D. Whitla, E. Moss, and A. Walter. 1970. *Curiosity, competence, community-Man: A course of study.* Cambridge, MA: Education Development Center.

Hirsch, E. 1987. *Cultural literacy.* Boston: Houghton Mifflin.

Ho, W. K. 1994. The English language curriculum in perspective: Exogenous influences and indigenization. In S. Gopinathan, A. Pakir, W. K. Ho, and V. Saravana (eds.),

Language, society and education in singapore. Singapore: Times Academic Press. 221~244.

Hood, S., and A. Burns. 1994. The competency-based curriculum in action: Investigating course design practices. *Prospect 9*(2): 76~89.

Jackson, E. 1993. Nonlanguage outcomes in the language classroom. Sydney: NSW Adult Migrant English Service.

Kin, K. W. 1999, Mind your language. *Straights Time* (Singapore), September 2, 22.

Kincheloe, J., and P. McLaren. 1994. Rethinking critical theory and qualitative research. In N. Denzin and Y. Lincoln (eds.), *Handbook of qualitative research.* Thousand Oaks, CA: Sage. 138~157.

Kliebard, E. 1986. *The srtuggle for the American curriculum,* 1893~1958. Boston: Routledge and Kegan Paul.

Mager, R. F. 1975. *Preparing instructional objectives.* Belmont, CA: Fearon-Pitman.

Marsh, C. 1986. *Curriculum: An analytic introduction.* Sydney: Novak.

Martin, J. 1978. *The migrant presence: Australian responses 1947~1977.* Sydney: George Allen and Unwin.

McDonald-Ross, M. 1975. Behavioural objectives: A critical review. In M. Golby, J. Greenwald, and R. West (eds.), *Curriculum design.* Kent: Croom Helm. 355~386.

McKay, P. 1999. Standards-based reform through literacy benchmarks: Comparisons between Austraila and the United States. *Prospect 14*(2) (August): 52~65.

Ministry of Education, Singapore. 1991. *English language syllabus.* Singapore: Curriculum Planning Division.

Morris, P. 1995. *The Hong Kong curriculum.* Hong Kong: Hong Kong University Press.

Mrowicki, L. 1986. *Project Work English competency-based curriculum.* Portland: Northwest Educational Cooperative.

Northrup, N. 1977. *The adult performance level study.* Austin: University of Texas Press.

Nunan, D. 1989. *Designing tasks for the communicative classroom.* Cambridge: Cambridge University Press.

Ozolins, U. 1993. *The politics of language in Austrailia.* Sydney: Cambridge University Press.

Phillips, J., and R. Terry (eds.). 1999. *Foregin language standards: Lingking research, theories, and practices.* Lincolnwood: National Textbook Company.

Pinar, W. (ed.). 1975. *Curriculum theorizing: The reconceptualists*. Berkeley: McCutchan.

Pratt, D. 1980. *Curriculum: Design and development*. New York: Harcourt Brace.

Roberts, J. 1998. *Language teacher education.* London: Arnold.

Schneck, E. A. 1978. *A guide to identifying high school graduation competencies.* Portland: Northwest Regional Educational Laboratory.

Short, D. 1977. Revising the ESL standards. *TESOL Matters* (February to March): 1, 6.

Stenhouse, L. 1975. *An introduction to curriculum research and development.* London: Heinemann.

Taba, H. 1962. *Curriculum development: Theory and practice.* New York: Harcourt Brace.

TESOL. 1997. *ESL standards for pre-K-12*. Alexandria, VA: TESOL.

Tollefson, J. 1986. Functional competencies in the US refugee program: theoretical and practical problems. *TESOL Quarterly 20*(40): 649~664.

Tollefson, J. (ed.). 1995. *Power and inequality in language education.* New York: Cambridge University press.

Tyler, R. 1950. *Basic principles of curriculum and instruction*. Chicago: University of Chicago Press.

Uhrmacher, P. B. 1993. *English as a second language: Curriculum resource handbook.* Series introduction. New York: Krause International.

6
코스 계획과 교수요목 설계
Course planning and syllabus design

계획과 개발의 수많은 단계는 언어 프로그램의 목적과 목표에 기반을 둔 코스 및 수업 자료 개발과 관련이 있다. 이 장에서는 다음과 같은 코스 개발의 측면에 대해 살펴보고자 한다.

- 코스의 이론적 근거 개발
- 코스 입문 단계와 마무리 단계에 대한 기술
- 코스 내용의 선정
- 코스 내용의 순서
- 코스 내용의 계획 (교수요목과 수업 블록)
- 범위와 배열 계획 작성

위의 과정들이 항상 선형적linear 순서로 나타나지는 않는다. 어떤 것은 동시에 일어날 수도 있으며 코스가 진행되는 도중에 코스의 여러 측면이 지속적으로 수정 되기도 한다. 이 장에서 우리가 살펴볼 의사 결정 유형은 수업 자료 개발과 관련이 있으며 논의되는 예시들은 코스 계획과 자료 설계에 적용된다.

6.1. 코스의 개발 근거 The course rationale

코스 개발의 시작은 코스의 개발 근거에 대해 기술하는 것이다. 이것은 코스의 근거 및 본질을 간결한 문장으로 기술한 것이다. 코스의 개발 근거는 다음과 같은 질문에 대한 답을 찾고자 한다.

166 언어 교육과정 개발 - 이론과 실제 -

- 누구를 위한 코스인가?
- 어떤 코스인가?
- 이 코스에서 무엇을 가르치고 무엇을 배울 것인가?

코스의 개발 근거는 코스의 신념, 가치, 목적을 기술하는 것을 통해 이러한 질문에 답한다. 개발 근거의 내용은 보통 두세 단락으로 기술하며, 코스 계획 및 교수에 관련된 사람들이 개발한다. 또한, 코스에서 일어나는 교수·학습 유형의 정당성을 뒷받침하는 역할을 한다. 그리고 학습자, 교사, 잠재적 학습자 potential clients를 포함하여 이러한 정보를 필요로 하는 모든 사람에게 코스 철학을 간결한 문장으로 나타낸다. 개발 근거는 코스 계획을 검토함에 있어 코스의 초점과 방향을 설정하는 데 도움을 준다. 개발 근거에는 아래와 같은 목적이 있다.

- 코스의 다양한 구성 요소 계획의 지침
- 코스가 예시해야 하는 교수와 학습 유형을 강조
- 코스의 가치와 목적의 관점에서 다양한 코스 구성 요소의 일관성 점검

(Posner & Rudnitsky 1986)

다음은 코스의 개발 근거의 예시이다.

이 코스는 성인 직장인이 영어 의사소통 기술을 향상시켜 고용 가능성 employment prospects을 높이고자 설계되었다. 코스는 다양한 일자리 환경에서 필요로 하는 기본 의사소통 기술을 가르친다. 이 코스는 학습자가 언어 학습에서 자신의 강점과 약점을 인식하고 목적 달성을 위해 영어를 더 효과적으로 사용할 수 있는 자신감을 주고자 한다. 또한 학습자가 교실 밖에서도 독립적으로 학습할 수 있는 기술을 발달시키고자 한다.

코스의 개발 근거를 마련하기 위해 코스 계획자는 코스의 목적, 코스 내 교수 학습의 종류, 코스에서 교사와 학습자의 역할, 코스가 반영할 신념과 원리에 대해 숙고해야 한다.

6.2. 시작 단계와 최종 단계의 기술 Describing the entry and exit level

어학 코스를 계획하기 위해서는 프로그램이 시작될 때의 학습자 수준과 프로그램을 마쳤을 때 기대할 수 있는 학습자의 수준(목표 수준)을 알 필요가 있다. 일반적인 어학 프로그램과 상업 교재는 초급, 중급, 고급으로 구분하지만 이 범주는 프로그램 및 자료 개발과 관련된 자세한 계획을 세우기에는 너무 광범위하다. 그러므로 프로그램 전의 학습자 숙달도 수준과 프로그램을 마칠 때의 목표 수준에 대해 자세히 기술할 필요가 있다. 학습자의 시작 단계 수준은 TOEFL이나 IELTS와 같은 국제적 숙달도 시험의 결과를 통해 알 수도 있다. 혹은 학습자의 언어 능력 수준을 알아보기 위해 특별히 설계된 시험이 필요할 수도 있다. 숙달도 시험에서 얻은 정보를 통해 프로그램의 목표 수준을 사정할 수 있으며 목표가 너무 높거나 낮게 나타난다면 프로그램 목표 조정이 필요할 수 있다.

어학 프로그램 계획에서 널리 사용되는 접근법은 다양한 수준의 수행 혹은 숙달도를 규정하는 것이다. 여기서 숙달도는 숙달도 척도의 점수와 띠 단계 band level 형태로 나타난다. 이는 학생이 언어 프로그램의 다양한 단계에서 행할 수 있는 것을 설명한다. 대규모 프로그램 계획에서 숙달도 기술 proficiency descriptions을 사용한 예로 호주 이민자 입국 교육 프로그램 Australian Migrant Education On-Arrival Program에서 쓰인 접근법을 살펴보자.

> 어학 프로그램이 일관성 있게 학생이 원하는 숙달도 수준을 향해 체계적으로 나아갈 수 있도록 하기 위해서는 숙달도 발달 경로 development path를 전체적으로 조망할 필요가 있다. 그 결과 호주 제2언어 숙달도 등급 ASLPR: Australian Second Language Proficiency Ratings을 개발하게 되었다. ASLPR은 제2언어 숙달도를 0단계부터 모국어 화자의 수준인 9단계(혹은 12단계)로 정의한다. 이는 네 가지 거시적 기술 skill의 언어 행동을 자세히 기술하고 교수요목 개발자들이 특정 단계 level의 코스가 어떻게 숙달도 발달 development의 전체 유형 pattern에 적합한지 인지하도록 했다(Ingram 1982, 66).

이와 유사하게 1982년 미국 외국어 교육 협의회 ACTFL: American Council on the Teaching of Foreign Languages는 "외국어의 말하기, 듣기, 읽기, 쓰기, 문화에 대한 숙달도 수준을 연속적으로 기술한 형태의 숙달도 지침서를 출간했다. 이 지침서는 외국어 프로그램을 구성하는 데 사용될 수 있는 등급화된 단계 배열 graduated sequence 을 보여 준다"(Liskin-Gasparro 1984, 11). ACTFL 숙달도 지침(<부록 1> 참고)은 교육과정 조직을 위한 틀과 외국어 능력 평가를 위한 기초로 널리 장려되었다. 그러나 연구를 바탕으로 한 것이 아니기 때문에 논쟁을 불러일으켰다. IELTS 시험 혹은 UCLES/RSA 영어 의사소통 능력 자격시험(Weir 1990, 149~179)에 사용된 단계 기술어 band descriptor는 프로그램의 학습자 입문 단계와 최종 단계를 계획하는 기초로 유사하게 사용될 수 있다. (<부록 2>의 '쓰기'에서 언어수행 수준의 예, <부록 3>의 '구두 상호작용' 단계 지표 descriptor 참고)

6.3. 코스 내용 선정 Choosing course content

코스 내용에 대한 질문은 아마도 코스 설계에서 가장 기본적인 쟁점일 것이다. 코스가 특정 요구를 충족시키고 주어진 목표를 달성하기 위해 개발되어야 한다면 코스 내용은 무엇이 되어야 할까? 코스 내용에 대한 결정은 코스 계획자의 생각을 반영한다. 즉, 언어의 본질 및 언어 사용, 언어 학습에 대한 가정과 언어의 가장 기본적인 요소 또는 단위가 무엇인지, 제2언어 학습을 위한 효과적인 기초로서 위 요소들이 어떻게 조직될 것인지에 대한 생각을 나타낸다. 예를 들어, 쓰기 코스 는 다음과 같은 유형의 내용으로 계획할 수 있다.

• 문법 (예. 현재 시제 사용하여 설명하기)
• 기능 (예. 좋아하는 것과 싫어하는 것 묘사하기)
• 주제 (예. 국제적 쟁점에 대해 글쓰기)
• 기술 (예. 주제문 전개하기)
• 과정 process (예. 초고 쓰기 전략 사용하기)
• 텍스트 (예. 업무 서신 쓰기)

이와 유사하게 말하기 코스는 다음과 같이 구성할 수 있다.

• 기능 (의사 표현)
• 상호작용 기술 (대화의 시작과 마무리, 순서 교대)

• 화제 topic (최근 시사, 업무 주제)

코스 내용 선정을 위한 접근법 선택은 교과목subject-matter에 대한 지식, 학습자 숙달도 수준, 제2언어 학습과 교수에 관한 최근의 시각, 일반 통념, 편의에 의해 좌우된다. 요구 분석을 할 때 얻은 정보는 코스 내용을 설계할 때 도움이 된다. 다음에서도 추가적으로 아이디어를 얻을 수 있다.

• 주제에 대한 문헌
• 주제에 대한 출판물
• 다른 기관의 유사 코스 검토
• 그 분야의 시험 및 검사 검토
• 학생의 문제점 분석
• 주제 topic에 익숙한 교사와 협의
• 그 분야의 전문가와 협의

계획을 세우기 위한 기초로서 대강의 시안initial idea을 기록하고 여러 사람과의 브레인스토밍을 통해 내용을 추가한다. 다음으로 가능한 주제topics, 단원units, 기술 skills, 코스의 기타 구성단위 등이 목록으로 작성된다. 누군가 코스 내용에 넣어야 할 것을 제안하면 또 다른 사람이 덧붙이고, 코스 내용에 대해 좀 더 뚜렷한 합의 가 이루어질 때까지 이러한 것들을 다른 정보와 비교한다. 이러한 과정을 통해 목적 및 목표 진술이 계속 언급되고 코스 내용을 계획할 때 코스 내용의 제안과 목적 및 목표는 수정되고 조정된다. 예를 들어, 교사들은 중급 학습자 집단을 위한 듣기와 말하기 기술 코스 시안에 포함되어야 할 내용을 다음과 같이 목록으로 제시했다.

• 질문하기
• 대화의 시작과 마무리
• 의사 표현하기
• 오해 해결하기
• 경험 설명하기
• 사회적 대화
• 전화 기술

- 특정 상황 언어(예. 은행에서)
- 하루 일과 설명하기
- 음운 대조 인지하기
- 의사소통 전략 사용하기

이러한 주제topics는 다음 질문에 답하면서 다시 신중히 검토되고 수정되어야한다.

- 제안된 주제가 모두 필요한가?
- 중요한 주제가 생략되었나?
- 주제를 다루기에 시간이 충분한가?
- 가장 중요한 영역을 충분히 우선적으로 보았는가?
- 밝혀진 영역의 다른 측면도 충분히 강조하였나?
- 다룬 내용을 통하여 학생이 학습결과를 얻을 수 있을 것인가?

코스 내용을 위한 시안 개발은 교수요목 계획과 동시에 일어난다. 왜냐하면 코스 내용은 코스의 기초로 사용될 교수요목 유형에 달려 있기 때문이다(이 장의 후반부에서 논의할 것이다).

6.4. 범위와 배열 결정 Determining the scope and sequence

코스 내용을 결정하기 위해서 전반적인 코스 내용을 분배해야 하는데 이것을 코스 범위, 배열 계획이라고 한다. 범위scope는 코스 항목의 폭 및 깊이와 관련이 있으며 이것에 대해 다음 질문을 할 수 있다.

어떤 범위의 내용을 가르칠 것인가?
각 주제를 어느 정도까지 공부해야 하는가?

예를 들어, 앞부분에서 언급한 듣기, 말하기 기술에 관한 코스에서 잠재적으로 결정된 내용의 한 부분은 '경험을 설명하는 것'이었다. 그러나 이 주제와 관련하여 어느 정도의 수업 시간이 필요한가? 2, 4, 6시간이면 되는가? 코스 내용의 배열 또한 결정해야 한다. 이는 어떤 내용이 코스 초반에 포함되어야 하는지, 어떤 것이 나중에 배우게 될 것들의 기초를 제공하는지 결정하는 것을 포함한다. 배열은 다음과 같은 기준을 기초로 한다.

1) 단순한 것에서 복잡한 것으로 Simple to complex

일반적으로 난이도에 따라 순서를 결정한다. 먼저 제시된 내용은 다음 항목보다 더 단순하다. 이것은 전형적으로 문법 내용과 관련되어 있는데 모든 유형의 코스 내용은 난이도에 따라 나누어진다. 예를 들면, 읽기 코스의 텍스트는 코스 시작 단계에서는 단순할 것이며 다음 단계에서는 좀 더 복잡할 것이다. 혹은 '문자 그대로 이해하기'와 같은 단순한 기술은 첫 단계에서 요구되고 '추론하기'와 같은 더 복잡한 기술은 나중 단계에서 배우게 될 것이다.

2) 순차적 단계 Chronology

코스 내용은 현실 세계에서 사건이 일어나는 순서에 따라 배열될 것이다. 예를 들어, 쓰기 코스는 필자들이 작문할 때 사용할 순서에 기초하여 조직될 것이다. (1) 브레인스토밍 (2) 초고 단계 (3) 교정 revising (4) 편집. 숙달도 코스 proficiency course 의 경우 일반적으로 기술 skills이 습득되는 순서에 따라 배열된다. (1) 듣기 (2) 말하기 (3) 읽기 (4) 쓰기.

3) 학습자 요구 Need

코스 내용은 학습자가 교실 밖에서 필요로 하는 것부터 제시한다. 예를 들어, 사회적 생존 social survival 교육과정에서 코스 내용의 배열을 위한 이론적 근거는 다음과 같다.

교육과정의 주제와 교차-주제 cross-topics는 "학습자의 삶에서 중요한 순서로, 학습자 삶과 여러 주제와의 관계 및 맥락화의 용이성에 따라 배열되며" 그 배열은 다음과 같다.

> i. 기본 문해 능력
> ii. 신분 규명

iii. 돈

iv. 쇼핑

v. 시간과 날짜

vi. 전화

vii. 건강

viii. 응급 상황

ix. 방향

x. 교통

xi. 주거

xii. 우체국

xiii. 은행/수표

xiv. 사교 언어 social language

xv. 설명 clarification

(Mrowicki 1986, xi)

4) 선수 학습 Prerequisite learning

코스 내용의 배열은 학습 과정의 한 시점에서 다음 단계의 기초로 필요한 것을 반영한다. 예를 들어, 문단 작성을 위해 어떤 문법 항목은 미리 가르쳐야 한다. 또한, 읽기 코스의 경우 코스의 후반부에서 복잡한 텍스트를 읽기 전에 단어 유추 기술 word attack skills을 먼저 배워야 한다.

5) 전체에서 부분으로, 부분에서 전체로 Whole to part or part to whole

코스 초기에 교수 자료는 개별 구성 요소를 고려하기 전에 전체 구조나 주제 구성에 초점을 맞추는 경우가 있다. 이와는 달리 코스가 전체에 앞서 부분 연습에 초점을 맞추기도 한다. 예를 들어, 학생들은 단편 short story을 전체 텍스트로 읽고 반응한 후에 어떤 구성 요소들이 효과적인 단편을 구성하는지 생각할 수 있다. 또는 문단 작성법을 먼저 배운 후에 수필을 쓰기 위한 문단 구성을 연습할 수 있다.

6) 나선형 배열 Spiral sequencing

이 접근법은 학생들이 배운 항목을 잘 익히기 위해 계속해서 반복하는 것과 관련된다.

6.5. 코스 구조 계획 Planning the course structure

코스 개발의 다음 단계는 교수에 알맞은 형태와 배열로 코스 구조를 구성하는 것과 관련이 있다. 코스 내용을 위한 아이디어가 생성되는 동안 사전 계획이 이루어지기도 한다. 이 과정 process의 두 측면은 교수요목 틀 선정과 수업 구획 개발로 이들은 더 자세한 계획을 필요로 한다. 이 두 쟁점은 매우 밀접한 관련이 있지만 서로 다른 종류의 판단을 포함한다.

1) 교수요목 틀 선정하기 Selecting a syllabus framework

교수요목은 언어 코스를 계획할 때 사용되는 주요 구성 요소를 말하며 구조적 초점과 내용의 기초를 제공한다. 예를 들어, 앞에서 ('입문 단계와 최종 단계의 기술' 부분) 논의한 코스 내용에 기초하여 말하기 기술 중심의 코스를 계획할 때 여러 가지 선택이 가능하다. 교수요목은 다음과 같을 것이다.

- 상황적: 다양한 상황과 그러한 상황에서 필요한 구두 기술을 중심으로 구성한다.
- 주제적: 다양한 주제와 그 주제를 영어로 말하는 방법을 중심으로 구성한다.
- 기능적: 말할 때 가장 일반적으로 필요한 기능을 중심으로 구성한다.
- 과제 중심적: 학습자가 영어로 수행할 여러 과제와 활동을 중심으로 구성한다.

코스 계획자는 교수요목의 틀을 선택할 때 다음 요인의 영향을 받는다.

- 관련 분야에 대한 지식과 신념: 교수요목은 말하기, 읽기, 쓰기, 듣기의 특성에 대한 생각과 신념을 반영한다.
- 연구와 이론: 응용 언어학 이론과 언어 사용 및 언어 학습에 대한 연구는 특정 교수요목 유형을 지지하는 제안을 이끌어낸다.
- 일반적 관행 common practice: 언어를 가르치는 일은 언어 프로그램 개발에 있어 실제 교수 경험 practical experience을 축적하게 하는데 이는 다양한 교수요목을 위한 기초가 된다.
- 경향: 교수요목 설계를 위한 접근법은 늘 변화하며 국가적 또는 세계적 동향을 반영한다.

1980년대와 1990년대 의사소통 중심 교수 communicative language teaching 운동은 교수

요목 설계를 위한 전통적 접근법을 재검토하게 하고 의사소통 중심 교수요목을 개발하기 위한 원칙을 추구하도록 했다(2장 참고). 의사소통 중심 교수요목은 영어 입문 단계 Threshold Level 교수요목과 같은 일반 언어 코스의 틀을 개발할 수도 있고 특수 목적 영어처럼 제한된 배경 내의 의사소통에 초점을 둘 수도 있다. 왜냐하면, 다양한 교수요목 접근법은 '의사소통' 중심 코스 개발에 있어 매우 유용하며 여러 교수요목의 틀은 의사소통 교수요목의 변형에 이용될 수 있기 때문이다. 예를 들면, 역량 중심, 텍스트 중심, 과제 중심 교수요목 등 교수요목 설계의 또 다른 접근법도 가능하다. 지금부터 다양한 교수요목 선택의 특징에 대해 알아본다.

①문법(구조) 교수요목Grammatical(or structural) syllabus: 이 교수요목은 문법 항목을 중심으로 조직된다. 전통적으로 문법적 교수요목은 일반 코스 계획(특히 초급 학습자를 위한 코스)의 기초가 되어 왔다. 문법 교수요목을 개발할 때 교수요목 계획자는 다음과 같은 문제들을 해결하기 위해 노력한다.

- 허용된 수업 시간 동안 다루기에 충분한 양의 문형들을 선정한다.
- 학습을 촉진시키는 순서로 항목 item을 배열한다.
- 문법적 항목이 기본 의사소통 기술을 발달시킬 수 있는지 확인한다.

문법 교수요목에 있어서 문법항목의 선택과 배열은 항목의 내재적 난이도는 물론 교수요목의 다른 측면과의 관계도 반영한다. 코스 계획자는 일반적으로 주제, 기술, 활동의 형태로 가능한 수업 내용과 문법을 함께 기획한다. 이런 이유로 문법 교수요목은 같은 언어 숙달도 수준을 목표로 하더라도 코스마다 다르게 나타난다. <부록 4>는 전형적인 EFL 1학년 코스에 실린 문법 교수요목을 보여준다.

문법 교수요목은 다음과 같은 이유로 비판을 받았다.

- 언어 숙달 proficiency의 일부만을 나타낸다.
- 자연스러운 제2언어 습득 순서를 반영하지 않는다.
- 긴 담화 단위보다는 한 문장에 집중한다.
- 의미보다 형태에 집중한다.
- 의사소통 기술 skill을 다루지 않는다.

전통적인 문법 중심 코스에 대한 위의 비판은 사실이지만 오늘날 문법적 기준만으로 계획되는 언어 코스는 거의 없다. 사실 문법적 기준만으로 계획된 것이 있었는지도 의심스럽다. 그러나 여전히 문법은 여러 언어 코스에서 핵심 구성 요소이다. 이에 대한 몇 가지 이유가 있다.

- 문법을 통한 언어 교수는 많은 사람에게 익숙한 교수법이다. 세계 곳곳에서 교사와 학습자들은 코스에서 문법 요소를 다룰 것이라 기대하며 만약 문법 요소가 없다면 부정적인 반응을 보인다.
- 문법은 코스의 편리한 틀framework이 된다. 문법은 기능, 주제, 상황 등과 같은 교수 요목 요소들과 쉽게 연결된다.
- 문법은 언어의 숙달도를 나타내는 중요한 요소이다. 의사소통 능력은 문법 사용 능력까지 포함하기 때문에 교육과정에서 반드시 다루어야 한다.

문법 교수요목은 언어 교수에서 널리 사용되고 있다. 그러나 이는 교수요목을 위한 유일한 근거라기보다는 통합 교수요목이나 다기능multiskilled 교수요목의 한 지류로 보는 것이 일반적이다.

②*어휘 교수요목Lexical syllabus*: 어휘 교수요목은 가르쳐야 하는 목표 어휘를 수준에 따라 500개, 1,000개, 1,500개, 2,000개로 나누어 제시한다. 1장에서 살펴보았듯이 어휘 교수요목은 언어 교육에서 처음으로 개발된 교수요목 유형이었다. 오늘날 영어 교육에서는 각 단계에서 가르치는 목표 어휘에 대해 폭넓은 합의가 이루어져 있고 교재 및 자료 편집자들도 목표 어휘 범위 내에서 자료를 만들게 된다. 일반 영어 코스의 전형적인 목표 어휘는 다음과 같다.

초급 단계: 1,000 단어
중급 단계: 추가 2,000 단어
중·상급 단계: 추가 2,000 단어
고급 단계: 추가 2,000 단어 이상

(Hindmarsh 1980; Nation 1990)

목표 어휘lexical targets를 중심으로 체계적으로 설계된 코스의 예로 *the Collins Cobuild English Course*(Willis & Willis 1988)가 있다. Willis(1990, vi)는 다음과 같이 언급했다.

가장 빈도수가 높은 700개 단어는 전체 영어 텍스트의 70%를 차지한다. 즉, 우리가 말하고, 듣고, 읽고, 쓰는 영어의 70%가 700개의 일반 단어라는 것이다. 빈도수가 높은 1,500개의 단어는 전체 텍스트의 76%를 차지하고 2,500개의 단어는 전체 텍스트의 80%를 차지한다. 이로써 우리는 단어 빈도에 따라 코스 내용을 구성하기로 결정하였다. 1단계의 목적은 빈도 상위 700개 단어와 함께 단어의 일반적인 유형과 용법을 익히는 것이다. 2단계는 1단계의 단어를 다시 학습하고 계속해서 추가로 800개 단어를 학습한다. 3단계는 앞선 1,500개의 단어를 다시 학습하고 추가로 1,000개의 단어를 더 학습한다.

모든 유형의 언어 내용을 제시하는 데 어휘가 포함되기 때문에 어휘 교수요목은 좀 더 포괄적인 교수요목의 한 경향으로 간주될 수도 있다.

③*기능 교수요목Functional syllabus*: 기능 교수요목은 요청, 불만, 제안, 동의와 같이 의사소통 기능을 중심으로 조직된다. 또한, 의사소통 능력에 대한 개념을 여러 요소로 나누어 분석하고자 한다. 이는 각각의 기능을 숙달하면 전체 의사소통 능력에 도달한다는 가정을 바탕으로 하는 것이다. 기능 교수요목은 1970년대 의사소통적 언어 교수 운동의 일부로 제안된 것이며(2장 참고) 그때부터 많은 언어 코스와 교재의 기초를 형성했다. 기능 교수요목은 의사소통 교수요목을 처음으로 제안한 교수요목 중 하나이며 언어적 능력linguistic competence보다 의사소통 능력을 중시한다. 영어 입문 단계Threshold Level에서 기초적 기능들은 학습자가 영어를 사용하는 목적을 분석함으로써 분명해진다. 특히 중급intermediate 수준까지의 젊은 학습자들은 사회적 생존과 여행을 목적으로 영어를 사용한다. 이러한 이유로 126가지 기능을 아래의 범주로 분류하여 구성한 기능 교수요목이 널리 활용되게 되었다(<부록 5> 참고).

- 사실적 정보 전달 및 탐색 Imparting and seeking factual information
- 태도 파악하기 및 표현하기
- 사회화
- 담화의 구조화
- 의사소통에서의 정정 communication repair

입문 단계Threshold Level와 같은 기능 교수요목은 일반 목적 코스 설계의 근거로서 처음으로 진지하게 문법 교수요목의 대안을 제공하였다. 1980년대부터 많은 코스들이 이 교수요목을 채택하였고 어떤 때에는 문법 교수요목과 병행하였다. 기능 교수요목은 의사소통 기술에 초점을 두었기 때문에 특히 영어 회화 코스를 조직할 때 적합하였다. 기능 교수요목은 다음과 같은 이유로 코스 및 자료 조직의 기초로 많이 쓰인다.

- 문법 교수요목보다 언어에 대한 더욱 포괄적인 관점을 보여 주고, 언어 형태보다 언어 사용에 초점을 둔다.
- 다른 유형의 교수요목 내용(주제, 문법, 어휘)과 쉽게 연결될 수 있다.
- 교수 자료, 특히 말하기와 듣기 영역의 교수 자료를 설계하는 데 편리한 틀을 제공한다.

기능 교수요목은 다음과 같은 이유로 비판을 받았다.

- 기능의 등급화와 선정 기준이 명확하지 않다.
- 의사소통 능력에 대해 단순한 관점을 보이며 의사소통의 과정을 설명하지 못한다.
- 언어에 대한 원자적 atomic 접근을 나타낸다. 즉, 언어 능력을 개별적으로 분리된 요소들로 분석할 수 있다고 가정한다.
- 표현 및 숙어의 다양한 기능을 가르치는 데 초점을 두는 '기본 회화 표현' 중심 접근 phrase-book approach으로 이끈다.
- 기능적 코스에서 배운 학생들은 문법적 능력에서 많은 격차가 있을 것이다. 기능 교수요목에서 배운 기능은 중요한 문법 구조를 이끌어 내지 못할 수 있기 때문이다.

이러한 비판은 기능 교수요목의 시행에 있어 해결되어야 할 문제들로 간주된다. 1980년대에 기능 교수요목이 시작되고 열광적으로 받아들여졌지만 현재 기능 교수요목은 일반적으로 의사소통 교수요목의 부분적인 구성 요소로서만 간주될 뿐이다. 의사소통 교수요목 설계의 대안으로는 과제 중심, 텍스트 중심 교수요목을 들 수 있다(이 장의 후반부에서 논의할 것이다).

④ *상황 교수요목*Situational syllabus: '공항에서', '호텔에서'와 같이 다양한 상황에서 필요로 하는 언어를 중심으로 조직된 교수요목이다. 상황이란 특정한 의사소통 행위가 전형적으로 일어나는 배경 setting이다. 상황 교수요목은 학습자가 언어를 사용하는

상황과 그 배경에서 사용하는 언어 및 일반적인 의사소통 행위를 밝힌다. 상황 교수요목은 오랫동안 언어 교육 교재의 친숙한 특징이었고(Kelly 1969) 여행 책자 또는 특정 상황에서 빈번하게 사용되는 표현을 익히는 데 초점을 맞춘 교재에 자주 사용된다. 예를 들어, 여행 상황으로 조직된 최근의 영어 교재인 *Passport*(Buckingham & Whitney 1995)는 다음과 같은 상황 교수요목을 포함한다.

1. 비행기에서	2. 출입국 카운터에서
3. 은행에서	4. 전화할 때
5. 길거리에서	6. 시내에서
7. 집에서	8. 병원에서
9. 사무실에서	10. 식당에서
11. 카페에서	12. 술집에서
13. 버스에서	14. 가게에서
15. 우체국에서	16. 영화관에서
17. 호텔에서	18. 공항에서

상황 교수요목은 맥락에 맞는 언어를 제시하며 즉각적이고 실제적으로 사용하는 언어를 가르친다는 장점이 있다. 그러나 다음과 같은 비판도 받는다.

- 다양한 상황에서 사용되는 언어에 대해서 알려진 바가 거의 없고 따라서 교수 항목의 선정은 전형적으로 직관을 바탕으로 한다.
- 특정 상황에서 사용되는 언어가 다른 상황에서는 통용되지 않을 수 있다.
- 상황 교수요목은 대개 '기본 회화 표현 접근법 phrase-book approach'이 된다.
- 문법을 부차적으로 다루기 때문에 학습자의 문법적 지식에 격차가 나타날 수 있다.

교수요목 설계에서 '상황'의 역할은 최근 언어 교수에 다시 등장하였다. 전통적 상황 교수요목과 형태가 다르기는 하지만 교수요목 설계에서 의사소통 접근법 및 ESP가 부각되면서 가능해진 일이다. 교육과정 개발에 대한 ESP 접근법은 의사소통이 이루어지는 상황이나 배경 그리고 다음의 상황 요소를 중심 역할로 간주했다 (Munby 1978; Feez 1998).

- 참여자

- 참여자들의 역할 관계
- 참여자들이 관계된 교섭 transaction*
- 각 교섭과 관련된 기술이나 행동
- 생산되는 다양한 구어・문어 텍스트
- 텍스트의 언어학적 특성들

역량 중심 competency-based 언어 교수(5장과 이 장 후반부 참고)는 특별한 상황에서 일어나는 거래 transaction 및 그 거래와 관련된 기술・행동에 초점을 둔 교수 접근이다. 텍스트 중심 교수요목 설계(이 장의 후반부에서 논의할 것이다)는 교섭 그리고 교섭 내에서 발생하는 텍스트 및 텍스트의 언어적 특성에 초점을 맞추고 있다. 따라서 상황에 관한 개념은 교수요목 설계에 있어 좀 더 포괄적인 접근의 구성 요소로서 통합된다.

⑤ *주제・내용 중심 교수요목 Topical or content-based syllabus*: 이 교수요목은 주제 theme, 화제 topic, 기타 내용 단위 units 등으로 조직된다. 주제 교수요목에서는 문법, 기능 혹은 상황보다 내용이 교수요목 설계의 출발점이 된다. 내용은 교수요목 조직에 있어 유일한 기준을 제시하기도 하고 다양한 교수요목의 여러 요소를 서로 연결하는 틀을 제공하기도 한다. "이것은 교수 내용에서 언어만 분리하여 가르치려 하지 않고 그 언어로 내용이나 정보를 가르치는 것이다"(Krahnke 1987, 65). 모든 언어 코스는 어떤 교수요목을 기반으로 하고 있든 간에 어떤 형태로든 내용을 포함해야 한다. 그러나 다른 교수요목 설계 접근에서 내용은 부수적인 역할만 하며 언어 구조, 기능, 기술을 연습하는 수단으로만 이용된다. 예를 들어, 전형적인 문법 중심의 수업에서는 언어 구조를 선정하고 구조 연습을 위한 맥락을 제시하고 선택한 항목의 용법을 보여 주기 위해 내용을 선택한다. 반면에 주제 중심 교수요목에서 내용은 다른 어떤 것보다도 언어를 제시하기 위한 매체가 된다. 가장 좋은 방법은 내용을 기술 skill 영역과 연결되도록 하는 것이다. 내용 중심 교수요목을 바탕으로 한 코스의 장점은 다음과 같다.

---

* 역자주: transaction-절차, 거래. 둘 또는 그 이상의 사람들 사이에서 발생하는 상호작용과 특정한 목표를 위한 행동을 말한다. 비슷한 의미로는 '과업'이라는 용어가 있다. 노동자와 고객 간에 이루어지는 거래는 서비스의 연결이라고 한다.

- 이해를 촉진한다.
- 내용은 언어 형태를 더 의미 있게 한다.
- 내용은 기술 skill 영역을 가르치는 데 가장 좋은 기초가 된다.
- 학습자의 요구를 충족시킨다.
- 학습자에게 동기를 부여한다.
- 네 가지 기술 skills의 통합을 모색한다.
- 실제적 authentic 교재를 사용하도록 한다.

(Brinton, Snow & Wesche 1989; Mohan 1986)

주제 중심 교수요목은 영어 교육이 자연과학, 수학, 사회과학과 통합된 초·중등학교의 ESL 프로그램뿐만 아니라 대학생을 위한 프로그램에서도 흔히 사용된다. Brinton et al.(1989, 27)은 다음과 같은 예를 통해 내용 중심 코스가 어떻게 조직될 수 있는지 보여 준다.

주제 중심 코스 theme-based course에서 '문화 충격'과 같이 관심이 많은 주제 topic는 2주간의 통합 기술 코스를 조직하는 원리로 사용될 수 있다. 이 수업의 언어적 중점은 학습자들의 요구와 숙달도 수준 및 내용 '구성'에 코스 목표가 반영된 정도에 따라 정해진다.

이 접근은 한 독일 대학의 프로그램에서 사용되었는데 다음과 같은 주제 theme를 중심으로 만들어졌다(Brinton et al. 1989).

텔레비전	종교적 신념
광고	마약
인종차별주의 racism	영어 모국어 화자
현대 건축	마이크로칩 기술
생태환경	대체 에너지
핵에너지	신화, 소설, 영화에 나타난 드라큘라

주제 중심 교수요목을 개발할 때 발생하는 문제들은 다음과 같다.

- 주제, 화제, 내용은 어떻게 결정되는가?
- 교수요목에서 내용과 문법 또는 다른 요소 간의 균형을 어떻게 이룰 것인가?

- ESL 교사들은 내용 중심 코스에서 가르칠 만한 자질을 갖추었는가?
- 평가에 대한 근거는 무엇이어야 하는가? 학습 내용인가, 언어 학습인가?

물론 모든 언어 코스를 설계할 때 적절한 내용을 선택하는 것이 쟁점이기는 하지만 코스를 계획할 때 주제를 가장 중요한 기준으로 삼게 되면 문법, 기능, 기술 등의 선정과 관련된 다른 문제들을 해결하지 못한다. 주제를 유일한 틀로 삼는다면 교수요목의 다른 요소를 논리적이고 학습 가능한 순서로 개발하기는 어려울 것이다. 다양한 주제는 복잡성 수준이 다른 언어를 요구하므로 결과적으로 교수요목의 다른 요소와 항상 조화를 이루기는 어려울 것이다. 8장의 <부록 3>은 주제 중심 교수요목이 말하기 자료를 개발하는 데 어떻게 이용되는지 보여 준다.

⑥ **역량 중심 교수요목**_Competency-based syllabus_: 학습자들이 특정 상황, 활동과 관련해 숙달해야 할 언어 역량을 상세하게 기술한 교수요목이다(자세한 내용은 5장 참고). 역량이란 특정한 과제와 활동을 효과적으로 수행하기 위해 요구되는 필수적인 기술, 지식, 태도를 말한다. 예를 들어, Mrowicki(1986)는 업무 기술 교육과정 work-skills curriculum을 주제 topics와 역량에 따라 조직하였다.

교육과정의 언어 역량은 주제 topic와 교차주제 cross-topic 영역으로 나뉜다. 주제 topic란 언어가 사용된 맥락을 의미한다. 예를 들면, 영역으로 '기본적인 집안일 household 문제 말하기'라는 역량은 '주거 Housing'라는 주제에서 찾을 수 있다. 교차주제 cross-topic란 다른 주제 영역에서도 일어날 수 있는 주제이다. 예를 들면, '시간과 날짜'라는 교차주제에서 '날짜 읽고 쓰기'라는 역량은, '쇼핑'(식료품의 유효기간 읽기), '건강'(예약 시간 읽기), '은행 업무와 고지서'(고지서 만기일 읽기) 등의 주제에서도 나타난다(Mrowicki 1986, ix).

예를 들어, '전화하기' 주제와 관련된 역량은 다음과 같다.

1. 전화번호를 읽고 전화 걸기
2. 전화를 걸거나 받을 때 자신을 소개하기
3. 다른 사람을 바꿔 달라고 부탁하기
4. 잠깐 기다려 달라는 부탁에 응대하기
5. 말을 전해 달라는 요청에 응대하기

역량 중심 교수요목은 사회적 생존을 위한 언어 프로그램과 업무 중심 언어 프로그램에 널리 사용된다. 역량 중심 접근법의 장점과 단점에 대해서는 5장에서 논의하였다.

⑦ *기술 교수요목 Skills syllabus*: 기술 교수요목은 읽기, 쓰기, 듣기, 말하기와 같이 어떤 목적을 위해 언어를 사용하는 데 필요한 각각의 능력 ability을 중심으로 조직한 것이다. 기술 중심 언어 접근은 그 활동을 구성하는 다양한 개별 기술 또는 미시기술 microskills을 익힘으로써 '강의 듣기'와 같은 복잡한 활동을 배운다는 신념에 기초한다. 언어 사용의 다양한 유형과 관련된 기술 skill의 예는 다음과 같다.

쓰기: 주제문 만들기
         중심 생각 main ideas과 지지문 supporting sentences 구분하기
         스스로 편집하기
듣기: 주요 정보 인지하기
         담화표지로 담화의 흐름 파악하기
         빠른 말 이해하기 following rapid speech
말하기:순서교대 신호 인지하기
         화제 topic 꺼내기
         의사소통 전략 사용하기
읽기: 요점 찾아 읽기
         문맥을 통해 단어 뜻 유추하기
         읽고 추론하기

기술 skills은 전통적으로 언어 교수의 주요 초점이었다. 읽기, 쓰기, 듣기, 말하기의 네 가지 거시기술 macroskills 사용의 기초가 되는 미시기술 microskills을 교수요목 설계의 기반으로서 규명하려는 시도가 있었다(예. Munby 1978). Yalden(1983)은 학습 기술을 가르치기 위한 기술 교수요목의 예를 다음과 같이 소개하고 있다.

기본 참조 기술: 다음을 이해하고 사용하기
- 시각적인 제시 즉 표제, 작은 표제, 숫자 붙이기, 들여쓰기, 굵은 글씨, 각주
- 목차와 색인
- 전후 참조 cross-referencing
- 카드식 목록
- 발음표기/발음 기호 diacritics
- 참고문헌
- 사전

훑어 읽기
- 글의 요점 파악하기
- 글의 전체적인 느낌 파악하기

세부 내용 읽기
- 요구하는 정보를 한 부분에서 찾기
- 요구하는 정보를 여러 부분에서 찾기
- 요구하는 정보를 전체 주제에서 찾기

도식화된 정보 변환하기
- 도표/표/그래프 완성하기
- 하나 이상의 도표/표/그래프 구성하기

필기 기술
- 필기 형식 note-frames 완성하기
- 삭제하기
- 도표 이용하기

<부록 6>은 EFL 국가의 국가 교육과정 문서 중 듣기와 말하기에 대한 기술 교수 요목이다. 기술 중심 교수요목을 지지하는 주장은 다음과 같다.

- 행동이나 수행에 초점을 둔다.
- 다양한 상황에 적용할 수 있는 기술을 가르친다.
- 가르치고 배울 수 있는 단위 units을 밝힌다.

기술 중심 교수요목의 장점은 구체적인 과제와 관련된 수행에 중점을 두고 따라서 코스와 교수 자료 설계에 실질적인 틀을 제공한다는 것이다. 기술 중심 교수요목은 학생들이 매우 구체적이고 확인 가능한 요구를 가진 상황에 더 적절할 것이다(영어로 대학 수준의 학업을 준비하는 경우와 같이). 그러나 기술 중심 교수요목은 다음과 같은 점에서 비판을 받아 왔다.

- 기술을 정할 결정적인 근거가 없다.
- 더 전체적이고 통합된 의사소통 능력을 개발하는 것보다 각각의 수행 양상에 초점을 둔다.

⑧ *과제 중심 교수요목Task-based syllabus*: 학생들이 목표어로 완성할 과제를 중심으로 조직된 교수요목이다. 과제는 언어를 사용하면서 수행하는 활동이나 목적으로 수수께끼 해답 찾기, 지도 읽고 길 가르쳐 주기, 설명서를 읽고 장난감 조립하기 등과 같은 것이 있다. "과제는 그 자체가 주요한 초점으로서 의미를 지닌 활동이다. 과제의 성공은 성취한 결과물을 통해서 평가되며 과제는 일반적으로 실생활에서 사용하는 언어와 유사성을 갖는다(Skehan 1996, 20)."

가르칠 때는 언제나 서로 다른 종류의 과제를 사용한다. 그러나 과제 중심 교수요목은 특히 제2언어 학습을 향상시키기 위해 설계된 과제를 중심으로 한다. 과제 중심 교수요목 설계의 기본 단위는 과제 또는 활동이다. 학습자들은 이 과제를 수행하는 도중에 이해 가능한 입력input과 수정된 출력output을 하며 제2언어 습득에 중요하다고 믿는 과정을 밟게 된다. 많은 제2언어 습득 이론가들은 과제를 교수요목 계획의 기초로 제시해 왔다. Long과 Crookes(1991, 43)는 다음과 같이 주장한다. "과제는 학습자들에게 목표언어의 적절한 예를 제시하고 ─ 학습자들이 일반적인 인지처리 능력을 통해 반드시 재구성해야 할 입력 ─ (의미)협상의 어려움을 이해하고 (의미)협상을 행할 수 있는 기회를 제공한다."

과제 중심 교수요목의 기본적인 주장은 다음과 같다.

- 과제는 제2언어 습득 과정을 이끌어 가는 활동이다.
- 문법 교수는 과제 중심 교수요목 접근법에서 중요한 것이 아니다. 왜냐하면, 학습자들은 과제 수행의 부산물로서 문법을 습득하기 때문이다.
- 과제는 학습자들의 동기를 유발하고 의미 있는 의사소통에 참여하도록 한다.

교육적 과제pedagogical tasks와 실제적 과제real-world tasks, 두 종류의 과제가 교수요목 설계의 기초가 되었다. 교육적 과제는 제2언어습득 이론을 기반으로 제2언어 학습 과정과 전략을 유발시키기 위해 설계되었다. 다음은 교육적 과제의 예이다.

- **조각 맞추기***jigsaw* **과제**: 학생들이 여러 정보의 조각을 조합해서 전체 형태를 만드는 과제(예. 세 명 혹은 세 집단이 한 이야기의 세 부분을 각각 갖고 함께 이야기 맞추기).
- **정보 차***information-gap* **과제**: 학생 개인 혹은 집단이 가진 정보와 다른 학생 혹은 집단이 가진 정보를 서로 보완하는 과제. 학생 혹은 각 집단은 활동을 완성하기 위해 상대방의 정보가 무엇인지 협상하여 알아내야 한다.
- **문제 해결** *problem solving* **과제**: 학생들에게 문제 *problem*와 정보를 주면 학생들은 문제의 해답을 찾아야 한다. 일반적으로 해답은 하나이다.
- **의사결정** *decision-making* **과제**: 학생들에게 여러 가지 결과가 나올 수 있는 문제를 주면 학생들은 협상과 토론을 통해서 하나의 결론을 내려야 한다.
- **의견교환** *opinion exchange* **과제**: 학습자들은 토론에 참여하여 의견을 교환한다. 그러나 꼭 의견의 합의를 이룰 필요는 없다.

위에 제시한 유형의 의사소통 활동은 오랫동안 의사소통 언어 교수의 특징이었고 과제 중심 교수요목 지지자들은 이러한 의사소통 활동이 부차적인 역할을 하는 것이 아니라 교수요목의 중요한 특징이라고 믿었다. 실제적 과제는 요구 분석을 통해 중요성이 밝혀지고 실생활에서 중요하고 유용하다고 판단된 활동을 연습하고 시연하기 위해 설계된 것이다. 실제적 과제와 역량 중심 교수요목과 같은 상황 중심 교수요목을 바탕으로 만들어진 과제는 별로 다를 것이 없다.

그러나 최근에는 과제 중심 교수요목이 언어 교수에 폭넓게 시행되지 않는다. 그 이유는 다음과 같다.

- *과제의 정의*: 때때로 과제에 대한 정의는 학습자가 행하는 모든 것을 포함할 만큼 너무 넓다.
- *과제 설계와 선정*: 과제를 설계하고 선정하는 절차가 애매모호하다.
- *정확성의 발달*: 의사소통 과제를 지나치게 사용하면 정확성은 희생되고 유창성만 추구할 수 있다.

과제의 개념이 방법론의 한 요소로는 유용하지만 아직 교수요목 설계의 한 단위로는 넓게 적용되지 못하고 있다.

⑨ **텍스트 중심 교수요목***Text-based syllabus*: 텍스트와 확장된 담화의 예를 중심으로 이루어진 교수요목이다. 앞서 언급했듯이, 텍스트 중심 교수요목은 상황 접근의 한 유형이라고 생각할 수 있다. 왜냐하면, 교수요목을 계획하는 출발점이 학습자가 언어를 사용할 상황을 분석하는 데 있기 때문이다.

[이 접근은] 어떤 구체적인 맥락에 맞는 텍스트나 학생들이 인지한 텍스트로 시작한다. 이 접근법은 ― 특정 일터나 학교 또는 다른 학습 상황과 같이―언어를 학습하기 위한 전반적인 맥락이 정해졌을 때 자주 사용한다. 따라서 과제의 단위는 텍스트와 관련하여 개발된다. 예를 들어, 작업장의 기술자에게 맞는 구어 텍스트는 현장 직원에게 하는 지시, 회의에서의 조사 결과 발표, 계약자와 전화로 하는 협상 등이다(Burns & Joyce 1997, 17).

텍스트 중심 교수요목은 통합 교수요목의 한 유형이다. 왜냐하면, 다양한 유형의 교수요목 요소를 통합하기 때문이다. <부록 7>은 텍스트 중심 교수요목 설계와 관련된 과정의 예이다. 다음은 텍스트 중심 교수요목을 계획하는 데 사용될 수 있는 텍스트 유형의 예이다(Feez 1998, 85~86).

교환exchanges	정보, 상품, 서비스에 관련된 간단한 교환
	복잡하거나 문제가 있는 교환
	일상 회화
형태forms	간단하게 구성된 텍스트
	복잡하게 구성된 텍스트
절차procedures	지시 instructions
	절차 procedures
	규정 protocols
정보 텍스트 *information texts*	서술문 descriptions
	설명문 explanations
	보고서 report
	지시문 directions

	다양한 형태를 조합한 텍스트
이야기 텍스트 story texts	체험 수기 recounts
	서사 narratives
설득문 persuasive texts	논설문 opinion text
	해설문 expositions
	토론문 discussion

텍스트 중심 교수요목으로 가르칠 때는 다음의 다섯 가지 순환 과정 a five-part cycle이 명시된다.

1. 텍스트에 대한 맥락 context 설정
2. 텍스트 모방 modeling과 해체 deconstructing
3. 텍스트의 연결 구성 joint construction
4. 텍스트의 독립적인 구성 independent construction
5. 관련 텍스트 연결

텍스트 중심 교수요목의 장점은 다음과 같다.

- 구어 텍스트와 문어 텍스트의 구조 및 문법적 특징을 명확하게 가르친다.
- 구어 텍스트와 문어 텍스트를 그것이 사용되는 사회·문화의 맥락과 연결한다.
- 전체 텍스트와 관련된 기술 skills을 개발하는 데 초점을 둔 과제 work의 단위를 설계하도록 한다.
- 텍스트를 통해 의미 있는 의사소통을 위한 언어 기술을 개발하는 연습을 하도록 학생들을 유도한다.

(Feez 1998, v)

이 접근법에 대한 비판은 역량 competency 중심 접근법에 대한 비판과 비슷하다.

- 일반적인 언어 숙달보다는 특정 기술에 초점을 맞추고 있다.
- 많은 상황에서 실행할 수 없다.

⑩ **통합 교수요목** *An integrated syllabus*: 한 코스에서 적당한 교수요목의 틀을 결정하는 것은 절대적인 선택이 아니라 교수의 다양한 우선순위를 반영하는 것이다. 이

것은 교수요목을 설계할 때 무엇이 핵심 초점이고 무엇이 부차적인가의 문제이다. 대부분의 코스는 일반적으로 다양한 교수요목의 요소를 많이 포함한다. 문법을 기술, 텍스트와 연계하기도 하고 과제를 주제 topics, 기능과 연계하기도 하며 기술을 주제, 텍스트에 연계하기도 한다. 교수요목 계획에 어떤 접근법을 적용할 것인가를 결정하고 나면 코스 계획자는 상위수준 계획 단위와 하위수준 계획 단위를 결정해야 한다. 예를 들어, 읽기 코스에서는 먼저 읽기 기술(상위 수준 계획 영역)을 계획하고 그 다음에 텍스트의 유형, 어휘, 문법(하위 수준 계획 영역) 등을 계획해야 한다. 또한, 교수요목은 첫 단계에서는 문법적으로 조직되고 그 후에 기능적으로 제시된 문법으로 조직될지 모른다. 혹은 첫 단계에서부터 다양한 기능에 대한 문법적 요구에 의해 선택된 문법 항목이 기능적으로 조직될지도 모른다. 따라서 실제적으로는 모든 교수요목이 어느 정도 통합되는 것이다. Krahnke (1987, 75)는 다음과 같이 결론을 내린다.

거의 모든 교육 프로그램에서 프로그램의 복잡한 목적을 달성하기 위해 교육 내용 유형을 조합하는 것이 필요하다는 점은 분명하다… 대부분의 일반적인 교수 적용의 목적은 넓게 정의된 환경에서의 기능적 능력, 문법적 지식 및 구체적 상황에서의 의사소통 능력이므로 기능적, 문법적, 상황적 그리고 기술 중심 교수를 조합한 교육을 선택할 수 있다. 반면 일부 제2언어 교육 상황에서는 기술과 과제가 좁게 기술될 수 있고 교육 자원이 더 풍부하며 특정 문법 혹은 형식적 지식을 학생들에게 요구하지 않으므로 과제 중심, 기술 중심, 상황, 기능, 내용 중심 교수를 조합하여 선택할 수 있다.

2) 수업 구획 개발하기 Developing instructional blocks

지금까지 우리는 코스의 내용을 결정하는 과정과 교수요목의 틀을 짜는 과정을 기술하였다. 코스는 또한, 수업 구획 block 또는 부분 section으로 기획해야 한다. 수업 구획은 그 자체의 목적 goals과 목표 objectives를 갖고 그 코스의 전반적인 목표 objectives를 반영하는 완전한 self-contained 학습 순서이다. 수업 구획은 코스의 교육적 초점을 나타내며 아주 구체적일 수도 있고(예. 1회의 수업) 훨씬 일반적일 수도 있다(예. 여러 수업으로 구성된 한 단원의 과제). 코스에서 조직적인 구조를 계획한다는 것은 적절한 구획을 선택하여 그 구획의 배열 순서를 정하는 것이다. 코스를 수업 구획으로 조직할 때는 다음을 목적으로 한다.

- 더 많이 가르치고 배울 수 있는 코스 구성
- 어려운 단계로 진행 progression
- 코스 전체의 일관성 coherence과 구조 창출

일반적으로 사용되는 수업 구획에는 학습단위 modules와 단원 units이 있다.

① **학습단위***Modules*: 자체 목표를 가진 완전하고 독립적인 학습순서이다. 예를 들면, 120시간의 코스는 각각 30시간씩 4개의 학습단위로 나눌 수 있다. 사정 assessment은 각 학습단위의 마지막에 한다. 학습단위는 코스 조직에 유연성을 부여하며 학습자에게 성취감을 줄 수 있다. 학습단위의 목표가 더 즉각적이고 구체적이기 때문이다. 그러나 코스가 단편적이거나 비구조화되지 않도록 주의해야 한다.

② **단원***Units*: 이 수업 구획은 개별 수업 single lesson보다는 길고 학습단위보다는 짧으며, 코스와 교수 자료를 조직하는 가장 보편적인 방법이다. 단원은 일반적으로 단일한 교수 초점을 중심으로 계획된 수업들이다(때로는 단원을 과제 개요 scheme of work라고도 한다). 하나의 단원은 학습 결과를 끌어내도록 구조화된 연속적인 활동을 제공한다. 성공적인 단원 unit을 위한 요소는 다음과 같다.

- *길이*length: 충분하지만 너무 많지 않은 자료를 포함한다.
- *전개* development: 하나의 활동은 효과적으로 다음 활동에 이르게 한다. 단원은 활동을 무작위로 배열하지 않는다.
- *일관성*coherence: 단원은 전체적인 일관성을 갖는다.
- *시간 안배*pacing: 단원 내의 각 활동은 적절한 속도 pace로 이어진다. 예를 들어, 한 단원 안에 5개의 활동이 있다면, 하나의 활동을 완성하는 데 나머지 활동에 들인 시간의 4배가 필요한 건 아니다.
- *결과*outcome: 학생들이 단원을 마칠 때는 관련된 것들을 알거나 할 수 있도록 한다.

다음 한 학습자의 비판은 코스 단원의 조직이 성공적이지 못했음을 나타낸다.

우리는 코스에서 많고 다양한 활동을 했고 대부분은 꽤 유용했다. 그러나 각각 분리된 부분이 어디에서 함께 들어맞는지 알기는 힘들었다. 내가 무엇을 기대해야 하는지 그리고 매일 우리가 어디를 향해 가고 있는 것인지 알 수 없었다.

또한, 단원 구성에 관한 쟁점은 교수 자료 개발에서도 무척 중요하다. 화제 중심의 단원 구성 및 통합 교수요목으로 중상급 단계의 코스를 계획할 때(Richards & Sandy 1998) 단원 구성에 대해 다음과 같이 결론지었다(<부록 8> 참고).

- 두 권의 책은 시리즈로 각각 12개 단원으로 구성된다.
- 각 단원은 8쪽으로 구성되며 한 단원은 4쪽씩 2개의 수업으로 나뉜다.
- 각 단원은 창의성, 의사소통, 교육과 학습 등의 일반적인 주제로 구성된다.
- 각 수업은 그 단원의 주제 theme와 관련된 화제 topic에 초점을 맞춘다. 예를 들면,

단원 주제: 창의성
수업 A: 창의성과 직업
수업 B: 창의적 생산

각 4쪽 분량의 수업에서 각 쪽은 화제 표현 및 언어적 측면 모두에 분명한 초점이 있다. 예를 들면,

수업 A
1쪽: 유창성 활동으로 듣기와 말하기 활동을 통해 첫 수업의 화제 topic를 제시한다.
2쪽: 1쪽에 나온 항목 중 하나를 선택하여 문법 연습을 한다. 의사소통 연습을 위해 통제된 문법 항목 연습을 한다.
3쪽: 유창성 활동으로 단원 주제 theme와 관련된 화제 topic에 대하여 추가적인 듣기, 말하기 활동을 한다.
4쪽: 단원 주제와 관련된 화제에 대해 쓰는 연습으로 실제적 쓰기와 작문 기술을 가르친다.

수업 B
1쪽: 유창성 활동으로 듣기와 말하기 활동을 통해 두 번째 수업의 화제 topic를 제시한다.
2쪽: 의사소통 연습을 위해 통제된 문법 항목 연습을 한다.
3쪽: 유창성 활동으로 듣기와 말하기를 더 연습한다.
4쪽: 읽기 활동으로 읽기 기술을 개발하고 토론 발제를 돕는다.

이 단원 구성에서는 두 가지 유형의 일관성, 즉 수평적 일관성과 수직적 일관성이 나타난다. 단원에서의 수평적 일관성은 각 단원 내 활동들의 연결된 순서로 나타난다. 수직적 일관성은 한 페이지를 마무리하기에 적절한 활동으로 끝나는 것을 포함하여 각 페이지의 맨 위에서 아래까지의 연결을 통해 나타난다.

6.6. 범위와 배열 계획Preparing the scope and sequence plan

일단 코스를 계획하고 조직하였다면 이를 기술할 수 있다. 코스의 계획과 조직을 기술할 수 있는 한 형태가 '범위와 배열 계획'이다. 이 계획에는 학습단위module나 단원의 목록, 내용, 코스에서 구획마다 요구되는 교수 시간 표시 등이 포함된다. 교재의 경우는 대부분 교수요목 항목과 상호 참조적인cross-referenced 각 단원별 코스 기술로 이루어진다(<부록 9>는 New interchange 1에서 따온 '범위와 배열 계획'의 일부이다(Richards, Proctor & Hull 1997)).

우리는 지금까지 언어 프로그램을 계획하고 개발하는 여러 가지 과정을 살펴보았다. 앞으로는 코스를 효과적으로 가르치기 위한 환경을 만들 때 나타나는 쟁점을 살펴볼 것이다. 이것이 바로 7장의 주요 내용이다.

6.7. 토론 질문 및 활동

1. 알고 있는 코스나 프로그램에서 다양한 숙달도 수준은 어떻게 특성화되며 구별되는가? <부록 1-3>에서 설명된 것과 같은 띠 단계 기술band description이나 숙달도 등급을 사용하는 것의 장점이나 한계점은 무엇인가?

2. 같은 영역(예. 쓰기, 말하기, 듣기) 및 같은 수준의 학습자를 위한 두 종류 혹은 그 이상의 교재를 비교하라. 각 교재의 교수요목은 어떻게 유사한가? 각 코스를 위한 교사 지침서를 검토하라. 각 교재의 저자들은 채택한 교수요목의 종류를 어떻게 정당화하고 있는가?

3. 다음 코스 유형에서 가능한 교수요목 설계에 대해 세 가지 다른 접근법을 선택하라. 그리고 각 접근법의 장점 및 한계를 생각해 보라.

   읽기 코스
   말하기 코스
   쓰기 코스

4. 특정한 기술 영역(예. 읽기 기술, 쓰기)에서 세 가지 다른 교재를 검토하라. 내용 선정 및 배열에서 각 교재는 어떤 접근법을 적용하고 있는가?

5. 언어 코스에서 문법이 실제적으로 중요한 요소라고 생각하는가? 만약 그렇다면 그것은 어떤 종류의 코스인가? 그러한 코스에서 문법의 역할은 무엇인가?

문법적 내용은 어떻게 선정되는가?

6. 입문 단계 수준의 교수요목(<부록 5> 참고)과 관련되는 두세 개의 기능을 선택하라. 그리고 말하기 코스에서 중하 수준의 학습자에게 이러한 기능을 가르치는 데 필요한 언어에 관해 생각하라. 기능적 교수요목에서 기능을 위해 구현될 언어(또는 전형 exponents)를 선정하는 데 있어 어떤 결정을 해야 하는가?

7. 공항 탑승수속 창구에서 일하는 항공사 직원을 위한 언어 코스 설계를 생각해 보라. 아래의 예들을 제시하라.

- 수행하게 될 상호작용
- 각각의 상호작용에서 필요로 하는 기술 혹은 행동
- 산출되는 구어나 문어 텍스트의 종류
- 텍스트의 언어학적 특징

8. 상황 중심 교수요목은 이 장에서 논의한 다른 교수요목과 어떻게 연결되는가?

9. 당신이 익숙한 학습자 집단(혹은 일반적인 영어 수업에서 중급 수준의 ESL 학생)을 위한 코스에서 주제 중심의 네 시간 단위 과제를 계획하라. 각 단원이 다음을 어떻게 수행할 것인지 설명하라.

- 다양한 언어 기술 통합하기
- 내용에서 문법 개발하기

10. 같은 영역과 수준을 위해 설계된 두 개의 교재에서 두 단원을 비교하라. 각 교재의 단원 구성은 어떠한가? 각 교재의 단원 구성은 얼마나 효과적인가?

11. <부록 6>에 제시되어 있는 기술 목록을 검토하라. 교수요목에서 제시한 예를 기본으로 한 '기술'을 어떻게 정의할 것인가?

12. 다음을 설계하는 데 사용할 수 있는 교육적 과제와 실제적 과제의 예를 제시하라.

읽기 코스
듣기 코스

13. <부록 8>에서 제시한 교재의 단원을 검토하라. 그리고 191쪽에서 언급한 수평적 일관성 및 수직적 일관성에 관한 예를 찾아라.

〈부록 1〉 말하기 영역의 숙달도 기술 descriptions

ACTFL American Council on the Teaching of Foreign Languages 숙달도 지침에 따른 말하기 영역의 숙달도는 다음과 같이 기술된다. 이 지침은 초급 Novice, 중급 Intermediate, 고급 Advanced 그리고 최상위 Superior 단계에 따라 말하기, 듣기, 읽기, 쓰기를 위한 숙달도 단계를 기술한다. 프로그램 계획과 목표의 개발을 위한 지침으로 고안되었다.

총칭 기술 - 말하기

초급
Novice

초급 Novice 단계는 학습된 자료를 가지고 최소한의 의사소통을 할 수 있는 능력으로 기술된다.

초급-하
Novice-Low

구어 산출 production은 개별 단어로 구성되거나 혹은 약간의 높은 유창성을 지닌 구 phrases로 이루어진다. 기능적인 의사소통 능력은 필수적이지 않다.

초급-중
Novice-Mid

구어적 생산의 질은 향상되더라도 매우 예측 가능한 요구의 범위내에서 여전히 개별 단어와 학습된 구로 구성되어 있다. 어휘는 단순하고 기초적인 요구를 다루고 기본적인 인사를 표현하는 정도만 가능하다. 발화는 거의 둘 혹은 셋 이상의 단어로 이루어지지 않으며 빈번한 긴 휴지 pause를 보이고 상대 화자 interlocutor의 단어를 반복한다. 화자는 아무리 단순한 발화라 해도 산출에 어려움을 겪을 수 있다. 일부 초급-중 Novice-Mid 화자의 발화는 이해하기 매우 어려울 것이다.

초급-상
Novice-High

학습된 발화에 매우 의존하나 이들을 그 요소의 재조합을 통해 확장함으로써 기본적인 의사소통적 교환 exchange의 요구조건을 부분적으로 만족시킬 수 있다. 질문을 하거나 학습된 자료를 포함하는 진술을 할 수 있다. 실제 자율적인 표현에 못 미치더라도 자발성의 징후를 나타낸다. 발화 speech는 개인화되거나 상황적으로 채택된 발화라기보다는 학습된 발화 utterance로 구성되어 있다. 어휘는 기본적인 사물, 장소, 그리고 가장 일반적인 유사표현 등과 같은 영역에 집중되어 있다. 발음은 여전히 모어에 의해 강하게 영향을 받는다. 오류가 빈번하며 반복에도 불구하고 일부 초급-상 Novice-High 화자의 발화는 동조적인 대화자 interlocutor일지라도 이해하는 데 어려움이 있을 것이다.

중급
Intermediate

Intermediate 단계는 다음과 같은 화자의 능력을 특징적으로 나타낸다.
- 주로 반응적인 방식을 통해 학습한 요소를 재결합하고 연합시키면서 언어를 창조하는 능력

	- 기본적인 의사소통적 과제들을 시작하고 최소한으로 유지시키며, 끝낼 수 있는 능력. - 묻고 답하는 능력
중급-하 Intermediate -Low	제한된 수의 상호작용적, 과제 지향적, 사회적 상황을 성공적으로 다룰 수 있다. 질문을 할 수 있고 질문에 답할 수 있다. 매우 제한적인 방법과 언어적 부정확함에도 불구하고 단순한 진술을 시작하고 이에 응대할 수 있으며 면대면 대화를 유지할 수 있다. 이러한 한계 내에서 자기 소개하기, 식사 주문하기, 방향 물어보기, 구매하기 등과 같은 과제를 수행할 수 있다. 어휘는 가장 기본적인 요구만을 표현하는 정도이다. 모국어로부터 강한 간섭은 일어날 수 있다. 오해가 자주 일어나지만 반복되지는 않으며 중급-하 Intermediate-Low 화자의 발화는 일반적으로 동조적인 대화자 interlocutors들이 이해할 수 있다.
중급-중 Intermediate -Mid	다양하며 복잡하지 않은 기본적인 의사소통적 과제 및 사회적 상황을 성공적으로 다룰 수 있다. 가족 구성원과 자신에 대해 간단히 말할 수 있다. 질문을 할 수 있으며 대답할 수 있고 가장 즉각적인 요구 이상의 주제, 즉 개인사, 여가 활동 등에 대한 간단한 대화에 참여할 수 있다. 발화 길이가 조금 늘어나지만 발화 speech에 있어 빈번한 긴 휴지 pause가 지속된다. 왜냐하면 화자가 적절한 언어 형태를 만들어 내려고 애쓰는 동안 기본적인 대화 전략의 순조로운 혼입 incorporation이 종종 방해받기 때문이다. 발음은 계속적으로 모어에 의해 강하게 영향을 받고 있으며 유창성도 여전히 부자연스럽다. 여전히 오해가 일어나지만 중급-중 Intermediate-Mid 화자의 발화는 일반적으로 대화자들이 이해할 수 있다.
중급-상 Intermediate -High	대부분의 복잡하기 않은 의사소통적인 과제 및 사회적 상황을 성공적으로 다룰 수 있다. 상황과 주제의 범위에 적절한 다수의 전략을 가지고 일반적 대화를 시작하고 유지하며 끝낼 수 있지만 오류는 분명히 있다. 제한된 수의 어휘로 인해 여전히 망설이게 되고 우회적으로 말하게 된다. 특히 묘사 혹은/그리고 단순 진술의 경우 연결된 담화의 증거가 나타난다. 중급-상 Intermediate-High 화자의 발화는 일반적으로, 대화자가 이 수준의 화자를 다루는 데 익숙지 않더라도 이해할 수 있다. 그러나 여전히 반복이 요구될 수 있다.
고급 **Advanced**	고급 Advanced 단계는 다음과 같은 화자의 능력을 특징적으로 나타낸다. - 명백히 참여적인 방식으로 대화하는 능력 - 매우 다양한 의사소통적 과제를 시작, 유지하고 끝맺음을 할 수 있

는 능력. 이는 문제 또는 예상치 않은 사건의 변화로 인해 다양한 언어전략으로 의미를 전달하는 능력 향상의 요구를 포함한다.
- 학교와 업무 상황의 요구 조건을 만족시킬 수 있는 능력
- 한 단락 길이의 연결된 담화discourse를 진술하고 묘사할 수 있는 능력

고급 Advanced	일상생활 및 학교와 일상 업무의 요구조건을 만족시킬 수 있다. 정교화 elaborating(상세히 설명하기), 불만 표시하기, 사과하기 등의 사회적 상황과 복잡한 과제를 쉽지는 않지만 자신 있게 다룰 수 있다. 매끄럽게 연결된 문장으로 세부적으로 진술하고 묘사할 수 있다. 일반 어휘를 사용하여 사실을 전달할 수 있고 현재의 공공적인 관심 및 개인적인 관심사와 같은 주제에 대해 부담 없이 말할 수 있다. 결점 shortcoming은 대개 휴지 채우기 pause filler, 지연 기제 stalling device, 다양한 속도의 발화speech 등과 같은 의사소통적 전략에 의해 바로잡을 수 있다. 여전히 단어를 더듬어 모색하는 것이 확실하지만 어휘나 종합적인 한계에 의해 자주 일어나는 우회적 말하기는 꽤 성공적이다. Advanced 화자의 발화는 원어민 대화자들이 어려움 없이 이해할 수 있다.
고급-상 Advanced -Plus	넓은 범위의 일상, 학교, 업무 상황의 요구 조건을 만족시킬 수 있다. 특정 관심사, 능력 competence의 특수 분야와 관련된 구체적인 주제에 대해 토론할 수 있다. 의견을 지지하고, 세부적으로 설명하고, 가설을 세울 수 있는 증거가 나타난다. 고급-상 Advanced-Plus 화자는 대개 다른 말로 바꾸어 표현하기, 우회적으로 돌려 말하기 등의 의사소통적 전략을 자신 있게 사용함으로써 일부 형태를 불완전하게 파악한 것을 보상할 수 있는 능력이 잘 발달되어 있다. 차별화된 어휘와 억양은 의미의 미묘한 차이를 전달하는 데 효과적으로 사용된다. 고급-상 Advanced-Plus 화자는 종종 현저한 유창성과 발화 speech의 용이성을 보인다. 그러나 Superior 수준의 복잡한 과제 하에서 언어는 무너지거나 break down 불충분함을 드러낸다.
최상위 **Superior**	최상위 Superior 단계는 다음과 같은 화자의 능력을 특징적으로 나타낸다. - 실제적, 사회적, 직업적, 추상적 주제에 대한 대부분의 공식적, 비공식적 대화에 효과적으로 참여하는 능력 - 원어민 같은 담화 전략을 사용하여 의견을 지지하고 가설을 세울 수 있는 능력
최상위 Superior	실제적, 사회적, 직업적 그리고 추상적 주제에 대한 대부분의 공식적,

비공식적 대화에 효과적으로 참여하기에 충분히 정확한 언어로 말할 수 있다. 능력의 특수 분야와 관심사에 대해 편안하게 토론할 수 있다. 의견을 지지하고 가설을 세울 수 있으나 독자를 위해 언어를 조정할 수 없을 수 있고, 매우 추상적이거나 낯선 주제에 대해 깊이 있는 토론이 불가능할 수도 있다. 보통 최상위 Superior 화자는 지역 언어나 다른 방언의 변이에 대해 부분적으로만 익숙하다. 최상위 Superior 화자는 넓은 범위의 상호작용적 전략을 구사하며 담화전략을 잘 숙지하고 있음을 보여준다. 담화전략은 종합적, 어휘적, 초분절적 특질 pitch(강세, 억양)을 통해 정보를 지지하는 부분과 주제를 구별해 낼 수 있는 능력을 포함한다. 산발적인 오류는 특히 저빈도의 구조와 형식적 쓰기에서 더 일반적인 일부 복잡한 고빈도 구조에서 일어날 수 있다. 그러나 오류의 유형은 명백하지 않다. 오류는 원어민 화자를 방해하지 않고 의사소통에 간섭을 일으키지 않는다.

〈부록 2〉 수행 수준의 기술: 쓰기 Paltridge가 IELTS test에서 개작 (Paltridge 1992)

수준	전체	생각과 논의	정확성	유장성	적절성	명료도
초보 (Beginner)	쓰지 못함. 영어로 전혀 쓸 수 없음.					
기초 (Elementary)	간헐적인 쓰기. 매우 이해하기 힘듦.	명백한 전개 없이 아이디어에 대한 근거가 거의 없음. 텍스트에 대한 일 관성이 거의 없음.	어휘적, 문법적, 판 계적 유형을 매우 제한적으로 파악 함. 접속 기제의 사 용과 구두법, 철자 법 관습은 거의 파 악하지 못함.	분리된 단어 또는 짧은 상투적 구문 을 만 가능. 매우 짧 은 텍스트.	최소한으로 텍스 트 유형, 기능, 의 사소통 목적에 적 절한 언어를 사용 함 (배지 포함).	매우 단순한 의미 만 전달 가능. 독 자의 입장에서 집 중과 지속적인 확 인이 필요함.
중급 (Intermediate)	제한적 쓰기. 이해 하기 힘든 편.	제한된 범위의 생 각이 표현됨. 전개 는 제한적이고 가 끔 일관치 않거나 불확실함. 정보는 일관성 있게 배열 되지 않음.	어휘적, 문법적, 판 계적 유형 및 접속 기제의 사용을 제 한적으로 파악함. 구두법 그리고/또 는 철자법에 약함.	텍스트는 단순하 고 전개를 거의 보 이지 않음. 제한된 구조와 어휘. 지 나친 어휘 반복 (subtlety) 및 유 연성이 거의 없음.	제한된 범위의 텍 스트 유형 내에서 대개 기능, 텍스트 유형, 의사소통 목 적에 맞게 언어를 사용. 배치는 대개 텍스트 유형에 맞 게 함.	약간의 어려움이 있지만 기본적인 의미 전달 가능.
중상급 (Upper-Intermediate)	중간 정도의 쓰기. 읽고 이해하기가 쉬 움. 텍스트는 대개 잘 조직됨.	중간 범위의 생각 이 표현됨. 주제는 이 유형을 중간정 도로 파악함. 목적 은 범위에 다양한 언어의 의미 및 전 달 전승에 지지가 부 및 전승 지지함.	중간 범위의 텍스 트 유형을 상당 정 도로 파악함. 다양 한 범위이나 세 언 어의 의미 및 범위의	텍스트는 향상된 전개를 보임. 적당 한 범위와 다양한 개 기능, 텍스트 지발 언어로 쓰기. 중간	중간 범위의 텍스 트 유형 내에서 대 개 기능, 의사소통 목적으로 언어 및	오류가 의사소통 에 방해가 될 수 있 지만 목적의 의미 전달 가능.

고급 (Advanced)	성공적인 쓰기. 시작부터 끝까지 잘 쓰이고 대개 잘 조직되었음.	표현된 생각의 범위가 다양하고 진행되며 고립된 문제들이 여전히 있다니라도 일관성 있게 배열됨. 생각과 근거가 많은 세부사항이 있어야 바람직할 것임.	구두법과 철자법 잘 못 예에 대해 자연스럽히 있지만 어휘, 문법적 운행을 능숙하게 파악. 전자적 구조와 어휘를 치 능숙하게 사용. 지 문법 및 유연성의 능숙한 단계.	대개 일반적 주제에 대해 자연스럽게 쓸 수 있음. 다양한 범위의 문법적 운행을 능숙하게 사용하는 텍스트 유형에 적절히 적절함.	다양한 범위의 텍스트 유형 운행 내에서 대개 기능, 의사소통 목적에 적절한 언어 직에 적절함.	이미를 효과적으로 전달함. 단지 오류에 의한 간섭은 가끔 있음.
특수목적 (Special Purpose)	훌륭한 쓰기. 일반적 목적이나 자신의 특수 목적 영역 내에서 잘 쓸 수 있음. 조직적이며, 일관성 있고 결속적 예에서 관련 있고 적절한 것 단화를 산출할 수 있음.	다양한 범위의 관련도 생각들이 일관성 있게 표현되고 근거가 제시되고 논의됨. 전자사 내, 전자사 사이의 관계를 매우 잘 전개함.	어휘, 문법적 유행 및 결속 기제 구두법 및 철자법을 정확하고 능숙하 게 사용. 전자사 내, 전자사 사이의 관계를 매우 잘 다름.	일반적 주제 및 개인의 특수 목적과 관 심사와 관련된 문 제에 대해 쓸 수 있음. 대개 다양한 범위의 문법적 구조 와, 지멤함과 유 연성을 가짐.	너욱 다양한 범위 의 텍스트 유행 내 에서 주로 기능, 의사소통 유형 및 한 언어 기능을 목 적에 적절히 적절 하게 사용. 텍 스트의 조직과 배 지는 텍스트 유행 에 적절함.	능숙하고 효과적 으로 이미를 전달. 일상한 특수 목적 영역에서 이해하 기 쉽다고 공인됨. 텍 대개 어려움 없이 이해됨.

〈부록 3〉 구두 상호작용 기술 skill에 대한 띠 단계 지표 band descriptor

이 지표는 영어 의사소통 기술에 대한 UCLES/RSA 자격증에서 인용한 것이다. 자격증은 모든 네 영역 -읽기, 쓰기, 듣기, 구두 상호작용- 에서 네 단계로 주어진다. 주어진 단계를 통과하기 위해 지원자들은 다음의 기준으로 분류된 기술 정도에 따른 과제를 완수하는 능력을 보여 주어야 한다.

	1단계	2단계
정확성	대개 알아들을 수 있다면 발음이 모국어에 의해 강하게 영향을 받는 것이 받아들여진다. 지원자는 도움을 받아 어휘적 또는 문법적 오류가 가져오는 혼동을 명확화할 수 있어야 한다.	여전히 모국어의 영향을 명백히 받는다고 해도 발음은 반드시 정확히 알아들을 수 있어야 한다. 문법적/어휘적 정확성은 대개 높다. 그럼에도 의사소통을 파괴하지 않는 일부 오류는 받아들여진다.
적절성	원어민 화자의 기대에 부응하지 못하더라도 언어 사용은 폭넓게 기능에 적절해야 한다. 화자의 의도는 동조적인 청자에 의해 인지될 수 있다.	언어 사용은 대개 기능에 적절해야 한다. 화자의 전체 의도는 보통 정확해야 한다.
범위	지원자가 종종 바라는 의미를 표현하기 위한 방법을 찾아야 하는 것과 몇몇 제한된 범위의 표현을 가지는 것이 받아들여진다.	꽤 넓은 범위의 언어가 지원자에게 가능해야 한다. 복잡한 발화에서만 단어를 찾을 필요가 있다.
유연성	지원자는 대화에서 주도권을 잡지 않아도 된다. 혹은 주제의 변화에 대해 즉각적인 반응을 보이지 않아도 된다. 대화자는 충분히 허용적이어야 하며 종종 지지적인 역할을 취해야 한다.	대화를 시작하고 수긍하는 능력과 새로운 주제나 방향 변화에 적응할 수 있는 능력에 대한 몇몇 증거가 있어야 한다.
규모	하나 혹은 두 개의 단순한 발화로 제한된 의견 제시가 받아들여진다.	적절한 곳에서 짧은 형식의 대답 이상의 반응을 할 수 있어야 한다. 가끔 대화자로부터 유도되었을 때 단순한 발화를 확장할 수 있어야 한다.

	3단계	4단계
정확성	모국어로부터 영향이 조금 남아 있다고 할지라도 발음은 명확히 알아들을 수 있어야 한다. 문법적/어휘적 정확	발음은 쉽게 이해할 수 있어야 한다. 그럼에도 일부 잔류 강세는 용인된다. 문법적/어휘적 정확성은 지속적으로

	성은 매우 높다. 그럼에도 가끔 의사 소통을 방해하지 않는 오류가 있다.	높아야 한다.
적절성	언어 사용은 대개 기능과 맥락에 적절하다. 화자의 의도는 명확해야 하며 확실해야 한다.	언어 사용은 전체적으로 맥락, 기능 및 의도에 적절해야 한다. 혼동을 일으키는 것은 없다.
범위	매우 넓은 범위의 언어가 지원자에게 가능해야 한다. 어려움을 유발하는 어떤 특정 항목은 매끄럽게 대체되거나 회피될 수 있다.	가끔 언어의 범위에 대한 명백한 제한만이 있어야 한다. 지원자가 원어민 화자가 아니라는 사실에 대해 허용적일 필요는 없다.
유연성	대화에서 순서를 교대할 수 있는 능력과 새로운 주제를 채택하거나 방향을 변화시킬 수 있는 능력의 지속적인 증거가 있어야 한다.	지원자는 반드시 순서 교대가 가능하며 상호작용을 적절히 총괄하며 그것을 계속 따를 수 있어야 한다.
규모	적절한 곳에서 길이가 긴 의견 제시를 할 수 있어야 한다. 대화자로부터 최소한의 도움을 받아 생각을 확장하고 전개할 수 있어야 한다.	길고 복잡한 의견 제시를 적절히 할 수 있어야 한다. 대화자는 지원자를 도와 줄 필요가 없다.

〈부록 4〉 1학년 영어 코스의 문법 항목 및 순서(Axbey 1997)

현재 동사 *be*

주격 대명사

소유 형용사

부정 관사: *a/an*

복수 명사: *-s, -ies, -es*

전치사: *from, in, near, at, with, there is/are*

*some*과 *any*와 함께 동반되는 가산 명사

정관사: *the*

복수 명사: 불규칙

지시 대명사: *this/that, these/those*

형용사 *have/has got*

단순 현재

사물 대명사

Whose? How often?

enough

can/cannot(can't)

like + 명사/*like* + 동명사

빈도 부사

Do you like?

Would you like?

과거 동사 *be*

현재 활동에 대한 현재 진행

부정 대명사: *everyone, everybody, no one, nobody* + 단수형 동사

most/some/a few +복수형 동사

ask/tell + 부정사

단순 과거

*go*와 동반되는 표현들

too + 형용사/*not* + 형용사 *enough*

When 절

want + 부정사

명령문

*many/few, much/little*과 동반되는 가산/불가산 명사

형용사 비교급

형용사 최상급

장소 전치사

관사: 정관사/부정관사/영관사

고정된 계획에 대한 현재 진행

동사 + 전치사

*get*과 동반되는 표현들

의도로서의 *going to*

would you like + 명사/부정사

허락으로서의 *can*

금지로서의 *cannot/can't*

의례적인 행동에 대한 충고로서의 *should/shouldn't*

소유 대명사

현재 완료

부정명사

의견 제시로서의 *should/shouldn't*

도움에 대한 약속으로서의 *will /won't*

promise/remember/forget + 부정사

의무로서의 *have to*

양태 부사

전치사

예측으로서의 *will/won't*

think so/hope so

Threshold 1990(Van Ek & Trim 1998)에서 인용.

입문 단계의 언어 기능 Language functions for threshold level

1 실제 정보 구하고 전달하기 imparting and seeking factual information
1.1 보고하기(묘사하기, 설명하기)
1.2 수정하기
1.3 질문하기
1.4 질문에 답하기

2 태도 표현하고 찾아내기 Expressing and finding out attitudes
2.1 진술에 대한 동의 표현하기
2.2 진술에 대한 이의 표현하기
2.3 동의나 이의에 대해 질문하기
2.4 진술 부정하기
2.5 사람이나 물건 혹은 사실에 대해 아는지 모르는지 진술하기
2.6 사람이나 물건 혹은 사실에 대해 아는지 모르는지 질문하기
2.7 사람, 물건 혹은 사실, 행동에 대해 기억하는지 잊어 버렸는지 진술하기
2.8 사람, 물건 혹은 사실, 행동에 대해 기억하는지 잊어 버렸는지 질문하기
2.9 가망성 정도 표현하기
2.10 가망성 정도에 대해 질문하기
2.11 필요성을 표현하거나 부정하기(논리적인 추론과 함께)
2.12 필요성에 대해 묻기(논리적인 추론과 함께)
2.13 확실한 정도를 표현하기
2.14 확실한 정도에 대해 질문하기
2.15 의무 표현하기
2.16 의무에 대해 묻기
2.17 어떤 일을 할 수 있는지 없는지 표현하기

2.18 어떤 일을 할 수 있는지 없는지 질문하기

2.19 허용된 혹은 허용되거나 그렇지 않은 것 표현하기

2.20 허용된 혹은 허용되거나 그렇지 않은 것에 대해 질문하기(허락을 구하는 것과 함께)

2.21 허락하기

2.22 허락을 보류하기

2.23 원하는 것/욕구 표현하기

2.24 원하는 것/욕구에 대해 질문하기

2.25 의도 표현하기

2.26 의도에 대해 질문하기

2.27 선호하는 것 표현하기

2.28 선호하는 것에 대해 질문하기

2.29 기쁨, 행복 표현하기

2.30 불만, 불행 표현하기

2.31 기쁨/불만/행복/불행에 대해 질문하기

2.32 좋아하는 것 표현하기

2.33 싫어하는 것 표현하기

2.34 좋아하는 것과 싫어하는 것에 대해 질문하기

2.35 만족 표현하기

2.36 불만족 표현하기

2.37 만족/불만족에 대해 질문하기

2.38 관심 표현하기

2.39 관심 없음 표현하기

2.40 관심이나 관심 없음에 대해 질문하기

2.41 놀람 표현하기

2.42 놀라지 않음 표현하기

2.43 놀람에 대해 질문하기

2.44 소망 표현하기

2.45 실망 표현하기

2.46 두려움 표현하기

2.47 안심시키기

2.48 두려움/걱정에 대해 질문하기

2.49 감사 표현하기

2.50 감사 표현에 대해 반응하기

2.51 사과하기

2.52 사과 받아들이기

2.53 도덕적 의무 표현하기

2.54 찬성 표현하기

2.55 반감 표현하기

2.56 찬성/반감에 대해 질문하기

2.57 유감, 동정 표현하기

3 행동 방향 결정하기(권고) Deciding on course of action(suasion)

3.1 행동의 방향 제안하기

3.2 제안에 동의하기

3.3 무엇을 하도록 요청하기

3.4 무엇을 하도록 권고하기

3.5 무엇을 하도록 혹은 삼가도록 경고하기

3.6 무엇을 하도록 독려하기

3.7 무엇을 하도록 지도하거나 지시하기

3.8 지원 요청하기

3.9 지원 제공하기

3.10 무엇을 하는 것에 누군가를 초대하기

3.11 제안이나 초대 받아들이기

3.12 제안이나 초대 거절하기

3.13 제안이나 초대가 받아들여질지 혹은 거절당할지에 대해 질문하기

3.14 무엇을 위해 누군가에게 부탁하기

4 사회 활동에 참여하기 Socialising

4.1 관심 끌기

4.2 사람들과 인사하기

5.19 거의 끝났다는 것을 암시하기

5.20 마무리하기

5.21 전화 시작하기

5.22 누군가를 바꿔 달라고 부탁하기

5.23 기다릴 것을 부탁하기

5.24 듣고 이해했는지 묻기

5.25 듣고 이해하고 있다는 신호하기

5.26 새로운 전화 알리기

5.27 시작하기(문서)

5.28 마무리하기(문서)

6 의사소통 수정*Communication repair*

6.1 이해하지 못했다는 신호하기

6.2 문장 반복 부탁하기

6.3 단어 혹은 구 반복 부탁하기

6.4 텍스트 확인 부탁하기

6.5 확인 또는 이해해 줄 것을 부탁하기

6.6 분명하게 해 줄 것을 부탁하기

6.7 철자를 쓸 것을 부탁하기

6.8 무언가를 쓸 것을 부탁하기

6.9 낯선 단어 혹은 표현 표현하기

6.10 도움 요청하기

6.11 좀 더 천천히 말해 줄 것을 부탁하기

6.12 바꾸어 말하기

6.13 말했던 것 반복하기

6.14 이해하고 있었는지 묻기

6.15 단어나 표현 철자 쓰기

6.16 단어나 표현 보충하기

〈부록 6〉 듣기와 말하기를 위한 기술 교수요목

말레이시아 초·중등학교 교수요목 형식 IV(1989).

1.0 듣기와 말하기 Listening and Speaking

듣기와 말하기의 구성 요소는 특정한 기능 수행을 위한 소리 구분하기, 정보 얻어 내기 및 예측하기 등이다. 이러한 기술은 다양한 청중audience 및 다양한 목적에 적합한 언어 사용역을 결정하고 사용하는 것 또한 포함한다. 이는 학생들이 자신의 생각을 분명하고 간결하게 표현하고 대화 및 토론에 충분히 참여할 수 있도록 하기 위함이다.

　이러한 요소에서 주요 기술에 수반되는 하위 기술은 주요 기술과 함께 가르치게 될 것이다. 이러한 하위 기술은 단계적으로 배열되지 않을 것이며 따라서 고정된 순서로 나타나지 않을 것이다. 하위 기술은 다양하고 유의미한 조합으로 반복되어야 한다.

듣기와 말하기 요소의 목표
듣고 구분하기: 자음군, 문장 강세 및 억양, 이중모음 및 동음이의어
듣고 이해하기: 단어, 구, 문장; 지시, 메시지; 이야기stories; 담화talk; 보고report; 의
　　　　　　　견; 시; 대화문; 보고서, 안내문, 도표, 그래프, 설명서manual, 서식
　　　　　　　forms, 편지글의 정보; 장면, 사건, 장소, 물건, 과정 및 절차의 묘사
정확한 발음, 억양, 단어 강세 및 문장 리듬으로 말하기
질문하고 알려 주기: 단어, 구, 문장의 의미; 지시; 메시지; 연설; 보고; 의견; 보고
　　　　　　　　서, 안내문, 도표, 그래프, 설명서, 서식form, 편지글의 정보;
　　　　　　　　장면, 사건, 장소, 물건, 과정 및 절차의 묘사, 이야기 말하기

기술 상세화Skill specification
형식 IV 영어 프로그램 마지막에 학생들은 다음과 같은 것을 할 수 있어야 한다.

1.1　듣고 구분하기: 자음군, 이중모음 및 동음이의어

1.2 단어, 구, 문장의 의미를 듣고 이해하고, 이에 대해 묻고 대답하기

1.3 정확한 억양, 단어 강세 및 문장 리듬으로 말하기

1.4 새는 수도꼭지 등을 고치는 방법에 대하여 듣고 이해하기, 이에 대해 지시를 내리고 묻기

1.5 라디오, 텔레비전과 같은 미디어를 통해 전달되는 메시지를 듣고 이해하기, 이에 관해 묻고 대답하며 전달하기

1.6 자립, 근면, 공공정신과 같은 도덕적 가치에 관한 이야기 듣고 이해하며 이에 대해 말하기

1.7 소비자 중심주의, 건강 관리 등과 같은 최근 쟁점에 관한 담화 정보 듣고 이해하기, 이에 대해 묻고 대답하기

1.8 뉴스 기사나 책 보고서 등과 같은 보고문에 포함된 정보 듣고 이해하기, 이에 대해 묻고 대답하기

1.9 도표나 그래프, 설명서에 포함된 정보 듣고 이해하기, 이에 대해 묻고 대답하기

1.10 비공식적 편지, 신문, 문의문이나 항의문 등에 포함된 정보 듣고 이해하기, 이에 대해 묻고 대답하기

1.11 ASEAN 지역 내 관광지 등의 경치 묘사를 듣고 이해하기, 이에 대해 묻고 이야기하기

1.12 SEA 게임과 같은 사건 묘사 듣고 이해하기, 이에 대해 묻고 대답하기

1.13 실업 등의 최근 쟁점에 관한 의견을 듣고 이해하기, 이에 대해 묻고 대답하기

1.14 선정된 ASEAN 지역 작가들의 시 듣고 이해하기

1.15 자료 재활용과 같은 과정 및 절차 묘사 듣고 이해하기, 이에 대해 묻고 대답하기

1.16 불쾌감과 유감을 듣고 이해하며 표현하기

1.17 대화에 끼어들기, 대화에 참여하기 등과 같은 사회적 기술 연습하기

다음의 하위 기술은 적절한 곳에서 위에서 제시한 주요 기술과 함께 동시에 조합하여 가르쳐야 한다.

듣기 하위 기술Sub-skill of listening

a. 주요 생각 이해하기

b. 순서 이해하기

c. 특정 세부사항 파악하기

d. 추론하기

e. 비교하기

f. 예측하기

g. 타당성 결정하기

h. 사실과 허구 구분하기

i. 사실과 의견 구별하기

j. 일반화하기

k. 분류하기

말하기 하위 기술Sub-skill of speaking

l. 정확한 발음 사용하기

m. 질문하기

n. 바꾸어 말하기

o. 지지하고 분류하기

p. 요약하기

q. 언어사용역 사용하기

r. 일관성 있게 말하기

〈부록 7〉 텍스트로 코스 설계하기(Burns & Joyce 1997)*

단계	토론 및 예시
1. 전체적인 환경 확인하기	대학: 코스의 초점은 학생들의 대학 공부를 준비하는 것이다.
2. 목적 개발하기	대학에서 학업을 수행하기 위해 필요한 구어 및 문어 기술 개발하기
3. 해당 환경에서의 언어 사건을 순서대로 기록하기	해당 예: · 대학에서 등록하기 · 코스 선택에 관해 토론하기 · 강의 참석하기 · 개별 지도 참석하기 · 도서관 이용하기 · 참고문헌 읽기 · 에세이 쓰기 · 보고서 쓰기 · 시험 보기 · 일상 대화에 참여하기
4. 해당 순서에서 나타나는 텍스트 목록화하기	해당 예: · 등록 형식 · 상담 안내 service encounter – 코스 · 선택하기 · 강의 · 개별지도 토론 · 상담 안내 - 도서관 관련 질문 · 가능한 문어 written 텍스트의 범위, 예를 들면 　- 특정 학문의 에세이 　- 특정 학문의 보고서 · 가능한 읽기 reading 텍스트의 범위, 예를 들면 　- 특정 학문의 논문 　- 특정 학문의 보고서 　- 도서관 카탈로그 　- 강의 노트 · 시험지

---

* 호주 국립 영어 교수 연구 센터(the National Centre for English Language Teaching and Research ; NCELTR)의 허가를 받아 A. Burns와 H. Joyce(1997)의 *Focus on Speaking*에서 발췌하였다. 저작권은 Macquaire 대학에 있다.

·일상 대화에서의 장르예(일화)

5. 학생들에게 필요한 사회문화적 지식 정리하기	학생들은 다음과 같은 지식이 필요하다: ·학문적 기관 ·학문적 절차 및 기대 ·학생의 역할
6. 텍스트 표본 모으거나 녹음하기	·문어 텍스트: 에세이, 카탈로그, 논문 등과 같은 예시 모으기 ·구어 텍스트: 다음과 같이 해야 할 것이다. - 사용 가능한 녹음 자료 찾기 - 부분 기록 대화문 준비하기 - 실제적 상호작용 녹음하기
7. 해당 텍스트와 관련된 과제 단위 및 달성할 학습 목표 개발하기	교실 과제는 학생들에게 다음을 제공하는 과제 단위로서 순서대로 배열되어야 한다: ·분명한 입력 ·안내된 연습 ·독립적으로 수행할 수 있는 기회

Unit 9 Putting the mind to work

Lesson A — *Exploring creativity*

1 Qualities of creative people

starting point

A What qualities do you think creative people usually have? Rank them in terms of importance, and add others of your own. Then compare with a partner.

____ curiosity	____ independence	____ resourcefulness
____ decisiveness	____ intelligence	____ sensitivity
____ determination	____ originality	____ thriftiness
____ discipline	____ patience	____ _____

B Pair work Do you think these occupations demand a high level of creativity? Discuss some of the qualities you need in each job, and then compare around the class.

screenwriter

surgeon

cameraperson

sculptor

news announcer

Originality is an important quality for a person who is working as a screenwriter. A screenwriter has to think up interesting, new stories.

2 Creativity at work

listening

A Listen to Angela, Simon, and Naomi talking about their jobs. What are their occupations? Why is creativity important in their work?

	Occupation	Why creativity is important
Angela		
Simon		
Naomi		

B Pair work Is creativity important in what you do every day? Why or why not?

74   Unit 9 Putting the mind to work

3
grammar focus

Reduced relative clauses

You can shorten a relative clause by dropping *who* and the verb *be*.

Originality is an important quality for a person **(who is) working** as a screenwriter.

You can also drop *who* and change the verb to *-ing*.

Anyone { who wants / wanting } to be successful has to work hard.

A Rewrite these sentences by reducing each relative clause. Then compare with a partner.

1. Anyone who wants to become a journalist should be able to write under pressure.

Anyone wanting to become a journalist should be able to write under pressure.

2. Anyone who is hoping to succeed in business needs to have original ideas on how to market products.
3. A person who works as an inventor is always looking for new ways of solving common problems.
4. A person who is working as a detective has to try to get inside the mind of a criminal.
5. Anyone who is trying to become a successful actor will find that there is a lot more to it than he or she first thought.
6. Someone who works in advertising needs to be able to write catchy slogans.
7. A person who is responsible for a large staff has to be creative with scheduling.

B Now rewrite the sentences in Exercise A with your own ideas. Then compare with a partner.

Anyone wanting to become a journalist should keep up on current events.

4
discussion

Jobs that demand creativity

A **Pair work** How much creativity do these jobs require? Rank them from 1 (most creative) to 6 (least creative), and then compare with a partner. Ask and answer follow-up questions.

____ businessperson   ____ fashion designer
____ chef   ____ lawyer
____ radio DJ   ____ teacher

A: I think being a businessperson takes a lot of creativity, especially if you have your own company.
B: How so?
A: Well, someone running a business has a lot of problems to solve. . . .

B **Group work** Join another pair. Describe one more job that requires a high degree of creativity, one that requires a medium degree, and one that requires little creativity. Explain your choices and then share your answers with the class.

Lesson A Exploring creativity   75

214 언어 교육과정 개발 - 이론과 실제 -

5 **Creativity quiz**

discussion **A** Creative people often answer "yes" to questions like these. Can you think of two more questions to add to the list?

Are you sensitive to beauty?   Do you like to take risks?

1. Do you like to take risks?
2. Do you often question the way things work?
3. Do you like to come up with ways of improving things?
4. Are you sensitive to beauty?
5. Do you think it's OK if your ideas don't work at first?
6. Do you excel in many different fields?
7. Are you curious about the world in general?
8. Do you have a creative sense of humor?
9. _____
10. _____

Source: From *Eccentrics* by David Weeks, M.D., and Jamie James

B **Group work** Answer the questions in Exercise A. Give examples to explain your answers.

I like to take risks. For example, last week I went bungee jumping.

6 **Creative solutions**

discussion **A** **Pair work** Look at these situations, and think of at least three interesting suggestions for each one.

1. You manage a sports club and want to attract new members. What are the best ways?
2. You have to entertain some preschool children for an afternoon. What will you do?
3. It's your friend's birthday, and you want to plan a surprise he or she will never forget. What can you come up with?
4. You have an empty closet in your apartment and want to use it for something other than storage. What can you do with such a small space?

A: What would you do to attract new members to a sports club?
B: Well, there are many people who are embarrassed to exercise in public. I would try to attract them by . . .

B **Group work** Compare your ideas in groups. Which are the most creative?

76 **Unit 9 Putting the mind to work**

writing **Begin a new paragraph each time you change focus.**

A Read this composition and decide where the writer changes focus. Write a ⓟ where you think each new paragraph should begin. Compare with a partner.

> Lucy Gomez is the most creative person I know. She started piano lessons when she was only 6 years old. At school, she was always creating interesting projects in her art class. When she was only 12 years old, she won a citywide poetry contest. Her parents were very proud of her. Now Lucy works as a sitcom writer for a popular TV show. She works with a group of writers, and together they have to think of fresh ideas. They also have to come up with funny dialog for the actors on their show because the actors have to play believable characters that will make the audience laugh. It is not an easy job, but Lucy does it well. She starts work late in the morning and often works until 7 or 8 at night. Lucy is very curious. She likes to travel and meet new people who have opinions that are different from hers. She often carries a notebook with her and writes down what she sees and hears. Lucy tells me that these new experiences are a good source of ideas for her work. I always enjoy talking to her and am happy to know someone as bright and creative as Lucy.

B Write a three-paragraph composition about someone you know who is very creative or who is unique or different in some other interesting way. Use these questions or others of your own to get started.

1. In what ways is this person special or different?
2. How does this affect his or her life?
3. Would you like to be like this person? Why or why not?

C Pair work Read your partner's composition, and answer these questions.

1. Are the paragraphs divided where they should be?
2. Is the focus of each paragraph clear?
3. Is there any additional information that you would like to know that was not included in the composition?

Ideas that work

Everyday objects

starting point

A Look at these "inventions." Why do people use them often? Why do you think they have been successful?

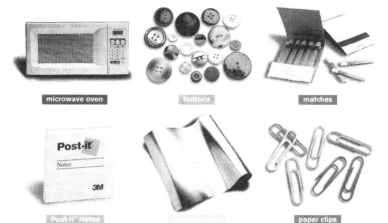

microwave oven   buttons   matches

Post-it Notes   paper clips

People need a quick and easy way to cook food, which is why the microwave oven has been so successful.

B Pair work What everyday objects in your household are the most useful? Why do you think they have been so successful?

Great ideas?

listening

A   Listen to John, Sandra, and Ted talking about what they would invent to make their lives easier. What are the inventions? What would they do?

	What are the inventions	What would they do
John		
Sandra		
Ted		

B Pair work Which invention would be most useful for you personally? Why?

grammar focus

Non-defining relative clauses as sentence modifiers

Non-defining relative clauses with *which* can be used to make a comment about an entire sentence. Notice the use of the comma.

People need a quick and easy way to cook food, **which is why the microwave oven has been so successful.**

Seat belts are now required in all vehicles, **which means fewer people die in traffic accidents.**

A Match these problems with the appropriate non-defining clauses. Then compare with a partner. Can you think of another clause to complete each sentence?

1. AIDS kills thousands of people each year, _i_
2. Cities are running out of safe places to dispose of trash, ___
3. It's very difficult to quit smoking, ___
4. Air travel became more dangerous in the 1980s because of terrorism, ___
5. Children used to get sick after opening medicine bottles and taking pills, ___
6. There are thousands of accidents in the workplace each year, ___
7. The postal service in many countries is not very efficient, ___
8. People already find today's computers inadequate, ___
9. It's easy to get lost when driving in a new city, ___
10. It used to be that people couldn't drive in the rain, ___

a. which means that more powerful models need to be developed.
b. which means that new methods of recycling will have to be invented.
c. which means engineers need to work harder to design safer workplaces.
d. which is why express delivery services have become very popular.
e. which is why scientists developed the nicotine patch.
f. which is why personal navigation systems were developed for rental cars.
g. which is why childproof bottle caps were invented.
h. which is why windshield wipers were invented.
i. which is why scientists are working so hard to find a vaccine.
j. which is why more sensitive types of metal detectors were invented.

B Add non-defining clauses beginning with *which is why . . .* or *which means that . . .* to these statements. Then compare with a partner.

1. People today watch TV more than they buy books, . . .
2. The Internet is used by millions of people, . . .
3. Airplane design has improved tremendously, . . .
4. There have been many advances in medicine in recent years, . . .
5. It's becoming less expensive to use cellular phones, . . .

discussion

Inventions and discoveries

Group work What three inventions or discoveries have had the greatest impact on life in the twentieth century?

The jet engine has had a great impact on life in the twentieth century. People can now travel long distances in a short amount of time.

reading **A Pair work** Why were these things developed or invented? Why have they been so successful?

Sony Walkman

NIKE athletic shoes

FedEx overnight delivery

B Now read the article. What questions do you think inspired the inventors of these products?

SILLY QUESTIONS, BRILLIANT ANSWERS

Several years ago, Masaru Ibuka, the chairman of Sony, was at a company planning meeting. Suddenly he had a brilliant idea. He stopped the meeting and asked everyone present what would happen if Sony removed the recording function and speaker and sold headphones with a tape player instead. Almost everyone thought he was crazy. Still, Ibuka kept thinking about his idea and worked at refining it. The result, of course, turned out to be the wildly successful Sony Walkman.

Good ideas often start with a really silly question. Bill Bowerman was making breakfast one day. As he stood there making waffles for his son, he wondered what would happen if he poured rubber into his waffle iron. Later, he tried it and the result looked something like the bottom of most sports shoes we see today. Still, when he took this idea to several existing shoe companies, he was literally laughed at. In fact, every single company turned him down. Though rather discouraged, Bowerman persevered and went on to form his own company, making NIKE athletic shoes.

Sometimes good ideas grow out of frustration. When Fred Smith was a student at Yale University, he had some paperwork that he needed to have delivered across the country the next day. Smith was amazed to find out that overnight delivery was impossible. He sat for a long while wondering why. Why couldn't there be a reliable overnight mail delivery service? He decided to design one. Smith did just that and turned his design into a class project. His business professor gave him only a C for his efforts. However, Smith was not through. He refined the ideas in that class project and eventually turned them into one of the first and most successful overnight mail services in the world – FedEx.

We know today, of course, that each of these ideas led to an incredibly successful product or service that has changed the way many of us live. The best questions are usually open-ended and are often silly. Children aren't afraid to ask such questions, but adults frequently are. Think how different the world might be if people never asked "silly" questions!

C Group work Discuss these questions. Then share your answers with the class.

1. Why do you think so many people turned down Bowerman's idea?
2. Why do you think Smith's professor gave him a C on the project?
3. Which idea has led to the most imitations?
4. Do you have any ideas for new products or services? What are they?

Lesson B *Ideas that work*   81

Collocations

vocabulary **A** Combine the verbs with the nouns to make common expressions. How many expressions can you find? Compare with a partner.

Verbs		Nouns	
analyze	make	a mistake	alternatives
explore	organize	a problem	possibilities
find	solve	a situation	information
		a solution	

analyze a situation   *solve a problem*

B **Pair work** How do people come up with ideas for new inventions? Answer using the expressions in Exercise A.

> *It's important not to be afraid to make a mistake.*

 Making life better

discussion **A** **Pair work** Why do inventors invent new products? Read this list of reasons, and add two more of your own.

- to make business more efficient
- to make daily life easier
- to help protect people's health
- to save lives
- to make life more enjoyable
- to protect the environment
- _____
- _____

B **Group work** Join another pair. Why do you think these things were invented? Use the reasons in Exercise A or others of your own.

air bags for cars   lie detectors   overnight delivery services
fax machines   life preservers   the Walkman
handheld computers   jet engines   virtual reality

> *Air bags for cars were invented in order to save lives. Without them, more people would be injured in car accidents.*

Plan of Book 1

Title/Topics	Functions	Grammar
UNIT 1 — PAGES 2-7		
Please call me Chuck. Introductions and greetings; names and titles; countries and nationalities	Introducing yourself; introducing someone; checking information; asking about someone; exchanging personal information	Wh-questions and statements with *be*; yes/no questions and short answers with *be*; contractions; subject pronouns; possessive adjectives
UNIT 2 — PAGES 8-13		
How do you spend your day? Occupations, workplaces, and school; daily schedules; clock time	Describing work and school; asking for and giving opinions; talking about daily schedules	Simple present Wh-questions and statements; time expressions: *at, in, on, around, until, before, after, early,* and *late*
UNIT 3 — PAGES 14-19		
How much is it? Spending habits, shopping, and prices; clothing and personal items; colors and materials	Talking about prices; giving opinions; talking about preferences; making comparisons; buying and selling things	Demonstratives: *this, that, these, those; one* and *ones*; questions: *how much* and *which*; comparisons with adjectives
UNIT 4 — PAGES 20-25		
Do you like jazz? Music, movies, TV programs; entertainers; invitations and excuses; dates and times	Talking about likes and dislikes; giving opinions; making invitations and excuses	Simple present yes/no and Wh-questions with *do*; question: *what kind*; object pronouns; modal verb *would*; verb + *to* + verb
REVIEW OF UNITS 1-4 — PAGES 26-27		
UNIT 5 — PAGES 28-33		
Tell me about your family. Families and family life	Talking about families and family members; exchanging information about the present; describing family life	Present continuous yes/no and Wh-questions, statements, and short answers; determiners: *all, nearly all, most, many, a lot of, some, not many, a few,* and *few*
UNIT 6 — PAGES 34-39		
How often do you exercise? Sports and exercise; routines	Asking about and describing routines and exercise; talking about frequency; talking about abilities	Adverbs of frequency: *always, almost always, usually, often, sometimes, seldom, hardly ever, almost never, never*; questions with *how: how often, how much time, how long, how well, how good*; short answers
UNIT 7 — PAGES 40-45		
We had a great time! Free-time and weekend activities; vacations	Talking about past events; giving opinions about past experiences; talking about vacations	Past tense yes/no and Wh-questions, statements, and short answers with regular and irregular verbs; past tense of *be*
UNIT 8 — PAGES 46-51		
How do you like the neighborhood? Stores and places in a city; neighborhoods; houses and apartments	Asking about and describing locations of places; asking about and describing neighborhoods; asking about quantities	*There is/there are; one, any, some*; prepositions of place; questions: *how much* and *how many*; countable and uncountable nouns
REVIEW OF UNITS 5-8 — PAGES 52-53		

vi

▎참고문헌 ▎

ACTFL Proficiency Guidelines. 1985. Hastings-on Hudson: ACTFL Materials Center.

Axbey, S.1997. *Real times elementary*. London: Richmond.

Brinton, D., M. Snow, and M. Wesche. 1989. *Content-based second language instruction*. New York: Newbury House.

Buckingham, A., and N. Whitney. 1995. *Passport*. New York: Oxford University Press.

Burns, A., and H. Joyce. 1997. *Focus on speaking*. Sydney: National Centre for English Language Teaching and Research.

Feez, S. 1998. *Text-based syllabus design*. Sydney: National Centre for English Language Teaching and Research.

Hindmarsh, R. 1980. *The Cambridge English lexicon*. Cambridge: Cambridge University Press.

Ingram, D. 1982. Designing a language program. *RELC Journal* 13(2): 64~6.

Kelly, L. G. 1969. *Twenty-five centuries of language teaching*. Rowley, MA: Newbury House.

Krahnke, K. 1987. *Approaches to syllabus design for foreign language teaching*. Washington, DC: Center for Applied Linguistics.

Liskin-Gasparro, J. E. 1984. The ACTFL proficiency guidelines: A historical perspective. In T. V. Higgs(ed.), *Teaching for proficiency: The organizing principle*. Skokie, IL: National Textbook Company. 11~42.

Lowe, P. 1986. Proficiency: Panacea, framework, process? A Reply to Kramsch, Schultz, and particularly to Bachman and Savigon. *Modern Language Journal* 70: 391~397.

Mohan, B. 1986. *Language and content*. Reading, MA: Addison-Wesley.

Mrowicki, L. 1986. *Project work English competency-based curriculum*. Portland: Northwest Educational Cooperative.

Munby, J. 1978. *Communicative syllabus design*. Cambridge: Cambridge University Press.

Nation, I. S. P. 1990. *Teaching and learning vocabulary*. New York: Newbury House.

Paltridge, B. 1992. EAP placement testing: An integrated approach. *ESP Journal* 11(3): 243~268.

Prabhu, N. S. 1987. *Second language pedagogy*. Oxford: Oxford University Press.

Pusat Perkembangan Kurikulum. 1989. *Bahasa Inggeris Tingkatan iv*. Kuala Lumpur.

Richards, J. C., and C. Sandy. 1998. *Passages 1*. New York: Cambridge University Press.

Richards, J. C., S. Proctor, and J. Hull. 1997. *New Interchange 1*. New York: Cambridge University Press.

Skehan, P.1996. A framework for the implementation of task-based instruction. *Appled Linguistics* 17(1): 38~61.

Van Ek, J., and J. L. M. Trim. 1998. *Threshold 1990*. Cambridge: Cambridge University Press.

Weir, C. 1990. *Communicative language testing*. Oxford: Pergamon.

Willis, D. 1990. *The lexical syllabus*. London: Collins.

Willis, D., and J. Willis. 1998. *Collins Cobuild English course*. London: Collins ELT.

Yalden, J. 1983. *The communicative syllabus: Evolution, design and implementation*. Cambridge: Cambridge University Press.

7

효과적인 교수 제공
Providing for effective teaching

지금까지 이 책에서 설명해 온 교육과정 개발의 과정은 학교가 그 목적을 달성하도록 도와주는 중요한 자원이다. 또 다른 주요한 교육 자원은 교수teaching 그 자체이다. 본 장에서는 언어 프로그램에서 어떻게 양질의 교수가 이루어지고 유지될 수 있는가에 초점을 둔다. 이전 장에서 언어 코스의 개발과 관련된 필수적인 계획을 설명한 반면, 본 장에서는 양질의 교수가 이루어질 수 있는 조건을 창출해내는 요소를 알아보고자 한다. 양질의 교수는 교사들이 얼마나 잘 가르치는지에 대한 결과뿐만 아니라 양질의 교수를 촉진할 수 있는 상황과 근무 환경을 조성함으로써 얻을 수 있다. 본 장에서 다룰 쟁점은 다음과 같다.

- 교육기관 요인
- 교사 요인
- 교수 요인
- 학습자 요인

7.1. 교육기관 The institution

1) 조직 문화 The organizational culture

학교의 조직 문화는 학교 내에 존재하는 교풍과 환경, 의사소통과 의사 결정의 종류, 그리고 이들이 지지하는 경영과 인사 구조를 말한다. 4장에서는 학교의 조직 문화가 새로운 아이디어를 수용하고 실행을 촉진하거나 방해하는 정도를 포함하여 학교 조직 문화의 여러 측면을 논의해 보았다. 학교의 조직 문화는 다음 질문에 대해 어떻게 대답하느냐에 따라 드러난다.

- 학교의 목적과 사명 mission은 무엇인가?
- 학교의 경영방식은 무엇인가?
- 직원들이 공유하는 가치는 무엇인가?
- 학교의 의사결정 상의 특징은 무엇인가?
- 교사들은 어떤 역할을 수행하는가?
- 교수 및 기타 활동은 어떻게 계획되고 검토되는가?
- 직원 개발을 위해 무엇을 제공하는가?
- 코스와 교육과정은 어떻게 계획되는가?
- 학교는 변화와 혁신에 얼마나 수용적인가?
- 의사소통 채널은 얼마나 열려 있는가?

이 장에서는 위의 질문들 그리고 이와 관련된 질문들에 대해 살펴볼 것이다. 교육기관 내 조직 문화의 근간은 경영 구조이다. Davidson과 Tesh(1997)가 지적한 바와 같이 기관 조직의 설계는 "권력관계, 의사소통 망, 구체적 계획, 조직적 기술 organizational technique 등 조직 내 업무의 수와 유형의 윤곽을 잡는 경영상의 결정과 업무의 우선순위를 정하고, 업무를 통제하고 연결시키는 과정에 따라 만들어지기 때문이다(Davidson & Tesh 1997, 177)." Davidson과 Tesh는 학교 및 기타 조직에서 흔히 발견되는 두 가지 유형의 조직 구조, 즉 기계적 모형 mechanistic model과 유기적 모형 organic model을 설명한다. 기계적 모형은 권위와 계층적 통제의 필요성과 확실한 지휘 계통을 강조하며 이러한 집단 활동을 조직하는 관료적 접근법이다 (Davidson & Tesh 1997, 178). Davidson과 Tesh는 많은 언어 프로그램에 이런 조직 organizational 모형이 반영된다고 하면서 다음을 예로 들었다.

1. 많은 프로그램이 전문화 specialization를 중시한다. 다시 말하면, 교사들이 한 개 또는 두 개의 특정 급 level이나 언어 기술 skill에서 전문화되는 것을 선호한다. 예를 들면, 한 교사가 3급 읽기와 3급 쓰기를 맡아서 수업하고 매 학기 이 수업만을 해서 이 분야의 전문가가 되는 것이다.
2. 많은 프로그램이 교사들에게 코스 교육과정뿐 아니라 그 날 어떤 부분과 연습 문제들이 다루어져야 하는가에 대해 개관을 제시하는 수업 교수요목을 제공한다.

교수요목이 상세할수록 프로그램의 각 단계는 더욱 통일성 uniformity이 있을 것이다. 대규모 프로그램, 대학원 조교를 활용하는 프로그램, 또는 여러 장소에서 실시되는 프로그램을 맡은 행정 담당자들은 상세한 교수요목이 이점을 지닌다고 생각할 것이다. 개인차, 직업적 경험 미숙 또는 즉시성 propinquity의 부재로 인해 생길 수 있는 교수 수행상의 불확실성을 없애 주기 때문이다.

3. 어떤 프로그램은 명백한 지휘 계통을 지닌다. 이러한 프로그램에서 모든 의사소통은 수직적이다. 아래에서 위로 올라갈 경우, 의사소통은 적절한 단계에 이를 때까지 지휘 계통상의 각 상급자를 통한다. 위에서 아래로 내려갈 경우, 같은 방식으로 각 하급자를 통해야 한다.

4. 많은 프로그램은 기계적 모형에 상응하는 고용, 승진, 해고의 정책을 가지고 있다. 학위, 분야, 직업적 경험의 기간 및 유형, 추천서 같은 전문적 자격 요건을 바탕으로 고용하고, 연장자 서열, 프로그램에 대한 기여도, 직업적 성취도를 바탕으로 승진하며 합당한 과정을 거친 이후에만 해고된다.

(Davidson & Tesh 1997, 179)

이와는 대조적으로 조직 설계의 유기적 organic 모형은 다음과 같다.

유연성과 적응력을 최대화하고 자신감을 갖도록 장려하고 상급자와 하급자 간의 신뢰를 고무시키고 조직의 목적 달성을 위해 다양한 인간의 동기를 활용하는 것이다. 의사소통은 수직과 수평, 모든 방향으로 흘러간다. 팀워크가 중요하고 의사 결정과 통제 기능이 전 조직에 걸쳐 광범위하게 공유된다.

(Davidson & Tesh 1997, 179)

유기적 모형의 양상은 많은 언어 프로그램에서 찾아볼 수 있다. Davidson과 Tesh는 다음의 예를 인용하고 있다.

1. 많은 프로그램의 행정 담당자들은 유연성과 적응성을 중시한다. 그들은 교사들이 모든 급에서는 아니더라도 대부분의 급에서 모든 기술 skills은 아니더라도 대부분의 기술을 가르치기를 기대한다. 그리하여 각 교수진들을 위한 다양한 전문성 개발 활동을 장려한다. 급, 기술 그리고 내용 영역의 전문화는 전문가의 직업적 성장에 방해될 뿐만 아니라 수업을 하고 싶어도 '전문가'가 아니라는 이유로 수업을 할 수 없는 다른 교사들에게도 장애가 된다.

2. 많은 언어 프로그램을 통해서 각 교사들과 직원은 자신의 가치 및 유용성을 키우는 직업적 훈련의 기회를 갖게 된다. 내외부의 전문가들과 함께하는 연수 또는 전

문교육 회의를 개최하는데 이들은 시기적으로 적절하고 잘 조직되어 있으며 초점이 잘 맞추어져 있다. 그리고 지역 및 전국 전문회의에 참석하는 데 드는 여행 경비를 제공한다. 또한, 자료 개발을 위한 자유 시간도 제공한다. 연구, 출판, 연구비 제안서 작성을 장려한다.

3. 많은 프로그램이 협력적 교수, 동료 지도 peer coaching, 관찰, 그리고 새로운 교재를 위한 공동 작업을 통해 수직적뿐만 아니라 수평적 의사소통을 가능하게 한다.

4. 많은 프로그램은 팀워크를 중시하며 의사 결정과 통제 기능이 전 프로그램에 걸쳐 널리 공유되도록 위원회 체제를 형성한다. 위원회의 제언은 조언에 불과할 수도 있지만 구속력이 있을 수 있다. 장기 계획, 순환적 문제, 인사 문제, 직업적 전문성 개발, 프로그램 마케팅 등의 분야에 관심이 있다.

(Davidson & Tesh 1997, 180)

Davidson과 Tesh는 대부분의 언어 프로그램이 프로그램의 규모와 그 안에서 일하는 교사/직원의 유형에 따라 유기적 모형의 특색 및 기계적 모형의 특색 모두를 지니고 있다고 말한다. 경험 많고 성숙한 전문가들로 이루어진 대규모 프로그램의 경우, 더욱 유기적 접근이 필요할 것이다. 소규모의 프로그램 또는 경험이 적은 직원들로 이루어진 프로그램의 경우, 더욱 기계적인 접근이 요구될지도 모른다.

2) 교육기관의 질적 우수성 지표 Quality indicators in an institution

언어 교수 기관들은 교육적 임무를 바라보는 관점이 매우 다양하다. 일부 학교들은-대다수이기를 바라지만-양질의 교육 서비스를 제공하는 데 전념한다. 이들은 분명하게 명시된 사명이 있다. 또한, 안정된 교육과정과 프로그램의 개발을 중시하고 최고의 교사들을 채용하며 양질의 수업을 제공하고 교사들이 최상의 결과에 도달하는 데 필요한 자원을 제공한다. 다음의 특징은 학교 또는 교육기관의 질적 지표이다(Morris 1994).

1. 교육 목적이 분명히 명시되어 있다.
2. 학생들의 요구에 부합하는 프로그램은 잘 계획되고 균형을 이루며 조직화되어 있다.
3. 학교에서의 교육적 요구를 판단하고 이를 우선순위에 따라 배치하기 위해 체계적이고 증명 가능한 절차가 존재한다.
4. 학습에 대한 헌신적 참여 commitment와 학생들이 잘할 것이라는 기대감이 있다.
5. 목적 goals을 개발하고 결정을 내리는 데 교직원 staff들이 많이 관여한다.

6. 교사진들은 훌륭한 연대의식 team spirit이 있으며 동기화되고 단결력이 있다.
7. 행정 담당자들은 교사들의 직업적 전문성 개발 professional development에 관심이 있고 그들의 기술과 경험을 최대한 활용할 줄 안다.
8. 학교 프로그램을 정기적으로 검토하여 그 목적을 향해 잘 나아가고 있는지 평가한다.

모든 학교가 질적 우수성의 철학 philosophy of quality을 수용하는 것은 아니다. 어떤 소유주들은 학교를 사업의 기회 정도로밖에 보지 않는다. 우수한 교사를 고용하고 교사 연수와 직업적 전문성 개발에 쓰이는 예산이 제한적이거나 거의 없는 경우도 있다. 교육적 임무는 개발되지 않고 이를 달성할 계획도 없다. 열악한 고용 조건에서 교사들은 동기 부여가 안 되고 능력도 떨어진다. 이직률도 높고 교육기관의 명성도 낮다. 비즈니스 환경 속에서 교육적 질을 유지하는 것은 많은 사설 언어 교육기관의 난제이다. 교육은 사업인 사례가 점점 늘고 있고, 교육적 목표와 기준을 달성하는 동시에 손실액 복구나 이윤창출 같은 재무상 요구를 충족시키는 것이 도전과제이다. 교육적으로나 재정적으로 건실한 것이 반드시 상호 배타적인 것은 아니다. 교육기관이 프로그램에 질적 우수성과 효율성을 확립하고자 한다면 다음과 같은 종류의 질문을 해 볼 필요가 있다(Henry 1997, 79).

1. 언어 프로그램의 질을 어떻게 판단할 수 있는가?
2. 언어 프로그램의 질을 어떻게 개선할 수 있는가?
3. 언어 프로그램에서 가장 가치가 있는 것은 무엇인가?
4. 어떤 유형의 교육과정이 학생들의 요구에 가장 잘 부합하는가?
5. 교육과정을 지원하기 위해 무엇이 필요한가?
6. 학생들을 정확하게 배치하기 위하여 어떤 종류의 언어 숙달도 평가가 필요한가?
7. 교수진에게 어떤 질적 우수성을 요구하는가?

다음 절에서는 자질 quality의 핵심적인 면을 검토하고 자질이 어떻게 학교 및 언어 프로그램의 주안점이 될 수 있는지를 살펴볼 것이다.

① **사명감 A sense of mission**
교육기관의 목적은 무엇인가? 코스의 범위와 서비스에 대한 이론적 근거를 제공하는 중요한 교육 목적이 존재하는가? 학교의 사명감을 명시하는 중요한 형식

이 사명 진술문mission statement이다. 이러한 사명 진술문은 교육기관의 성공에 책임이 있는 사람들이 공동으로 작성해야 한다. <부록 1>은 교직원들이 공동으로 만든 어떤 대학교 영어과의 사명 진술문의 예이다. 일단 사명 진술문이 만들어지면 교육기관의 새로운 계획 제안 및 언어 교육기관 프로그램을 평가하는 기준점이 되고 계속해서 그 성과를 평가하는 기초를 제공한다.

② 전략적 계획 Strategic plan

전략적 계획은 장기적 비전과 교육기관의 목적 그리고 이를 실현하기 위한 방법을 기술한 것이다. 성공한 기업에서 사용한 접근법을 기초로 한 전략적 계획의 개념은 학교를 포함한 모든 조직의 성공을 위해 필수적인 것으로 여겨진다. Klinghammer(1997, 64)는 효과적인 언어 프로그램에서 전략적 계획이 어떤 기능을 하는지 유용한 견해를 제시하고 다음과 같은 훌륭한 전략적 계획의 여섯 가지 요소를 밝혔다.

- *비전 vision*: 언어 프로그램이 장기적으로 지향하는 것과 구성원들이 성취하기를 바라는 것에 관한 진술
- *가치 values*: 학생, 교사 그리고 이해당사자들에 대한 책임의 측면에서 프로그램의 운영을 안내하는 원리
- *취지 purpose*: 교육기관이 왜 존재하는가에 대한 기본적 이유
- *사명 mission*: 대개 일정 기간 내에 성취하고자 하는 특정 목적의 관점에서 그 교육기관의 비전을 기술한 것. 이것은 사명 진술문의 형태로 표현됨
- *목적 goals*: 학생 등록 수 늘리기, 교수 자료 개발하기 또는 교사들이 교실 연구를 할 수 있는 환경 제공하기 등과 같은 여러 임무와 관련된 특정 단계들
- *전략 strategies*: 목표 달성을 위해 사용될 수 있는 방법과 활동들

③ 질적 우수성 보장 기제 Quality assurance mechanisms

질적 우수성 보장은 실제 수업의 질을 보장하기 위해 학교가 보유한 체제를 말한다. 예를 들면, 최고의 직원이 고용되리라는 것을 어떻게 보장할 수 있는가. 직원 채용 과정이 투명하고 공정한가 아니면 직원 채용이 인맥을 통해서 이루어지는가. 교재를 선정하고 검토하는 데 어떠한 과정process이 있는가. 교사들이 선정한 교재는 질적 우수성, 적절성에 기초하여 선정된 것인가 아니면 다른 요소들을 토

대로 선정된 것인가. 평가나 다른 형태의 사정assessment이 안정적이고 공정하다는 것을 확실히 하기 위해 어떤 시스템이 마련되어 있는가. 때로는 알 수 없는 기준에 기초한 행정 때문에 등급이 상향 또는 하향 조정되는가. 교육기관에서 질적 우수성 보장 문화를 창출하는 것과 관련된 요소들은 다음과 같다.

- 질적 우수성 보장에 관한 공식화된 정책이 명확히 표명되고, 모든 교직원이 이에 익숙하다.
- 고용, 홍보, 자료, 시설, 교사의 옷차림 등 질적 우수성 quality과 관련된 모든 면에 대하여 합리적이고 수용할 수 있는 기준이 결정되어 있다.
- 체제는 질적 우수성을 정기적으로 평가하고 필요한 곳에 수정을 보장하기 위한 준비가 되어 있다.
- 업무 성과가 높은 사람들이 확실히 인정받도록 하는 보상 체제가 있다.
- 교직원들이 교수teaching나 자료의 질을 향상하도록 필요한 지원을 제공한다.

④ 안정된 교육과정 A sound curriculum
안정된 교육과정은 학교 프로그램에서 다음과 같은 특징이 나타난다.

- 제공된 코스의 범위가 학습자의 요구와 일치한다.
- 교육과정은 일관성이 있다. 코스는 학교의 임무 달성을 위한 타당한 접근법을 제시한다.
- 인정받은 교육과정 개발 과정 process에 주목하면서, 코스는 안정된 교육적 원리에 기반을 두고 개발되었다.
- 목적, 목표, 교수요목, 코스 구성 등 코스에 관한 전반적 설명이 개발되었다.
- 교수 자료와 시험은 질적으로 매우 우수하고 신중하게 선정되고 개발되었으며 정기적으로 검토되고 개정된다.
- 교수와 학습의 질적 우수성을 검토하는 기제가 마련되어 있다.
- 교육과정은 지속적인 검토와 수정의 대상이다. 교육과정의 모든 면에 대하여 강·약점을 찾아내고 개선해 나가는 데 지속적인 관심이 있다.

⑤ 유연한 조직 구조 Flexible organizational framework
효율적인 학교 및 언어 프로그램은 변화에 열린 태도를 지니고 융통성이 있으며 교사들이 혁신적이도록 장려하는 행정 담당자들이 특징짓는다는 것을 살펴보았다. 이러한 프로그램은 교직원staff을 신뢰하고 지지하는 분위기가 조성되어 있고 합리적인 수업 시수, 보상, 직업 개발 기회를 지원한다. 경영방식은 하향식top-down 보다는 참여적이다(Stoller 1997).

⑥ 원활한 내부 의사소통 Good internal communication

원활한 의사소통은 교사 간 그리고 교사와 행정 담당자 간의 의사소통을 촉진하는 체제를 갖추는 데 달려 있다. 이러한 체제는 다음 사항을 포함한다.

- 중요한 쟁점에 대한 최근 상황을 알려주고 의견 제시input의 기회를 제공하는 정기 회의와 브리핑
- 행정 지도자와의 접촉 기회access 및 기관 내에서 관리자를 볼 수 있음. 이에 더하여 경영진이 교사의 제안에 수용적임
- 주요 결정에 대해 다양한 정보원의 입력input의 기회를 통한 의사 결정 공유
- 정보가 필요한 이들을 위한 관련 코스 문서 및 정보 이용 가능성
- 직무 영역과 기대 사항을 분명히 하기 위한 것으로 다양한 역할 및 직무에 대한 교직원 서면 지침
- 프로그램의 모든 측면에서 피드백을 수집하는 체제 및 피드백을 건설적으로 사용하는 절차
- 교직원 지원과 다른 사람들의 교수 자료 및 코스 개요에 대한 건설적인 논평을 얻기 위한 체제
- 교직원이 경험, 문제, 해결책을 설명하고 비교할 수 있는 정기적인 평가 혹은 피드백 회의
- 동료가 경험을 나누고 제안을 주고받으며 성공적인 교수 경험에 대해 보고를 할 수 있는 정기 뉴스레터, 회보 또는 이메일 의사소통
- 교직원이 서로 친분을 형성하고 동료적 관계와 동료애를 형성하게 하는 비공식 모임

⑦ 교사에 대한 전문직 대우 Professional treatment of teachers

언어 교사는 종종 열악한 고용 조건에 놓인다. 그들이 항상 전문적 기술과 지식을 갖춘 훈련받은 전문직으로 인정받는 것은 아니다. Leung과 Teasdale(1998, 5)은 여러 국가의 정규 교육mainstream education에서 ESL 교사들의 지위에 문제가 있으며 이는 교사들이 직면한 주요 장애물 중의 하나라고 지적한다.

ESL 교사들이 정규수업을 하는 초중등 교육 부문에서 그 상황은 매우 다양하고 예측 불가능하다. ESL은 교육과정 과목에 포함되지 않으며 다른 과목의 내용을 통해 전달되어야 한다. ESL 교사들은 일반적으로 독자적인 수업 관리 권한을 갖지 못한다. 그들은 흔히 보조 또는 협동 교사로서 일하고 대개 주당 수업 시간이 제한된 특별 수업 particular class을 한다. 학생들이 일 년 중 각기 다양한 시기에 (외국에서 미국으로) 도착하기 때문에 영어 학습은 그들의 선행 교육 정도나 환경에 따라 다양하게 이루어져야 한다. 학과 기반 교수 절차 - 예를 들면 과학이나 음악이 지닌 방식으로 - 는 명확하게 확립된 것도 없고 널리 수용된 것도 없다. 또한, ESL 학생들의 특정 요구에 맞추어 확실히 규정된 학습 결과도 없다.

여기서 더욱 광범위한 쟁점은 교사들이 전문직으로 대우를 받는가 아니면 단순히 노동력의 구성원으로 간주되는가 하는 것이다. Eskey(1997, 24)는 미국 대학의 집중 영어 프로그램의 낮은 학문적 위상과 종종 예산상의 압박을 해결해야 하는 현실에 대해 비평한다.

대부분의 프로그램은 자급 self-supporting해야 하고 많은 경우에 사실상 더 권위 있는 프로그램을 지원하기 위해 큰 흑자를 내기를 바라는 돈벌이 수단 cash cow으로 간주된다. 이것은 수입을 최대화하고 비용 지출은 최소화하는 것을 의미하며, 실제적으로 심각한 인원 부족, 직원과 교수진 모두의 낮은 월급, 복리후생이 전혀 없거나 거의 없는 다수의 비정규직 교수진을 의미한다. 또한, 장비와 시설에 대한 고려 및 교육과정 개발, 직무 훈련, 전문 학회 참석 지원 등과 같이 교수진에게 주는 주요 특전을 삭감하는 것을 의미한다.

교사를 전문직으로 간주하는 정도는 다음에 의해서 나타난다.

- *고용 기간 및 조건*: 교사들은 그들의 역할과 책임이 명시된 문서화된 계약을 하는가? 교사들은 정규직으로 계약되는가 아니면 복리후생 benefits이 전혀 또는 거의 없는 임시직으로 고용되는가. 임시 계약을 맺은 교사들로만 구성된 프로그램에서는 장기 계약을 맺은 교사들로 구성된 프로그램과 같은 수준의 헌신을 기대할 수 없다.
- *지원과 보상 체제*: 교사들이 다양한 역할을 수행하는 것을 돕기 위해 어떤 지원이 가능한가. 양질의 서비스 quality service에 대해 어떤 보상이 있는가.

이 두 가지 요소는 모두 교사의 사기에 영향을 미칠 것이다. 교사가 그들의 학교 또는 교육기관에 대해 긍정적으로 말하고 그곳에서 일하는 것을 자랑스럽게 생각하는가 아니면 자신들이 경시당하고 착취당한다고 느끼는가?

⑧ 교사 개발의 기회 Opportunities for teacher development

교사들이 지속적으로 가치 있는 교수를 추구한다면 장기적인 직업 목표를 개발하고 오랜 시간에 걸쳐 그들의 역할과 책임을 확장시켜야 한다. 질적으로 우수한 교육기관은 교사들에게 경력career개발의 기회를 제공한다. ESL/EFL은 급속히 변화하는 분야이고 교사들은 전문적 지식 및 기술을 최신화할 수 있는 정기적인 기회가 필요하다. 그러한 기회는 매우 다양한 방법으로 제공될 수 있다.

- *학회 참가 Conference participation*: 교사들은 다른 교사들과 교류하고 동향 trends, 쟁점, 실제 등에 관해 배우는 전문 회의 및 세미나에 참가할 수 있다.
- *워크숍과 직무 세미나 Workshop and in-service seminars*: 관심 있는 주제에 관하여 외부 전문가 또는 학교 내부 직원이 워크숍과 세미나를 열 수 있다.
- *독서 모임 Reading group*: 교사들은 독서 모임을 구성해서 관심 있는 책이나 논문을 읽고 토론할 수 있다.
- *동료 관찰 Peer observation*: 교사들은 교수 접근법의 비판적 반성 및 논의를 위한 기초로서 서로의 수업을 교대로 관찰할 수 있다.
- *교수에 관한 글쓰기 Writing about teaching*: 교사들은 반성적 일기 diary나 일지 journal를 쓰고 이를 동료들과 공유할 수 있다.
- *프로젝트 작업 Project work*: 교사들은 수업자료, 비디오, 그리고 기타 교수 자원 등을 개발하는 프로젝트 개발의 기회를 가질 수 있다.
- *현장 연구 Action Research*: 교사들은 그들의 교수에 관한 소규모 교실연구 classroom research를 할 수 있다.

(Richards & Lockhart 1994)

교육기관이 교사들에게 이러한 기회를 제공하거나 이러한 활동에 참가하도록 고무시키는 정도는 기관이 교사들을 어떻게 보는가에 대한 좋은 지표이다. <부록 2>는 이러한 쟁점을 다루고 '최상의 수업 Best Practice' 원칙을 분명히 하기 위한 언어 학교들의 노력을 나타낸다.

3) 교수 환경 The teaching context

프로그램에서 교수의 질에 영향을 미치는 마지막 요소는 교사들이 일하는 교육 기관의 환경과 관련 있다.

① 규모와 인력 구조 size and staff structure

학교의 규모와 행정 구조는 교사 업무의 여러 측면에 영향을 끼친다. 다섯 명의 교사로 이루어진 교육기관에서 일하는 것과 100명의 교사로 이루어진 교육 기관에서 일하는 것은 매우 다르다. 다섯 명의 교사로 이루어진 기관의 경우 교사들은 친밀하게 짜인 팀이며 서로에 대해 잘 알고 있다. 100명의 교사로 이루어진 기관의 경우 교사들은 독자적으로 일할 것이고 개인적인 기여가 프로그램의 성공에 중요하다고 느끼지 않을 수도 있다. 이런 경우 학교는 교사들이 서로 알고 협동심을 형성하도록 하기 위해 무엇을 할 수 있는지 질문해야 한다. 가능한 선택에는 사회적 활동뿐 아니라 'brown-bag lunch*(봉투에 담아온 점심을 먹으면서 하는 토론 모임)' 같은 비공식적 직업 활동 informal professional activity이 있다. 행정부서는 대규모 집단의 교사들과 의사소통하기 위한 기제를 개발할 필요가 있다.

② 장비 Equipment

학교마다 장비와 기술에 투자하는 정도는 매우 다르다. 어떤 학교들은 이러한 장비가 교사들에게 필수적이며 교수, 업무량, 사기에 긍정적인 영향을 미칠 수 있다고 생각한다. 그래서 컴퓨터, 카세트, CD 플레이어, 비디오 녹화기, OHP, 복사기 등의 장비에 많은 투자를 한다. 장비에 대한 투자가 부족할 경우 교사들의 업무량에 부정적 영향을 미칠 수 있다.

③ 보조 직원 Support staff

적절한 보조 직원은 교사의 업무를 원활하게 할 수 있다. 타이핑, 시간표 짜기, 복사, 행정적 업무를 도와주는 비서나 행정 직원이 있는가. 없다면 교사는 어느 정도의 시간을 수업 이외의 업무에 투자하는가. 그리고 이에 대해 어느 정도의 보수를 받는가.

---

* 역자주: 이는 간단한 점심을 곁들인 토론모임으로 보통 점심으로 제공되는 샌드위치 등의 봉투가 갈색인 데서 유래되었으며 누구나 제약 없이 자유롭게 토론할 수 있다고 해서 '캐주얼 토론회'라고도 한다.

④ 교사 업무 공간 Teacher work space

학교가 교사 및 교사 업무를 얼마나 중요하게 생각하는가를 판단하는 한 방법은 학교가 교사에게 제공하는 업무 공간을 살펴보는 것이다. 교사가 동료와 상호작용하고 수업 준비를 하며 과제assignment를 채점하고 교수 자료와 유인물을 준비할 수 있는 교사들을 위한 방이 마련되어 있는가.

⑤ 교사 자료실 Teacher resource room

교사들은 그들의 전문적 지식을 최신화하고 교수에 반영할 새로운 아이디어를 얻기 위해 자료실 또는 유사한 시설에 비치된 최신의 ESL 교재, 참고서, 자료, 잡지를 이용할 필요가 있다.

⑥ 교수 시설 Teaching facilities

교수가 이루어지는 장소는 어디이며 교수 시설은 얼마나 적합한가. 교실 이외에도 멀티미디어 실습실 또는 컴퓨터 실습실, 언어 실습실, 자습실, 학생 독서실이 있는가. 이런 시설이 프로그램의 질에 어떤 영향을 미치는가.

⑦ 학급 규모 Class size

학급 규모는 어떠한가. 오늘날 대부분의 언어 수업은 학생 수가 15명을 넘지 않아야 한다고 권장하지만 교사들은 많은 경우에 이보다 훨씬 많은 학생과 수업을 해야 한다. 때때로 학급 규모는 언어 교육자가 통제할 수 없는 상황이 되기도 한다. 그러나 학급 규모가 수업의 질에 영향을 미친다는 것을 학습자(client)에게 알려주어야 한다. 유형별 코스에 필요한 최적의 학급 규모는 교사, 학습자, 학교 요인을 기반으로 정해져야 하고 필요할 경우 그와 같은 기준이 정해진 이유를 학습자에게 설명하여야 한다.

7.2. 교사 The teachers

훌륭한 교수 환경을 위해 많은 일이 행해질 수 있지만, 궁극적으로 프로그램의 성공을 결정하는 것은 교사 자신이다. 훌륭한 교사들은 교육과정, 자료 또는 교수에 활용할 수 있는 자원의 부족한 면을 보충할 수 있다. 여기서 우리는 교사에 대해 그리고 프로그램에서 그들의 역할이 어떻게 지지될 수 있는지를 생각해 볼 것이다.

1) *기술과 자격* Skills and qualifications

언어 교육기관은 매우 다양한 유형의 교사를 고용한다. 어떤 경우에는 영어 숙달도 수준이 다양한 비원어민 영어 교사들과 원어민 영어 교사 간의 선택이 있을 수 있다. 또한, 이 두 집단에서는 TESL/TEFL의 전문적 자격 및 교수 경험을 기초로 그 이상의 선택이 가능할 수 있다. 최근 몇 년 동안 언어 교사의 적합한 자격과 관련하여 관점의 변화가 일어나고 있다. TESOL 분야는 점점 전문적으로 요구되고 있으며 이를 통해 언어 교사에 대한 표준 standards을 개발하고자 하기 때문이다 (Leung & Teasdale 1998; TESOL 1986b). 오늘날 언어 전문 교사는 고도의 숙련된 전문직으로 인식된다. Lortie(1975)에 의하면 전문직은 다음과 같은 특징이 있다.

- 동일하게 합의된 지식 기반
- 제한적인 입문 entry
- 높은 사회적 지위
- 자기 규제 self-regulation
- 일상적인 일을 관장하는 govern 법적 권리

Lortie는 이러한 기준에 의하면 가르치는 것과 관련된 많은 일은 전문직으로 분류될 수 없다고 주장한다. 그러나 최근 몇 년간 언어 교수 분야에서는 지식 기반을 개념화하고 규정하기 위해 많은 일을 해왔으며 또한 직업에 대한 입문을 규제하고 교육 기관의 실제를 모니터하기 위해 많은 일을 해왔다. 언어 학교들은 점차 더욱 잘 훈련되고 질적으로 우수한 언어 교사들을 고용하고 질적 우수성 기준 규정에 의거하여 운영하고 있다(<부록 3> 참고). 그렇다면 제2언어 또는 외국어로서의 영어 교수에서 기술과 전문 지식 expertise을 구성하는 것은 무엇인가. 교사의 지식 및 기술 skill의 본질을 개념화하기 위한 수많은 시도가 이루어졌다(Roberts 1998). 교사 지식의 핵심 요소는 다음을 포함한다.

- *실제적 지식* practical knowledge: 수업 기술과 전략에 관한 교사의 목록 repertoire

- ***내용적 지식*** *content knowledge*: TESOL 과목에 관한 교사의 이해, 즉 특수 담화 specialized discourse와 언어 교수 전문 용어뿐 아니라 교육 문법, 음운론, 교수 이론, 제2언어 습득
- ***맥락적 지식*** *contextual knowledge*: 문화적이거나 다른 적절한 정보를 포함한 학습자에 관한 지식, 학교나 기관의 맥락과 학교 규정에 대해 잘 알고 있는 것
- ***교육적 지식*** *pedagogical knowledge*: 교수 목적을 위해 내용 지식을 재구성하고 계획 및 개작하며 즉석에서 만들 수 있는 능력
- ***개인적 지식*** *personal knowledge*: 교사 개인적인 신념과 원칙 그리고 교수에 대한 개인적 접근법
- ***반성적 지식*** *reflective knowledge*: 교사들이 자신의 교수를 반성하고 평가할 수 있는 능력

교사의 기술skills을 설명할 때에 교사들이 훈련을 받았는가 그렇지 않은가, 교사가 초보자인가 경험자인가에 따라 그들을 비교할 수 있다. 훈련의 측면은 교사가 언어 교수를 위한 전문적인 자격을 갖추고 있음을 나타낸다. 경험의 측면은 수업 경험을 말한다. 초기의 교사 훈련은 교사들에게 소위 '기본적인 기술적 능력basic technical competence'을 키워주기 위해 만들어졌다. 이것은 네 가지 언어기술을 가르치는 것에 대한 접근법뿐 아니라 TESOL 과목에 대한 전반적 이해, 기본적 교실 수업 절차에 대한 숙달 등으로 구성된다. 예를 들면 UCLES의 성인 대상 언어 교수 자격증CELTA: Certificate in Language Teaching to Adults(UCLES 1996)은 언어 교사들에게 널리 가르치는 초기 자격요건인데 다음과 같이 기본 교수 기술의 여섯 가지 영역에 초점을 둔다.

- 언어 인지 language awareness
- 학습자, 교사 그리고 교수/학습 환경
- 성인 영어 학습자를 위한 효과적인 교수 계획
- 학급 운영과 교수 기술
- 교수 자원과 자료
- 직업적 전문성 개발

교육기관이 영어에는 능숙하지만(또는 영어 원어민 교사) 기본 교수 기술이 능숙하지 않은 교사들을 고용한다면 교수 기술에 대한 기본 훈련의 기회를 제공할

필요가 있을 것이다. Roberts(1998, 67~68)는 경험 있는 교사들에 비해서 초보 교사들은 다음과 같은 특징이 있다고 말한다.

- 경험 있는 교사들에 비해 교실에서 일어나는 일을 인식하는 데 상대적으로 분별력이 부족하고 단순하다.
- 수업 계획 시 부각된 salient 정보를 선택하는 데 미숙할 수 있다.
- 학생들에게 기대하는 것, 설정해야 할 도전사항, 예상되는 어려움에 대한 지식이 부족하다.
- 학생들의 성취 수준보다는 교재에 의존하여 가르치는 경향이 있다.
- 학생들이 꾸준히 과제를 하도록 하는 실제적 교실 운영의 규칙적 틀이 부족하다.
- 학생 통제에 대한 걱정 때문에 학생들의 학습에 초점을 맞추기가 힘들다.
- 확립된 '교육적 내용 지식 pedagogic content knowledge'이 부족하다.
- 이론적 용어나 전문 용어에 대해 개인적인 의미를 구축할 수 있는 실제적 경험이 부족하다.
- 가르치는 것에 대해 일관된 개념 체계가 부족하다.
- 가르치는 행위를 분석하고 토론하기 위한 전문 어휘가 부족하다.

이런 기술을 발달시킬 수 있는 기회로 다음과 같은 방법이 있다.

- 숙련된 교사 관찰
- 훈련용 비디오 시청
- 단기 이론 코스
- 숙련된 교사의 감독 하에 교수 실습
- 멘토 교사 mentor teacher와 일하기

교사가 비원어민(NNS) 영어 교사일 때 추가적인 쟁점이 제기될 수 있다. 비원어민 영어 교사의 요구는 다음 특징과 관련이 있다고 Roberts는 제안한다(1998, 97).

- 비원어민 교사들은 영어 능력에 대한 자신감이 부족하고 그들의 언어 능력 향상을 최우선순위로 둘 수 있다.
- 비원어민 교사들은 교실 담화의 제한성으로 인해 영어 수행 능력이 퇴보할 수 있다.
- 비원어민 교사들은 언어에 대해 원어민이 지닌 직관이 없어서 안전책으로 언어 규칙을 필요로 할지 모른다. 그들은 예측할 수 없는 영어 사용을 요구하는 교실활동이

나 정확성과 적합성에 관해 신속하고 직관적인 평가가 필요한 교실 활동을 회피할 가능성이 있다. 그들은 원어민 교사보다는 교재의 도움을 더 필요로 할 수 있다.
- 그들은 학습자의 어려움을 이해할 수 있는 개인적 경험이 있다.
- 교사와 학습자가 공통의 문화를 공유할 때 그 집단의 규범은 그들의 행동에 강력한 영향력을 행사할 수 있다. 한편 원어민 교사들은 이러한 규범의 영향력 밖에 있을 수 있다.
- 언어 교수 행위는 모국어 문화(코란, 유교, 아프리카 등)에서 온 교육 모형 pedagogic model으로부터 분리될 수 없으며 이러한 것들은 교육기관의 문화, 권위에 대한 태도와 지식, 성인-아동 간의 관계 등과 같은 상황에서 드러난다.
- 대체로 사회에서 영어의 위치는 영어 교육의 목적, 영어 교육과정에 깊은 영향을 미치고 결국 교사 업무의 본질에도 깊은 영향을 미친다.

교사들이 교수 경험을 쌓을 때 교육기관은 교사들이 교수 기술, 내용 지식을 더욱 발전시키고 교수에 대한 이해 및 교사로서의 자신에 대한 이해를 심화시키며 직업적 전문성 개발을 위한 기회를 가질 수 있는 환경을 만들어 줄 필요가 있다. 현재 교사들은 다음과 같은 기회가 필요하다.

- 자기 반성 self-reflection 및 평가에 참여하기
- 자신의 분야 중 강점 및 약점 확인하기
- 전문화된 지식 개발 및 다양한 교수 기술 개발하기
- 교수의 다양한 측면에 대한 관심 및 호기심 계발하기
- 교수에 대한 연구, 이론, 쟁점에 관한 지식 기반 확장하기
- 감독관, 지도 교사, 교사 연구자, 또는 자료 집필자와 같은 새로운 역할 및 책임 맡기
- 전문 조직과 연관 맺기

이전에 교사 개발에 대해 논의를 하면서 언급했던 활동이 여기에 적합할 것이다.

2) *교사에 대한 지원* Support for teachers
교사들이 시간이 흐름에 따라 더 잘 가르치고 교수 기술과 지식을 발전시키기를 기대한다면 이들에게 지속적인 지원이 필요하다. 이러한 지원은 다양한 형태로 나타날 수 있다.

① 오리엔테이션 Orientation

새로운 교사들에게는 교수 과제에 대한 신중한 오리엔테이션이 필요하다. 이러한 오리엔테이션은 프로그램의 목표, 교수 접근법, 자원, 예상되는 문제점과 해결책을 명확히 하기 위한 것이다. 이를 위해 많은 프로그램에서는 필요한 조언 mentoring과 지원을 위해서 프로그램 초반 몇 개월 동안 새로운 교사와 숙련된 교사를 연결시키는 '2인 1조 방식buddy system'을 운영한다. 신입 교사들은 자신들이 존중받고 있고 그들의 관심이 높이 평가되며 그에 대한 응답이 있다고 느껴야 한다.

② 적합한 자료 Adequate materials

교사들에게는 시중에서 판매되는 교재든 기관에서 준비한 자료든 교수를 위한 좋은 자료가 필요하다. 아무도 좋아하지 않는 교재 혹은 성의 없이 준비되거나 만들어진 자료를 사용하는 것은 교사들의 사기를 가장 떨어뜨리는 일이다. 교사들은 자료 선택에 관여할 필요가 있으며 프로그램에서 자료가 하는 역할에 관한 지침guideline도 필요할 것이다.

③ 코스 안내 Course guides

코스 안내는 코스에 관한 정보, 목적과 목표, 추천 자료와 방법, 학습활동의 제안, 평가 절차와 함께 프로그램의 코스별로 제공되어야 한다.

④ 책임 분담 Division of responsibilities

교사들은 가르치는 일 이외에도 다양하고 많은 책임을 맡는다. 교사들은 코스 계획, 코스 조정, 평가, 자료 준비, 지도 교사 역할을 맡을 수 있다. 팀원 중에서 누가 각각의 업무에 가장 적합한가를 결정하고 특정 역할을 위해 필요한 지원과 훈련을 제공하는 것은 중요하다. 선임 교사가 다른 교사의 수행에 대한 경과 보고서progress reports를 쓸 책임이 있다면 어떻게 유용한 보고서를 작성하는가에 관한 훈련이 필요할 것이다. 각각의 책임에 대해 업무 기술서를 만드는 것은 명확한 업무 경계 및 책임을 확립할 수 있으며 이는 교사의 사기를 높이는 데에 중요하다.

⑤ 심화 훈련 Further training

교육기관의 교사들에게 프로그램에서 요구하는 특정 지식과 기술이 항상 있는 것은 아니다. 따라서 이러한 요구에 부합하는 전문적 훈련을 위해 교직원staff을 선정하는 것이 중요하다. 예를 들면, 교실에서의 멀티미디어 자료 사용이나 대안적 평가에 관한 워크숍에 교직원을 보낼 수 있다.

⑥ 교수로부터의 자유 시간 Teaching release

교사들이 자료 개발이나 지도 교사 역할처럼 프로그램에서 어떤 핵심적인 역할을 해야 한다면 이러한 일에 시간을 쓸 수 있도록 가르치는 일로부터 자유 시간이 주어져야 한다. 이는 교육기관이 이러한 활동이 가지는 가치를 인정하는 것이다.

⑦ 지도 교사 Mentors

지도 교사 시스템은 경험과 훈련의 수준이 다른 교사들로 이루어진 학교에서 유용하다. 지도 교사의 역할은 교사들 특히, 경험이 적은 교사들이 그들의 생각을 말하고 문제점을 함께 나누며 조언을 얻을 기회를 제공하는 것이다. 일반적으로 이러한 사람은 관리자가 아니라 다른 교사들에게 신임을 받는 교사이다.

⑧ 피드백 Feedback

교사들은 어떤 경우에 그들이 잘하고 있고 어떤 경우에 그들의 수행에 문제가 있는지 의견을 들을 필요가 있다. 훌륭한 교수는 때로 눈에 띄지 않는다. 교사에 대한 부정적 피드백의 경우 건설적이며 위협적이지 않은 위협적이지 않은 방법으로 이루어져야 한다. 피드백은 그 종류에 따라 면대면, 서면 또는 전화상으로 이루어질 수 있다.

⑨ 보상 Rewards

업무 수행을 잘하는 교사는 이에 대한 보상을 받아야 한다. 보상에는 회의나 연수 참가 또는 회보에 이름을 싣는 것이 포함될 수 있다.

⑩ 상담 전화 Help lines

교사들은 종종 비교적 고립된 곳에서 장기간 일한다. 교사들이 학생 규율 문제, 다른 교사와의 업무에서 오는 어려움 또는 코스 자료 사용상의 어려움을 겪을 때에 누구에게 도움을 구해야 하는가? 교사들은 다양한 종류의 문제를 해결하기 위해 누구에게 도움을 청해야 하는가를 명확히 알아야 한다.

⑪ 검토 Review

프로그램의 정기적 검토 및 문제 해결과 비판적 반성을 위한 시간이 배정되어야 한다. 이런 활동은 실질적 문제를 해결하는 데 도움이 되고 교사 간의 협동심을 형성한다.

7.3. 교수 과정 The teaching process

여기에서는 프로그램에서 일어나는 교수의 실제에 초점을 맞춘다. 즉, 교수의 실제가 어떤 특징을 갖고 있으며 어떻게 양질의 교수가 이루어지고 유지되는지에 대해 살펴볼 것이다.

1) *교수 모형과 원리* Teaching model and principles

이 책에서는 교사와 학습자, 교육 자료, 학교, 교육 행정가, 교육과정 계획자를 포함하는 상호작용 체제의 네트워크로서 교육과정을 강조하였다. 또한, 어떤 한 층위에서의 선택이 교육 체계 내의 다른 여러 요소에 영향을 줄 수 있음을 강조했다. 따라서 어떤 특정한 교육과정 철학이나 이념을 선택한다는 것은 특정한 교수 모형을 선택한다는 것을 뜻한다. Roberts(1998, 103)는 많은 언어 교육 프로그램 안에 내재되어 있는 두 가지 교수 모형 – 조작적 모형 operative model과 문제 해결 모형 problem solving model – 을 비교하였다.

조작적 모형에서 교사의 역할은 중앙집권적 교육 체제의 요구에 부응하도록 제한된다. 계획에 따라 교재의 내용을 전달하는 것이나 시간표를 짜는 것과 같은 일 등이 그것이다. 교사의 역할이 교육과정 전달에 국한되었다는 것은 교사 훈련의 목표가 중앙집권적 교수요목이 정한 언어 능력의 숙달에 있다는 것을 의미한다. 문제 해결 모형의 경우, 분권화된 교육과정에서는 교육적인 결정을 내리는 데 있어서 교사들에게 훨씬 많은 자치권을 부여한다. 학습자 요구에 따라 다양하게 개발된 교육 과정에서는 교사들에게 문제를 진단하고 교육 자료를 개작하며 학습 활동을 설계할 수 있는 능력을 요구한다.

전자는 조직 설계organization design의 기계적 모형mechanistic model으로 후자는 유기적 모형organic model으로 볼 수 있다. 언어 코스를 특징짓는 교수 계획에서 교수 모형을 개발하는 것은 필수적이다. 이때 교수 모형은 교육과정과 언어 프로그램의 전반적인 가정 및 이념과 조화를 이루어야 한다. 다양한 교수 모형은 언어와 언어 학습의 본질, 교사 및 학습자 그리고 교육 자료의 역할에 대해서 서로 다른 가정을 한다. 이는 언어 학습과 교수의 과정에 있어서도 마찬가지이다.

언어 교수 프로그램의 여러 교수 모형은 특정한 방법론이나 접근에 기반을 둔다. 예를 들면,

- **의사소통적 접근the communicative approach**: 교수의 초점은 실제 의사소통이다. 확장 연습 extensive use은 의미 협상과 정보 공유를 수반하는 짝 활동 또는 모둠 활동으로 이루어진다. 의사소통적 접근에서는 유창성을 가장 중요시한다.
- **협동적 학습 모형the cooperative learning model**: 학습자들이 협동적인 상황에서 학습하며 일상 과제를 함께 수행하고 과제를 완수하기 위해 노력하도록 장려된다. 보상 체제는 개인 지향적이기보다는 집단 지향적이다.
- **과정 접근the process approach**: 쓰기 수업에서 학습자들은 '과정으로서의 쓰기'에 대한 이해를 증진시키는 학습 활동에 참여한다. 교수의 초점은 쓰기 과정의 각 단계(계획하기, 브레인스토밍, 초안 작성하기, 검토하기, 교정하기, 편집하기)에 있다.
- **총체적 언어 접근the whole-language approach**: 이 접근법에서는 분리된 개별적 요소를 통해서가 아니라 총체적으로 언어를 가르친다. 학습자들은 자연스럽게 읽기와 쓰기를 배운다. 수업은 실제 의사소통과 실제 텍스트, 흥미를 위한 읽기와 쓰기에 초점을 두고 이루어진다.

언어 교육 프로그램의 교수 모형은 특정한 접근법이나 방법에 의지하기 보다는 교수학습에 어떻게 접근해야 하는지를 반영하는 일관성 있는 원리에 기초할 수도 있다. 이러한 원리를 언어 교육 프로그램의 교수 철학이라고 할 수 있는데 이는 교수 방법론을 결정하는 토대가 된다. 다음은 중등학교 EFL 영어 프로그램 교수 철학에 대한 기술이다.

- 영어 학습 자체를 목적으로 하는 것보다 실제적이고 기능적인 기술을 발전시키는 것에 일관적인 초점을 둔다.
- 학습자들은 실제 영어 사용과 관련된 실용적인 과제를 수행한다.

- 실질적이고 의사소통적인 언어 사용이 우선이다.
- 언어를 최대한 활용하는 방법은 학습자들이 협력적으로 과제를 완수하는 짝 활동 또는 모둠 활동이다.
- 정확성에 초점을 둔 활동과 유창성에 초점을 둔 활동 사이에는 적당한 균형이 필요하다.
- 교사는 정보 제시자보다는 학습 촉진자의 역할을 한다.
- 평가 절차는 의사소통적이고 기능 중심적인 교수 및 학습을 반영하고 지지한다.
- 학습자들은 학습 과정, 자신의 학습 스타일, 강점, 약점에 대한 인식을 발달시킨다.
- 학습자들은 자신의 학습 과정을 살피는 능력 및 언어 향상을 위해 개인적 목표를 세우는 방법을 개발한다.

교사 훈련자, 교육과정 계획자, 교사들의 논의를 거쳐 만들어진 이러한 교수 원리는 자료 개발자, 교사 훈련자, 교사들을 위한 참조 자료로 사용된다. 이렇게 교수 철학을 명확히 하는 것은 교실 활동이나 교육 자료의 선정, 교사 평가와 관련된 결정을 확실히 하는 데 도움을 줄 수 있다. 의사소통적 언어 교수처럼 현존하는 교수 모형에 기반한 교수 모형의 경우, 이 교수 모형의 교육 철학과 원리는 이미 정해진 것으로 간주한다. 즉, 교사들이 이러한 철학과 원리에 익숙해져서 이를 실제로 적용할 것으로 기대한다.

교수 모형에 대한 합의가 이루어지지 않는다면 무엇이 수용 가능한 교수의 실제를 구성하며 무엇이 수용 불가능한 교수의 실제를 구성하는지 결정하기 어려울 것이다. 동시에 교사들에게 자신들이 선호하는 방식으로 가르칠 수 있는 기회가 주어져야 한다. 교사들은 각기 다른 방식으로 학습자들을 가르친다. 두 사람의 교사가 동일한 목적을 가지고 가르친다고 하더라도 그들은 서로 다른 교수 방식을 택할 것이다. 교사는 각자 자신의 개인적인 신념과 원리를 바탕으로 학습자들을 가르친다. 이 신념과 원리는 교사에게 가르치는 방식의 차이를 알게 하고 교사들이 교실에서 자신의 역할을 파악하는 데 도움을 준다. 교사들의 원칙은 그들의 경험과 훈련, 신념의 결과물이다. Breen(연도 미상, 45)은 다음과 같이 말한다.

새로운 과제나 교재의 채택에서부터 새로운 교육과정 시행에 이르기까지 실제 교실 상황에서 이루어지는 모든 개혁은 교사 자신의 교육적 원칙에 부합해야 한다. 이러한 원칙이 교육과정 계획자나 설계자, 그리고 사실은 교사들 자신에게 있다는 것을 잘 인식한다면 특별한 혁신과 그에 대한 수업에서의 교사의 해석 사이에 조화를 촉진할 것이다. 교사들이 자신의 신념과 실제 교수 사이의 관계를 발전시키는 것에 대해 고찰하는 기회를 가지는 것은 교육과정 변화의 핵심이 된다.

Breen이 언급한 교사 원리 teachers' principles의 예

- 언어 형태에 선택적으로 초점을 두라.
- 어휘나 의미에 선택적으로 초점을 두라.
- 학습자로 하여금 언어를 사용할 수 있도록 하라.
- 학습자들의 인지적 처리 능력에 주의를 기울여라.
- 새로운 언어에 익숙해져서 그것을 다루기 쉽게 하라.
- 학습자들이 새로운 언어를 내면화하고 기억하게 하라.
- 학습자들의 정의적 요인을 고려하라.
- 학습자들의 요구와 흥미를 직접적으로 다루어라.
- 학습자들의 학습 향상을 살피고 피드백을 제공하라.
- 학습자들이 책임감과 자율성을 가질 수 있게 하라.
- 수업과 그룹 group을 관리하라.

어떤 교사 집단이든 각 교사가 개인적으로 가지고 있는 교수 원리는 물론 교사 집단이 함께 공유하는 교수 원리가 있다. 교사들은 수업과 교수를 계획할 때 그들의 교수를 구체화하고 관리할 수 있도록 도와주는 개인적인 원리는 물론 교수 철학에 의존한다(Bailey 1996; Richards 1998). 교사들이 자신의 교수 원리를 명백히 하는 것은 교수법, 활동, 교육 자료의 선택과 관련된 쟁점 및 다양한 교수 전략의 근본적인 목적(purpose) 그리고 수업 효과를 평가하기 위한 기준에 집중할 수 있도록 돕는다. Leung과 Teasdale(1988, 20)은 이렇게 논평한다. "교사가 자신의 실제 교수 활동을 뒷받침할 명시적인 이론 없이도 효과적인 교수를 할 수 있다는 것은 분명하다. 그러나 다른 조건이 모두 같다면 우리는 교수에 대해 알려주는 지적인 이론적 틀을 특화시키고 개발할 것을 주장할 것이다. 이렇게 함으로써 목적이 있는 행동으로서 교수를 개념화하는 방법을 알게 될 것이다."

실제적인 수준에서 프로그램을 위한 교수 접근법을 공식화하는 데 다음을 결정할 필요가 있다.

- 프로그램은 어떤 교수 모형과 교수 철학을 반영해야 하는가
- 어떤 교수 원리가 해당 모형이나 철학과 일치하는가
- 교사들이 지니고 있는 기타 교수 원리에는 무엇이 있는가
- 교사에게 기대되는 역할은 무엇인가
- 학습자에게 기대되는 역할은 무엇인가
- 교육 자료의 역할은 무엇인가
- 어떤 교실 활동과 연습을 추천하는가

2) *양질의 교수 유지하기*Maintaining good teaching

잘 가르치는 것good teaching은 우연히 되지 않는다. 계속해서 잘 가르치기 위해서는 교사와 행정가들이 적극적이고 지속적으로 노력해야 한다. 이러한 노력은 잘 가르치기 위해 분담해서 실행해야 할 일들을 정하고 적절한 방법을 선택하는 것을 포함한다. 다음은 이러한 쟁점을 다루는 전략이다.

① 모니터링 Monitoring

교사가 코스에서 어떻게 가르치고 있고 무엇이 잘 되고 있으며 무엇이 어려움을 주는지 교사가 어떤 쟁점을 해결해야 하는지 등을 알아내기 위해서는 프로그램의 모든 면에 대해 주기적으로 정보를 수집할 필요가 있다. 모니터링은 회의group meetings, 서면 보고서, 교실 방문, 학생 평가('형성평가'로 알려진 이것은 제9장에서 좀 더 다룰 것이다) 등과 같은 공식적, 비공식적 기제를 통해 이루어질 수 있다. Davidson과 Tesh(1997, 187)는 회의의 역할에 대해 다음과 같이 말한다.

언어 프로그램에서 어떤 종류의 회의가 필요한가. 전체 교사 및 행정가 집단은 최소한 학기 초, 중간, 말에는 만나야 한다. 그 밖의 다른 집단이나 하위 집단은 학기 동안 좀 더 자주 그리고 좀 더 특정한 목적을 위해 만나야 한다. 회의가 필요한 이유는 교육기관 내 모든 근무자의 참여를 최대한 보장하고 수직적으로든 수평적으로든 의사소통이 모든 방향으로 원활하게 흐르게 하기 위해서이다.

② 관찰 Observation

다른 동료 교사나 감독관에 의한 정기적인 교사 관찰은 주의를 기울여야 할 분야를 규명하는 데 도움을 줄 뿐만 아니라 교수에 대한 긍정적인 피드백을 제공

할 수 있다. 관찰은 반드시 그럴 필요는 없지만, 평가를 포함한다. 동료 관찰은 교사들이 접근법 및 교수 전략을 공유할 수 있도록 한다. 또한, 동료를 관찰하는 동안 교사는 그 동료가 관심 있어 하는 정보를 모을 수 있다. 이런 정보에는 학습자가 어떻게 학습 활동을 완수하는지 혹은 교사가 사용하는 질문의 유형과 빈도 등이 포함될 수 있다(Richards & Lockhart 1994). 교사는 자신의 수업 내용을 녹음하거나 녹화하고 이것이 그들의 교수에 대해 말해 주는 바를 알아보기 위해 그 자료를 검토함으로써 자기 관찰 self-observation을 할 수 있다.

③ 문제 규명과 해결 Identification and resolution of problems

프로그램에서 문제를 시의 적절하게 규명하는 것은 작은 문제가 큰 문제로 발전되지 않도록 하는 데에 필수적이다. 훌륭한 의사소통 체제는 시의적절한 문제 해결을 위해서 교사나 감독관이 그 문제에 주의를 기울일 수 있도록 돕는다.

④ 공동 계획 Shared planning

교사는 혼자서 작업을 하는 경우가 많으며 언제나 전문 지식을 가진 동료들의 도움을 받을 수 있는 것은 아니다. 이것을 피하는 방법 중 하나는 코스 계획, 자료 개발, 수업 계획을 할 때 교사가 짝 또는 집단으로 함께 작업하는 것처럼 협력적으로 계획하는 기회를 만드는 것이다. 계획하는 과정에서 잠재적인 문제는 교사를 통해 규명되고 해결될 수 있다.

⑤ 우수한 교수 활동의 문서화 및 공유 Documentation and sharing of good practices

훌륭한 교수의 상당 부분은 학교에서 이루어진다. 그러나 그 내용의 대부분은 교사 개인이나 감독관에게만 알려져 있다. 교사는 그들의 긍정적인 교수 경험을 보고하도록 해야 한다. 예를 들어, 교사는 성공적인 코스에 대한 짧은 사례 보고서를 써서 다른 교사들과 그 내용을 공유하거나 이를 인터넷에 올릴 수 있다. 그들은 내부 회보 in-house newsletter나 교사 잡지에 짧은 글을 실을 수도 있고 그 아이디어를 비공식적인 점심 모임에서 제시할 수도 있다. 워크숍이나 교사 훈련 모임 teaching-training sessions에 제시하기 위해 수업을 비디오로 녹화할 수 있다. 회의나 소규모 학회 mini-conferences는 교실 혁신이나 다른 동료 교사들과 공유하기 원하는 활동에 대한 교사의 보고로 이루어질 수 있다. Davidson과 Tesh(1997, 190)는 다음과 같은 예를 제시한다.

1) 교사는 전문적인 학회에서 발표하고 이를 직무연수에 맞게 적용할 수 있다.
2) 교사는 전문적인 학회나 워크숍에 참석해서 알게 된 것을 공유할 수 있다.
3) 교사는 그 분야의 최신 출판물을 읽고 그것에 대해서 동료들과 이야기할 수 있다.
4) 교사는 공유할 만한 실제적 교수 전략을 가진다.
5) 교사는 언어 프로그램 교육과정에 적절한 오디오, 비디오, 문서화된 자료를 개발하고 실연할 수 있다.
6) 교사는 다음 학기를 위한 도서 목록에 나와 있는 교재를 사용하여 무엇을 하고 무엇을 하지 않을지에 대해 의견을 나눌 수 있다.
7) 교사는 특정한 교육과정이나 프로그램 쟁점과 관련된 논의를 이끈다.

⑥ 프로그램의 자진 연구 Self-study of the program

자진 연구 self-study는 프로그램의 실제에 관한 연구를 포함하며 이는 자율 평가와 검토의 과정으로서 가치를 지닌다. 자진 연구는 질적 책임, 장기적인 목적과 직업적 전문성 개발에 대한 헌신적 참여를 증명하는 과정의 일부분이다. "언어 프로그램은 자진 연구를 통해 프로그램의 질과 교수 임무의 결과를 평가하는 것에 관심이 있으며, 장기적인 변화와 직업적 성장에 전념하고 있음을 강조한다"(Carkin 1997, 56). 자진 연구는 3~5년마다 이루어져야 하고 학교 운영의 모든 면을 점검하는 과정에는 교사, 행정담당자, 그리고 학생들이 포함되어야 한다(Kells 1988). 자진 연구를 위한 지침은 TESOL과 NAFSA에 의해 출판되었다(TESOL 1986a, 1986b; Marsh 1994).

3) *교수 평가 Evaluating teaching*

프로그램에서 양질의 교수가 이루어지기를 원한다면 정기적으로 교사의 수행을 검토하는 것은 필수적이다. 이것은 평가 체제 개발을 포함한다. 평가 체제는 몇 가지 목적이 있다.

• 양질의 교수 활동을 한 교사를 보상하기 위해
• 향후 훈련을 위한 요구 확인을 돕기 위해
• 교직원 staff 개발을 지속적으로 해야 할 필요성을 강화하기 위해
• 교수 향상을 돕기 위해
• 계약 연장 및 승진을 위한 기초를 제공하기 위해

• 교사들의 수행 및 발전에 대한 관심을 나타내기 위해

평가의 목적은 시행될 평가의 유형을 결정한다.

① 평가 체제 개발 Developing the appraisal system

평가 체제가 교사와 행정담당자들의 관점을 모두 대표한다면 그 평가 체제는 아주 믿을 만하다고 할 수 있다. 따라서 평가 체제는 모든 관점을 대표해야 하며 협력적으로 만들어져야 한다. 그러나 어떤 평가 체제에서든 교수에 있어 올바른 방법이 하나가 아니라는 점을 주지하여야 한다. 교사마다 교수 유형이 모두 달라서 교사 두 명이 수업을 아주 다르게 진행한다고 해도 그 두 교사 모두 훌륭한 교사일 수 있다. 그렇기 때문에 좋은 교수를 인식하는 기준은 교수가 독특하고 독립적인 활동이라는 사실뿐 아니라 복잡한 것이라는 인식 위에서 개발되어야 한다. 언어 교수에 있어서 교사의 효과를 평가하기 위한 보편적인 기준은 없으며 몇 가지 다양한 접근법이 사용된다. 평가 기준은 일반적으로 기관에서 정하는데, 교사 효과teacher effectiveness에 관한 일반적인 원리 및 교사가 참여하는 프로그램 유형에 한정된 특정 요인을 참고한다. 예를 들어 성인을 위한 영어 교수(UCLES 1998)에서 UCLES 자격증을 받으려는 지원자는 교육실습을 하면서 교육 자료의 계획 및 활용, 교실 수업 기술, 교수/학습 과정에 대한 자각 등에 대한 평가를 받는다(<부록 3> 참조). Brown(1994)은 다음 항목을 포함하는 평가 목록을 제시한다. 이 항목들은 '준비preparation, 제시presentation, 실행execution/방법methods, 개인적 특성, 교사/학생 상호작용'이다(<부록 4> 참조). Murdoch(1997)은 훌륭한 영어 교사의 자질과 능력을 확인하기 위해 설계된 설문을 제시한다. 이 설문은 세 가지 영역 − ELT 능력, 일반적인 교수 능력, 지식과 태도(<부록 5>참조) − 으로 이루어져 있다.

② 평가의 초점 The focus of appraisal

일반적으로 평가는 한 개 혹은 그 이상의 수업에서 교사의 교수를 관찰하는 것으로 이루어진다. 그러나 평가의 초점은 아래와 같이 교사 업무의 여러 다양한 면을 포함할 수 있다.

- 수업 설계
- 교사가 만든 수업 자료
- 코스 개요 outline와 유인물
- 수업 과제
- 직업 개발 활동에 참여

③ 평가 시행 Conducting the appraisal

교수 평가는 관리자, 동료 교사, 교사 자신과 학습자들에 의해서 이루어질 수 있다.

- **관리자 *supervisor*에 *의한 평가*:** 관리자는 종종 평가자로서 역할을 취함에도 불구하고 많은 교사가 관리자가 아닌 다른 누군가에 의해 평가가 이루어지는 것을 선호한다. 관리자가 수업에 참관하는 것은 교사들이 최상의 능력을 발휘하는 것을 저해할 수 있다. 또한, 이러한 평가는 주관적 요인을 포함할 수 있다. 게다가 관리자가 현직 교사 classroom teacher라기보다 거의 행정가에 가깝다면 그는 교실 상황을 잘 이해하지 못할 것이고 수업의 다양한 측면에 대해 잘못된 인식을 가질 수도 있다. 평가의 일관성을 위해서 점검표가 자주 사용된다(<부록 4> 참조).
- **동료 *colleague*에 *의한 평가*:** 일반적으로 같은 지위에 있는 동료 평가 peer appraised는 선배 colleague에 의한 평가보다 심리적인 압박을 덜 주면서 더 건설적인 피드백을 줄 수 있다. 그러나 때로 선배 교사는 교사가 직면한 어려움을 더 잘 이해해 주거나 그 어려움을 해결할 유용한 방법을 제안할 수도 있다. <부록 8>은 규모가 큰 영어 프로그램에서 사용되는 동료 평가 peer appraisal의 예를 보여 준다. 이것은 프로그램 교사들에 의해 개발되었는데 이는 교사가 평가자들의 논평 comment에 응할 기회를 제공한다.
- **자율 평가 *Self-appraisal*:** 교사는 스스로의 교수를 평가하기에 좋은 입장에 있으며 자율 평가는 아마 교사 평가에서 가장 부담이 적은 형식일 것이다. 자율 평가는 다양한 형식으로 이루어질 수 있다.
- **수업 보고서 *Lesson report*:** 교사는 수업의 각 부분에 대한 평가와 함께 수업에 대한 구조화된 기술 description을 할 수 있다 (자율 평가 형식의 예는 <부록 6>을 참고하라).
- **교수 일지 *Teaching journal*:** 교사는 자신의 수업에 대해 정기적으로 일지를 쓰고 이를 코스 계획 및 교수의 다양한 면에 반영할 수 있다.
- **오디오/비디오 기록 *Audio/video recording*:** 교사는 자신의 수업을 녹음 및 녹화하거나 다른 사람이 기록하도록 할 수 있으며 그 기록들을 검토하고 수업의 장·단점에 대해 논평할 수 있다.

• **_학생 평가_**_Student appraisal_: 주어진 피드백 도구의 종류에 따라 피드백을 할 수 있는 범위가 달라지기는 하지만 학습자는 교수의 효과를 평가하기에 좋은 입장에 있다. 학습자가 종종 비판적이기는 하지만 학습자는 교사가 수업을 준비해 오는지, 교수 내용은 적절한지, 흥미롭고 적절한 수업을 제공하는지, 난이도는 적절한지에 대해 잘 감지할 수 있다. 그러나 학급 및 그 구성원들의 개인적 역동성으로 인해 코스(혹은 특정한 학습자 집단)가 얼마나 가르치기 어려운지는 학습자가 인지하지 못할 수도 있다. <부록 7>은 학습자 평가 형식의 예를 제시한다.

7.4. 학습 과정 The learning process

학습이 교수를 그대로 반영하는 것은 아니다. 교수가 그 목적을 달성하는 정도는 계획과 전달 과정에서 얼마나 성공적으로 학습자를 고려했는가에 달려있다. 다음의 요인은 학습자가 성공적으로 코스를 받아들이는 정도에 영향을 미친다.

1) 코스에 대한 이해 Understanding of the course

학습자들이 코스의 목적을 이해하고 코스 조직 및 교수 방식에 대한 이유를 알고 장려하는 학습 접근법을 이해하는 것은 중요하다. 학습자들이 그 코스를 절대적으로 좋아한다거나 그 코스에서 요구하는 적절한 기술을 가지고 있다거나 그 코스 목적에 대한 교사의 이해를 공유할 것이라고 쉽게 가정할 수는 없다. 이에 대해 Brindley(1984, 95)는 다음과 같이 말한다.

학습자와 교사가 처음 만날 때 그들은 일반적인 학습 과정뿐만 아니라 특정한 코스에서 무엇을 배우고 어떻게 배우는지에 관해 서로 다른 기대를 한다. 그래서 오해가 발생할 가능성이 있다. 따라서 코스의 시작부터 협의 기제 mechanisms of consultation를 구성하는 것이 중요한데 이것은 교수-학습 과정에서 교사와 학습자 서로 간의 기대를 확인하기 위해서이다. 학습자가 자신의 학습과 관련하여 의사 결정에 적극적으로 참여하게 된다면 교사의 입장을 이해하고 그들 자신의 입장을 밝히는 것이 필수적이다. 반대로 교사는 학습자의 기대를 점검할 필요가 있으며 그들의 요구 진술 statement of need을 해석할 수 있어야만 한다.

2) 학습에 대한 견해 *Views of learning*

학습자들은 교수와 학습에 대한 그들 나름의 견해를 가지고 코스에 참여하는데 이러한 견해는 교사들의 견해와 일치하지 않을 수 있다. 학습자들은 교사와 학습자의 역할을 어떻게 바라보는가? 암기하기, 모둠 활동, 문법의 중요성, 발음과 같은 것에 대해 어떻게 생각하는가? Alcorso와 Kalantzis(1985)는 교사가 의사소통적 활동의 유용성을 높이 평가하는 데 반하여 학습자는 문법 연습, 베껴 쓰기copying, 암기하기, 반복 연습drill work과 같은 전통적인 활동을 더 좋아하는 경향이 있다는 것을 알아냈다. 코스가 진행되는 동안 학습자에게 기대되는 역할은 무엇인가. 코스에서 학습자들은 다양한 역할을 한다고 가정한다. 이를테면 다음과 같다.

- 자신의 학습에 대한 관리자
- 독립적인 학습자
- 요구 분석가
- 협력자와 팀 구성원 team member
- 교사의 역할을 하는 동료 peer tutor

학습자는 자신들에게 기대되는 이러한 역할에 대해 얼마나 만족할 것인가. 이러한 역할을 효과적으로 수행하기 위해 학습자들이 특별한 오리엔테이션이나 훈련을 받을 필요가 있는가.

3) 학습 양식 *Learning style*

학습자의 학습 양식은 성공적인 교수에 있어서 중요한 요인일 수 있으며 이것이 교사가 추천하는 양식을 반드시 반영하는 것은 아니다. Willing(1985, Nunan 1988, 93에서 재인용)은 성인 ESL 학습자의 학습 유형에 대한 연구에서 다음 네 가지의 학습자 유형을 발견하였다.

- *구체적 학습자 concrete learners*: 이들 학습자는 게임이나 그림, 영화, 비디오, 카세트, 짝지어 이야기하기, 여행 excursion을 통한 학습을 선호한다.
- *분석적 학습자 analytical learners*: 이들 학습자는 문법, 영어책, 신문 읽기 등을 통한 학습과 혼자 공부하기, 자신의 오류 찾기, 문제 해결하기를 선호한다.
- *의사소통적 학습자 communicative learners*: 이 집단은 원어민 화자를 관찰하고 그들의

말을 듣는 것을 좋아한다. 영어로 친구와 이야기하기, 영어로 TV 보기, 가게에서 영어 사용하기 등을 통해서 배우는 것을 좋아하며 듣기를 통한 영어 단어 학습과 대화를 통한 학습을 선호한다.

- **권위 지향적 학습자** *authority-oriented learners*: 이들 학습자는 교사가 모든 것을 설명해 주고 사소한 것까지 모든 것을 공책에 필기하는 것을 좋아하며 자신만의 교재를 갖기를 원한다. 또한, 읽기와 문법 공부를 좋아하며 영어 단어들을 보면서 공부하는 것을 선호한다.

학습자가 선호하는 학습 양식을 밝히기 위해서 선호하는 학습 양식, 교실 활동, 교수 접근법에 대한 설문 조사를 할 수 있다. 교사와 학습자가 교수, 학습에 대해 서로 다른 관점을 가지는 부분이 있다면 학습자 훈련, 토론, 코스에 관한 오리엔테이션을 통해 그 차이를 극복해야만 한다.

4) 동기 *Motivation*

코스를 듣는 학습자의 동기가 무엇인지 알아내는 것은 중요하다. 학습자가 그 코스를 듣는 이유는 무엇이며 이것이 그 학습자들의 삶에 어떻게 영향을 미칠 것인가. 학습자들이 그 코스를 통해 무엇을 얻기를 원하는가. 학습자들이 코스 중 어떤 부분에 가장 큰 관심을 가지는가. 학습자마다 서로 다른 것에 우선순위를 둘 수 있다. 예를 들어 Brindley(1984, 119)는 개인 학습자들의 선택이 각각 어떻게 다른지 보여 주기 위해 호주 성인 ESL 수업에서 학습자 3명의 항목별 선호도를 나타낸 조사 결과를 인용한다. 이러한 경우 학습자 상담 및 개별화된 수업이 필요할 것이다.

이 코스에서 내가 원하는 것은:

	세 명의 학습자가 부여한 우선순위		
영어 문법을 더 잘 이해하는 것	2	3	3
영어를 더 유창하고 정확하게 쓰는 것	1	7	5
라디오와 TV를 더 잘 이해하는 것	5	6	6
호주 문화에 대해서 더 많이 아는 것	3	2	4
호주 사람들이 나에게 이야기할 때 더 잘 이해하는 것	6	1	1
신문을 읽고 더 잘 이해하는 것	4	4	2

동료와 의사소통을 더 잘하는 것	10 5	9
더 많은 어휘를 배우는 것	8 10	9
철자법을 더 잘 익히는 것	9 8	8
영어 발음 향상법을 배우는 것	7 9	7

5) 지원 Support

학습자들에게 제공되는 지원 기제는 코스 전달의 또 다른 요소이다. 이러한 지원 기제는 학습자들이 학습에 대해 받게 될 피드백의 종류나 진도가 빠르거나 혹은 느린 학습자들에게 제공되는 기회 등을 포함한다. 자율적 접근이 가능한 요소(자료)가 학습자들의 특정한 학습 요구나 흥미를 충족시키기 위해 제공될 것이다.

이 장과 앞에서 논의했던 많은 내용 중에서 특정 자원—교사들이 수업에 사용하는 교수 자료와 교수 자원—은 프로그램에서 코스 조직 및 교수의 질과 본질에 영향을 미치는 중요한 역할을 한다. 이들은 8장에서 더 중점적으로 논의할 것이다.

7.5. 토론 질문 및 활동

1. 여러분에게 친숙한 조직 문화 및 언어 교수 기관의 구조를 어떻게 특징지을 것인가? 여러분은 그 조직 문화가 어느 정도로 긍정적이라고 생각하는가?
2. 여러분에게 익숙한 교수 맥락을 생각해 보라. 학교 혹은 언어기관의 어떤 요인이 잘 가르치도록 긍정적으로 지원해 주는가? 어떤 요인이 그렇지 않은 가? 여러분이 생각하는 교수의 질을 향상시킬 수 있는 세 가지 변화를 제안해 보라.
3. 여러분에게 익숙한 기관이나 학교의 실제에서 질적 우수성 quality에 대한 문제가 어떤 범위까지 반영되는가? 질적 우수성의 척도는 무엇이고 무엇이 되어야 하는가?
4. <부록 1>에 있는 사명 진술문 mission statement을 검토하라. 여러분의 프로그램이나 기관을 위한 임무문을 준비하라. 그 다음 임무문을 개발하는 과정을 숙고하고 기관의 양질의 문화를 만들어내는 데 그런 진술이 할 수 있는 역할을 재고하라.
5. 여러분에게 친숙한 언어 교수 기관을 검토하기 위해 <부록 2>에 있는 최상의

수업을 위한 지침을 사용하라. 기관에서 양질의 수업 실제를 규명하기 위한 틀을 그 지침이 어느 정도로 제공하는가? 추가적인 기준이 필요한가?

6. 여러분이 속한 기관 혹은 여러분에게 친숙한 기관에서 교사 개발을 위한 어떤 기회가 있는가? 교사 개발을 위해 실행할 수 있는 세 가지 접근과 각각의 접근이 달성하고자 하는 것을 제안하라.

7. 여러분에게 친숙하거나 여러분이 가르치는 프로그램을 지지하는 교수 철학 진술문을 마련하라.

8. 여러분의 학교 혹은 언어 프로그램에서 미숙한 교사들을 돕기 위해 어떤 조항이 만들어졌는가? 우수하고 노련한 교사들에게 지속적인 동기를 제공하기 위한 어떤 보상이나 장려금이 존재하는가?

9. 교사의 수업을 평가하기 위해 <부록 3> 또는 <부록 4>에 있는 교수 평가 형식 중 하나를 사용하라. 얼마나 그 형식이 유용한가? 여러분의 경험을 바탕으로 그 형식을 수정하고 싶은가?

10. <부록 5>에 있는 좋은 교사의 자질quality에 대한 설문지를 완성하라. 그 다음 여러분의 평가를 다른 이들과 비교하라. 좋은 교사의 자질을 결정하는 데 그런 접근이 얼마나 유용하다고 생각하는가?

11. 교사들이 자신의 수업에 대해 믿을 만한 자율 평가를 제공할 수 있다고 생각 하는가? 왜 그러한가 혹은 왜 그렇지 않은가? 가능하다면 (아니면 교사에게 시험해 보라고 부탁하라.) <부록 6>에 있는 자율 평가 형식을 검토하고 실제 로 사용해 보라. 그것은 자가 평가의 기초로서 얼마나 적절했는가?

12. <부록 7>에 있는 학생 평가 형식을 검토하라. 여러분의 교수에 이 형식 혹은 수정된 형식을 사용할 것인가?

〈부록 1〉 기관의 임무문

기관의 임무문(홍콩 시립대학 영어과)의 예이다.

부서의 목표

영어과는 그 책임과 목표를 제시하기 위해 다음의 사명 진술문을 개발하였다.

영어과의 목표는 효과적인 영어 학습 및 교수를 증진시키며 지역사회 및 시립대학에서 전문적인 의사소통의 학습 및 실제를 증진시키는 것이다. 그리고 언어 리더십을 제공하고 홍콩과 지역 의사소통 교육을 제공하고자 한다.

이를 성취하기 위해 영어과는

- 전문적 의사소통과 제2언어로서 영어 교수에서 학위 과정을 제공한다.
- 의사소통적, 학문적, 직업적 요구를 충족시키기 위해 시립대학 학생들을 위한 영어 수업을 실시한다.
- 전문적 의사소통 기술을 교수하기 위한 기술 technology 기반 학습 환경을 지원한다.
- 지속적인 직업 개발을 위한 기회를 교직원들에게 제공하려 노력한다.
- 영어과의 목표를 지원하는 개발 활동 및 연구를 시행한다.
- 세미나, 학회, 워크숍 및 협의체 등을 통한 언어 교육의 전문적 지식 및 자원을 제공한다.
- 다른 기관과의 협동을 장려한다.

1. 기관 Institution

물리적 시설

우수한 언어센터 a quality language centre는 다음과 같은 특징을 갖는다.

- 깨끗하고 안전한 건물
- 혼잡하지 overcrowded 않은 교실과 사무실
- 충분한 통풍, 난방, 냉방 및 조명
- 화재에 대비한 충분한 사전 대책

물리적 시설은 학습에 이로운 분위기에 일조한다.

경영 및 행정

우수한 언어센터는

- 적절히 훈련받고 경험 있는 경영 및 행정 팀의 지도 아래에 있으며, 이 팀은 ELT프로그램의 설계, 시행, 평가에 대해 지식이 있다.
- 훈련받고 헌신적이며 전문적인 ELT 종사자인 교직원들을 끌어들여 보유하고자 한다.
- 교사 개발은 물론 적당한 월급과 복리후생 benefits의 중요성에 대해 인지한다. 기관은 이러한 문제와 관련된 명확한 정책을 가지고 있다.
- 일반적으로 용인되는 ELT 수준과 지역 시장 조건에 비추어 고용 조건과 절차를 주기적으로 검토한다.
- 인사 관행, 자원의 경영과 프로그램의 평가에 관한 결정에 교사와 보조 support 직원, 학생들의 의견을 참작한다.

경영은 긍정적인 교수-학습 환경을 만들어 내기 위해 노력한다.

---

* 동남아시아의 언어 훈련센터들의 질적 표준을 제정하기 위해 인도네시아(IALF), 태국(ELCA), 라오스(VUC), 캄보디아(ACE)에 있는 EL센터에서 준비한 문서이다. 허가 아래 재인쇄됨.

2. 직원 *Staff*

교수진
우수한 언어센터는

- 국제적으로 승인된 언어 교수 자격증을 가진 교사를 고용한다.
- 교육 시수 contact hours, 준비 시간 및 교사들의 사무실 출근이 직접적으로 교사 효과 teacher effectiveness에 영향을 미친다는 것을 인지한다.
- 직업의 고용 보장의 가능성을 포함하여 고용의 모든 면에서 동등한 기회를 보장한다.
- 행정체제, 사무실 공간, 전화, 복사 시설(저작권법에 대한 분명한 지침과 함께) 그리고 직업개발 세미나와 워크숍을 위한 공간 등의 형태로 지원을 제공한다.

보조 직원
우수한 언어센터는 비교수진이 훈련 활동을 지원하고, 또 이들이 학생들에게 제공하는 서비스의 질에 기여하는 데 필수적인 역할을 한다는 것을 인지한다.

직원 개발
우수한 언어센터는

- 모든 직원을 위해 지속적인 직원 개발을 적극적으로 지원하고 관여한다. 외부 초청인사는 물론 내부 직원이 실시하는 다양한 학습 방식을 활용하며 지속적이고 진행 중인 직무 훈련이 있다.
- 훈련 중인 교수진과 보조직원을 최소한으로 유지한다. 적절한 때 이용 가능한 직원 개발 기회를 확실히 하는 계획이 있다.
- 전문 직업 조직의 회원 자격, 워크숍 및 학회 참석, 기관 외부의 전문 활동 참여를 지원한다.
- 직원이 ELT의 다양한 측면에 대한 연구를 하도록 관여하고 장려한다.

3. 프로그램 경영 *Program management*

교육과정

우수한 언어센터는

- 학습자 요구 분석과 학습자 숙달도 수준 평가를 토대로 교육과정을 설계하고 시행한다.
- 교육과정을 문서화한다. 또한 문서화는 프로그램의 목적과 목표의 세부사항, 기대되는 학습자들의 결과, 교수 자료, 방법론, 평가 기준 그리고 평가 절차 등을 포함한다.
- 학생들의 향상을 정기적으로 평가한다. 평가 도구는 ELT 분야에서 일반적으로 승인된 원리에 따라 선정되거나 개발되며 문화적으로 적절하다. 이러한 도구는 훈련 프로그램의 목적과 목표에 직접적으로 연관이 있다. 학생들은 정기적으로 자신의 향상에 대해 통보받는다.
- 수업 규모, 코스의 길이, 코스의 강도 등의 요인이 종종 훈련 제공자의 통제를 넘어서는 일이라는 것을 인정한다. 그러나 교육과정은 이러한 것들을 고려하여 개발된다.
- 학생들의 요구 변화, ELT의 새로운 경향, 세계적 환경의 변화에 부응하여 교육과정 및 코스의 정기적인 평가에 관여한다. 교사와 학생은 새로운 접근법과 새로운 요소 그리고 /또는 새로운 코스의 개발과 함께 프로그램의 재설계를 위한 이러한 평가에 참여한다.
- 응용 언어학 및 ELT 경영 등 적절한 분야에서 숙련되고 인정받은 전문가의 자문을 통해 정기적인 외부 평가를 추구한다. 이러한 전문가들은 전문 지식을 나누고 프로그램의 효과를 객관적으로 평가하기 위해 교직원들과 함께 작업한다.

4. 자원 *Resources*

우수한 언어센터는

- 성공적인 언어 학습을 촉진하는 교수 자료를 제공한다. 이러한 자료는 최신자료이며 모든 교사의 접근이 가능하며 다양한 실물교재는 물론 인쇄자료, 비디오 녹화 및 카세트, 오디오 녹음기 및 카세트 등을 포함한다.
- 전산화된 언어 교수와 자율 접근 자원들이 효과적인 언어 학습을 이루게 한다는 점을 인지한다. 그리고 목적 aims이 무엇이든 그에 따라 자원이 제공된다는 것을

인지한다.
- 관련 도서, 잡지 및 교사와 학생이 쉽게 이용할 수 있는 기타 자료의 소장품을 유지한다.
- 선정 및 평가의 절차 그리고 장비와 자료의 구입과 유지를 문서화하여 이러한 문제와 관련된 의사결정에 모든 것이 적극적으로 관련되도록 확실히 한다.

〈부록 3〉 교수 실제를 위한 평가 기준

성인 영어교수 자격 (UCLES 1998)에서 교수 실제를 위한 평가 기준

범위/*Scope*

6시간의 교수 실습 종료시에 통과 수준에 있는 성공적인 지원자는 확실하게 그리고 지속적으로 그들이 할 수 있는 것을 보여 주어야 한다.

다음과 같이 함으로써 성인 학습자를 효과적으로 교수하기 위한 계획을 세운다.

- 적절한 학습 결과가 무엇인지 규명한다.
- 전체 및 일부 단원 목표의 단계에 맞추어 학습자에게 맞는 과제와 활동을 선정하고/하거나 설계한다.
- 적절한 자료와 자원을 다양하게 선정하여 사용한다.
- 특정 집단에게 사용하기 위해 자료를 개작한다.
- 전문적인 외형과 저작권 요구 조건을 갖춘 수업 자료를 제시한다.
- 언어와 과제에서 겪을 잠재적 어려움을 예상한다.

수업 교수 기술은 다음과 같은 방법으로 보여 준다.

- 신뢰를 쌓고 동기를 발달시킨다.
- 학습자들의 요구와 수준에 맞도록 교사 자신의 언어를 조정한다.
- 명확하게 지시한다.
- 정확하고 적절한 모범 언어를 제공한다.
- 특정 언어 그리고/또는 기술에 적절하게 초점을 맞춘다.
- 새로운 언어의 의미를 명백하고 적절한 맥락에서 전달한다.
- 새로운 언어를 학생들이 이해했는지 확인한다.
- 언어의 형태 forms를 명확히 설명한다.
- 학생들의 구어에서 오류를 발견하고 섬세하게 수정한다.
- 학생들의 문어에서 오류를 발견하고 섬세하게 수정한다.
- 학생들의 향상을 관찰 monitor하고 평가한다.

교수/학습의 과정을 인식하는 것은 다음을 통해 보여 준다.

- 집단의 배경 및 요구, 흥미에 민감하게 수업을 가르친다.
- 학습자 그리고/또는 활동에 맞는 수업을 조직한다.
- 짝, 집단, 개인, 전원 활동을 구성하고 운영한다.
- 교수 맥락과 수업 lesson의 단계에 맞는 교사의 역할을 채택한다.
- 학습자가 자기-인식과 자율성을 발전시킬 수 있도록 돕는 방향으로 가르친다.

초점 *focus*

교수요목의 초점은 다음을 포함한다.

언어 인식(교수요목 주제 1)
학습자, 교사, 교수/학습 맥락(교수요목 주제 2)
성인 학습자를 위한 효과적인 영어 교수 계획(교수요목 주제 3)
성인 대상 영어 교수를 위한 교실 운영과 교수 기술(교수요목 주제 4)
성인 대상 영어 교수를 위한 자원과 자료(교수요목 주제 5)
성인 대상 영어 교사를 위한 직업적 전문성 개발(교수요목 주제 6)

<부록 4> 교사의 수업을 평가하기 위한 점검표 (**Brown** 1994에서 인용)

교사 관찰 형식 A: 다른 교사 관찰하기

교사를 관찰할 때 다음의 기준을 기억하도록 하십시오. 당신의 평가를 가장 명확히 나타내는 항목에 동그라미 하거나 표시하십시오. 4 매우 뛰어남, 3 평균 이상, 2 평균, 1 만족스럽지 못함, N/A 해당사항 없음. 각 행에 표시하는 대신 혹은 추가할 것이 있다면 주어진 공간에 의견을 적을 수 있습니다.

I. 준비
다음을 평가하십시오.
1. 교사는 수업 class에서 준비를 잘 했고 수업 계획을 잘 했다.
  의견: N/A 4 3 2 1
2. 수업 lesson에서 자료를 검토했고 새로운 자료를 미리 보았다.
  의견: N/A 4 3 2 1
3. 준비된 목적/목표는 명백했다.
  의견: N/A 4 3 2 1

II. 제시
다음을 평가하십시오.
4. 수업 class자료는 이해하기 쉽게 설명되었다.
  의견: N/A 4 3 2 1
5. 수업 lesson은 매끄럽고 정리되어 있으며 논리적이었다.
  의견: N/A 4 3 2 1
6. 수업의 속도는 적당했다.
  의견: N/A 4 3 2 1
7. 지시는 명백하고 정확하면서도 학생들이 수행할 수 있는 것이었다.
  의견: N/A 4 3 2 1
8. 자료는 학생들의 이해 수준에 맞게 제시되었다.
  의견: N/A 4 3 2 1

9. 수업에서 학생들이 언어를 산출한 비율이 적당했다.

의견: N/A 4 3 2 1

10. 교사는 신중히 그리고 만족스럽게 질문에 대답했다.

의견: N/A 4 3 2 1

11. 교수 방법(들)은 학생의 연령과 능력에 적합했다.

의견: N/A 4 3 2 1

12. 교사는 언제 학생들이 이해에 어려움을 겪는지 인지했다.

의견: N/A 4 3 2 1

13. 교사는 가르치는 주제에 대해 관심과 열정을 보였다.

의견: N/A 4 3 2 1

III. 실행/방법론

14. 수업 중 활동에 균형과 다양성이 있었다.

의견: N/A 4 3 2 1

15. 교사는 예상하지 못한 상황에 적응할 수 있었다.

의견: N/A 4 3 2 1

16. 자료는 보강되었다.

의견: N/A 4 3 2 1

17. 교사는 교실을 돌아다니면서 학생들과 눈을 맞추었다.

의견: N/A 4 3 2 1

18. 교사는 학생들의 이름을 알고 있다.

의견: N/A 4 3 2 1

19. 교사는 학생들을 긍정적으로 강화했다.

의견: N/A 4 3 2 1

20. 학생들의 반응이 효과적으로 유도되었다.(예. 학생들이 답을 말한 순서 등)

의견: N/A 4 3 2 1

21. 예문과 삽화가 효과적으로 활용되었다.

의견: N/A 4 3 2 1

22. 교육적 보조기구 또는 자원 자료가 효과적으로 사용되었다.

의견: N/A 4 3 2 1

23. 반복연습이 효과적으로 활용되고 제시되었다.

    의견: N/A 4 3 2 1

24. 언어구조가 인위적인 반복연습으로부터 추출되었고 학생의 문화 및 개인적 경험의 실제 맥락에 적용되었다.

    의견: N/A 4 3 2 1

25. 오류 인식

    의견: N/A 4 3 2 1

26. 적절한 오류 수정

    의견: N/A 4 3 2 1

IV. 개인적 특성

27. 응답 도출에 대한 인내

    의견: N/A 4 3 2 1

28. 음성의 명확성, 어조, 청취도 audibility

    의견: N/A 4 3 2 1

29. 개인적 용모

    의견: N/A 4 3 2 1

30. 독창성, 기량, 창의성

    의견: N/A 4 3 2 1

31. 발음, 억양, 유창성, 적절하고 용인 가능한 언어 사용

    의견: N/A 4 3 2 1

V. 교사/학생 상호작용

32. 교사는 교실에서 모든 학생들의 참여를 장려하고 확인했다.

    의견: N/A 4 3 2 1

33. 수업 구성원은 질문하고 반대하고 또는 자신의 생각을 표현하는 것에 주저함이 없었다.

    의견: N/A 4 3 2 1

34. 교사는 수업 구성원을 통제하고 잘 이끌 수 있었다.

　　의견:　　　　　　　　　　　　　　　　　　　　　　N/A 4 3 2 1

35. 학생들은 수업을 경청하며 열중했다.

　　의견:　　　　　　　　　　　　　　　　　　　　　　N/A 4 3 2 1

36. 학생들은 강도 있는 지적 intellectual 활동 중에도 편안하고 느긋했다.

　　의견:　　　　　　　　　　　　　　　　　　　　　　N/A 4 3 2 1

37. 학생들은 공정하고 공평한 대우를 받았고 존중받았다.

　　의견:　　　　　　　　　　　　　　　　　　　　　　N/A 4 3 2 1

38. 학생들은 최선을 다하도록 격려받았다.

　　의견:　　　　　　　　　　　　　　　　　　　　　　N/A 4 3 2 1

39. 교사는 여유가 있었고 현실적인 matter-of-fact 목소리와 태도를 갖고 있었다.

　　의견:　　　　　　　　　　　　　　　　　　　　　　N/A 4 3 2 1

40. 교사는 개인 및 집단의 요구를 인식하고 있었다.

　　의견:　　　　　　　　　　　　　　　　　　　　　　N/A 4 3 2 1

41. 여담은 긍정적으로 활용되었으며 과용되지 않았다.

　　의견:　　　　　　　　　　　　　　　　　　　　　　N/A 4 3 2 1

〈부록 5〉 좋은 영어교사의 자질과 능력 competencies

좋은 영어 교사의 자질과 능력에 대한 의견을 유도하기 위해 설문지가 설계되었다 (Murdoch 1997에서 인용).

설문지: 무엇이 좋은 영어 교사를 만드는가?

훌륭한 EFL 교사의 자질에 관해 다음의 각 문장을 읽으십시오. 그 다음 평가에 상응하는 아래의 숫자를 보고 각 문장에 대한 당신의 반응을 가장 가깝게 나타내는 숫자를 표시하십시오.

1=모두 부적당함, 2=별로 중요하지 않음, 3=중요함, 4=매우 중요함, 5=절대적으로 필요함. 어떤 이유에서든 진술에 대한 적당한 반응을 선택할 수 없다면 NS(확실치 않음)에 동그라미 하십시오.

이 설문지에서 다루지 않은 기타 바람직한 교사의 자질이 있다고 느낀다면 형식의 마지막에 있는 의견란에 적어주십시오. 당신의 의견 contribution이 설문지의 어떤 부분에 관련된 것인지 표시하여 주십시오. 감사합니다.

A 영역: ELT 능력

1. 교사는 명백하고 흥미로운 방식으로 언어 요점을 제시한다. 1 2 3 4 5 NS
2. 교사는 새로운 어휘를 가르치는 다양한 방법을 사용한다. 1 2 3 4 5 NS
3. 교사는 언어 형태, 기능과 어휘를 학생들의 흥미와 관련된 맥락에 연결시키려고 노력한다. 1 2 3 4 5 NS
4. 교사는 문법 형태를 연습시키는 다양한 기술을 사용한다. 1 2 3 4 5 NS
5. 교사는 상호작용적인 짝/모둠 활동을 적절히 구성한다. 1 2 3 4 5 NS
6. 교사는 말하기/듣기/쓰기/읽기 기술을 발달시키기 위해 다양한 활동을 활용한다. 1 2 3 4 5 NS
7. 교사는 정확성에 중점을 두는 활동과 통합적 활동, 내용 - 중심 활동 사이의 균형을 잘 이룬다. 1 2 3 4 5 NS
8. 교사는 게임과 퍼즐을 효과적으로 적절히 잘 사용한다. 1 2 3 4 5 NS

9. 교사는 학생들에게 질문에 반응할 충분한 시간을 준다.   1 2 3 4 5 NS

10. 교사는 학생들이 질문하도록 격려한다.   1 2 3 4 5 NS

11. 교사는 학생들로부터 언어 지식과 배경지식을 적절히
이끌어낸다.   1 2 3 4 5 NS

12. 교사는 학생들이 모국어의 과용을 통해 학습하는 것을
방해하지 않으며 학습자·모국어 학습을 시도한다.   1 2 3 4 5 NS

13. 교사는 학생들에게 좋은 언어 본보기가 된다.   1 2 3 4 5 NS

14. 교사 발화 시간이 그 학급의 언어 수준에 적합하다.   1 2 3 4 5 NS

15. 교사는 정확한 교실 언어를 사용하고 학생들에게도
사용하게 한다.   1 2 3 4 5 NS

16. 교사는 체계적이고 효과적으로 오류를 다룬다.   1 2 3 4 5 NS

17. 교사는 학생들이 사소한 오류를 스스로 수정할 수
있도록 한다.   1 2 3 4 5 NS

18. 교사는 학생들이 서로의 쓰기에 대해 수정해 주거나
비평하도록 한다.   1 2 3 4 5 NS

19. 교사는 학생들이 영어를 좀 더 효과적으로 학습하기 위해
사용할 수 있는 전략을 인식하게 한다.   1 2 3 4 5 NS

20. 교사는 학생들의 향상을 평가하고 동기를 증진시키기 위해
적절한 퀴즈와 시험을 사용하거나 개발한다.   1 2 3 4 5 NS

21. 교사는 학생들에게 교실 활동의 선택에서 결정권을 준다.   1 2 3 4 5 NS

22. 교사는 자료 및 교사의 교수법에 대한 학생들의 반응을
알아내기 위해 학생들과 지속적으로 대화한다.   1 2 3 4 5 NS

23. 교사는 교실 활동의 교육적 목적을 학생들에게 알린다.   1 2 3 4 5 NS

24. 교사는 학생들의 다양한 언어 학습 양식을 고려한다.   1 2 3 4 5 NS

B 영역: 일반 교수 능력

1. 교사는 교실 출석을 잘하고 훌륭한 성품을 지니고 있다.   1 2 3 4 5 NS

2. 교사는 참을성이 있고, 예의 바르며 학생들이 새로운
기술/지식을 습득하는 것을 돕기 좋아한다.   1 2 3 4 5 NS

3. 교사는 다양한 수업 단계에 자신을 잘 배치한다.   1 2 3 4 5 NS

4. 교사의 옷 입는 스타일은 교실에서 하나의 강점이 된다.   1 2 3 4 5 NS

5. 교사는 과목에 대한 열정을 전달한다.   1 2 3 4 5 NS

6. 교사는 학생들과 좋은 관계를 형성한다.   1 2 3 4 5 NS

7. 교사는 부적절한 학생 행동을 다룰 수 있는 좋은 전략을   1 2 3 4 5 NS
가지고 있다.

8. 교사는 교실에서 수줍음이 많은 학생을 다그치지 않는다.   1 2 3 4 5 NS

9. 교사는 학생들의 성취를 인지하고 학생의 학습 흥미를   1 2 3 4 5 NS
발달시킨다.

10. 교사는 교실에서 다양한 능력 수준의 학습 요구에 귀를   1 2 3 4 5 NS
기울인다.

11. 교사는 학생들의 향상에 대해 적절한 피드백을 준다.   1 2 3 4 5 NS

12. 교사는 학습자들의 즉각적 필요 및 계획된 활동에   1 2 3 4 5 NS
대한 학생들의 반응에 대응하기 위해 교수 계획을
조정할 수 있다.

13. 교사의 수업은 학습자의 흥미를 유지하기 위해 속도의   1 2 3 4 5 NS
변화 및 충분한 다양성을 갖는다.

14. 교사는 수업을 충분히 준비하고, 명백한 목적과 목표를   1 2 3 4 5 NS
갖는다.

15. 교사는 질문을 위한 다양한 기술을 사용하고, 학생들로부터 1 2 3 4 5 NS
응답을 유도한다.

16. 교사는 학생들이 활동을 시작하기 전에 뚜렷하고 충분한   1 2 3 4 5 NS
지시, 예문 또는 시범 demonstrations을 제시한다.

17. 교사는 학생들을 잘 조직한다.   1 2 3 4 5 NS

18. 교사는 칠판을 잘 활용한다.   1 2 3 4 5 NS

19. 교사는 시각매체 혹은 기타 매체를 잘 활용한다.   1 2 3 4 5 NS

20. 교사는 학생들이 교수 요점을 잘 이해했는지 혹은 활동   1 2 3 4 5 NS
으로부터 배운 점이 있는지 알기 위해 꾸준히 확인한다.

C 영역: 지식과 태도

1. 교사는 영어 학습이 학생들 미래의 성공에 절대적으로   1 2 3 4 5 NS
중요하다고 믿는다.

2. 교사는 언어 학습을 국제적 친교와 기타 문화에 대한   1 2 3 4 5 NS
흥미를 증진시키는 더 큰 과정의 일부로 생각한다.

3. 교사는 교육이 사회의 미래 특성을 결정짓는 매우 중요한   1 2 3 4 5 NS
   역할을 한다고 믿는다.
4. 교사는 여러 사회/문화에서 사용되는 영어의 다양한 쓰임과   1 2 3 4 5 NS
   양식에 대한 지식이 있다.
5. 교사는 ELT 코스를 준비할 때 학생들의 문화적 배경을 매우 1 2 3 4 5 NS
   중요하게 고려한다.
6. 교사는 학생들이 점점 그들의 학습 향상에 대해 책임감을   1 2 3 4 5 NS
   갖도록 권한을 부여해야 한다고 믿는다.
7. 교사는 자신의 교수 능력을 더욱 개선하기 위해 교실연구를 1 2 3 4 5 NS
   수행 하고, 실험을 할 준비가 되어 있다.
8. 교사는 자신의 영어 의사소통 기술을 유지/발달시키기 위해 1 2 3 4 5 NS
   꾸준히 노력한다.
9. 교사는 직업 개발 활동의 가치를 인식하고 가능한 직업적   1 2 3 4 5 NS
   지원을 충분히 활용한다.
10. 교사는 ELT 프로그램의 질을 향상시키기 위해 동료와   1 2 3 4 5 NS
    함께 일하는 것에 열정적이다.

〈부록 6〉 수업에 대한 교사 자율-평가 (**Britten & O'Dwyer** 1995에서)

학급 class:_____ 날짜 Date:_____

영역		Imp=개선 가능　　　　　　　NA= 해당사항 없음	OK	Imp	NA
언어 내용	1	당신은 이 수업에서 특정 언어항목을 가르쳤는가? 만약 그렇다면 얼마나 많은 학생이 그 의미를 확실히 이해했는지 알고 있는가?			
	2	학생들에게 목표언어 항목을 다시 사용할 수 있는 기회가 있었나?			
	3	학생들은 유의미한 것들을 말하기 위해 이러한 항목들을 사용했는가?			
	4	학생들은 새로운 학습에 대해 기록된 자료 written record를 가지고 있는가?			
기술 연습	5	당신은 하나의 특정 기술이나 혼합 기술을 연습하기 위해 노력했는가? 과제 또는 과제의 일부는 취약한 학생들에게 적합했는가? 일부 과제는 더 나은 학생들에게 적합했는가?			
	6	학생들은 활동이 동기를 제공했다고 느꼈는가?			
	7	대부분의 학생이 목표 기술 skills로 연습을 했는가?			
수정	8	당신은 관련된 사항에 집중하면서 실수를 지나치게 수정하지 않도록 했는가? 어떤 점에서는 학생들 의견에서 내용에만 집중하고 형태의 오류는 무시했는가?			
	9	언어 연습에서 정확성이 만족할 만한 수준이었는가? 그렇지 않았다면 그 문제를 확인하고 해결했는가?			
	10	당신은 자율 수정과 동료 수정을 위한 기회를 제공했는가?			
수업 단계	11	너무 많이 노력했는가 혹은 거의 노력하지 않았는가?			
	12	활동이 더 잘 배열될 수도 있었는가?			
교실 운영	13	일반적으로 누가, 언제(과도한 명령이 아니라) 말하였는가에 관해 통제를 했는가?			
	14	마지못해 하는 학생들이 참여하도록 확실히 했는가 (비자원자)?			
	15	교사말만큼 학생 말이 많이 있었는가?			
	16	학생들은 서로 영어를 사용하였는가?			
	17	당신은 학생들에게 성취감(평가, 요약, 예측)을 남길 일을 하였는가?			

기타					

다음에 이 학급을 가르친다면 더 잘하고 싶은 두 가지	수업 계획에 대해 당신은 무엇을 할 수 있는가?	수업을 가르치는 동안 당신은 무엇을 할 수 있는가?

	1*	2	3	E	NA
수업 구조					
1.1 활동의 다양성					
1.2 활동의 배열					
1.3 과제와 지시의 명확성					
1.4 시각 자료 및 실물교재					
1.5 학생의 경험, 지식, 삶					
(기타)					
새로운 언어 항목					
2.1 제시					
2.2 이해 확인					
2.3 재사용 re-use					
2.4 공책에 기록					
(기타)					
기술 연습					
3.1 취약한 학생들의 참여					
3.2 과제 난이도 수준					
3.3 반복과 기계적 연습					
3.4 유의미한 연습					
3.5 학생 대 학생 활동					
(기타)					
학급 관리					

4.1	손들기, 말할 학생 지명하기					
4.2	비자원자 non-volunteers					
4.3	학생의 이름					
4.4	교사 발화 시간					
	(기타)					
		1	2	3	E	NA
학생들에 대한 피드백						
5.1	격려, 칭찬, 동기화					
5.2	정확성 과제의 수정 기준					
5.3	학생의 자율 수정, 동료 수정					
5.4	유창성(의사소통) 과제에서 수정 회피					
	(기타)					

다음 자율 평가 전에 개선 해야 할 점	1.	2.

---

* 1. 개선이 필요함 2. 만족함 3. 좋음 E. 과도함 NA. 이 수업에 해당사항 없음

〈부록 7〉 학생 평가 형식

홍콩 시립대학 영어과의 학생 평가 형식의 예이다.

영어과: 교수 피드백 설문지

설명: 이 설문지의 목적은 지명된 교사에게 그/그녀의 실제 교수에 대한 피드백을 제공하기 위한 것입니다. 당신의 피드백은 기관 내에서 교수를 개선하고 평가하는 과정에서 매우 중요한 요소입니다. 판단을 내리기 전에 신중히 생각하시기 바랍니다.

지시: 학생 의견은 오직 이름을 밝힌 교사와 그 수행에만 적용해야 합니다.

직원: _____

코스명: _____

나이: 19_____ - _____ 학기: _____

주의: 이것은 일반적인 설문지입니다. 당신의 의견과 관련된 교수 맥락(강의 그리고/혹은 개별지도)에 표시하십시오.

_____

교수
보통 나는 이 선생님이 다음과 같다고 느꼈다.

	전혀 그렇지 않다					매우 그렇다	
1. 수업 자료를 확실히 전달한다.	1	2	3	4	5	6	7
2. 수업 준비를 잘해 온다.	1	2	3	4	5	6	7
3. 수업 시간을 효과적으로 조직한다.	1	2	3	4	5	6	7
4. 과목에서 나의 흥미를 자극한다.	1	2	3	4	5	6	7
5. 학생들의 문제점에 대해 민감하다.	1	2	3	4	5	6	7

6. 지명된 교사의 수행에 대해 다양한 측면을 고려했을 때, 당신은 교수 전반에

대해 어떻게 평가하겠습니까?

(숫자에 동그라미 하십시오. 설명에 동그라미 하지 마십시오.)

1	2	3	4	5	6	7
매우 낮음	낮음		받아들일 만함		매우 좋음	훌륭함

7. 교수의 어떤 측면이 가장 유용했습니까?

_____

_____

8. 교수의 어떤 측면이 가장 도움이 되지 않았습니까?

_____

_____

코스

9. 이 코스의 내용(주제, 기술 등)에 대해 당신은 어떻게 평가하십니까?

1	2	3	4	5	6	7
도움이 되지 않음			매우 유용함			

10. 당신은 코스 자료(교재, 읽기자료 등)에 대해 어떻게 평가하십니까?

1	2	3	4	5	6	7
도움이 되지 않음			매우 유용함			

11. 코스의 어떤 측면이 가장 유용했습니까?

_____

_____

_____

_____

12. 코스의 어떤 측면이 가장 도움이 되지 않았습니까?

_____

_____

_____

_____

13. 코스 개선을 위한 방법이 있다면 제안을 해주십시오.

_____

_____

_____

_____

<부록 8> 동료 평가 형식

홍콩 시립대학 영어과의 동료 평가 형식의 예이다.

영어과 동료 평가 보고서
(필요하면 여분의 종이를 더 사용할 것)

교사 이름: _____

관찰자: _____

모듈 Module No.: _____

날짜, 수업 시간: _____

수업의 본질과 목적: _____

1. 목적과 목표

수업의 목적과 목표가 명확히 설명되었습니까?

수업은 초점이 명확합니까?

의견:

2. 자료의 적절성

교실 활동이 수업 목적과 목표를 달성하기에 얼마나 적합했습니까?

제시된 내용은 얼마나 효과적이었습니까?

수업의 자료/내용이 너무 많거나 혹은 너무 적지는 않았습니까?

의견:

3. 수업의 조직

수업의 조직이 얼마나 적절했습니까?

<u>의견:</u>

4. 학습자 흥미 자극

교사가 수업 시간 내내 얼마나 학습자의 흥미를 유지하고 고무시킬 수 있었습니까?

<u>의견:</u>

5. 학습자 참여 기회

학생들은 학습 활동에 참여할 수 있는 기회가 충분히 있었습니까?
모든 학생이 학습 활동에 참여할 기회가 충분히 있었습니까?
<u>의견:</u>

6. 교수 보조기구 사용

교수 보조기구(유인물, OHP, 화이트보드 등)가 수업에서 얼마나 효과적으로 사용되었습니까?

<u>의견:</u>

7. 어려운 개념 설명하기

교사는 어려운 개념을 학습자에게 얼마나 설명할 수 있었습니까?

의견:

8. 효과성

수업은 효과적이었습니까? 이유는? 혹은 그렇지 않은 이유는?

의견:

9. 기타 일반적 관찰

자율 평가 보고서와 응답

(교사가 응답하기 위해 제공되는 공간)

▌참고문헌 ▌

Alcorso, C., and M. Kalantzis. 1985. *The learning process and being a learner in the AMEP*. Report to the committee of review of the adult migrant education program. Canberra, Australia: Department of Immigration and Ethnic Affairs.

Bailey, K. M. 1996. The best-laid plans: teachers' in-class decisions to depart from their lesson plans. In K. Bailey and D. Nunan(eds.), *Voices from the language classroom*. New York: Cambridge University Press. 15~40.

Breen, M. No date. A pragmatics of language teaching: From practice to principles. Unpublished manuscript.

Brindley, G. 1984. *Needs analysis and objective setting in the adult migrant education program*. Sydney: N.S.W. Adult Migrant Education Service.

Britten, D., and J. O'Dwyer. 1995. Self-evaluation in in-service teacher training. In P. Rea-Dickins and A. Lwaitama(eds.), *Evaluation for development in English language teaching*. London: Macmillan 87~106.

Brown, H. D.1994. *Teaching by principles*. Englewood Cliffs, NJ: Prentice Hall.

Carkin, S. 1997. Language program leadership as intercultural management. In Christison and Stoller 1997. 49~60.

Christison, M. A., and F. Stoller(eds.). 1997. *A Handbook for Language Program Administrators*. Burlingame, CA: Alta Book

Davidson, J., and J. Tesh. 1997. Theory and practice in language program organization design. In Christison and Stoller 1997. 177~198.

Eskey, D. 1997. The IEP as a non-traditional entity. In Christison and Stoller 1997. 21~30.

Henry, A. R. 1997. The decision-maker and negotiator. In Christison and Stoller 1997. 77~90.

Kells, H. R. 1988. *Self-study processes: A guide for postsecondary and similar service-oriented insitutions and programs*. 3d ed. New York: Macmillan.

Klinghammer, S. 1997. The strategic planner. In Christison and Stoller 1997. 61~76.

Leung, C., and A. Teasdale. 1998. ESL teacher competence: Professionalism in a social market. *Prospect* 13(1): 4~24.

Lortie, D. 1975. *Schoolteacher: A sociological study.* Chicago: University of Chicago Press.

Marsh, H. L. 1994. *NAFSA's self-study guide: Assesment of programs and services for international education exchange at postsecondary institutions.* Washington, DC: NAFSA: Association of International Educators.

Morris, P. 1994. *The Hong Kong school curriculum.* Hong Kong: Hong Kong University Press.

Murdoch, G. 1997. What makes a good English language teacher? In *TESOL Arabia 1997 Third International Conference*, vol 11. Conference proceedings Selected Papers, March. 96~108.

Nunan, D. 1988. *The learner-centered curriculum.* New York: Cambridge University Press.

Roberts, J. 1998. *Language teacher education.* London: Arnold.

Richards, J. C. 1998. *Beyond training.* New York: Cambridge University Press.

Richards, J. C., and C. Lockhart. 1994. *Reflective teaching in second language classrooms.* New York: Cambridge University Press.

Stoller, F. 1997. The catalyst for change and innovation. In Christison and Stoller 1997. 33~48.

TESOL. 1986a. *TESOL's manual for self study.* Washington, DC: TESOL.

TESOL. 1986b. *The TESOL core standards for language and professional preparation programs.* Washington, DC: TESOL.

University of Cambridge Local Examinations Syndicate(UCLES). 1996. *Cambridge integrated language teaching schemes: Certificate in English language teaching to adults.* Cambridge: Cambridge University Press.

University of Cambridge Local Examinations Syndicate(UCLES). 1998. *Syllabus and assesment guidelines for course tutors and assessors.* Cambridge: Cambridge University Press.

8
수업 자료의 역할과 설계
The role and design of instructional materials

교수teaching 자료는 대부분의 언어 프로그램에서 핵심적인 구성 요소이다. 교사가 교재, 기관에서 제작한 자료, 교사의 자체 창작 자료 중 어떤 것을 사용하든 수업instructional 자료는 교실에서 일어나는 언어 연습과 학습자에게 주어지는 언어 입력의 기초를 제공한다. 초보 교사에게 자료는 교사 훈련의 한 형태가 되기도 한다. 자료는 교사가 이용 가능한 형식뿐만 아니라 어떻게 수업을 준비하고 가르칠 것인가에 대한 아이디어를 제공한다. 현재 세계적으로 이루어지는 언어 교수의 대부분은 상업 자료가 없으면 이루어질 수 없다. 상업 자료는 (a)책, 연습책, 연습지worksheet 혹은 읽기 교재 등의 인쇄 자료 (b)카세트 또는 음성 자료, 비디오, 컴퓨터 기반 자료 등의 비인쇄 자료 (c)자체 제작 자료와 인터넷상의 자료처럼 인쇄 자료와 비인쇄 자료가 결합된 형태가 있다. 또한 잡지, 신문, TV 자료 등 수업 instructional 목적으로 설계되지 않은 자료들도 교육과정에 이용된다.

Cunningsworth(1995, 7)는 언어 교수에서 자료(특히, 코스 교재)의 역할을 다음과 같이 요약한다.

- 제시 자료의 자원 (구어와 문어)
- 학습자 연습과 의사소통적 상호작용을 위한 활동 자료
- 문법, 어휘, 발음 등 학습자를 위한 참고 자료원
- 교실활동을 위한 아이디어와 교실활동 촉진 자료원
- 교수요목(결정된 학습 목표를 반영하는)
- 자신감이 부족한 초보 교사에 대한 지원

Dudley-Evans와 St. John (1998, 170~171)은 ESP 코스의 교사들에게 자료가 다음과 같은 기능을 한다고 제안한다.

- 언어의 자료원
- 학습 지원
- 동기 부여와 자극
- 참고 자료

따라서 ESP 자료는 ESP에 맞는 언어 사용역과 전문화된 장르를 제공하고자 하며 인지 과정을 자극하고, 학습자가 따라야 할 구조와 발달 과정progression을 제공함으로써 학습을 지원하고자 한다. 또한, 흥미 있는 내용과 성취 가능한 과제를 제공하여 학습자에게 동기를 부여하고, 교실 밖에서 자기 주도 학습이 가능한 자원을 제공하고자 한다.

교사들은 수업 자료를 주요 교수 자원으로 사용한다. 자료는 수업lesson 내용의 기초, 언어 기술 간의 균형, 그리고 학생들이 참여하는 언어 연습의 종류를 제공한다. 어떤 경우는 자료가 교사의 수업을 대체하기도 한다. 교사를 제외한다면 학습자들에게 자료는 그들이 접할 수 있는 언어의 주된 자료원이 될 것이다. 따라서 언어 프로그램에서 자료의 역할과 사용은 언어 교육과정 개발의 중요한 부분이다. 이 장에서는 언어 교수에서 자료의 역할, 설계, 이용을 인쇄 자료와 교재를 중심으로 살펴볼 것이다.

8.1. 실제 자료와 창작 자료 Authentic versus created materials

언어 프로그램에서 자료의 역할에 대한 계획을 세울 때 그 시작은 실제 자료를 이용할 것인가, 창작 자료를 이용할 것인가를 결정하는 것이다. 실제 자료는 글, 사진, 비디오 자료, 기타 자료 등 교육적 목적으로 제작되지 않았으나 교수에 사용되는 모든 자료를 말한다. 창작 자료란 교재와 수업 자원으로 특별히 개발된 기타 자료를 말한다. 실제 자료가 창작 자료보다 더 선호된다는 주장이 있는데 이는 실제 자료가 대부분의 창작 자료에 비해 실제 언어를 더 많이 포함하고 있고 실생활에서 사용하는 언어를 더 많이 반영하기 때문이다. Allwright(1981, 173)는 영국 대학 내 외국인 대상 언어 코스의 기초 원리 중 하나를 "언어 교수를 위해 설계되거나 개발된 자료는 출판되었든 출판되지 않았든 사용하지 마라."라고 기술한다. 이러한 강제적인 원칙은 자료 집필자들에게 교육적으로 유용한 언어 학습 자료를 창작할 능력이 없다는 시각을 반영한다. *실제 자료의 장점*은 다음과 같다(Phillips & Shettlesworth 1978; Clarke 1989; Peacock 1997).

① *학습자 동기 유발에 긍정적인 효과가 있다.* 실제 자료는 본질적으로 창작 자료보다 재미있고, 동기화해주기 때문이다. 미디어와 인터넷에는 언어 학습의 원천이 되는 많은 양의 흥미로운 자원이 있고, 이들은 언어 학습자들의 관심과 밀접하게 관련된다.

② *목표 문화와 관련된 실제적인 정보를 제공한다.* 실제 자료는 문화적인 관습, 신념, 그리고 언어적, 비언어적 행동을 포함한 목표 문화의 다양한 측면을 제시하는 데 이용 가능하다.

③ *실제 언어를 보여준다.* 실제 자료의 언어는 특정 문법이나 담화 형태를 위해 특별히 집필된 창작 자료의 인위적 내용에 비해 현실적이다.

④ *학습자의 요구에 근접한 자료이다.* 따라서 학생들의 실생활real-world 요구와 교실의 학습을 연결한다.

⑤ *더욱 창의적인 교수 접근법을 지원한다.* 교수 활동의 자료로서 실제 자료를 이용하면, 교사는 자신의 교수 유형과 학습자 유형에 맞는 활동과 과제를 개발하여 능력을 한껏 발휘할 수 있다.

그러나 *실제 자료*의 사용을 *비판*하는 사람들은 다음을 지적한다.

① *창작 자료도 학습자의 동기를 유발할 수 있다.* 대부분의 출판 자료는 10대를 위한 잡지와 비슷하게 구성되어 있고 다양한 종류의 실생활 자료를 포함하여 실제 자료만큼 학습자의 흥미를 유발할 수 있다.

② *실제 자료는 어려운 내용을 포함하는 경우가 많다.* 그리고 불필요한 어휘를 포함하여 교사와 학생들의 주의를 분산시킨다. 실제 자료는 어휘적, 언어적 지침에 따라 단순화되지 않았기 때문에 학습자의 능력을 벗어난 언어를 포함할 수 있다.

③ *창작 자료는 등급화된 교수요목을 기반으로 제작되어 실제 자료보다 우수하다.* 따라서 교수 항목의 체계적 범위를 제공한다.

④ *실제 자료 사용이 교사에게는 부담이 된다.* 실제 자료를 활용한 학습 자료를 개발하려면, 교사들은 적합한 자료를 찾고 그 자료와 연계되는 연습 문제 및 활동을 개발하기 위해 엄청난 시간을 투자해야만 한다.

이처럼 실제 자료와 창작 자료는 각각 장점과 한계점이 있기 때문에 많은 언어 프로그램에서 교사들은 두 자료를 함께 사용한다. 더욱이 많은 출판 자료가 실생활에 바탕을 둔 실제 텍스트를 포함하기 때문에 실제 자료와 창작 자료의 구분은 점점 줄어들고 있다. Clarke(1989, 79)는 다음과 같이 언급한다.

그런 교재들은 (진짜도 아니면서) 진짜인 양 가장하기 시작하여 신문기사, 지도, 도표, 메모 패드, 메뉴, 신청 양식, 광고, 교육용 전단 같은 형태의 시각적으로 재생산된 많은 '실재물 realia'을 포함한다. 실제로 몇몇 책은 신문, 잡지에서 빌려온 그림 자료를 포함해서 거의 전체가 실제 자료로 채워져 있다.

8.2. 교재 Textbooks

연습책 workbook, 카세트, 교사용 지도서 teacher's guide 등의 부록을 포함한 상업 교재는 언어 교수에서 가장 일반적인 형태의 자료이다. Haines(1996, 27)는 과거와 현재 영어 교재의 경향 차이를 다음과 같이 정리한다.

과거	*현재*
저자와 학문 중심	시장 지배
불특정한 전체 시장	구체적으로 세분화된 시장
유럽 중심	환태평양/라틴 아메리카 중심
출판물 판매	국제적, 지역적 문화
문화와 원칙적인 방법론 culture and methodology of origin	지역 고유의 학습 상황
영어를 위한 영어	특수 목적 영어
영미 출판사 우세	지역 출판사 증가

모어 화자의 전문 지식	비모어 화자의 능력 competence
문화적으로 둔감한	문화적으로 민감한
낮은 위험/경쟁	높은 위험/경쟁
빈약한 디자인	풍부한 디자인
인위적인 텍스트와 과제	실제성
단일 출판물	복합적 구성물/멀티미디어

언어 프로그램에서 교재는 다양하게 이용된다. 예를 들면, 읽기 교재는 (읽기) 기술 연습을 위한 연습 문제와 읽기 텍스트를 제공하는 등 읽기 코스의 기초가 된다. 쓰기 교재는 모범 작문과 학습자들이 써 볼 만한 주제 목록을 제시한다. 문법 교재는 문법적 지식 향상을 위한 연습 문제뿐만 아니라 예문을 제공하는 참고 서적의 역할도 한다. 말하기 교재는 읽고 토론할 수 있는 방법을 제시한다. 카세트와 CD를 포함한 듣기 교재는 듣기 코스에서 주된 듣기 입력이 된다.

상업 교재를 사용하는 것은 교재가 어떤 상황에서 어떻게 이용되는가에 따라 장점과 단점이 있다. 주요 *장점*은 다음과 같다.

① ***프로그램의 구조와 교수요목을 제공한다.*** 교재가 없으면 프로그램이 중심을 잃으며, 학습자들에게 체계적으로 계획되고 개발된 교수요목을 제공할 수 없다.

② ***표준화된 수업을 돕는다.*** 프로그램에서 교재를 사용함으로써 서로 다른 학급에 있는 학생들에게 비슷한 내용을 가르칠 수 있고 따라서 같은 방법으로 시험을 치를 수 있다.

③ ***질적 우수성을 유지한다.*** 잘 개발된 교재의 경우, 시험사용 및 검증을 거치고 안정된 학습 원리를 기반으로 하며 적절히 시간 안배된 자료를 학생들이 사용하게 된다.

④ ***다양한 학습 자원을 제공한다.*** 교재는 대부분 워크북, CD, 카세트, 비디오, CD-ROM, 교사용 지도서 teaching guides 등을 함께 제공하여 교사와 학습자에게 다양하고 풍부한 자원을 제공한다.

⑤ ***효율적이다.*** 교재는 교사들이 자료를 만드는 것보다 교수 활동 자체에 시간을 쏟을 수 있도록 돕는다.

⑥ ***효과적인 언어 모형과 입력을 제공할 수 있다.*** 교재는 스스로 정확한 언어를

생산하는 것이 힘든 비원어민 교사를 지원할 수 있다.

⑦ **교사를 훈련시킬 수 있다.** 제한된 경험을 가진 교사에게 교사용 지도서 teacher's manual와 교재는 교사 훈련의 매개체 역할을 할 수 있다.

⑧ **시각적으로 흥미를 끈다.** 상업 교재는 일반적으로 디자인과 생산품의 수준이 높아서 교사와 학습자의 흥미를 끈다.

그러나 창작 자료의 예처럼 상업 교재에도 잠재적으로 *부정적인 영향*은 있다.

① **실제적이지 않은 언어를 포함할 수도 있다.** 교재의 본문, 대화문 등을 교수하고자 하는 요점에 맞추어 집필하기 때문에 실제로 사용하는 언어와는 거리가 있다.
② **내용을 왜곡할 수 있다.** 교재는 이상적인 세계관을 그리며 실제 쟁점을 표현하지 못한다. 교재가 다양한 상황에 부합하도록 집필하기 위해, 논쟁적인 주제는 피하고, 대신 이상화된 백인 중산층의 세계관을 일반적인 것으로 표현한다.
③ **학생들의 요구를 반영하지 못할 수도 있다.** 교재가 주로 세계 시장을 겨냥하기 때문에 학생들의 관심과 필요를 반영하지 못하는 경우가 있으며 따라서 수정이 필요하다.
④ **교사의 역할을 단순화시킬deskill 수 있다.** 교사들이 주된 교수 자료로 교재를 사용할 경우, 주요 수업 결정을 교재와 교사용 지도서에 의존함으로써 다른 사람이 준비한 교수 자료를 제시하는 기술자 정도로 교사의 역할이 축소될 가능성이 있다.
⑤ **가격이 비싸다.** 상업 교재는 세계 여러 나라에서 학생들에게 경제적인 부담이 된다.

프로그램에서 상업 교재의 역할을 결정하기 위해서는 교재가 프로그램과 교사, 학습자에게 미칠 영향을 신중하게 고려해야 한다.

8.3. 교재 평가Evaluating textbooks

일련의 선택할 수 있는 상업 교재와 기타 수업 자료들을 대상으로 교사와 교수 자료를 선택하는 책임자들은 교재와 교수 자료에 대해 정보에 근거한 판단informed judgements을 내릴 수 있어야 한다. 그러나 교재 평가는 교재 평가의 목적을 고려해야만 수행할 수 있다. 특정 상황에 완벽하게 부합하기 때문에 어떤 교재는 그 상황에 이상적일 수 있다. 그 교재는 프로그램에 적절한 분량이고, 가르치기 쉽고, 초보 교사들도 쉽게 이용할 수 있고, 문법과 네 가지 기술을 모두 균일하게 담고 있다. 그러나 똑같은 교재가 다른 상황에는 전혀 부합하지 않을지도 모른다. 분량이 너무 적고 교사와 학생들에게 쉬우며 프로그램에 필요하지 않은 요소(문법 교수요목과 같은 요소)를 담고 있다. 따라서 교재를 평가하기 전에 아래 영역에 대한 정보가 필요하다.

프로그램에서 교재의 역할
- 프로그램에 목표 교수요목과 프로그램의 내용을 설명하는 잘 개발된 교육과정이 있는가 아니면 교육과정이 교재에 의해 결정되는가
- 교재 혹은 교재 시리즈가 프로그램의 중심이 되는가 아니면 프로그램에서 사용할 여러 교재 중 하나인가
- 교재가 소규모 학급에서 사용될 예정인가 아니면 규모가 큰 학급에서 사용될 예정인가
- 학습자가 연습책도 구입해야 하는가? 아니면 필요한 연습 문제가 교재에 모두 있는가

프로그램에서의 교사
- 프로그램에 참여하는 교사는 어느 정도의 경험이 있고, 교사의 훈련 수준은 어느 정도인가
- 교사는 영어 모국어 화자인가? 아니라면 영어 실력은 어느 정도인가
- 교재의 내용에 따라 가르치는가? 아니면 교재를 단순히 하나의 자료로써 이용하는가
- 교사가 수업에 사용할 교재 선택에 관여하는가
- 교사가 자유롭게 교재를 개작하고 보완할 수 있는가

프로그램에서의 학습자
- 학습자 개개인이 교재를 구입해야 하는가
- 일반적으로 학습자는 교재에서 무엇을 기대하는가
- 수업 시간과 방과 후에 교재를 이용할 것인가

- 수업 시간에 교재를 어떻게 이용할 것인가? 교재가 교실 활동의 주된 원천인가
- 교재 구입을 위해 얼마까지 지불할 의사가 있는가

어떤 상업 교재도 언어 프로그램에 완벽히 맞을 수 없음을 깨달을 필요가 있다. 상업 교재 개발에는 저자의 이해interest와 출판사의 이해, 이 두 가지 요인이 관련된다(Byrd 1995; Werner, et al, 1995). 저자는 일반적으로 새롭고, 창의적이며 학습자의 요구에 부합하면서 교사가 가르치기에 즐거운 내용을 포함하려 한다. 저자는 많은 시간과 노력을 투자했기에 책의 성공과 그에 따른 경제적 이익을 원한다. 출판사는 경제적 성공을 중시한다. 그러나 이익을 얻기 위해서는 경쟁자들과 구별되는 훌륭한 수준의 책을 제작해야 한다. Ariew는 때로 서로 상충하는 목적을 달성하기 위해 저자와 출판사가 해야만 하는 타협에 대해 다음과 같이 설명한다.

> 진정한 혁신적 접근은 교사에게 익숙하지 않아서 교사들의 저항에 부딪힐 수 있다. 혁신은 교재 선정에 책임이 있는 사람들에게는 위협적일 수 있고, 대대적인 논쟁을 일으키기도 한다. 출판사의 성공은 다수를 만족시키는 능력에 달려 있으며 따라서 출판사는 주류를 목표로 삼고, 상황과 어휘를 최소화하는 sterilize 쪽을 선호하여 가능한 한 논쟁의 여지를 일으키지 않는다. 이러한 타협의 결과는 혁신적 자료가 위협적인 만큼이나 지루할 수 있다. 양쪽 중 어느 한쪽에 치우친다면 교재의 시장성에 엄청난 악영향을 미치게 된다(Ariew 1982, 12).

저자의 원고를 시장에 최대한 적합하게 만들기 위해 출판사들은 종종 원고manuscript에 상당한 수정을 가한다. 이러한 변경 사항은 교재를 사용할 교사들의 서로 다른 경험, 교육, 교수 기술의 수준을 생각할 때 필수적이다. 연습 문제는 명시적 목표가 있어야 하고, 활동의 절차는 분명하고 복잡하지 않아야 하며, 교사들이 교수 자료를 이용할 방법을 알기 위해 많은 시간을 투자할 필요가 없어야 한다. 또한, 특정 시장에서 환영받지 못할 내용은 삭제해야 한다. 결과적으로 저자의 원고에 있던 창의성과 '개성 flavor'은 대부분 사라진다.

동시에 출판사들은 특정 수준의 교재가 포함해야만 하는 것에 대한 교사들의 기대에 부응해야 한다. 예를 들어, ESL 초급 교재의 첫 단계에 현재 진행형이 포함되지 않으면 교사들은 그 교재에 결함이 있다고 여기며 사용하지 않을 것이다. Ariew는 가능한 넓은 시장에서 이용 가능한 교재를 만드는 과정을 '균일화 homogenization'라고

표현한다.

많은 출판사가 논쟁적이거나 금기시되는(혹은 전통적이라고 생각되는 주제를 제외한) 모든 주제를 모두 체계적으로 삭제한다. 이런 경향은 몇몇 중대한 결과를 가져온다. 교재 text를 비슷비슷하게 만드는 것 이외에도 이런 편견은 목표 문화를 다루는 데 영향을 미쳐서 정확하지 않은 묘사나 잘못된 특징 부여 등의 결과를 가져온다. 교재는 우리의 문화 중 가장 보수적인 면을 가진 자문화 중심적 ethnocentric 복제품이 된다(Ariew 1982, 12~13).

교재 평가의 기준 Criteria for textbook evaluation

Cunningsworth(1995)는 교재 특히, 코스 교재를 평가하기 위한 네 가지 기준을 제안한다.

1. 교재는 학습자의 요구와 일치해야 한다. 언어 학습 프로그램의 목적과 목표에 맞아야 한다.
2. 학습자들이 기대하는 언어의 사용(현재든 미래든)을 반영해야 한다. 학습자 개개인의 목적을 위해 효과적으로 언어를 사용할 수 있도록 돕는 교재를 선택해야 한다.
3. 교재는 학습자의 요구를 참작해야 하고 경직된 rigid '방법 method'을 독단적으로 강요하지 않으면서 학습자의 학습 과정을 용이하게 해야 한다.
4. 교재는 학습을 위한 지원 역할을 확실히 해야 한다. 교사가 그런 것처럼 교재도 목표어와 학습자를 연결한다.

Cunningsworth(1995)는 다음과 같은 범주로 이루어진 교재 평가 및 선정을 위한 점검표(<부록 2> 참조)를 제시한다.

- 목적과 접근법
- 설계와 구성
- 언어 내용
- 기술
- 주제
- 교수법 methodology
- 교사용 지도서 teacher's book
- 현실적 고려 사항

Dudley-Evans와 St. John(1998, 173)은 너무 많은 범주를 이용하는 것은 실용적이지 않으며, 먼저 두세 가지의 핵심 범주를 적용한 후 필요하다면 나머지 범주를 적용하기가 쉽다고 제안한다. 또한, ESP 교수 자료를 선택할 때 아래의 질문을 고려하기를 권한다.

1. 교수 자료가 고무적이고 동기를 유발하는가?
2. 정해진 학습 목표와 교사의 학습 목표에 얼마나 부합하는가? (하나의 출판 교재가 ESP 학습자 집단의 요구와 일치하는 경우는 아주 드물며 학습 활동이 항상 정해진 목표에 맞는 것은 아니다.)
3. 교수 자료가 학습 과정에 얼마나 도움이 되는가?

교재 평가의 유형은 평가자의 고려 사항도 반영한다. 어떤 교사는 교재의 유용성을 중시한다. 이 교사는 수업에 사용하기 쉽고 융통성이 있으며 개작이 쉬운 교재에 주로 관심을 갖는다. 또 다른 교사는 교재의 이론적 지향과 접근법을 더 중요하게 생각한다. 회화를 위한 교재라면 어떤 회화 이론에 기초하는가, 어떤 종류의 교수요목에 기초하는가, 교재에 있는 활동은 정당한가를 고려한다. 쓰기 텍스트를 평가하는 교사들의 관점 역시 아주 다를 수 있다. 어떤 교사는 과정 중심 작문의 관점에 동의하여 생각 꺼내기 generating ideas, 초고 쓰기 drafting, 검토하기 reviewing, 수정하기 revising, 편집하기 editing와 같은 과정을 연습하는 활동을 찾는다. 다른 교사들은 서사적 쓰기 narrative writing, 설명하기, 묘사하기 등 다양한 종류의 텍스트를 구성하기 위한 다양한 쓰기 관습 conventions을 적절히 취급하는지 확인하는 데 더 관심을 둘 수도 있다. 그러므로 어떤 언어 프로그램에서도 기존의 점검표 published checklist를 개작 없이 교재 평가와 선택의 기본으로 이용하지 않는다. 각각의 상황 요인에 기초하여 그 상황에 맞는 질문이 교재 평가 및 선택과 관련하여 주된 쟁점이 되어야 한다.

- 프로그램 요인 - 프로그램의 관심에 관련된 질문
- 교사 요인 - 교사의 관심에 관련된 질문
- 학습자 요인 - 학습자의 관심에 관련된 질문
- 내용 요인 - 교재 내 자료의 구성과 내용에 관련된 질문
- 교육학적 요인 - 활동과 연습 유형의 선택을 포함한 교수 자료의 교육학적 설계와 교수 자료에 내재된 원리에 관련된 질문

8.4. 교재 개작 Adapting textbooks

대부분의 교사는 교수 자료를 창작하지는 않지만 좋은 교수 자료를 제공한다. Dudley-Evans와 St. John(1998, 173)은 좋은 교수 자료는 다음 사항을 충족시켜 준다고 주장한다.

1. 이용 가능한 것으로부터 적절하게 선택한다.
2. 이용 가능한 것을 창의적으로 사용한다.
3. 학습자의 요구에 맞게 활동을 수정한다.
4. 추가 활동(그리고 추가적인 입력)을 제공하여 보충한다.

상업 교재가 특정 맥락에 맞게 개작되지 않고 쓰이는 경우는 거의 없다. *교재의 개작*은 다양한 형태로 이루어진다.

① *내용 수정Modifying content*. 나이, 성별, 사회적 지위, 직업, 종교, 문화적 배경과 관련해서 대상 학습자에게 적합하지 않기 때문에 내용의 수정이 필요한 경우가 있다.

② *내용 추가 혹은 삭제Adding or deleting content*. 교재는 프로그램에서 이용하기에 너무 많은 내용 혹은 너무 적은 내용을 다룰 수 있다. 한 단원unit 혹은 교재 내 관련 단원 전체가 제외되기도 한다. 예를 들어, 말하기와 듣기에 주로 초점을 둔 코스에서는 교재의 쓰기 활동을 제외한다.

③ *내용의 재구성Reorganizing*. 교사는 교재의 교수요목을 재구성하기로 결정하고, 교사가 생각하기에 더 적합한 순서로 단원을 조정한다. 또는 특정한 이유 때문에 한 단원 안에서 제시된 순서대로 활동을 진행하지 않고 그 순서를 재조정한다.

④ *빠진 내용 추가Addressing omissions*. 교사가 보기에 중요한 내용을 교재에서 다루지 않는 경우가 있다. 예를 들면, 교사가 어휘나 문법 활동을 추가할 수 있다.

⑤ *과제 수정Modifying tasks*. 연습 문제나 활동에 추가적인 초점을 제공하기 위해서 이들을 변경할 필요가 있다. 예를 들어, 듣기 활동은 정보를 듣는 것에만 중점을 둘 것이다. 따라서 학습자들이 (정보 확인 외의 또) 다른 목적을 가지고 두 번, 세 번 듣도록 과제를 개작한다. 또는 더 개인화된 연습을 제공하기

위해 활동을 확장할 수 있다.

⑥ **과제 확장**_Extending tasks_. 연습 문제exercise에 포함된 연습practice이 불충분하여 추가적인 연습이 필요할 수 있다.

이러한 방식으로 상업 교재를 개작하는 것은 교사들이 필수적으로 개발해야 할 능력이다. 개작의 과정을 통해, 교사는 교재를 개인화하고personalizes, 교재를 더 나은 교수 자원으로 만들며, 특정 학습자 집단에 맞는 교재로 개별화individualized한다. 보통 이 과정은 교사가 교재에 익숙해짐에 따라 점차적으로 일어난다. 왜냐하면 그 교재를 수업에 사용해 보기 전까지는 교재의 어느 부분에 개작이 필요한지가 명확하지 않기 때문이다. 많은 교사가 한 프로그램에서 같은 교재로 수업할 경우, 교사들이 교재 개작에 대해 가진 정보를 공유할 기회를 만들어 주는 것이 좋다.

8.5. 프로그램을 위한 교수 자료 준비
Preparing materials for a program

기관에서 개발한 교수 자료를 언어 프로그램에 이용하는 것을 검토할 경우, 처음부터 교수 자료 개발 프로젝트 구성의 장점과 단점 모두를 신중하게 고려할 필요가 있다.

1) 장점

프로그램 내에 교수 자료 개발의 구성 요소를 설정할 때의 장점은 다음과 같다.

① **관련성** _relevance_: 제작된 교수 자료는 학생과 기관의 요구와 직접적으로 관련되고 지역적인 내용, 쟁점, 관심사를 반영한다.

② **전문 지식 개발** _develop expertise_: 교수 자료를 개발함으로써 교직원staff이 효과적인 교수 자료의 특징을 더 잘 이해할 기회를 제공하여 그들 중 전문가를 양성할 수 있다.

③ **평판** _reputation_: 기관에서 교수 자료를 개발하면 그 기관의 학생을 위해 특별히 개발된 교수 자료를 제공하려는 헌신적인 모습을 보여줌으로써 기관에 대한 평판을 높일 수 있다.

④ **융통성** *flexibility*: 기관에서 제작한 자료는 필요에 따라 개작하고 수정할 수 있어 상업 교재보다 훨씬 융통성이 많다.

2) 단점

교수 자료 개발에 착수하기 전에 단점 또한 고려해야 한다.

① **비용** *cost*: 질 좋은 자료는 제작에 시간이 걸리므로 자원과 충분한 작업 시간 staff time을 그 프로젝트에 할당할 필요가 있다.
② **질** *quality*: 교사 제작 자료는 보통의 상업 자료와 같은 수준의 디자인과 저작물이 아닐 것이다. 그러므로 상업 자료와 똑같은 외형을 갖기는 힘들다.
③ **훈련** *training*: 자료 집필 프로젝트를 준비하기 위해서 적절한 훈련을 제공해야 한다. 자료 집필은 전문 기술이며 미래의 자료 집필자들은 필요한 기술을 개발할 기회가 필요하다. 이 같은 목적으로 워크숍을 개발할 수 있으며 적합하고 균형 있는 전문 지식을 가진 집필 팀도 만들 수 있다.

3) 자료 개발의 본질 *The nature of materials development*

자료 개발의 본질과 양질의 자료 개발에 관련된 일반적인 과정을 이해하는 것 역시 중요하다. Dudley-Evans와 St. John(1998, 173)은 "소수의 훌륭한 교사만이 좋은 코스 자료를 설계한다."고 논평한다. 많은 교사는 상업적 교수 자료 개발 과정을 과소평가한다. 효과적인 교수 자료를 준비하는 것은 수업을 계획하고 가르치는 과정과 유사하다. 그 목적은 효과적인 학습의 자원이 되는 자료를 만드는 것이다. 집필자들은 학습 목적을 염두에 두고 시작하며 그 목적을 가능하게 하는 활동을 개발하고자 한다. 주요 교수 활동에 대한 Shulman(1987, 15)의 설명 역시 자료 개발 과정에 적용된다. 그는 자료 개발을 변형의 과정으로 보았다.

교수의 지식 기반 the knowledge base of teaching을 이해하는 열쇠는 내용과 교육 pedagogy의 교차점에 있고 또한 이는 교사가 지닌 내용 지식 content knowledge을 교육적으로 강력한 형태이면서도 다양한 능력과 배경을 지닌 학생들에게 적용할 수 있는 형태로 변형하는 교사의 능력에 있다.

Shulman은 이 과정 process의 변형 단계 transformation phase가 아래와 같이 구성된다고 알려준다.

- 준비: 텍스트의 비판적 해석 및 분석, 구조화와 분할, 교육과정 내용목록의 개발, 목적의 명료화
- 제시: 유추, 은유, 예시, 실물 교수, 설명 등을 포함한 표현적 내용목록의 사용
- 선정: 교수·조직·관리·배열 양식을 포함하는 수업 내용목록 instructional repertoire에서 선택
- 학생의 특성에 따른 개작과 맞춤식 수정 tailoring: 사회 계급, 성별, 나이, 능력, 태도, 흥미, 자아 개념, 주의력 및 개념, 선입견 preconception, 오개념 misconception과 어려움 difficulties—언어, 문화, 동기와 같은—에 대한 고려

자료 개발 및 교실 수업의 목적은 활동의 순서를 개발하는 것이다. 이 활동을 통해 교사와 학습자는 동기화되고 유용한 연습을 하며 적절한 난이도의 학습을 하게 된다. 좋은 자료는 교사 교수 활동의 일부로서 교사가 일반적으로 하는 많은 일을 수행한다. 좋은 교수 자료는 다음과 같다.

- 학습자의 흥미를 불러일으킨다.
- 선행 학습을 상기시킨다.
- 다음에 배울 내용을 알려준다.
- 새로운 학습 내용을 설명한다.
- 학습자의 선행 학습과 새로운 내용을 연결한다.
- 학습자들이 새로운 내용에 대해 생각하도록 한다.
- 자신들의 학습에 대한 피드백을 얻도록 돕는다.
- 연습을 독려한다.
- 학습자가 해야 할 일이 무엇인지 확실히 알도록 한다.
- 자신의 향상을 확인할 수 있도록 한다.
- 학습자의 향상을 돕는다.

(Rowntree 1997, 92)

Tomlinson(1998)은 좋은 언어 교수 자료는 다음과 같은 특징이 있다고 제안한다.

- 영향력이 있어야 한다.
- 학습자를 편안하게 해야 한다.
- 학습자가 자신감을 갖도록 도와야 한다.
- 교수 내용은 학습자와 관련되고 학습자에게 유용한 것으로 인식되어야 한다.

- 학습자의 자기 투자를 요구하고 이를 촉진해야 한다.
- 학습자들은 교수의 핵심내용을 수용할 준비가 되어야 한다.
- 학습자들을 실제적인 언어 사용에 노출시켜야 한다.
- 학습자들은 입력 input의 언어적 특징에 집중하여야 한다.
- 의사소통 목적을 달성하기 위해 목표 언어를 사용할 기회를 학습자들에게 제공해야 한다.
- 긍정적인 수업의 효과는 대개 지연된다는 것을 고려해야 한다.
- 학습자들의 학습 양식이 다양하다는 것을 고려해야 한다.
- 학습자들의 정의적 태도가 다양하다는 것을 고려해야 한다.
- 교수 초기에 침묵기 silent period를 인정해야 한다.
- 좌뇌와 우뇌 활동을 자극하는 지적이고 심미적이며 정서적인 참여를 장려하여 학습 잠재력을 최대화해야 한다.
- 통제된 연습에 지나치게 의존해서는 안 된다.
- 결과에 대한 피드백을 제공해야 한다.

이는 실제 실행에 적용하기에는 번거로운 목록처럼 보인다. 교수 자료를 개발하는 개발자는 자신이 집필하는 자료를 계획하고 평가하는 데 참고할 만한 자신만의 작업 원리 working principles를 개발해야 한다. 예를 들어, 필자는 초급 말하기 자료를 개발할 때 다음의 점검표를 이용했다. 이 목록은 자료에서 각 단원이 반영해야 할 자질을 밝힌다.

- 학습자들이 수업에서 얻을 수 있는 것을 제공한다.
- 학습자가 사용할 수 있다고 느끼는 것을 가르친다.
- 학습자에게 성취감을 준다.
- 흥미롭고 새로운 방법으로 학습 항목을 연습한다.
- 즐거운 학습 경험을 제공한다.
- 성공의 기회를 제공한다.
- 개인 연습의 기회를 제공한다.
- 개인화 personalization의 기회를 제공한다.
- 학습의 자기 평가 기회를 제공한다.

각 자료의 초안은 이들 원리 중 무엇이 어느 정도 반영되었는지 평가받는다. 수업 자료 설계를 통해 이러한 목적을 이루는 것은 개발자의 기예 art, 경험, 기술 skills, 그리고 솜씨 craft에 달려 있다.

4) 자료 설계의 결정 Decisions in materials design

5장과 6장에서 다음과 같은 프로그램 설계와 자료 설계에 대한 과정을 논의했다.

- 목적 개발
- 목표 개발
- 교수요목 개발
- 코스 단위 구성 organizing the course into units
- 단원 구조 개발 developing a structure for units
- 단원의 배열

집필 과정이 시작되면 다음과 같은 추가적인 결정이 필요하다.

- 입력과 출처 source 선택
- 연습 문제 유형 선정

① 입력과 출처 선택 Choosing input and sources

어떤 유형의 자료를 준비하더라도 입력에 대한 결정이 필요하다. 입력이란 학습 과정을 시작하는 모든 것이며 학생들이 자료를 이용할 때 어떤 방식으로든 반응하게 하는 모든 것이다. 다음은 다양한 자료 설계에서의 입력 질문input question 예이다.

i) 문법 자료: 새 문법 항목이 텍스트, 발췌된 대화문, 발화 말뭉치를 매개로 제시되는가? 이들은 어떻게 선정하는가?

ii) 듣기 자료: 듣기의 출처가 실생활에서 녹음된 실제 자료, 다양한 주제에 대한 대본, 혹은 이 둘이 합쳐진 형태인가?

iii) 읽기 자료: 학생이 어떤 종류의 텍스트를 읽을 것이며(잡지 기사, 신문 기사, 책에서의 인용 등) 이들을 어떻게 선정하는가?

iv) 쓰기 자료: 학생들에게 다양한 유형의 작문 예시를 보여 줄 것인가? 이 예시는 실제 자료인가 아니면 특별히 만든 것인가? 학생 작문의 예도 포함시킬 것인가? 만약 그렇다면, 그것은 어떻게 선정할 것인가? 예를 들어, Raimes(1988)는 쓰기 코스의 주된 텍스트는 다음과 같다고 보았다.

- *학생 텍스트*: 학생들이 쓴 작문
- *교사 텍스트*: 학생들의 작문에 교사들이 쓴 논평
- *기타 실제 텍스트*: 정밀한 분석 대상이며 작문을 촉진하는 보충 읽기 자료

v) 말하기 자료: 무엇이 말하기 활동의 출처가 되는가? 대화문, 녹음 자료, 텍스트, 주제, 사진, 상황 등이 사용되는가? 이들은 어떻게 선정하는가?

집필자들은 라디오, 텔레비전, 인터넷, 책, 잡지에서 얻은 자료에서부터 시작한다(기사, 사진, 오디오 및 비디오 자료 등 많은 양의 자료가 인터넷에서 이용 가능하며 대부분 무료이다). 그러나 실세계에 존재하는 많은 교수 자료의 원천은 누군가 창작한 것이고, 기관이나 교재에서 교수 자료로 이용하려면 개작하거나 수정한 것이라 하더라도 저작권 사용 허가를 받아야 한다. 예를 들어, 다음과 같은 자료 사용은 저작권자의 허가 없이는 불가능하다.

• 상업 방송 자료의 일부분(라디오, 비디오, 음악 녹음 자료)
• 잡지 기사, 신문 기사, 책의 일부분

그러나 자료를 합법적인 교육적 목적에서 이용하고 이윤을 목적으로 판매하지 않는다면 이용료를 지불하지 않고 사용 허가를 받는 것이 가능하다. 저작권자(출판사 등)에게 편지로 어느 정도의 양을 어떻게 이용할지 설명하여 자료를 이용하고자 한다는 뜻을 전할 수 있다(Rowntree, 1997).

② 연습 문제 유형 선정 Selecting exercise types
집필에 있어 가장 어려운 결정 중 하나는 사용할 연습 문제 유형을 결정하는 것이다. 여기서의 쟁점은 학습자를 특정 언어 교수 목표와 관련된 과정 및 기술 사용으로 이끄는 연습 문제를 어떻게 만들 것인가이다. 현재 상업 교재에서 사용하는 연습 문제의 유형을 살펴보는 것은 좋은 출발점이다. 일례로 Richards(1990)에서는 다양한 유형의 듣기 기술과 관련된 연습 문제 유형을 다음과 같이 제시한다.

i) '하향식 top-down' 듣기 연습
• 대화 일부분을 듣고 대화의 주제를 추론한다.

- 그림을 보고 그림과 관련된 대화를 들은 후 대화와 그림을 연결한다.
- 대화를 듣고 대화가 이루어지는 상황을 밝힌다.
- 대화에서 다루어질 핵심내용 목록을 읽은 후 대화를 들으면서 순서대로 번호를 매긴다.
- 주제에 대한 정보를 읽고 주제와 관련된 대화를 들은 후 그 정보가 언급되었는지 확인한다.
- 전화 대화의 한 쪽만 읽고 화자의 반응을 추측한다: 그리고 대화를 듣는다.
- 사람들이 이야기하는 그림을 보고 그들이 무슨 이야기나 행동을 하고 있는지 추측한다: 그리고 실제 대화를 듣는다.
- 이야기를 완성하고, 이야기가 실제로 어떻게 끝나는지 듣는다.
- 뉴스의 헤드라인이 나타내는 내용이 무엇인지 추측하고 그 사건에 대한 뉴스를 듣는다.

ii) 상호작용 듣기 연습

- 상호작용의 목적과 거래 목적 transactional purpose을 가진 대화를 구분한다.
- 대화를 듣고 예의에 맞는 대답과 기타 의례적인 phatic 응답을 고른다.
- 칭찬 혹은 축하 compliments를 포함한 발화를 듣고 알맞은 대답을 고른다.
- 가벼운 잡담을 포함한 대화를 듣고 화자가 언제 진짜 주제를 도입하려고 준비하는지 지적한다.
- 대화를 듣고 화자 간의 친밀도에 따라 등급을 매긴다.
- 대화를 듣고 화자가 진심으로 초대하는 것인지 대화를 마무리하기 위해 인사치레 pseudo-invitation를 하는 것인지 확인한다.

Grellet(1981)의 논문은 읽기 기술 교수를 위한 연습 문제의 광범위한 분류를 포함한다. '의미 이해'의 범주 아래 그녀는 다음과 같은 유형의 연습 문제를 포함한다고 설명한다.

iii) 텍스트에 대한 비언어적 반응

- 그림 순서 배열하기
- 텍스트와 그림 비교하기
- 짝 맞추기
- 삽화 illustrations 이용하기
- 문서 완성하기 completing a document

- 배치하기 mapping it out
- 텍스트 내 정보 사용하기
- 조각 맞추기 jigsaw reading

iv) 텍스트에 대한 언어적 반응

- 정보 재구성하기: 사건 재순서화하기
- 정보 재구성하기: 좌표 grid 사용하기
- 여러 텍스트 비교하기
- 문서 완성하기 completing a document
- 질문 유형
- 학습 기술: 요약
- 학습 기술: 노트 필기

Crandall(1995)은 읽기 자료에서 연습 문제를 설계하는 데 유용한 제안을 더 많이 제시한다(<부록 1>을 보라). Candlin(1981)은 의사소통 연습 문제 설계의 유형론을 다룬다. 이런 종류의 정보를 얻기 위해 출판된 자료를 검토하는 것은 자료에서 이용할 수 있는 연습 문제 유형의 범위를 알 수 있는 좋은 방법이다.

8.6. 자료 집필 프로젝트 관리 Managing a materials writing project

자료 집필 프로젝트는 다양한 범위와 차원으로 이루어진다. 어떤 부분은 개인 교사의 책임이고 나머지는 집필자들에게 맡겨질 수 있다. 팀 중심 집필 프로젝트의 관리는 다음의 쟁점을 다룬다.

i) *프로젝트팀 선정*: 프로젝트에 참여할 사람의 수는 몇 명이며 그들의 역할과 책임은 무엇인가. 소규모 기관 내 프로젝트에서는 두세 명의 집필자가 프로젝트의 모든 면을 함께 책임진다. 그러나 대규모 프로젝트에서는 다음과 같은 사람들이 관련된다.

- 프로젝트 관리자 director: 목적을 설정하고 충족시킬 목표 대상을 확인하며 모든 관련 집단과 연락하기 등 프로젝트 전반의 관리 책임

- 집필자: 코스의 모든 요소 집필에 책임이 있는 사람들
- 미디어 전문가: 컴퓨터 소프트웨어나 시청각 자료의 사용 등을 돕는 사람
- 편집자: 집필자의 생산물을 모두 검토하고, 복사나 출판을 위한 자료의 최종판을 준비하는 사람
- 삽화가 illustrator: 삽화와 도판을 준비하고 선택하는 데 책임이 있는 사람
- 기획자 designer: 자료의 전반적인 형식과 배치 layout, 글꼴 type style, 그래픽을 책임 지는 사람

2) 관련 단계 수 계획: 자료 프로젝트는 항상 여러 개발 단계를 거친다. 전형적인 단계는 다음과 같다.

- 첫 번째 초안
- 첫 번째 초안에 대한 논평
- 두 번째 초안
- 추가적 논평
- 자료의 시범적 사용
- 자료의 최종 개정

이 과정이 꼭 순차적일 필요는 없다. Carey와 Briggs(1997, 286)는 "많은 활동이 동시에 일어나며, 종종 하나의 활동은 설계 단계를 통해 결과물의 한 부분으로 기능하고, 되돌아가 결과물의 다른 부분과 함께 같은 단계를 다시 시작한다."고 하였다.

3) 검토자reviewer 규명: 개발 과정에서 결정적인 입력의 원천은 집필된 자료에 대한 비판적인 피드백이다. 핵심 인물은 자료의 초안을 비판적인 시각으로 보고 건설적인 피드백을 제공할 수 있는 사람이다. 자료 집필 프로젝트와 관련된 사람들은 피드백과 제안에 열려 있어야 하고, 필요하다면 자료에 광범위한 수정을 가할 준비가 되어 있어야 한다. 집필자에게는 명확해 보이는 내용이 다른 사람에게는 같은 방식으로 인식되지 않을 수 있다. 상업적 프로젝트에서는 편집자나 평론가가 이런 역할을 한다. 기관의 프로젝트에서는 이 역할을 프로젝트 팀원에게 배정할 필요가 있다. 자료 검토 과정에 현직 교사들의 참여를 이끌어 내는 것도 유용하다. 의견 제공 집단focus group*은 대여섯 명의 경험이 풍부한 교사로 구성할 수

있고, 이들은 개발 중인 자료에 대해 토론하고 개선을 위한 제안을 한다.

4) 집필 일정 계획: 집필 일정은 개발 과정의 각 단계를 날짜별로 할당하여 정할 수 있다. 집필 과정의 단계가 순환적이라 할지라도 실제적인 계획을 목적으로 집필 과정의 각 단계를 임시 시간표에 넣을 필요가 있다.

5) 자료의 시험사용: 시험사용 piloting은 자료가 광범위하게 사용되기 전, 문제점이나 실수를 찾아내기 위해 교사와 학습자의 대표집단을 대상으로 시연해 보는 것이다. 시험사용은 다음의 질문에 대한 답을 찾고자 한다.

- 자료는 이해 가능하며 지시는 명확한가
- 편집상의 혹은 내용상의 오류가 있는가
- 자료의 진행 속도는 적절한가
- 자료가 기대되는 역할을 하는가
- 학습자의 요구에 부합하는가
- 충분한 양의 연습 자료가 있는가
- 자료가 충분히 흥미롭고 매력적인가

Davison(1998, 184)은 다음과 같이 논한다.

일반적으로 시험사용은 자료가 실제적으로 '기능 work' 하는가, 자료의 목적이 충족되는가, 수준 level, 내용, 접근법에서 적절한가, 교사의 기대 및 개발 단계와 관련 있는가 그리고 성공적으로 학습을 촉진시키는가에 대한 직감을 제공한다.

시험사용의 취지는 교사와 학생들에게 최종판에 가장 가까운 형태로 자료를 제공하여 문제점을 파악하게 하는 것이다. 그러나 최종판에 가까운 형태로 시험사용하는 것은 거의 불가능하다. 왜냐하면, 도판과 디자인이 (그때까지) 완성되기 어렵기 때문이다. 현실적인 대안은 소수의 교사가 자료 전체를 실험하는 것보다 다양한 교사가 부분적으로 자료를 시험사용하는 것이다. 이렇게 하면 시험사용 과정을 빨리 끝낼 수 있고 더 많은 교사를 참여시킬 수 있다. 시험사용 후에는

---

* 역자주: 시험할 상품에 대해서 토의하는 소비자 집단

교사와 학생 모두가 검토지나 설문지를 작성하고, 자료에 대해 어떻게 생각하고 있는지 알기 위해서 면접이 실시될 수도 있다. 발견된 모든 문제가 이 단계에서 언급된다. 어떤 경우 자료를 상당부분 재작성할 수 있다.

6) 디자인과 출판: 디자인 문제란 텍스트의 배치와 각 페이지의 도판을 말한다. 효과적인 디자인은 자료의 수용 및 이용 가능성에서 중요한 요인이다. 원고에 도판과 삽화를 포함할 것인가, 이것을 누가 책임질 것인가 생산 문제는 자료의 인쇄와 관련된다. 집필자의 파일로 인쇄할 것인가, 조판 인쇄할 것인가, 복사할 것인가, 레이저 프린트할 것인가, 사설 인쇄소에 맡길 것인가

자료 개발 프로젝트와 관련된 이러한 문제들을 다루는 방법에 대한 예가 <부록 3>에 나와 있다.

8.7. 자료 사용에 대한 검토 Monitering the use of materials

교재, 기관 발행 자료, 자체 제작 자료 중 교사들이 어떤 형태의 자료를 사용하든지 자료는 교수의 계획을 나타낸다. 자료는 교수 과정 그 자체를 나타내지는 않는다. 교사들은 자료를 사용하면서 특정 학습자 집단의 요구와 자신의 교수 스타일에 맞추기 위해 자료를 개작하고 변형한다. 이러한 변형의 과정은 교수의 중심에 있으며 또한 훌륭한 교사들이 그들이 사용하는 자료로부터 효과적인 수업을 창출할 수 있도록 한다. 따라서 교사들이 코스 교재나 교수 자료를 사용하는 방법에 대한 정보를 수집하는 것은 유용한 일이다. 수집된 정보는 다음과 같은 목적으로 이용된다.

- 효과적인 자료 사용 방법 기록
- 자료가 어떻게 그 역할을 하는가에 대한 피드백 제공
- 교사들이 그 자료와 함께 사용할 수 있는 추가, 삭제, 보충 자료
- 자료를 사용하는 다른 교사들을 보조

검토는 다음의 형태로 이루어진다.

- 관찰: 교사들이 자료를 어떻게 사용하는지 보기 위해서 또 자료가 수업에서의 상호작용과 교수의 질에 어떻게 영향을 미치는지 보기 위해 참관
- 피드백 회의: 자료 사용의 경험에 대해 교사들이 토론할 수 있는 집단 모임
- 서면 보고서: 검토 용지 reflection sheet 혹은 교사들의 자료 사용에 대한 제안이나 무엇이 효과적이었고 무엇이 효과적이지 못했는지에 대해 간단히 기록한 다양한 형태의 서면 피드백 사용
- 비평 review: 교사들이 자료 사용에 대한 자신들의 경험과 좋고 싫음을 기록한 서면 비평
- 학생 비평: 자료를 사용한 자신들의 경험에 대한 학생들의 논평

지금까지 언어 교육과정의 개발과 시행을 구성하는 다양한 과정과 요소, 교육과정 실행의 다양성을 살펴보았다. 우리는 이제 교육과정 전반 및 교육과정이 어떻게 검토되고 반성되며 평가되는지 생각할 수 있다. 이것이 마지막 장의 내용이다.

8.8. 토론 질문 및 활동

1. 여러분의 언어 프로그램에서 혹은 여러분에게 익숙한 언어 프로그램에서 교육적 자료의 역할은 무엇인가? 다음의 절차를 위한 기제는 무엇인가?

   자료 선정
   자료 개작
   교사의 자료 사용 검토
   독창적 자료 개발

2. 가르칠 때 실제 자료를 사용한 경험이 있는가? 이는 교사에게 어떤 문제를 제기하는가? 이것이 창작 자료보다 낫다고 생각하는가?
3. 언어 프로그램에서 상업 자료의 적절한 역할은 무엇이라고 생각하는가? 자료가 교사의 의사 결정을 지배하기보다 창의적 교수를 촉진하도록 보장하는 기제를 어떻게 설정할 수 있는가?
4. 상업 교재를 살펴보고 이것이 특정 교수 맥락에 적합한지 검토하라. 이것을 평가하는 데 어떤 기준을 사용하겠는가? 프로그램 요구에 맞게 어떤 방법으

로 교재를 개작해야 한다고 생각하는가?

5. <부록 2>의 점검표를 이용하여 코스 교재course book를 평가하라. 이 점검표는 교재 평가에 얼마나 유용한가?

6. 상업 교재textbook의 한 장chapter을 선택하여 여러분의 교수 유형이나 특정한 학습자 집단의 요구와 일치하도록 어떻게 개작할 것인지 논하라.

7. 실제 자료(예. 잡지 기사, TV 편성표 부분)를 선택하고 이를 여러분에게 익숙한 특정한 교수 맥락을 위한 교수 자료로 계획해 보라. 자료의 목적을 결정하고 자료와 함께할 연습 유형을 결정하라.

8. 특정한 기술 영역(예. 읽기, 말하기, 듣기)의 교수 자료를 검토하라. 어떠한 연습 유형이 교수 자료에 이용되었는가? 이러한 연습 유형은 얼마나 적절한가? 교수 자료에 어떤 다른 연습 유형이 사용될 수 있는가?

9. 교사가 사용하는 교수 자료 혹은 교재를 관찰하고 교사가 그 자료를 어떻게 사용하는지 기록하라. 교사는 어떠한 방법으로 자료를 개작하고 확장하는가?

〈부록 1〉읽기 활동 개발을 위한 지침 (Crandall 1995)*

읽기 활동을 위한 일반 지침

읽기 자료를 개발할 때 다음의 일반 지침을 고려하면 도움이 된다. 읽기 텍스트는 다음과 같아야 한다.

1. 상향식 전략과 하향식 전략 모두를 적절히 사용하도록 장려해야 한다.
2. 신중함/정확성뿐만 아니라 속도/유창성 개발의 기회를 제공해야 한다.
3. 다양한 유형의 텍스트와 수사적 장르, 주제를 포함해야 한다.
4. 다양한 목적(학습을 위한 읽기, 수행을 위한 읽기, 평가를 위한 읽기, 즐기기 위한 읽기)이 있는 다양한 유형의 읽기 과제를 포함해야 한다.
5. 내용 및 관련된 어휘 지식을 개발하기 위해 주제 혹은 텍스트의 충분한 상호작용을 제공해야 한다.
6. 학생들이 본인의 읽기 전략을 검토하고 다른 유형의 텍스트나 다른 목적의 읽기를 위해 다른 전략을 시험 삼아 해 보도록 장려한다.
7. 텍스트와 시험에서 나타나는 다양한 유형의 지시사항을 학생들에게 소개한다.
8. 학생들의 모국어와 문화를 긍정적으로 다루면서 텍스트 해석에서 필요한 문화적 변인 정보를 확인하고 구축할 수 있도록 도움을 준다.

읽기 전 활동

1. 토론 질문 및 미리 쓰기 활동은 학생의 사전 경험과 관련한 읽기, 학생의 내용과 형식적 스키마 확장 및 활성화, 어휘 구축에 도움을 준다. 또한, 독해 혹은 해석에 영향을 미칠 수 있는 문화적 영향을 확인하는 데 도움을 주며 브레인스토밍, 의미지도 그리기 semantic mapping, 자유 작문이 모두 사용될 수 있다.
2. 예측 활동은 텍스트 구성 및 작가가 취할 수 있는 방향과 잠재적 주제를 확인하도록 주의를 끈다.

---

* From *Material Writer's guide, 1st edition*, by P. Byrd ⓒ1995. Reprinted with permission of Heinle & Heinle, an imprint of the Wadsworth Group, a division of Thomson Learning. Fax 800 730-2215.

3. 스키밍 활동은 학생들에게 텍스트 주제 및 생각의 구성과 발달에 대한 일반적인 인식을 제공한다.

4. 질문 및 기타 활동은 표제, 각 장의 제목, 들여쓰기, 공백과 같은 도표 신호에 초점을 둔다. 또한, 모든 시각 자료와 기타 텍스트는 텍스트에서 다양한 주제의 상대적 중요성과 구성을 부각시켜 나타낸다.

5. 훑어보기 활동은 이름, 날짜, 장소와 기타 주요 사실뿐만 아니라 핵심 어휘(기술적인 것 포함)를 돋보이게 한다.

6. 질문은 학생들이 읽을 때 충분히 동기화되도록 할 뿐만 아니라 읽는 동안 학생이 주의를 집중하도록 도와준다.

읽기 활동

1. 읽으면서 도표 작성하기: 도표(비교), 흐름표 flow chart(절차), 표(분류 혹은 정의)를 완성한다. 또는 텍스트 내 아이디어 간의 논리적 관계를 반영하며 주목하고 기억해야 할 만큼 중요한 것을 학생들에게 강조하는 기타 조직표 organizer를 완성한다(Crandall 1993). 이러한 방식으로 다양한 유형이 사용될 수 있다.

2. 유도된 guided 혹은 조정된 쓰기 과제나 토론 질문은 읽기 과정의 핵심 단계에서 학생들이 읽고 있는 것에 대해 재고하고 반응하도록 하며 읽기를 끝내기 전에 답을 찾기 바라는 질문들 또는 혼동된 점에 주목하도록 촉진한다.

3. 밑줄 긋기, 강조하기 혹은 필기 활동은 학생들이 더욱 효과적인 학습 기술을 발전시키는 데 도움이 된다.

4. 어휘 구축 활동은 학생들이 텍스트에서 의미에 대한 실마리를 찾을 수 있도록 도움을 준다.

5. 주기적인 바꾸어 말하기와 요약하기 활동은 생각이 어떻게 발전되는지 텍스트가 어떻게 구성되는지 학생들이 알 수 있도록 도와주며 추론을 이끌어 내고 새로운 생각을 이전의 주제와 효과적으로 조직하도록 장려한다.

6. 시간제한 활동 timed activities은 핵심 정보를 찾는 뽑아 읽기 scanning나 일반적인 답을 찾는 훑어 읽기 skimming가 요구되는 질문과 결합한 속독을 장려한다.

읽기 후 활동

1. 어휘 활동은 단어 간의 관계를 나타내기 위해 도표와 표를 이용하며 읽기에서 핵심 어휘로부터 어근과 접사를 적용하여 학생들이 어휘를 확장하도록 돕는다.
2. 질문은 읽기의 평가와 비판적 분석을 장려한다.
3. 학생들이 텍스트를 요약하도록 돕는 활동은 일부만 완성된 요약문으로 시작한다.
4. 빈칸 채우기 활동 cloze activities*과 문장 조각 활동은 어휘, 문법, 담화 지식을 발전시킨다.
5. 독백이든 담화든 저널 쓰기는 학생 본인이 읽은 것을 생각하고 종합하고 평가하도록 한다.
6. 응용 application 활동은 학생들이 본인이 읽은 것을 과제나 활동에 적용하도록 한다.

---

* 역자주: 빈칸 채우기 활동 − 중간중간 빈칸이 있는 글을 읽고 빈칸에 알맞은 말을 써넣는 활동

〈부록 2〉 교재선정과 평가를 위한 목록 (Cunningsworth 1995)

목적 및 접근법Aims and approaches

❑ 교재의 목적이 학습자 요구와 교수 프로그램 목적과 일치하는가?

❑ 교재가 교수/학습 상황과 잘 맞는가?

❑ 교재가 얼마나 포괄적인가? 요구되는 것의 대부분 혹은 모두를 포함하는가? 교사와 학생에게 좋은 자원인가?

❑ 교재는 융통성이 있는가? 다른 교수와 학습 유형도 받아들이는가?

설계 및 조직Design and organization

❑ 어떤 구성 요소가 전체 코스 패키지package (예. 학생용 교재, 교사용 교재teacher's book's, 워크북, 카세트)를 이루고 있는가?

❑ 내용은 어떻게 조직되었는가? (예. 구조, 기능, 주제, 기술 등에 따라서)

❑ 내용은 어떻게 배열되었는가? (예. 복잡성, '학습 가능성', 유용성에 따라서)

❑ 등급화와 학습 발달단계progression는 학습자에게 적합한가? 이는 외적 교수요목 요구 조건을 충분히 충족시키는가?

❑ 문법 등에 대한 참조 부분reference sections이 있는가?

❑ 교재에서 찾고자 하는 것을 찾기 쉬운가? 레이아웃은 깔끔한가?

언어 내용Language content

❑ 교재는 중심 문법 항목을 각 수준과 학습자 요구에 맞게 적절히 다루는가?

❑ 어휘 교수 자료는 어휘 범위와 양적인 측면, 어휘 발달에 대한 강조, 개인적 학습 전략 측면에서 충분한가?

❑ 교재는 발음 과제 자료를 포함하는가? 만약 그렇다면 개별 음소, 단어 강세, 문장 강세, 억양 중 무엇을 다루는가?

❑ 교재는 언어 사용의 구조성과 편리성에 기초하여 문장 수준을 다루었는가? 예를 들면, 대화에 어떻게 참여하는지, 확장된 글쓰기를 어떻게 구조화하는지, 읽기 구절에서 중점을 어떻게 확인하는지 등(중급과 고급 수준에 더욱 적절하다.)

❑ 유형과 상황적 적절성은 다루어졌는가? 그렇다면 언어 유형과 사회적 상황은 일치되는가?

기술 skills

❑ 네 기능이 모두 적절히 다루어졌으며 코스 목적과 교수요목 요구 조건을 염두에 두었는가?

❑ 통합된 기술 과제를 위한 자료가 있는가?

❑ 읽기 구절 및 관련된 활동은 학생의 수준, 흥미에 적합한가?

❑ 듣기 자료는 잘 녹음되고 가능한 한 실제적이며 배경 정보와 질문을 포함하고 이해하는 데 도움이 되는 활동인가?

❑ 구어 영어 자료(대화, 역할극 등)는 학습자의 실생활 상호작용을 준비할 수 있도록 설계되었는가?

❑ 쓰기 활동은 지도 guidance/통제의 양, 정확도, 작문의 긴 구성(예. 단락) 면에 있어서 적합하며 적절한 유형을 사용하였나?

주제 topic

❑ 학습자들이 흥미를 느낄 만한 충분한 자료가 있는가?

❑ 주제의 다양성과 범위가 충분히 있는가?

❑ 주제는 학습자 인식을 확장시키고 그들의 경험을 풍부하게 하는 데 도움이 될 수 있는가?

❑ 주제는 내용에 있어 또한 학습자의 언어 단계 내에서 충분히 수준 높은가 sophisticated?

❑ 교재에 제시된 사회적, 문화적 맥락과 학생이 관련될 수 있는가?

❑ 여자는 남자와 동등하게 그려지고 표현되는가?

❑ 기타 집단은 민족 기원, 직업, 장애 등을 참조하여 나타냈는가?

방법론 Methodology

❑ 언어 학습을 위한 어떤 접근법이 교재에 채택되었는가? 이는 교수/학습 상황에 적절한가?

❑ 적극적인 학습자의 참여 수준을 예상할 수 있는가? 이는 학생들의 학습 유형 및 기대와 일치하는가?

❑ 새 언어 항목 나타내기/연습하기를 위해 어떤 기법 techniques이 사용되는가? 그것

들은 당신의 학습자들에게 적합한가?

❑ 어떻게 다양한 기술을 가르치는가?

❑ 의사소통 능력을 어떻게 발전시키는가?

❑ 자료는 학생들이 공부하는 데 있어 학습 전략과 기술에 대한 조언/도움을 포함하는가?

❑ 학생들은 자신의 학습에 대해 어느 정도 책임감을 가질 것으로 기대되는가? (예. 개인적인 학습 목표 설정을 통해)

교사용 교재 Teacher's books

❑ 교재와 지원 교수 자료를 사용하는 교사를 위한 적절한 지침인가?

❑ 교사용 교재는 종합적이며 도움이 되는가?

❑ 교수 기법, 문법 규칙 같은 언어 항목, 문화 특정 정보를 적절히 다루었는가?

❑ 저자는 자료에 기초하여 기본 전제와 원리를 타당하게 나타냈는가?

❑ 연습 문제를 위한 해답(key)이 주어졌는가?

실제적 고려 사항 Practical considerations

❑ 전체 패키지 package의 비용은 어떻게 되는가? 이는 가격에 합당한 가치가 있는가?

❑ 책은 튼튼하며 내구성이 강한가? 외관은 매력적인가?

❑ 쉽게 구할 수 있는가? 촉박한 시간 내에 추가로 공급할 수 있는가?

❑ 패키지 package의 일부는 어학 실습실, 듣기 센터 listening centre, 혹은 비디오 플레이어와 같은 특정 장비를 필요로 하는가? 만약 그렇다면 사용 가능하거나 믿을 만한 장비를 갖추고 있는가?

〈부록 3〉 교수 자료 개발 프로젝트 사례 연구(Richards 1995)

배경 *Background*

목표 Target: 대학, 전문대학 그리고 사설 어학원의 회화 수업에서 교재로 사용하기 위한 것으로 주로 일본, 한국, 대만을 위한 2단계의 회화 코스를 집필하기.

새 교재에 대한 요구 조사

코스 계획에서 잠재적 학습자가 코스에서 얻고자 하는 것이 무엇인지 결정하는 것은 필수적이다. 정보는 다음과 같은 정보원에서 얻는다.

1. 프로젝트 책임자가 실시한 일본, 대만 그리고 한국의 현장 교사들과의 인터뷰
2. 출판사의 기존 서적 판매에 책임이 있고 새 교재의 판매도 맡을 마케팅 대리인들 (약 20여 명). 학교 및 교사들과 매일 연락하기 때문에 마케팅 직원은 중요한 정보 원이다. 그들은 어떤 코스가 인기가 있고 그 이유는 무엇인지, 그리고 교사들이 찾 는 자료가 어떤 것인지를 안다.
3. 상담사 consultant 프로젝트에 입력을 제공하기 위해 상담사 집단이 결정되었다. 이 들은 이 코스를 사용할 만한 종류의 기관에서 일한 경험이 있는 교사들이다.
4. 학생들 정보는 상담사를 통해서 뿐만 아니라, 학생들이 공부하고 있는 교재와 자 료들에 대한 그들 자신의 시각에서도 찾는다.

코스의 주요 특징

상담사와 출판사의 마케팅 대리인으로부터 정보를 얻는 목적은 프로젝트의 사전 preliminary 개요를 개발하기 위해서이다. 이를 통해 다음과 같은 프로젝트의 세부사 항(특징)이 결정되었다.

프로젝트 세부사항

시장:	50% 대학
	30% 사설 어학원과 직업 전문학교 vocational college
	20% 전문대학
단계:	2
분량:	96쪽

색상:	4
외장:	8.5×11
시작점 starting point:	위장 초보자 false beginner*
마침점 ending point:	중급
구성:	교재
	CD
	오디오 카세트
	배치고사와 성취도 평가, 단원 퀴즈, 비디오(예정)
주요 특징:	학생 설문에 기초한 학습자 중심 교수요목, 교재 내의 학생 설문지, 광범위한 인지 기술 개발을 동반한 학습자 중심 활동, 대화 관리 전략
기타 특징:	과제 중심, 광범위한 도표 조직자graphic organizers, 사용용이
도판:	삽화와 사진의 혼용, 대학 수준에 맞는 정제된 디자인
기술 간 균형:	75% 말하기, 25% 듣기
교수요목:	주제
단원의 길이:	4쪽, 2쪽의 2개 과
페이지 당 활동:	2
단원별 듣기:	2
단원의 수:	20
수업 시간:	50분
교사 특징:	다양한 수준의 훈련을 받은 외국인 80%
시험사용:	시행

가능한 최대 규모의 학생을 프로젝트 개발에 참여시키기로 하였다. 프로젝트의 상담사인 교사들을 통해서 학생들의 정보를 모았다. 코스가 대상으로 하는 나이와 사회 집단에 속한 학생들의 생활과 관심사에 대한 정보를 얻기 위해서 설문지를 개발하였다. 설문지에서는 여가를 어떻게 보내는지, 미국 문화를 배울 때 어떤 것에 관심 있는지, 수업에서 사용하는 어떤 종류의 교재를 좋아했는지, 영어 학습에

---

* 역자주: 언어 학습에 있어 기본 지식을 알면서도 처음부터 시작하는 위장 초보자

서 어렵다고 느낀 것은 무엇인지, 어떤 나라에 대해서 더 배우고 싶은지, 이상적인 회화 교재가 포함해야 하는 것은 무엇이라고 생각하는지에 대한 정보를 얻는다. 14개의 기관에서 200명이 넘는 학생이 설문에 응했다. 학생들과 교사들은 또한 회화 코스에서 다루었으면 하는 주제에 대한 설문에도 응했다. 시리즈에 포함될 가능성이 있는 50개의 주제 리스트가 있는 설문지가 개발되어 교사와 학생 표본 집단에 발송되었다.

교수요목 개발
먼저, 1권에 대한 작업을 하기로 결정하고 편집자와 컨설턴트의 도움을 얻어 1권에 포함될 다음의 주제를 선정했다.

1. 음악	11. 건강과 체력
2. 일	12. 가족
3. 쇼핑	13. 집과 이웃
4. 친구 사귀기	14. 학교생활
5. 의류	15. 사교 영어
6. 음식과 식습관	16. 여가와 오락
7. 도시와 장소	17. 장소와 방향
8. 특별한 날	18. 영화
9. 휴가	19. 유용한 것
10. 스포츠와 취미	20. 텔레비전

단원 제목은 이 단계에서의 가제 working title이며, 단원의 순서 역시 임시적이다. 왜냐하면, 자료가 집필되고 시험사용되기 전에는 어떤 단원이 단순하거나 어려운지 결정하기 어렵기 때문이다.

단원 형식
예닐곱 가지의 제안서를 검토한 후, 각 단원을 5페이지로 하고 이 5페이지를 각각 1페이지씩 4개의 과lesson와 1페이지의 확장 활동으로 나누기로 했다. 그리고 한 과 안에는 그 과의 제시, 연습, 그리고 자유 산출 단계를 완성하는 두세 개의 연습 문제가 있을 것이다. 각 단원unit에는 최소한 1개의 듣기 활동이 있을 것이다.

견본 단원

다음으로 1권의 주제topic 중 하나가 견본 단원sample unit의 기초로 사용되었다. 이 초고 자체가 시범 수업에 사용되기 전에 최소 여섯 번의 수정을 거쳤다. 이 수정 작업은 연습 문제 설계, 단원 흐름, 그리고 흥미도interest level에 초점을 맞추었다. 일본에서 여러 다른 교사들이 견본 단원을 가르치고 교사와 학생으로 구성된 해당 목표 집단focus group(참가자들이 자료에 대한 피드백을 줄 수 있는 집단 모임)을 이끄는 것이 계획이었다. 출판사는 흑백 도판과 듣기 대본을 단순히 녹음한 카세트로 구성된 단원 교재를 준비했다.

견본 단원의 시험사용

과정의 다음 단계는 단원이 효과가 있는지 보고 교사와 학생들이 자료를 좋아하는지 확인하고 자료의 강점과 약점을 확인하기 위해 시범 수업을 하는 것이다. 시험을 위해서 출판사는 단원의 시험에 동의한 도쿄의 사립대학의 협조를 얻었다. 편집자와 필자가 그 대학을 방문하여 프로그램 책임자에게 프로젝트를 설명하고 두 명의 교사가 두 개의 다른 반을 가르치는 것을 보았다. 단원의 시험이 끝나고 편집자와 필자는 단원에 대해 논의하기 위해 교사를 만났고 자료에 대해 학생들과 이야기했으며 같은 기관의 포커스 그룹인 다른 교사들을 만나 그 단원에 대한 그들의 반응을 보았다.

비록 몇 개의 활동이 다른 활동보다 더 효과가 있었고 4개의 한 쪽 분량의 과를 사용한 것이 필자가 보기에 그리 성공적이지 않았지만 견본 단원에 대한 일반적인 반응은 긍정적이었다. 교사들은 90분 수업에서 두 페이지의 진도를 나갈 수 있으므로 한 쪽씩 네 개의 과보다는 두 쪽씩 두 개의 과가 더 나을 것 같다. 언어 통제와 언어 지원을 포함한 다양하고 짧은 학습자 중심 활동을 주제 중심 단원과 함께한 것은 효과가 있어 보였다. 필자는 1권 전체의 첫 번째 초고를 쓰기 위해 필요한 모든 정보를 얻었다.

1권의 첫 번째 초안 쓰기

이제 필자는 1권 전체 원고의 첫 번째 초안을 집필하기 시작했다. 이것은 각 두 쪽씩 두 개의 과와 추가적으로 한쪽의 프로젝트 기반 활동이 있는 20개의 다섯 쪽으로 된 단원을 포함했다. 이 원고를 7명의 검토자에게 보냈다. 이 검토자들은 출판사에서 신원을 확인했으며 그들의 교수 배경과 유용한 서평을 쓸 수 있는 능력에 기초하여 선택되었다. 검토자들은 원고를 검토하고 다음의 다섯 가지 질문에 대답해야 한다.

1. 자료에는 다양성과 균형성이 얼마나 있는가?
2. 시중의 available 다른 교재들과 비교해서 얼마나 독창적이고 특징적인가?
3. 당신은 이 자료의 흥미도를 어떻게 평가하는가 rate?
4. 자료의 전체적인 매력은 무엇인가?
5. 만약 당신이 편집자라면 저자에게 어떤 조언을 하겠는가?

몇 주 후에 검토자들의 논평을 받았다. 검토자들의 반응은 다음과 같이 요약된다.

1. 다양성과 균형성. 대부분의 검토자는 교재가 활동에 있어 균형성과 다양성이 있다고 느꼈다. 다수의 교재에서 보이는 평범하고도 예상 가능한 종류의 활동에서 탈피한 많은 활동이 있다고 느꼈다.
2. 독창성. 검토자들은 교재의 가장 독창적인 특징은 프로젝트와 설문, 특히 몇몇 설문의 생각하게 하는 질문이라고 생각했다. 그러나 많은 연습 문제가 독창적이지 않으며 지루하고 평범하다고 평가되었다.
3. 흥미도. 검토자들은 흥미도 측면에서 각 단원을 평가하였다. 대부분 보통의 흥미도로 평가되었고, 일부는 높은 흥미도로, 나머지는 낮은 흥미도로 평가되었다.
4. 매력. 주제, 프로젝트, 설문 때문에 책의 전반적인 매력이 높다고 했다.
5. 제안. 검토자들의 제안은 다음으로 요약된다.

- 프로젝트를 개발하고 강조하라.
- 프로젝트를 위해 더 많은 언어 지원을 제공하라.
- 지루하고 평범한 연습 문제를 제거하라.
- 생각을 하게 하는 질문, 퍼즐, 그리고 흡입력 있는 활동을 꾸준히 보완하라.
- 전략으로서 '명료화 질문'에 초점을 맞춰라.
- 대화를 어떻게 이어가는지에 대한 힌트나 도움이 없어서 대화가 끊기는 일이 없도록 대화를 이어가는 방법을 보충하라.

편집자 역시 지금까지의 과정에 대해 자신의 의견을 제안했다.

전반적으로 시작이 좋습니다. 각 과 lesson마다 활동들의 진행 progression이 잘되고 있습니다. 대화 예문에 적절하게 초점을 맞추고 있고 각 단원unit의 끝에 있는 인터뷰도 매우 좋은 특징이며 전체적으로 프로젝트 작업 work도 훌륭하며 과에 대해 예상 가능한 구조와 진행이 잘되어 있습니다.

지금 우리가 해야 할 것은 많은 단원에 개성과 독창성을 더 부여하는 것입니다. 일본 시장은 기능 교수요목에 기초한 책들로 넘쳐나고 있습니다. 그리고 결국 그 접근법을 이용해서 새롭고 신선한 접근을 하기가 어려웠습니다. 기능적으로 조직된 이 원고의 단원들(예. 장소와 방향, 도시와 장소, 여가와 오락)은 저에게 전혀 흥미롭지 못했습니다. 주제에 기초한 단원들(음악, 영화, 텔레비전, 휴가)은 학생들이 정말 흥미로워할 것이고 아주 재미있고 현재 시장의 경향에 가장 적합합니다.

이 원고가 가야 할 방향은 분명합니다. ─더욱 주제 중심적인 단원, 더 실생활적인 내용 그리고 더욱 학생들의 세계에 초점을 둘 것. 비록 매우 많은 부분이 사후 작업을 필요로 하지만 프로젝트에 관한 한 이것은 코스의 매력을 더할 훌륭한 부분입니다. 우리는 여기서 더 많은 다양성을 필요로 합니다. 몇 가지의 주요 주제가 빠져 있습니다─데이트, 여행, 관습, 직업, 환경 문제, 대학 생활, 학생의 생활 스타일, 다른 나라에서 할 수 있는 것과 해서는 안 되는 것. 이 중 몇 가지는 2단계에서 더 적절할 것입니다. 나머지는 기존의 existing 단원의 초점이 될 수 있습니다.

편집자와 필자는 논평을 면밀히 살피고 원고의 다음 초안에 어떤 특징을 통합시킬 것인가를 결정하기 위해 초안 원고의 각 단원을 검토할 목적으로 만났다. 우리의 주된 결정은 다음과 같다.

- 각 책은 20단원에서 15단원으로 줄어든다.
- 각 단원의 다섯 번째 쪽에 대해서는 결정하지 못했다. 매우 제한적인 구어 숙달도의 학생들과 프로젝트를 진행할 수 있는 가능성에 대해 추가적인 조언을 구하는 동안 원고의 2판에서는 네 쪽의 단원만 개발할 것이다.
- 활동을 위한 언어 지원이 더 많이 제공되어야 한다. 학생들이 각 연습 문제에서 사용할 단어와 표현 목록이 충분히 제공되어야 한다.
- 책의 각 쪽은 30분의 수업 시간에 부족하지 않은 자료를 제공하기 위해 충분히 도전적이어야 한다.
- 각 단원은 대화 관리 전략을 연습하는 연습 문제 하나를 포함해야만 한다.
- 모든 연습 문제는 참신함과 특징 special feature이 있어야 한다. 즉, 연습 문제를 매력

적이고 독창적으로 만들기 위해 약간의 특별한 방식이 있어야 한다.
- 각 단원은 실생활 내용을 나타내는 활동을 최소한 하나씩 포함해야 한다. 즉, 학생들의 흥미를 끌기 위해 미국이나 다른 나라에서의 생활 방식에 대한 진짜 정보를 포함해야 한다.

그 다음 1권의 두 번째 판이 집필되었다. 여기에는 첫 번째 초안을 상당히 수정한 것과 완전히 새로운 단원이 포함되었다. 아마도 초안 두 번째 판의 원고는 자료의 60%가 새로울 것이다. 이것이 시험사용 판의 기초가 되었다.

코스 시험사용*piloting*
이제 원고는 시험사용을 위해 준비되었다. 교사들이 교재 전체를 시험하기보다는 원고를 세 부분으로 나누고 개별 교사들이 다른 부분을 수업에서 시도하도록 하였다. 각 단원을 교수한 후에 교사들에게 단원 전체에 대한 논평과 단원의 각 연습 문제에 대한 논평을 할 수 있는 설문지를 완성하도록 하였다. 약 30명의 교사가 시험사용에 참여하였다.

최종 원고 준비
시험사용자의 논평으로부터 원고의 최종 수정에 기초가 되는 추가적 제안을 얻었다. 수정 과정 동안 연습 문제들은 대체되고 잘 조율되었으며 명확해졌고 듣기 대본과 도판 세부사항이 수정되었고 원고는 단원 별로 최종 내용 편집, 디자인 그리고 출판의 단계로 이동하였다. 같은 과정이 2권에도 적용되었다. 코스는 Springboard(New York: Oxford University Press, 1998)라는 제목으로 출판되었다.

┃ 참고문헌 ┃

Allright, R. 1981. Language learning through communication practice. In C. J. Brumfit and K. Johnson (eds.), *The communicative approach to language teaching.* Oxford: Oxford University Press. 167~182.

Ariew, R. 1982. The textbook as curriculum. In T. Higgs (ed.), *Curriculum, competence and the foreign language teacher.* Lincolnwood, IL: National Textbook Company. 11~34.

Briggs, L. (ed.). 1977. *Instructional design: Principles and applications.* Englewood Cliffs, NJ: Educational Technology Publications.

Byrd, P. 1995. *Material writer's guide.* New York: Heinle and Heinle.

Candlin, C. 1981. *The communicative teaching of English: Principles and an exercise typology.* London: Longman.

Carey, J., and L. Briggs. 1977. Teams as designers. In Briggs 1977. 261~310.

Clarke, D. F. 1989. Communicative theory and its influence on materials production. *Language Teaching* 22(2): 73~86

Crandall, J. A. 1993. Content-centered learning in the United States. *Annual Review of Applied Linguistics* 13: 111~126.

Crandall, J. 1995. The why, what, and how of ESL reading instruction: Some guidelines for writers of ESL reading textbooks. In Byrd 1995. 79~94.

Cunningsworth, A. 1995. *Choosing your coursebook.* Oxford: Heinemann.

Davison, P. 1988. Piloting - a publisher's view. In Tomlinson 1998. 149~189.

Dudley-Evans, T., and M. St. John. 1998. *Developments in English for specific purposes.* New York: Cambridge University Press.

Grellet, F. 1981. *Developing reading skills.* Cambridge: Cambridge University Press.

Haines, D. 1996. Survival of the fittest. *The Bookseller* (February): 26~34.

Peacock, M. 1997. The effect of authentic materials on the motivation of EFL learners. *ELT Journal* 51(2): 144~153.

Phillips, M. K., and C. Shettlesworth. 1978. How to arm your students: A consideration of two approaches to providing materials for ESP. In *English for Specific Purposes. ELT Documents 101.* London: ETIC Publications, British Council. 23~35.

Raimes, A. 1988. The texts for teaching writing. In B. Das (ed.). *Materials for language teaching and learning.* Singapore: SEAMEO RELC. 41~58.

Richards, J. C. 1995. Easier said than done: An insider's account of a textbook project. In A. Hidalgo, D. Hall, and G. Jacobs (eds.), *Getting started: Materials writers on material writing.* Singapore: SEAMEO RELC. 95~135.

Richards, J. C. 1990. *The language teaching matrix.* New York: Cambridge University Press.

Rowntree, D. 1997. *Making materials-based learning work.* London: Kogan Page.

Shulman, L. 1987. Knowledge and teaching: Foundations of the new reform. *Harvard Educational Review* 57(1): 1~22.

Tomlinson, B. (ed.). 1998. *Materials development in language teaching.* New York: Cambridge University Press.

Werner, P., M. Church, M. Gill, K. Hyzer, M. Knezevic, A. Niedermeier, and B. Wegmann. 1995. Working with publishers. In Byrd 1995. 173~214.

9
평가에 대한 접근
Approaches to evaluation

이 책을 통해 반복되는 주제는 언어 코스의 교수 및 계획에 대한 실제를 반성적으로 분석하는 것이다. 이러한 분석은 프로그램이 일어나는 맥락, 코스의 최종목적goals, 교수요목, 코스의 구성에 대한 검토는 물론 이것들이 어떻게 개발되고 계획될 수 있는지도 검토하며 코스 중 발생하는 교수와 학습을 분석하는 것까지 포함한다. 전체적인 초점은 언어 프로그램과 언어 교수 자료를 성공적으로 시행하고 설계하게 해주는 다양한 요인을 분석하는 것이었다. 이러한 요소들(예. 요구, 최종목적, 교사, 학습자, 교수요목, 자료 및 교수)이 상호 연관되어 전체를 이루는 체제를 제2언어 교육과정이라고 한다. 그러나 일단 교육과정이 자리를 잡으면, 다음과 같은 수많은 주요 문제를 해결해야 한다.

- 교육과정은 그 최종목적을 달성하고 있는가?
- 교육과정이 시행되고 있는 교실과 학교에서는 실제로 어떤 일이 일어나고 있는가?
- 교육과정에 영향을 받는 사람들(예. 교사, 관리자, 학생, 부모, 고용주 등)은 교육과정에 만족하는가?
- 언어코스 개발 및 교수에 참여한 사람들은 만족스럽게 일을 했는가?
- 다른 교육과정에 비해 뒤지지 않는가?

교육과정 평가는 이러한 문제에 답하는 것과 관련이 있다. 교육과정 평가는 언어 프로그램의 다양한 측면에 대한 정보를 모으는 데 중점을 두는데 이를 통해 어떻게 프로그램이 진행되는지 또 얼마나 성공적으로 진행되는지 이해할 수 있다.

그리고 이러한 정보들은 프로그램 진행 중에 다양한 종류의 결정을 내리게 하는데 예를 들면, 프로그램이 학습자의 요구에 부응하는지, 교사훈련이 프로그램에서 교사의 직무를 위해 필요한지, 학생들이 프로그램을 통해 효율적으로 배우고 있는지에 대한 것들이다.

평가는 언어 프로그램의 다양한 측면에 중점을 둘 수 있다.

- 교육과정 설계: 프로그램 계획과 조직의 질에 대한 통찰력 제공
- 교수요목과 프로그램 내용: 연관 및 관여 정도와 난이도, 시험 및 평가 절차의 성공 정도
- 수업 과정 classroom processes: 프로그램이 적절히 시행되고 있는 정도에 대한 통찰력 제공
- 교육 자료: 특정 자료가 학습에 도움이 되는지 통찰력 제공
- 교사 훈련: 교사가 받은 훈련이 적절한지 평가
- 교사: 교사들이 가르치는 방법, 가르친 내용, 프로그램에 대한 교사들의 인식
- 학생: 프로그램으로부터 배운 것, 프로그램에 대한 인식, 또 그에 참여한 방식
- 학습발달의 모니터링: 학습의 형성평가
- 학습자 동기: 학생이 학교 목표와 목적을 성취하는 것을 돕는 교사의 효율성에 대한 통찰력 제공
- 기관: 어떤 행정적 지원이 제공되었는지, 어떤 자원이 사용되고, 의사소통 망 network이 채택되었는지
- 학습 환경: 학생들의 교육적 요구에 부응하는 환경을 제공한 정도에 대한 통찰력 제공
- 직원 개발: 학교 체제가 직원들의 효율성 증진 기회를 제공하는 범위에 대한 통찰력 제공
- 의사결정: 학교 직원(교장, 교사 등 기타 직원들)이 학습자의 이익 창출 결정을 얼마나 잘하는지에 대한 통찰력 제공(Sanders 1992; Weir & Roberts 1994)

1960년대 이후로 교육과정 평가에 대한 교육자와 교육과정 계획자들의 관심은 점차 증가해 왔다. 각 나라의 국립 교육과정 프로젝트에 대한 재정적 지원은 종종 평가 보고서를 제출하도록 했는데 책무성accountability을 제시하거나 진행 중인 프로젝트를 향상시키기 위한 조언 또는 교육과정 프로젝트에서 일어난 일을 상세히 기록하도록 했다. 그 이후로 학교, 프로그램 관리자, 교사들은 점점 더 그들이 받은

재정 지원 혹은 프로그램에 대한 책무성을 인식해야 했다. 그리고 이로 인해 교육과정 평가의 본질을 이해할 필요성이 제기되었다. 평가의 범위는 시험 결과에 대한 관심에서 출발하여 정보수집의 필요성 및 교육과정의 계획부터 시행에 이르는 모든 측면에 대한 판단이 필요하게 되었다(Hewings & Dudley-Evans 1996).

9.1. 평가의 목적 Purposes of Evaluation

Weir와 Roberts(1994)는 언어 프로그램 평가의 두 가지 중요한 목적을 '프로그램 책무성'과 '프로그램 개발'로 구별한다. 책무성은 프로그램에 개입된 사람들이 작업의 질에 책임질 수 있는 정도를 의미한다. '프로그램 책무성 평가 accountability-oriented'는 보통 교육적 순환의 마지막 중요한 지점에서 프로그램이나 프로젝트의 효과를 검토한다. 그리고 보통 외부 이용자 audience 또는 의사 결정자를 위해 수행된다. 반대로 '프로그램 개발 평가 development-oriented'는 실행 중인 프로그램의 질을 향상시키기 위해 고안된다. 프로그램에 참여하는 교직원은 물론 프로그램에 참여하지 않는 교직원들도 참여할 수 있다. 그리고 교사-개발에 중점을 둘 수도 있다(Weir & Roberts 1994, 5). 평가의 다양한 목적에 따라 형성 평가, 조명적 평가, 총괄평가로 불린다.

1) 형성평가 Formative Evaluation

평가는 프로그램 개발 과정의 일부로서 수행될 수 있다. 잘 운영되고 있는지 아닌지 알아내고, 해결되어야 할 문제점이 무엇인지 밝히기 위해 평가를 한다. 이러한 유형의 평가를 보통 '형성평가'라고 한다. 이것은 진행 중인 프로그램의 개발과 향상에 초점을 맞춘다. 형성 평가와 관련된 전형적인 질문들은 다음과 같다.

- 특정 목표 objectives에 대해 충분히 시간을 할애했는가?
- 프로그램 배치고사는 학생들을 자신에게 맞는 수준으로 배치했는가?
- 학생들은 교재를 잘 받아들이는가?
- 교사가 이용하는 방법론은 적절한가?
- 교사나 학생들은 코스의 어떤 면에서 어려움을 겪고 있는가?
- 학생들은 프로그램을 즐기고 있는가? 그렇지 않다면, 그들의 동기를 향상시키기

위해 무엇을 해야 하는가?
- 학생들은 학습에서 충분한 연습을 하고 있는가?
- 자료는 따라가기에 충분한가?

형성평가 중 수집된 정보는 규명된 문제를 해결하고 프로그램을 향상시키는데 도움을 준다.

예 1

EFL 상황에서 새로운 기초 코스를 시행하는 동안 수많은 교사가 코스의 틀인 과제 중심의 의사소통 방법론보다 코스 철학과 맞지 않는 교수 방법인 반복 연습과 교사 주도적 연습에 더 의존한다는 것을 알게 되었다. 이러한 문제를 해결하기 위해 토요일 오전마다 교사 워크숍이 열리는데 여기에서 교사들이 갖고 있는 자료에 대한 문제점을 파악한다. 더 적절한 교수 전략 시범을 보여 주기 위해 비디오를 상영하고 교사들에게 실제 시연을 보여준 후 교사들이 그 기법들을 교실에서 시행할 것에 동의한다. 그리고 그 후의 워크숍에서 그들의 경험을 다시 보고할 것에 동의한다.

예 2

통합적 기술에 대한 코스를 시작한 지 몇 주 후에 코스에서 우선순위priorities가 무엇인지에 대한 여러 가지 의견이 있다는 것을 알게 되었다. 교사들은 매우 다양한 양의 시간을 코스의 서로 다른 구성요소에 쓰고 있었다. 그리고 강조하는 것도 모두 달랐다. 교사들이 코스 목표를 잘 이해하고 있는지 점검하고, 코스의 서로 다른 구성요소에 두어야 할 비중을 명확히 하기 위해 협의가 계속되었다. 그래서 교수 양식과 우선순위를 비교하고 교수 실제teaching practices에 대한 동의를 이루도록 하기 위한 방편으로 동료 관찰을 제안하였다.

예 3

초급 학습자 집단을 위한 10주 대화 기술 코스가 개설되었다. 발음은 코스의 중요한 요소가 아니다. 왜냐하면, 대부분의 발음 문제는 몇 주 후에 해결될 것이라고 보기 때문이다. 그러나 코스가 시작된 지 4주가 흘러도 수많은 학생에게 지속적인 발음 문제가 있으며 이는 코스가 해결하지 못하는 치명적인 문제라고 교사들은 보고한다. 발음 구성요소를 포함시키기 위해 코스의 한 부분을 재조명한다. 가장 심각한 발음 문제가 있는 학생들을 위해 개인적 진단 수업이 열리고 코스의 나머지 부분에 대해 수업 시간 및 어학 실습이 체계적인 발음 학습에 배당된다.

2) 조명적 평가 *Illuminative Evaluation*

평가의 또 다른 유형은 조명적 평가이다. 이것은 프로그램 학습의 다양한 측면이 어떻게 작용 혹은 시행되는지 알아보려는 평가이다. 이것은 프로그램 내의 교수/학습 과정을 더욱 깊이 이해하는 것이 목적이므로 결과적으로 코스를 변화시킬 필요는 없다. 이러한 틀 속에서 생기는 질문들은 다음과 같다.

- 학생들은 어떻게 모둠 과제를 수행하는가? 모든 학생이 그 안에서 동등하게 참여하는가?
- 교사가 사용하는 오류-수정 전략은 어떤 유형인가?
- 교사가 수업 중에 사용하는 의사 결정의 종류는 무엇인가?
- 교사는 수업 중에 학습 계획, 강의안 lesson plan을 어떻게 활용하는가?
- 수업 중에 어떤 유형의 교사-학생 상호작용 유형이 전형적으로 일어나는가?
- 학생들은 다양한 텍스트에서 어떤 읽기 전략을 사용하는가?
- 학생들은 수업하는 동안 교사의 의도를 어떻게 이해하는가?
- 교실에서 어떤 학생들이 가장 활동적인가 혹은 소극적인가?

예 1

한 교사가 읽기 기술 skill 중심 코스를 가르치고 있다. 그리고 훑어읽기 skimming, 훑어보기 scanning, 세부사항 읽기, 텍스트 찾기 surveying a text, 비판적 읽기, 어휘 개발 등의 광범위한 읽기 기술에 초점을 두는 코스를 개발하였다. 모든 기술은 코스 전반을 통해 골고루 집중된다. 교사는 학생들이 코스의 중요점이라고 인식하는 것을 알아내는 데 관심이 있다. 학생들은 코스 중 서로 다른 시기에 짧은 설문지를 완성하고 코스가 추구해야 할 것이 무엇인지에 대한 그들의 생각을 설명한다. 매번 다양한 활동 또는 전체 수업에 대한 학생들만의 인식이 있다. 이러한 현상에 대한 반성이 끝나면 코스에 대한 학습자의 인식은 그들이 가장 관심 있어 하는 것을 반영하거나 특정 시점에서 도움이 가장 필요하다고 느끼는 것을 반영한다는 점을 교사는 이해하게 된다.

어떤 교사는 교실에서 이루어지는 교사-학생 상호작용에 대해 더욱 흥미가 있다. 교사는 동료교사를 자신의 교실로 초대하고 교실 관찰을 수행할 것을 부탁한다. 관찰자는 교사가 여러 학생과 얼마나 자주 상호작용하는지, 어떤 종류의 상호작용이 일어나는지 기록하게 된다. 이 기록에는 교사 질문의 종류 및 교사가 학생의 질문을 인식하고 적절한 대답을 하는 정도가 포함된다. 관찰자의 정보 수집으로부터 교사는 교사 자신 혹은 학생이 교실 상호작용을 통제하는 정도를 평가할 수 있다. 그리고 수업 내용에 발판scaffold*을 만들기 위해 어떻게 질문을 사용할지 더욱 잘 이해할 수 있게 된다.

예 3

어떤 교사는 학생들이 어떻게 모둠 과제를 수행하는지, 자신이 학생들에게 모둠 과제 준비를 충분히 시키고 있는지 알기를 원한다. 다양한 집단의 학생이 모둠 과제를 수행하는 것을 기록하고 학생들이 집단 토론에 참여하는 정도와 그들이 사용하는 언어에 대해 살피기 위해 그 기록을 검토한다. 기록을 검토하면서 교사는 그룹의 각 학생에게 각기 다른 역할을 주는 전략이−예를 들면, 조정자coordinator, 언어 감시자language monitor, 요약자 등−그룹 구성원들의 적극적인 참여에 확실히 효과적이라는 것을 깨닫게 되어 만족한다.

많은 교실 현장 연구classroom action research 혹은 교사 조사 연구 teacher inquiry는 조명적 평가의 한 유형으로 간주된다. Block(1998)은 학습자가 언어 코스에 대해 내리는 해석을 이해하고 그들에게 수업이 어떤 의미를 지니는지 이해하는 데 있어서 이러한 평가는 중요하다고 했다. 그는 교사가 정기적으로 학습자들을 면담하여 그들이 코스에서 진행되고 있는 것을 어떻게 판단하는지 알아야 한다고 제안했다. Richards와 Lockhart(1994)는 다음의 질문을 이해하기 위해 두 명의 초등학교 교사들이 수행한 이러한 종류의 교실 현장 연구 일부를 기술한다.

---

* 역자주: 학습 내용을 좀 더 단계적으로 제시하기 위해 쉬운 질문부터 점차 강도를 높여 질문하는 것이다. scaffolding이란 초보자가 학습한 지식과 기능을 통합적으로 활용할 수 있도록 하는 구체적 도움을 의미한다.

- 교실에서 성공적인 학습자들이 사용하는 학습 전략은 무엇인가?
- 학습자들은 교실 밖에서 영어를 사용하는가?
- 그들은 영어 학습에 대해 좋다고 생각하는가?

　교사들은 한 학기 동안 교실 관찰, 학습자 일지, 면담을 통해 두 명의 학습자에 대한 정보를 수집했다. 그리고 성공적인 학습자들이 수많은 유용한 학습자 전략을 다양한 방식으로 적용한다는 것을 밝혀냈다. 예를 들어, 학생들이 학습한 내용의 기억을 돕기 위해 아동들에게 다음과 같은 보기를 주었다.

나는 듣는 것이 기억하기 쉽다.
나는 공부한 것을 계속 반복한다.
나는 친구나 가족과 함께 연습한다.
나는 내 방 벽에 문장들을 붙여 놓는다.
나는 책을 보는 데 시간을 많이 보낸다. 왜냐하면, 나는 책을 좋아하고 책을 통해 배울 수 있기 때문이다.
나는 선생님이 보지 않거나 점수를 매기지 않는다고 해도 계속 공부할 것 같다.

교사들은 교실 연구로부터 이런 결론을 내렸다.

　특별히 놀랄 만한 것들을 알아내지는 못했지만 연구는 직관적으로 알고 있던 것들을 확인하고 드러내는 데에 유용했다. 우리는 학생들의 학습을 효과적으로 촉진하고자 사용하는 유용한 전략을 배웠다. 그 전략은 다음과 같은 질문을 포함한다.

여러분은 어떻게 이것을 하게 되었나?
이것을 하는 데 어떤 방법이 여러분에게 가장 알맞은가?

3) 총괄평가 Summative Evaluation

　평가에 대한 세 번째 접근은 대부분의 교사와 프로그램 관리자들에게 익숙하며 교육과정의 다양한 측면의 가치와 중요성에 대해 의사 결정을 내리고자 하는 평가 유형이다. 이것을 총괄평가라고 한다. 총괄평가는 프로그램의 효과와 효용성 및 수용성 acceptability의 정도와 관련이 있다. 총괄평가는 프로그램 시행이 끝난 후에 일어나며 다음과 같은 질문에 답하고자 한다.

- 코스는 얼마나 효과적이었는가? 목적을 달성했는가?
- 학생들은 무엇을 배웠는가?
- 학생과 교사는 코스를 얼마나 잘 받아들였는가?
- 교육 자료는 도움이 되었는가?
- 목표는 적절했는가 아니면 수정되어야 하는가?
- 배치평가 및 성취도 평가는 적절했는가?
- 각 단원에 대한 시간 분배는 충분했는가?
- 교수법은 얼마나 적절했는가?
- 코스가 진행되는 동안 어떤 문제가 발생했는가?

코스가 효과적인지 판단하기 위해 효과성 effectiveness에 대한 기준이 밝혀져야 한다. 코스의 효과성을 측정하는 데에는 다양한 척도가 있는데 각각의 척도는 다양한 취지로 사용된다. 예를 들면 다음과 같다.

1) 목표의 달성 Mastery of Objectives

코스의 효과성을 측정하기 위한 한 가지 척도는 "목표를 얼마나 많이 성취했는가?"를 묻는 것이다. 코스의 각 목표를 점검하고, 각 목표의 성공적인 달성 기준을 선별한다. 예를 들어, 말하기 기술 코스의 목표는 '집단 토의에서 학생들은 집단 내 다른 사람들의 의견을 경청하고 이에 응답할 수 있다.'가 될 수 있다. 학생들이 코스 마지막에 이 목표를 달성한 정도는 교사가 집단 토의에서 학생들을 관찰한 내용과 학생들이 의견을 듣고 반응한 정도를 교사가 기록한 것으로 평가한다. 이러한 목표에 대해 학생들의 수행이 불충분하다면 그 이유는 규명되어야 한다. 예를 들면, 학생들이 이러한 과제를 연습할 만한 충분한 기회가 제공되지 않았을 수도 있고 어쩌면 이 목표와 관련된 학습 자료가 너무 어렵거나 재미없었을 수도 있다.

그러나 '목표를 달성하는 것'이 코스의 효과성을 보장하는 것은 아니다. 목표는 코스에 문제가 있다고 해도 성취될 수 있다. 학생들은 교수 또는 학습 자료가 빈약하거나 불충분하다는 것을 깨닫고 그것을 보충하기 위해 개인 학습에 많은 시간을 투자했을 수도 있다. 또는 목표를 달성했지만, 같은 목표에 들인 시간의 절반에 끝냈을 수도 있고, 혹은 학생들이 프로그램에 대해 매우 부정적인 인식을 가지고 있어서 더 이상 프로그램이 고무적이지 않고, 속도 pacing가 부적당함에도 불구하고 프로그램이 그 목표를 달성했을 수도 있다.

2) 시험 시행 *Performance on tests*

목표 달성을 평가하는 상대적으로 비공식적인 informal 방법과는 달리 공식적인 formal 시험은 성취를 측정하는 가장 흔한 방법이다. 이런 시험은 교수 자료의 각 단원이 끝날 무렵 실시하는 단원평가가 될 수도 있고, 코스 전반의 다양한 단계에서 시행되는 교사 출제의 교실 시험 혹은 퀴즈가 될 수도 있다. 또는 목표 달성 정도를 측정하기 위해 고안된 공식적인 통과 시험이 될 수도 있다. Weir(1995)는 성취도 테스트가 교수·학습에 대해 중요한 역류 효과 Washback Effect를 발생시킬 수 있다고 지적한다. 성취도 테스트는 프로그램에 필요한 변화를 결정하는 데 도움을 줄 수 있다. 예를 들어 그 결정은 어떤 목표에 주목할지 또는 어떤 목표를 수정할 필요가 있는지에 대한 것이다. 그러나 Brindley(1989)는 호주에서 연구한 프로그램에서 교사들은 공식적인 통과 시험보다 진행 중인 비공식적인 평가 방법을 더 선호했다고 보고한다. 비공식적 방법의 사용에 대해 그는 이렇게 평한다.

> 비공식적 방법은 학습자가 코스나 단원에서 성취한 것에 대한 공식적인 정보보다 학습자나 관리자 모두의 기대와 필요를 채우기에 충분히 명시적이지 못한 듯하다.…교사가 기존에 하고 있는 비공식적 평가는 학습자와 관리자에게 필요한 성취에 대해 명시적인 정보를 제공해 주는 것은 아니다(Brindley 1989, 43).

Weir(1995)는 총괄평가에 대해 더 나은 척도가 필요함을 주장하고, 코스 중에 사용하는 향상-민감성 수행 시험 progress-sensitive performance tests 개발에 찬성한다.

① **수용성 측정** *Measures of acceptability*: 교사나 학생이 부정적으로 평가함에도 불구하고 코스를 통해 그 목표의 만족스러운 성취를 이루고 최종 테스트에서 훌륭한 수준으로 수행하게 될 수도 있다. 대안적으로 모든 사람이 코스를 좋아하고 코스에 대해 열광적이라면 이것은 학생 절반이 목표에 도달하지 못한다고 해도 더 의미 있을까? 수용성은 교사와 학생의 평가에 의해 결정된다. 코스가 받아들여질 만한 것인지 아닌지를 판단하는 근거는 시간표, 수업 규모, 교재의 선택 또는 교사의 교수 스타일 등과 관련되어 있다.

② *유지율 또는 재등록률Retention rate or reenrollment rate*: 언어 기관이 중요하다고 보는 코스의 효과성 측정은 학생들이 코스를 처음부터 끝까지 지속하는 정도와 마지막에 또 다른 코스를 다시 등록하는 비율이다. 만약 유의미한 감소dropout율이 있다면 언어기관과 지역사회의 다른 코스에서도 동일한 문제인가 아니면 해당 코스만의 문제인가?

③ *코스의 효용성Efficiency of the course*: 코스의 성공을 측정하는 또 다른 방법은 그 코스의 개발과 시행이 얼마나 제대로 이루어졌는가를 측정하는 것이다. 이것은 코스 시행 기간 동안 일어나는 문제점의 수, 계획과 코스 개발에 들인 시간, 전문화된 자료와 교사 훈련에 대한 필요성, 협의와 미팅에 필요한 시간이 반영될 수 있다.

프로그램의 효과성을 결정하는 다양한 접근의 예는 <부록>에 제시된다.

9.2. 프로그램 평가의 쟁점Issues in program evaluation

Weir와 Roberts(1994, 42)는 다음과 같은 특징이 있는 평가에 대한 넓은 관점을 제안한다.

- 적절한 평가를 보장하기 위한 내부자와 외부자 모두의 개입과 참여의 필요
- 프로그램이나 프로젝트 또는 그 구성 요소의 생산 가치를 증명하는 것은 물론 개선에 대한 집중적 관심
- 변화의 결과뿐 아니라 교육적 변화의 과정을 더 깊이 전문적으로 이해하기 위한 연합적 책임
- 프로그램을 수행하는 동안과 프로그램이나 프로젝트 주기의 시작과 끝에 평가 목적을 체계적으로 문서화
- 평가 목적과 검토 중인 맥락에 적절하다면 질적 방법론 및 양적 방법론 모두를 포용하려는 의지

이러한 원리는 평가 과정에서 다음과 같은 쟁점을 일으킨다.

1) 평가의 이용자 *The audience for evaluation*

언어 교수 프로그램에는 다양한 수준으로 사람들이 관여함으로써 다양한 종류의 평가 이용자가 나타난다. 평가를 계획하는 데 다양한 이용자가 누구인지, 그들이 가장 관심 있는 정보의 종류가 무엇인지 아는 것은 중요하다(Elley 1989). 예를들어, 교육부의 재정 지원을 받아 공립학교의 새 교과서를 개발할 때 교육부의 관료(언어 교수의 전문가가 아닐 것이다.)는 프로젝트에 제공된 돈이 어떻게 쓰이는지와 프로젝트의 모든 구성 요소가(학생 교재, 교사 지침서, 워크북) 특정 날짜까지 학교에 제공될 수 있을지에 가장 관심이 많다. 교재를 가르치는 교사들은 교재가 학교 시간표상의 모든 수업을 위해 충분한 자료를 제공하는지에 가장 큰 관심을 가질 것이다. 외부 전문가consultant는 교재가 제공하는 언어 연습과 교실 상호작용의 종류 및 교재의 설계에 관심을 가질 것이다. 직업 훈련 센터는 코스가 영어로 수행되는 직업훈련 프로그램을 학교 졸업자들에게 제공하는지 관심이 있을 것이다. 그러므로 평가는 모든 관계자를 만족시켜야만 한다. 다양한 평가 이용자가 관심을 가질 만한 질문은 다음과 같다.

① *학생들*
나는 무엇을 배웠는가?
나는 다른 사람들과 비교해서 얼마나 잘 수행했는가?
나는 이 코스를 얼마나 좋게 평가할 것인가?
이것은 미래에 나를 어떻게 도울 것인가?
나에게 추가 코스가 더 필요한가?

② *교사들*
나는 얼마나 잘 가르쳤는가?
나의 학생들은 무엇을 배웠는가?
학생들은 이 과정에 만족했는가?
교재 및 코스 과제는 얼마나 유용했는가?
코스 구성이 얼마나 효과적이었는가?

③ *교육과정 개발자*
코스와 자료의 설계는 적절한가?
코스의 어떤 측면이 수정 및 대체되어야 하는가?

교사와 학생은 코스에 호의적으로 반응하는가?
교사들에게 코스와 관련한 추가적 지원이 필요한가?

④ *관리자* Administrators
코스의 (소요)시간 틀 time frame은 적절했는가?
코스를 관리하고 감시하면서 문제점을 규명하고 개선하는 데 성공했는가?
고객의 기대를 충족시켰는가?
시험 및 평가 절차는 적절했는가?
자원들 resources이 이용되었는가?

⑤ *후원자* sponsors
코스의 비용은 정당했는가?
코스가 약속한 것을 전달했는가?
코스는 관리가 잘 되었는가?
코스에 대한 보고는 reporting 적절한가?

Shaw와 Dowsett(1986, 66)는 언어 코스의 모든 총괄평가에 세 명의 이용자가 있다고 제안했다.

- 프로그램의 다른 교사(주요 이용자): 코스 설계와 목적 purpose 계획을 위해서
- 기관이나 프로그램의 관리자: 코스 제공과 배치 결정의 목적으로
- 교육과정 지원 및 개발 부서: 교육과정 감시 monitoring의 목적으로

평가를 계획할 때, 이러한 다양한 이용자는 신중히 선별되어야 하고, 평가의 결과는 각각의 이용자에게 적절한 방식으로 제시되어야 한다.

2) 평가 과정의 참여자 *Participants in the evaluation process*

참여자는 전형적으로 두 가지 유형으로 평가에 참여한다 - 내부자와 외부자, 내부자는 교사, 학생 등 프로그램의 개발과 실행에 밀접한 관련이 있는 모든 사람을 말한다. 예를 들어, 형성평가는 종종 교사가 수행하는데 교사는 코스가 진행되면서 제대로 그 역할을 하고 있는지 범위를 확인하고 어떤 어려움에 부딪히는지, 얼마나 자료가 효과적인지, 어떻게 수정하는 것이 프로그램의 원활한 운행을 보증

할 것인지에 대해 코스를 모니터할 수 있다. 언어 숙달도에서의 성과를 증명하고 프로그램의 교수 방식에 대한 평가와 자신들의 요구와 학습 내용이 관련 있었는가에 대한 평가를 완성함으로써 학생들은 자주 프로그램 형성평가의 주요 참여자가 된다. 성공적인 프로그램 평가의 중요한 요인은 종종 평가를 수행하고 설계하는 과정에 있는 주요 내부자의 참여이다. 왜냐하면, 내부자들은 평가의 결과에 대해 더 많이 책임을 지기 때문이다. 외부자들은 프로그램에 참여하지 않는 타인을 말하며 프로그램의 여러 측면에 대해 객관적인 시각이 요구된다. 이들은 상담 자문역, 검사관 또는 행정가일 수 있으며 코스 중에 무엇이 일어나는지에 대해 교사가 인식하는 것을 독립적인 관찰과 의견으로 보충하는 것이 임무이다.

3) 양적 평가와 질적 평가Quantitative and qualitative evaluation

양적 측정은 숫자로 나타낼 수 있는 것을 측정하는 것이다. 많은 검사tests는 빈도, 순위 또는 백분율이라는 용어로 제시되며 쉽게 계산할 수 있는 정보를 모으기 위해 설계된다. 양적 정보의 또 다른 근원은 점검표, 설문 조사, 자율-평가self-ratings이다. 양적 자료는 특정 주제에 대해 다수로부터 정보를 얻고자 하며 일반적으로 특정 유형과 경향을 드러내기 위해 통계적으로 분석된다. 수집된 정보는 보통 주관적인 판단이 포함되지 않으므로 간단하고 명료하게 분석된다. 전통적으로 양적 자료는 '정밀하거나' 자료 수집의 과학적 원리를 따른다고 간주된다. 그러나 양적 정보의 한계는 이미 알려져 있으며 그래서 질적 정보를 통해 양적 정보를 보완할 필요가 생겨났다.

질적 측정은 숫자로 나타낼 수 없는 것을 측정하는 것이다. 그리고 주관적인 판단이나 관찰에 훨씬 더 의존한다. 교실 관찰, 인터뷰, 일기, 일지 그리고 사례 연구로부터 얻은 정보는 일반적으로 질적이다. 질적 접근은 양적 접근보다 훨씬 전체적holistic이고 자연적naturalistic이다. 또한, 검사 상황보다는 실제 과제에서 언어를 사용하는 자연적인 상황에서 정보를 수집하고자 한다. 그들은 보통 탐구적이며 아주 적은 사례로부터 많은 양의 정보를 수집하고자 한다. 수집된 정보는 종종 정해진 결론이 없기 때문에 분석하기가 훨씬 어렵고 그래서 반드시 해석되고 기호화되어야 한다. 질적 자료는 때로 양적 자료보다 '유연하거나' 덜 정밀한 것으로 간주되지만 이러한 정보는 프로그램 평가의 많은 단계에서 필수적이다.

언어 프로그램 평가에서 양적, 질적 접근은 정보를 수집하는 데 모두 필요하다. 왜냐하면, 이들은 각각 다른 목적을 가지고 있으며 서로를 보완할 수 있기 때문이다. 예를 들면, 코스 마지막에 실시하는 학생의 영어 구어 성취도 평가에서 다음과 같은 절차가 사용될 수 있다.

- 구두 숙달도 테스트에 대한 시행(양적)
- 평가 척도를 사용하여 학생의 교실 과제 수행 관찰(질적)
- 말하기 기술 향상에 대한 자율-평가 self-assessment(질적)

4) 문서화의 중요성 *The importance of documentation*

코스에 대해 이용 가능한 문서 자료가 많을수록 코스에 대한 결정을 내리기가 쉽다. 관련 문서 자료는 다음과 같다.

① **코스 통계 *course statistics***: 학생들이 코스를 선택한 이유, 학생 수, 출석, 수업 규모, 이탈자, 도서관 및 자율 학습 센터 등의 시설 사용 등에 대한 정보. 이러한 종류의 정보는 코스의 특성 및 시행 방식 mode of operation을 대략적으로 보여 주고 특정 유형 pattern이나 문제점 등을 드러낸다.

② **관련 코스 문서 *relevant course documents***: 설명, 홍보 자료, 목표 및 목적 진술문, 교수 요목, 코스 자료, 교수 지침, 소식지, 신문 기사, 계획 회의 planning meeting 보고서 등 코스에 대한 모든 관련 문서 편집물.

③ **코스 과제 *course work***: 시험과 교실 과제 assignments의 실례, 학생 과제 students' work의 실례

④ **서면 논평 *written comment***: 외부 평가자, 교사, 학습자, 관리자 등이 코스에 대해 작성한 모든 것

⑤ **제도적 문서 *institutional documents***: 고용 정책, 업무 진술, 시행된 요구 분석, 지난 코스에 대한 보고서 등 학교나 기관에 관한 이용 가능한 모든 것

⑥ **코스 검토 *review***: 코스를 가르친 교사나 교사 집단이 준비한 코스의 서면 기술 account. 이것은 기술적 descriptive이면서 반성적 reflective이어야 한다. 또한, 코스의 진전 정도, 발생한 문제들, 지각한 코스의 강점과 약점, 그리고 미래를 위한

제안을 기술해야 한다. 잘 작성된 검토문review은 코스를 가르칠 사람들에게 유용한 자원이 되며 코스에 대한 기록을 제공한다. Weir와 Roberts(1994, 12)는 다음과 같이 언급한다. "세계적으로 ELT 프로그램과 프로젝트에 대해 얼마나 많은 시간과 노력을 낭비했는지 생각하면 몸서리가 쳐진다. 몇 십 년간 프로젝트에 대한 공동의 기억은 어디에 있는가? 과거의 유사한 프로젝트의 성공과 실패를 통해 배우기 위해 어디로 가야 하는가?"

5) 시행 *Implementation*

평가의 목적은 다양한 자료원으로부터 신중히 편집한 정보를 바탕으로 교육과정의 검토, 반성 및 수정을 촉진하기 위한 것이다. 평가를 바탕으로 의사 결정을 하려면 평가가 적절히 설계되었는지를 확인하기 위해 평가 과정을 검토하는 일이 우선 필요하다. 이러한 판단을 돕는 질문들은 다음과 같다.

① **범위***Scope*: 수집된 정보는 평가할 프로그램의 중요한 모든 측면을 포함하는가?
② **이용자***Audience*: 적절히 수집된 정보는 예정된 평가 이용자의 요구를 만족시키는가?
③ **신뢰도***Reliability*: 정보를 수집할 때 다른 사람들이 같은 결과를 얻었던 방식으로 하였는가?
④ **객관성***Objectivity*: 정보를 수집하고 처리하는 과정에서 편견이 없음을 확인하려는 시도가 있었는가?
⑤ **대표성***Representativeness*: 수집된 정보가 프로그램을 정확히 설명하는가?
⑥ **적시성***Timeliness*: 정보의 제공이 평가 이용자가 사용하기에 충분히 시기적절한가?
⑦ **윤리적 고려***Ethical considerations*: 평가는 윤리적 기준을 따르는가? 예를 들면 정보의 기밀성이 보장되고, 전문적이고 용인할 수 있는 방법으로 정보가 얻어지는가? (Stufflebeam, McCormick, Brinkerhoff, & Nelson 1985)

일단 평가가 용인할 수 있는 적절한 기준을 충족시키면 얻은 정보를 어떻게 사용할지 결정해야 한다. 보통 다음의 과정이 포함된다.

• 수집된 모든 정보를 검토한다.
• 관련 당사자에게 조사 결과를 배포한다.

- 어떤 변화가 이루어져야 하는지 결정한다.
- 제안된 변화에 대한 비용과 이익을 확인한다.
- 변화를 시행하기 위한 계획을 개발한다.
- 후속 행동을 취할 책임이 있는 사람들을 선별한다.
- 변화의 효과를 검토하기 위한 절차를 확립한다.

필요한 변화의 종류를 예로 들면 다음과 같다.

- 코스 목표의 수정 및 대체
- 교재를 보완하기 위한 보충자료 준비
- 현재 사용하고 있는 교재를 대신할 새로운 교재 선정
- 코스에서 가르치는 기술 순서 재배열
- 교사 연수 훈련 조직
- 교사를 위한 동료 검토 과정 개발
- 자료 집필 프로젝트 개발
- 교수 경험을 나누기 위한 교직원들의 점심 세미나 brown-bag seminar 개최

9.3. 평가 시행 절차 Procedures used in conducting evaluations

평가를 수행하는 데 사용되는 도구의 많은 부분은 이 책에서 이미 설명한 것들과 비슷하지만 그 목적은 서로 다르다. 예를 들어 여기서 언급하는 평가 도구들을 제3장에서는 요구 분석의 관점으로 논의하였다. 이 장에서 우리는 평가에서 도구가 하는 역할과 각 도구의 제한점 및 가능한 장점에 대해 살펴볼 것이다.

1) 시험 Test

다양한 유형의 시험이 학습에서의 변화를 측정하기 위해 코스의 마지막에 혹은 중간 단계에서 활용될 수 있다. 이러한 시험의 종류는 다음과 같다.

- 기관에서 마련하는 시험: 학생들이 코스에서 배운 것을 측정하기 위해 고안된 통과 시험 exit test 등이 있다.
- 국제적 시험: TOEFL, IELTS 혹은 Cambridge 숙달도 시험 등 코스 목적과 내용이 관련되어 있다면 국제 시험을 사용할 수 있다.

- 교사 지도서에 제공된 교재 시험 및 상업적 commercial 코스의 일부로 보는 교재 시험이 있다.
- 학생 성적 records: 코스 과제 course work나 지속적인 사정을 바탕으로 코스 전반에 걸쳐 수집된 정보. 이러한 정보는 기말시험 없이 학생의 최종 성적 및 점수를 얻기 위해 사용된다.

장점: 시험은 성취도를 직접적으로 측정할 수 있다. 특히 시험이 학생 수행과 관련이 있을 때, 즉 준거 지향적일 때 더욱 그렇다.

단점: 시험으로 측정된 학습에서의 변화는 직접적인 교수의 결과인지 혹은 다른 요인과 연관되어 있는 것인지 확인하기가 쉽지 않다. 성취도 시험에서 낮은 점수를 받는다면 이것만으로 문제의 원인을 규명할 수 없다. 그 원인이 교사나 자료, 학생인가 아니면 코스인가? 더 깊은 조사가 필요하다. 학생 평가를 코스 평가와 혼동해서는 안 된다. 안정적인 시험—신뢰성과 타당성의 원칙을 반영하는—을 구성하는 것은 어려운 일이다.

2) 접근법 비교Comparison of two approaches to a course

한 코스에서 두 가지 다른 형태를 가르쳐서 학생 성취도 평가 결과를 비교한다. 접근법 비교comparative approach는 두 개 혹은 그 이상의 다양한 교수 조건의 효과를 비교하는 것이다. 각기 다른 두 교수 방법의 상대적 효과를 비교하여 교육과정의 효용성을 측정한다.

장점: 비교적 접근은 모든 관련 요인을 통제할 수 있고 요인을 정확히 조사할 수 있다.

단점: 이러한 접근은 대개 교사에게 인위적인 제약을 부과한다. 예를 들어, 한 교사에게는 언제나 명시적 오류 수정을 요구하고, 다른 교사에게는 간접적인 오류 수정만을 줄 것을 요구하는 것이다. 그러나 인간적인 요인으로 인해 이런 종류의 차이를 유지하기란 매우 어려운 일이다. 모든 관련 변인을 통제하는 것은 불가능하며 따라서 결과는 대부분 결론에 이르지 못한다.

3) 면접법 Interviews

교사와 학생의 면접은 코스의 어떤 측면에 대한 그들의 의견을 얻기 위해 사용된다. 보통 구조화된structured 면접은 비구조화된unstructured 면접보다 훨씬 유용한 정보를 제공한다.

장점: 특정 질문에 대해 깊은 정보를 얻을 수 있다.

단점: 면접법은 시간이 매우 오래 걸리고 교사나 학생의 표본 집단sample만을 심도 있게 인터뷰할 수 있다. 그러므로 그들의 의견이 대표성을 띠는지에 관해 의문이 제기될 수 있다.

4) 설문지법 Questionnaires

광범위한 문제에 대해 교사와 학생의 의견을 이끌어내기 위해 사용된다.

장점: 설문지법은 실행하기 쉬우며 다수의 응답자로부터 정보를 얻을 수 있다.

단점: 설문지법은 왜곡되지 않은 응답을 이끌어내기 위해 신중히 설계해야 하며 정보를 해석하는 일은 어렵다. 예를 들면, 학생이 코스에서 특정 단원이 어려웠다고 언급한다면 왜 학생들이 어렵다고 느꼈는지 정확히 판단하기 위해 후속 조사가 필요하다. 그런데 그것은 단원 자체의 문제였을까, 교사의 가르침 탓이었을까?

5) 교사의 서면 평가 Teachers' written evaluation

교사는 코스의 모든 측면에 대한 논평을 도출하도록 구조화된 피드백 양식을 활용하여 코스 평가를 완성할 수 있다.

장점: 교사들은 코스에 대해 보고하기 유리한 입장에 있고 잘 고안된 평가 양식은 요약하기 쉬운 형태로 신속하게 정보를 제공한다.

단점: 얻은 정보는 인상에 근거한 왜곡된 것일 수 있다. 왜냐하면, 교사의 관점만을 보여주기 때문이다.

6) 일기 Diaries and journals

교사는 코스에 대한 인상과 경험을 지속적으로 기록할 수 있다. 일기는 교사가 하는 일, 직면하는 문제들, 결정적인 사건, 시간 배분, 기타 문제 등에 대해 이야기처럼 기록될 수 있다.

장점: 일기는 상대적으로 상세하고 자유로운 정보를 제공하고 다른 방법을 사용했을 때 놓칠 수 있는 정보를 포착할 수 있다.

단점: 얻은 정보를 어떻게 사용할지 결정하기는 어렵다. 일기는 느낌 중심적이며 비조직적이다. 또한, 일기는 협력이 필요하고 교사의 입장에서는 시간을 투자해야 한다.

7) *교사의 기록* Teachers' records

수업 보고서, 가르친 자료, 출석, 학생의 점수, 시간 분배 등 코스에 대해 작성한 기록을 사용할 수 있다.

장점: 기록은 코스의 몇몇 측면에 대한 상세한 설명을 제공할 수 있다.

단점: 수집된 모든 정보가 언제나 의미 있는 것은 아니다. 어떤 정보는 느낌에 근거할 수도 있고 교사의 관점만을 대변할 수도 있다.

8) *학생 일지* Students' logs

학생에게 코스 중에 어떤 일이 일어났는지, 얼마나 많은 시간을 다양한 과제에 할애했는지, 얼마나 많은 시간을 숙제 및 기타 교실 밖 활동에 할당했는지 기록하도록 요구할 수 있다.

장점: 학생 일지는 코스에 대한 학생들의 관점을 알게 하고 교사가 인지하지 못한 통찰을 제공한다.

단점: 학생들의 협력 및 시간 투자를 필요로 한다. 학생들은 이러한 활동의 장점을 모를 수도 있다.

9) *사례 연구* Case study

교사는 코스 혹은 코스의 어떤 측면에 대해 사례 연구를 시행할 수 있다. 예를 들면, 교사는 그가 코스 전반에서 어떻게 수업 계획을 활용하는지 문서화할 수 있으며 특정 학습자의 향상을 추적할 수 있다.

장점: 사례 연구는 코스의 여러 측면에 대한 상세한 정보를 제공하며 시간이 흐르면서 사례 연구로부터 축적된 정보는 코스의 다양한 차원에 대한 풍성한 그림을 제공한다.

단점: 수집된 정보는 전형적이지 않고 대표성을 띠지 않을 수 있다. 그리고 사례 연구는 준비하는 데 시간이 많이 소모된다.

10) 학생 평가 *Students evaluations*

학생은 코스에 대해 서면 혹은 구어 피드백을 제공할 수 있다. 코스 중 그리고 코스가 끝난 후에 교사의 접근법, 사용한 자료, 학생 요구와의 관련성 등에 대해 비평할 수 있다.

장점: 학생 평가는 얻기 쉽고 광범위한 주제에 대한 피드백을 제공한다. 그리고 다수의 학습자를 참여시킬 수 있다.

단점: 얻은 정보는 주관적이고 느낌 중심이며 때때로 해석하거나 일반화하기 어렵다.

11) 오디오 또는 비디오 녹화 *Audio- or video-recording*

다양한 교수 양식과 수업 형식의 예시를 위해 수업을 녹화할 수 있다.

장점: 녹화/녹음은 실시간으로 교수에 대한 풍부한 설명을 제공하며 다른 방법으로는 문서화하기 힘든 정보를 제공한다.

단점: 녹음 장비 혹은 녹화하는 사람이 교수를 방해할 수 있으며 자료를 왜곡할 수 있다. 훌륭한 녹음 설정은 어려운 일이다.

12) 관찰법 *Observation*

다른 교사나 관리자는 정기적인 수업 관찰을 할 수 있다. 관찰은 보통 어떤 방식으로든 구조화되었을 때 훨씬 더 유용하다. 예를 들면, 관찰자에게 특정 과제를 주고 관찰자가 사용할 절차를 제공했을 때를 말한다.(예. 점검표 또는 평가 척도)

장점: 관찰자는 수업의 관찰 가능한 면에 초점을 맞출 수 있다. 또한, 교사에게는 명백하지 않을 수 있는 것들을 밝혀 객관적 시각을 제공할 수 있다. 만약 교사가 서로의 수업을 관찰한다면 이것은 후속 follow-up 토론 및 반성을 위한 기초를 제공할 것이다.

단점: 관찰자의 존재 자체가 수업을 방해할 수 있다. 이미 언급한 것처럼 관찰은 전문화된 기술이며 유용하게 쓰이기 위해서 준비와 명시적인 지침이 반드시 필요하다.

Weir와 Roberts(1994, 134)는 프로그램 평가에 가능한 방법과 초점을 다음과 같이 요약한다.

초점	*절차*
교사의 신념	전/후: 설문지 면접 관찰 수업 계획 검토
교사의 능력	관찰/비디오테이프 자율-평가 퀴즈 self-assessment quizzes 전/후: 설문지 면접 관찰 수업 계획 검토
교사 실습	활동의 기록 수업 계획(교안) 검토 관찰/비디오테이프 면접 설문지
학생 행동	학생 면접 학생 설문지 교사 일지 관찰 교사 인터뷰
학생 학습	장/단원 테스트 표준화 시험 교사 일지 학생 과제 과거 점수와 현재 학기의 점수 비교 (혹은 다른 학생 그룹의 점수)

학생 면접
교사 설문지
학생 설문지
교사 면접

9.4. 토론 질문 및 활동

1. 새로운 프로그램이 실시되는 동안 그 프로그램의 형성평가를 수행하는 데 사용할 수 있는 절차는 무엇인가? 여러분에게 익숙한 프로그램에서 이러한 평가의 목적을 밝히고 그런 목적을 성취하기 위한 절차를 제안하라.

2. 프로그램 평가에서 조명적 평가가 얼마나 유용하다고 생각하는가? 여러분에게 익숙한 프로그램을 검토하고 조명적 평가 과정의 일부분으로서 수집되는 정보를 제시하라. 수집된 정보는 어떤 식으로 이용할 수 있는가?

3. 언어 프로그램의 효과성을 측정하기에 가장 좋은 방법은 무엇이라고 생각하는가? 여러분에게 익숙한 프로그램을 검토하고 그 효과성을 결정하는 다양한 선택을 비교하라.

4. 여러분이 어떤 학교 혹은 기관의 언어 프로그램 평가를 시행할 것을 요구받는다고 가정해 보라. 여러분이 어떻게 평가를 수행할 것인지 계획하기 위해 학교장에게 묻고 싶은 질문의 목록을 작성하라.

5. 프로그램 평가의 일부로, 여러분은 그 프로그램에서 교사들에게 제공하는 교사 훈련 규정의 타당성을 확인하기를 원한다. 이 문제에 접근할 방법과 여러분이 사용할 수 있는 절차에 대해 논하라.

6. <부록>에 제시된 두 가지 사례를 살펴보라. 평가 설계를 평가하고 어떻게 하면 그 평가가 향상될 수 있는지 혹은 다른 방법으로 시행될 수 있는지 제안하라.

〈부록〉 프로그램 평가의 예

예 1: EFL 국가에서의 초등 영어 코스 평가

EFL 환경을 위한 새로운 초등 영어 프로그램이 개발된다. 이 단계에서는 영어를 이전에 가르친 적이 없고 초등학교 2학년부터 영어를 가르치게 될 것이다. 프로그램에 사용될 교수 자료를 개발하고 교사를 훈련하는 데 3년이 주어졌다. 새로운 코스는 첫해에 16개의 학교, 이듬해에 32개 학교 등으로 4년에 걸쳐 점진적으로 도입된다. 프로그램이 3년간 진행된 후 평가가 필요하다. 평가는 형성평가, 조명적 평가, 총괄평가를 포함한다. 모든 학교를 면밀히 평가할 수 없으므로 다음의 평가 계획이 세워진다.

- 새로운 프로그램과 관련된 모든 학교와 교사들을 대상으로 한 설문지
- 8개의 대표 학교에 대한 심층 조사

기간: 4주

평가 이용자 audiences:

- 교육부 내 교육과정 개발 부서
- 교육부 직원들
- 학교(교사와 교장)
- 교사 양성 전문대학 teacher-training college의 교사 훈련자

8개의 대상 학교들은 다음과 같은 방법으로 연구되었다.

- 교실 참관
- 교사와 교장 면접
- 학생 면접
- 성취 수준을 확인하기 위한 시험
- 문서 자료 정리(교사 회의록, 교사의 보고서, 교사의 교수 일지)

3개의 보고서가 준비된다.

- 교육과정 개발 부서를 위한 보고서
- 학교와 교사들을 위한 보고서
- 교사 훈련자들을 위한 보고서

첫 번째 보고서는 수집된 모든 정보, 확인된 프로그램의 장점과 단점에 대한 개관과 개요였고, 프로그램의 어떤 관점에서 학교 기반 지원은 물론 다양한 관점에서의 프로그램 변경에 대한 제안도 포함되었다.

두 번째 보고서는 프로그램의 관점을 조율하는 방법에 대한 교사와 학교의 제안은 물론 학생들이 학습했다고 여겨지는 것, 교사들이 보고한 문제점에 초점을 맞추었다. 교사의 교수법이 적절했는가에 대한 의견 역시 포함되었다.

세 번째 보고서는 모든 교사가 이수한 교사 훈련에서 강조한 원리와 실제를 교사들이 얼마나 반영했는가에 대해 논평했다. 교사들이 밝힌 문제점은 앞으로의 교사 훈련 과정에 대한 의견으로서 요약되었다.

예 2: 사설 언어 기관에서의 코스 평가

최대 500여 명의 학생이 코스에 등록되어 있고 일반 영어 코스에서 기업체 코스까지 제공하는 대규모 사설 언어 기관에서 전략 계획에 사용할 정보를 모으고 기관의 코스를 위한 평가 체제 개발을 원한다. 주로 총괄평가를 강조한다. 평가의 다른 관점(형성평가나 조명적 평가)은 교사와 코디네이터가 부수적으로 다룬다.

평가의 이용자:

- 학원 소유주와 이사회
- 학원장
- 코디네이터와 교사

양적, 질적 수단 모두는 다음을 결정하기 위해 필요하였다.

- 의뢰인의 만족
- 교사 능력
- 교사 만족
- 배치고사와 성취도 평가의 타당성
- 코스 교육과정과 교수 자료의 타당성
- 교수법의 타당성
- 코스 개발과 전달의 효율성
- 행정 구조와 지원의 타당성
- 코스 마케팅과 재무적 문제

평가 기간: 3주

평가 자료는 다음의 방법으로 수집되었다.

- *전문가 관점.* 현행 교육과정과 시험을 검토하기 위해 자문위원을 고용했다. 코스 마케팅과 학원의 경영 실제를 검토하기 위해 마케팅 자문위원을 고용하였다.
- *포커스 그룹.* 현행 수업의 강점과 약점을 밝히고 변화를 제안하기 위해 교사, 학생, 코디네이터의 대표 집단이 함께 회의를 하였다.
- *코스와 교수에 대한 학생 평가.* 코스와 교수의 다양한 측면에 대한 학생들의 피드백을 모으기 위해 세분화된 평가지가 개발되었다.
- *관찰.* 교사들이 강점과 약점을 알고 교사 연수에 대한 조언을 얻기 위해 코디네이터들은 최소 2회 이상 각 교사의 수업 참관을 하도록 하였다.
- *시험 분석.* 배치고사와 성취도 평가를 검토하기 위해 검토 팀이 구성되었다.
- *시험 결과.* 승급 점수를 받은 학생들의 비율을 확인하기 위해 모든 반의 시험 점수가 검토되었다. 코스가 목표한 점수에 도달한 학생이 10% 미만인 경우, 원인을 밝히기 위해 심층 조사가 실시되었다.
- *행정 검토* 경영재단에서 모든 행정 절차와 체제를 검토하고 교사들에게 현행 행정 체제의 타당성에 대한 설문지를 완성하도록 요청하였다.
- *자기 보고* 교사들은 그들이 수업 준비, 개별 학생 상담, 독서, 전문성 개발 및 행정적 문제에 얼마나 시간을 쓰는지 보고하였다.
- *면접.* 기관과 기관의 교사, 프로그램에 대한 학생들의 인식을 파악하고 이를 다른 기관과 비교하기 위해 학생 대표들을 대상으로 면접을 실시하였다.

평가의 결과로 여러 종류의 서류가 작성되었다.

- 관심 있는 모든 사람을 위한 공문서로서 교장을 위한 평가와 그 결과에 대한 전반적인 요약
- 학원 소유주와 이사회를 위해서 평가가 시행된 이유와 방법, 확인된 강점과 약점에 대한 분석, 그리고 후속 조치에 대한 제언을 약술한 보고서
- 코디네이터와 교사들을 위해서 제공되는 코스, 시험, 교수 자료, 교수와 관련한 조사 결과를 교육과정 개발 책임성과 함께 약술한 보고서
- 교사, 교수 teaching, 학생과 관련된 주요 조사 결과에 대해 기록한 담임교사를 위한 보고서. 이 보고서는 코스 전달 및 기타 영역에서 추천되는 변화 과제를 부여받은 작업 집단 working group의 중심 역할을 했다.
- 위 간부를 위한 모든 보고서 간행물. 이 정보는 향후 5년 동안 기관의 경영을 위한 전략 계획을 공식화하는 데 사용될 것이다.

▌참고문헌 ▌

Block, D. 1998. Tale of a language learner. *Language Teaching Research* 2(2): 148~176.
    Brindley, G. 1989. *Assessing achievement in the learner-centered curriculum.*
    Sydney: National Centre for English Language Teaching and Research.

Brown, J. D. 1995. The elements of language curriculum. Boston: Heinle and Heinle.

Elley, W. 1989. Tailoring the evaluation to fit the context. In R. K. Johnson(ed.), *The*
    second language curriculum. New York: Cambridge University press. 270~285.

Hewings, M., and T. Dudley-Evans. 1996. *Evaluation and course design in EAP.*
    Hertfordshire, UK: Prentice Hall Macmillan.

Richards, J. C., and C. Lockhart. 1994. *Reflective teaching in second language*
    classrooms. New York: Cambridge University press.

Sanders, J. R. 1992. *Evaluating school programs: An educator's guide.* Newbury Park,
    CA: Corwin Press.

Shaw, J. M., and G. W. Dowsett. 1986. *The evaluation process in the adult migrant*
    education program. Adelaide: Adult Migrant Education Program.

Stufflebeam, D., C. McCormick, R. Brinkerhoff, and C. Nelson. 1985. *Conducting*
    educational needs assessment. Hingham, MA: Kluwer- Nijhoff.

Weir, C. 1995. *Understanding and developing language tests.* Hertfordshire, UK:
    Prentice Hall Macmillan.

Weir, C., and J. Roberts. 1994. *Evaluation in ELT.* Oxford: Blackwell.

∥ 찾아보기 ∥